普通高等教育"十三五"规划教材

工程项目管理理论与实践

主　编　吴卫红

副主编　张爱美

机械工业出版社

本书从工程项目的全局出发，针对工程项目的特点和当前国内外工程项目管理的现状及发展趋势，依据国家最新颁布的工程项目建设领域的相关法律、法规和规范，结合工程项目管理的实践，详细论述了工程项目管理的相关概念及其发展，工程项目管理的环境，工程项目招投标管理、合同管理、进度管理、投资管理、质量管理、风险管理和收尾管理等方面的内容，既注重理论的系统性、科学性，又注重实践中的实用性和可操作性。

本书可以作为高等院校工程管理、项目管理等专业的教材，也可以作为其他专业系统了解现代工程项目管理的教材，同时还可以作为工程项目管理实际工作者的培训教材和参考用书。

图书在版编目（CIP）数据

工程项目管理理论与实践/吴卫红主编．—北京：机械工业出版社，2016.10（2023.1 重印）

普通高等教育"十三五"规划教材

ISBN 978-7-111-54815-7

Ⅰ.①工⋯ Ⅱ.①吴⋯ Ⅲ.①工程项目管理－高等学校－教材 Ⅳ.①F284

中国版本图书馆 CIP 数据核字（2016）第 216221 号

机械工业出版社（北京市百万庄大街 22 号　邮政编码 100037）
策划编辑：曹俊玲　责任编辑：曹俊玲
责任校对：张　征　封面设计：张　静
责任印制：单爱军
北京虎彩文化传播有限公司印刷
2023 年 1 月第 1 版第 4 次印刷
184mm×260mm・22.5 印张・552 千字
标准书号：ISBN 978-7-111-54815-7
定价：42.80 元

电话服务　　　　　　　　网络服务
客服电话：010-88361066　　机　工　官　网：www.cmpbook.com
　　　　　010-88379833　　机　工　官　博：weibo.com/cmp1952
　　　　　010-68326294　　金　书　网：www.golden-book.com
封底无防伪标均为盗版　　机工教育服务网：www.cmpedu.com

前　言

工程项目对推动人类社会的发展至关重要，对当今快速发展的中国尤为重要。现代工程项目的建设是一个复杂的系统工程，在经济社会快速发展的现阶段，有很多工程项目正在实施，如何管理好、建设好这些工程项目，是一个重大的课题。工程项目管理作为社会生产力的一个重要因素，其作用和重要性不断凸显，日益受到各行各业的推崇。

近年来，工程项目管理理论、方法和实践在我国迅速发展，极大地推动了我国建设管理体制的改革和工程项目管理模式的国际化，全面提升了我国工程项目管理的水平。但由于种种原因，有些工程项目并不成功，没有完全实现预定的目标，为了提高管理水平，相关领域迫切需要大量具备管理能力的工程项目管理人才。人才的培养，需要有好的教材。工程项目管理学科是在不断实践的基础上逐步发展起来的，实践需要总结，总结才有经验和知识的积累。本书就是在相关工程项目管理基本理论的基础上，总结相关的实践经验和案例，将理论和实践进行有机整合而成的。本书在编写过程中，注重工程项目管理知识体系的系统性和完整性，同时融入大量的案例和习题，有利于人才培养过程中能力的提高。

作者从事工程项目管理教学多年，积累了丰富的经验，同时也参与了一些工程项目管理领域考试的相关工作，能够很好地将国家的法律法规融入教学实践中，作者的这些经验和经历，为本书的编写提供了很大的帮助。

参与本书编写的人员有：北京化工大学的吴卫红、张爱美、孙军、王璞、李娜娜、王建英、陈高翔、杨婷，北京林业大学的张大红、米锋，青岛农业大学的马龙波。本书受北京化工大学研究生教育教学改革立项（项目编号 G-JG-XJ201406）资助，在此表示感谢。

本书在写作过程中借鉴了国内外许多学者的有关研究成果和论著，在此表示衷心的感谢，并尽可能将相关论著都列入书末的参考文献中，但仍可能有疏漏，敬请谅解。

编　者

目　录

前言
第1章　工程项目管理概述 … 1
　【学习目标】 … 1
　【导入案例】 … 1
　1.1　工程项目管理的相关概念 … 2
　　1.1.1　工程 … 2
　　1.1.2　项目 … 4
　　1.1.3　工程项目 … 5
　　1.1.4　管理 … 10
　　1.1.5　工程项目管理 … 11
　1.2　工程项目管理的发展历程及其发展趋势 … 14
　　1.2.1　工程项目管理的发展历程 … 14
　　1.2.2　现代工程项目管理的发展趋势 … 17
　1.3　与工程项目管理有关的基础理论和方法 … 19
　　1.3.1　系统工程理论和方法 … 19
　　1.3.2　控制理论和方法 … 21
　　1.3.3　信息管理理论、方法与技术 … 23
　　1.3.4　组织理论和方法 … 24
　【本章小结】 … 24
　【复习思考题】 … 24

第2章　工程项目管理的环境 … 26
　【学习目标】 … 26
　【导入案例】 … 26
　2.1　工程项目的生命周期 … 26
　　2.1.1　生命周期的含义及其阶段划分 … 26
　　2.1.2　生命周期各阶段的主要工作 … 27
　　2.1.3　生命周期的描述 … 28
　2.2　工程项目的利益相关者 … 28
　　2.2.1　利益相关者的含义及其内容 … 28
　　2.2.2　利益相关者的管理内容 … 30
　2.3　工程项目的管理组织 … 32
　　2.3.1　概述 … 32
　　2.3.2　基本的组织结构模式 … 35
　　2.3.3　业主管理的组织结构 … 38
　　2.3.4　组织中工作任务分工和管理职能分工 … 46
　　2.3.5　工程项目建设和实施的承发包模式 … 49
　　2.3.6　特许经营项目常用的模式 … 70
　2.4　工程项目的外部环境 … 74
　　2.4.1　外部环境的主要内容 … 74
　　2.4.2　外部环境的重要性 … 76
　【本章小结】 … 76
　【复习思考题】 … 77

第3章　工程项目招投标管理 … 78
　【学习目标】 … 78
　【导入案例】 … 78
　3.1　招投标概述 … 78
　　3.1.1　招标投标的性质和任务 … 78
　　3.1.2　招投标应遵循的原则 … 79
　　3.1.3　工程项目招标的范围 … 80
　　3.1.4　工程项目招标的规模标准 … 80
　　3.1.5　可以不进行招标的项目范围 … 81
　3.2　招标的组织形式 … 81
　　3.2.1　招标人自行招标 … 81
　　3.2.2　招标人委托招标机构代理招标 … 82
　3.3　工程项目招投标的方式 … 82
　3.4　招投标的程序及其要求 … 85
　　3.4.1　工程项目招投标的一般程序 … 86
　　3.4.2　确定工程项目策略（招标准备） … 87
　　3.4.3　对投标人进行资格审查 … 88
　　3.4.4　招标和投标 … 89
　　3.4.5　开标 … 92
　　3.4.6　评标 … 93
　　3.4.7　授予合同 … 96
　【本章小结】 … 98
　【复习思考题】 … 98

第4章　工程项目合同管理 … 101
　【学习目标】 … 101
　【导入案例】 … 101
　4.1　工程项目合同概述 … 101

4.1.1 工程项目合同的概念与性质 …… 101
4.1.2 工程项目合同的类型及合同方式和类型的选择 …… 102
4.1.3 工程项目合同的一般内容 …… 103
4.1.4 工程项目合同文件的组成 …… 104
4.1.5 工程项目合同条件的选择 …… 105
4.2 合同价格的类型 …… 107
4.2.1 总价合同 …… 107
4.2.2 单价合同 …… 109
4.2.3 成本加酬金合同 …… 110
4.2.4 影响合同价格方式选择的因素 …… 112
4.3 工程项目合同管理的主要任务 …… 113
4.4 工程项目合同管理的主要措施 …… 113
4.5 工程项目合同索赔管理 …… 115
4.5.1 索赔的含义 …… 115
4.5.2 索赔的类型 …… 115
4.5.3 常见的索赔内容 …… 115
4.5.4 索赔费用的构成 …… 119
4.5.5 索赔费用的计算方法 …… 121
4.5.6 现场签证 …… 122
4.6 工程项目合同争议解决 …… 125
4.6.1 合同争议产生的原因 …… 125
4.6.2 处理合同争议的主要方式 …… 125
4.6.3 FIDIC 合同条件中的调解机制 …… 126
【本章小结】 …… 128
【复习思考题】 …… 128

第5章 工程项目进度管理 …… 131
【学习目标】 …… 131
【导入案例】 …… 131
5.1 工程项目进度管理概述 …… 132
5.1.1 工程项目进度管理的概念 …… 132
5.1.2 工程项目进度管理的特点 …… 133
5.2 工程项目进度计划 …… 133
5.2.1 工程项目进度计划的分类 …… 133
5.2.2 工程项目进度计划编制的依据 …… 139
5.2.3 进度计划的编制程序 …… 139
5.2.4 工程项目进度计划的表示方法 …… 141
5.3 网络计划技术 …… 143
5.3.1 概述 …… 143
5.3.2 双代号网络计划 …… 145
5.3.3 单代号网络计划 …… 155
5.3.4 双代号时标网络计划 …… 160
5.3.5 网络计划的优化 …… 165

5.4 工程项目进度控制 …… 170
5.4.1 概述 …… 170
5.4.2 动态进度控制原理 …… 172
5.4.3 实际进度与计划进度的比较方法 …… 177
5.4.4 工程拖期 …… 183
【本章小结】 …… 189
【复习思考题】 …… 189

第6章 工程项目投资管理 …… 194
【学习目标】 …… 194
【导入案例】 …… 194
6.1 工程项目投资管理概述 …… 194
6.1.1 相关概念辨析 …… 194
6.1.2 投资管理的原则与基本内容 …… 195
6.1.3 工程项目投资原理及内容 …… 196
6.2 工程项目投资构成 …… 199
6.2.1 工程项目总投资构成 …… 199
6.2.2 建筑安装工程费 …… 200
6.2.3 设备及工器具购置费 …… 205
6.2.4 工程项目建设其他费用 …… 208
6.3 工程项目设计阶段的投资管理 …… 209
6.3.1 设计阶段的划分与目标 …… 209
6.3.2 设计阶段投资控制的主要措施 …… 209
6.3.3 价值工程 …… 211
6.4 工程项目招投标阶段的投资管理 …… 221
6.4.1 招标控制价的编制 …… 221
6.4.2 投标报价的审核 …… 226
6.4.3 合同价款的约定 …… 228
6.5 工程项目施工阶段的投资管理 …… 228
6.5.1 资金使用计划的编制 …… 228
6.5.2 工程项目计量 …… 232
6.5.3 工程项目价款调整 …… 234
6.5.4 工程项目变更价款的确定 …… 241
6.5.5 合同价款期中支付 …… 243
6.6 投资偏差分析 …… 245
6.6.1 偏差分析方法 …… 245
6.6.2 偏差原因分析 …… 248
6.6.3 纠偏措施 …… 248
【本章小结】 …… 249
【复习思考题】 …… 250

第7章 工程项目质量管理 …… 253
【学习目标】 …… 253
【导入案例】 …… 253

7.1 质量管理概述 …………………… 254
　7.1.1 工程项目质量 …………………… 254
　7.1.2 工程项目质量形成过程与影响
　　　　因素 …………………………… 255
　7.1.3 工程项目质量的特点 …………… 256
7.2 工程项目质量管理 …………………… 257
　7.2.1 概述 …………………………… 257
　7.2.2 工程项目参建各方的质量责任 … 259
　7.2.3 质量管理专家及其理论 ………… 261
　7.2.4 质量管理体系标准 ……………… 263
　7.2.5 工程项目质量管理中应注意的
　　　　问题 …………………………… 267
7.3 工程项目质量管理的主要工作 ……… 268
　7.3.1 质量计划 ……………………… 268
　7.3.2 质量保证 ……………………… 276
　7.3.3 质量控制 ……………………… 279
7.4 工程项目各阶段的质量管理 ………… 288
　7.4.1 工程项目勘察设计阶段的质量
　　　　管理 …………………………… 288
　7.4.2 工程项目施工阶段的质量管理 … 292
　7.4.3 设备采购与制造安装阶段的质量
　　　　管理 …………………………… 300
7.5 工程项目施工质量验收 ……………… 305
　7.5.1 工程项目施工质量验收层次
　　　　划分 …………………………… 305
　7.5.2 工程项目施工质量验收程序和
　　　　标准 …………………………… 306
7.6 工程项目质量缺陷及事故 …………… 307
　7.6.1 工程项目质量缺陷 ……………… 307
　7.6.2 工程项目质量事故 ……………… 309
【本章小结】 ………………………………… 313
【复习思考题】 ……………………………… 314

第8章 工程项目风险管理 ……………… 316
【学习目标】 ………………………………… 316
【导入案例】 ………………………………… 316
8.1 工程项目风险管理概述 ……………… 316
　8.1.1 工程项目风险 ………………… 316
　8.1.2 工程项目风险管理 …………… 321
8.2 工程项目风险的识别与分析 ………… 323
　8.2.1 工程项目风险的识别 ………… 323
　8.2.2 工程项目风险分析与评价 …… 324
8.3 工程项目风险管理的对策与实施 …… 327
　8.3.1 工程项目风险分配 …………… 327
　8.3.2 工程项目风险管理的对策 …… 328
【本章小结】 ………………………………… 331
【复习思考题】 ……………………………… 331

第9章 工程项目收尾管理 ……………… 333
【学习目标】 ………………………………… 333
【导入案例】 ………………………………… 333
9.1 工程项目收尾管理概述 ……………… 334
　9.1.1 工程项目收尾的内涵 ………… 334
　9.1.2 工程项目收尾管理的内容 …… 334
9.2 工程项目竣工计划 …………………… 335
9.3 工程项目竣工结算 …………………… 336
　9.3.1 工程项目竣工结算的编制 …… 336
　9.3.2 工程项目竣工结算的办理 …… 336
　9.3.3 工程项目竣工结算的审查与
　　　　支付 …………………………… 338
9.4 工程项目竣工决算 …………………… 339
　9.4.1 概述 …………………………… 339
　9.4.2 工程项目竣工决算的编制条件和
　　　　依据 …………………………… 340
　9.4.3 工程项目竣工决算报告组成与编制
　　　　程序 …………………………… 341
9.5 工程项目竣工验收 …………………… 343
　9.5.1 工程项目竣工验收的内涵及
　　　　依据 …………………………… 343
　9.5.2 工程项目竣工验收的范围和
　　　　标准 …………………………… 343
　9.5.3 工程项目竣工验收的方式 …… 344
　9.5.4 工程项目竣工验收的内容 …… 345
　9.5.5 工程项目竣工验收报告 ……… 348
9.6 工程项目投产准备 …………………… 350
　9.6.1 投产准备工作的基本要求 …… 350
　9.6.2 投产准备工作的内容 ………… 350
　9.6.3 试生产 ………………………… 351
【本章小结】 ………………………………… 352
【复习思考题】 ……………………………… 352

参考文献 …………………………………… 353

第1章 工程项目管理概述

【学习目标】
(1) 掌握工程项目的含义和特征。
(2) 熟悉工程项目管理的起源和发展历程。
(3) 掌握工程项目管理的具体内容。

【导入案例】

CG 体育馆坐落在 H 大学校园的东北部，是一所综合型体育馆，总建筑面积 18 200 m^2，由比赛馆、训练馆和游泳馆三部分组成。其建筑造型别致，结构复杂，技术含量较高，设备安装量大，是 H 校师生锻炼、比赛的重要场所。这座体育馆是 H 校"985 工程"建设项目之一，是由市政府出资建设的基础设施项目。该体育馆立项时计划投资 4500 万元，其中市政府出资 2400 万元，教育部门提供 1500 万元的教育国债，教育部基建投资基金 600 万元。该体育馆立项时的计划面积约为 13000m^2，计划工期是 2 年。

体育馆项目立项后，学校迅速成立了项目组，由学校基建处刘老师担任项目经理，并聘请了监理公司，重点负责工程的质量监督与控制。其中，总监理工程师队伍由土建专业 2 人、电气专业 1 人、暖通专业 1 人组成。同时，按照国家相关规定，各承建施工单位也分别成立项目组，以保证建设过程的可控和规范管理。

在施工的组织和设计方面，采用了美国工程项目管理的思路和方法——CM（Construction Management），通常称为快速路径法。该方法的优势是交叉作业，紧凑施工，保证工程的快速进行。

CG 体育馆项目采用平行发包的方法。不同于设计施工总承包、工程总承包、项目总承包和 BOT 等发包模式，平行发包是把工程分成若干部分，分别招标。这种发包模式不仅理论上能够大大缩短工期，而且由于该项目在分包过程中采取了低价中标的评标方法，在成本压缩与控制方面也取得了显著的效果。但是，在平行发包的过程中，由于管理跨度加大，管理难度和风险也随之增加，为整个项目的工期延误埋下了隐患。

CG 体育馆建设项目的管理目标是：优质、节省、快速。由于项目的质量、投资、工期三大目标之间是相互制约、对立统一的，不能全部得到最优解，只能全局统筹协调，以期得到满意解。体育馆项目在质量方面的要求是，至少保证拿到所在市的建设工程"银河杯"，争取入围省优工程"世纪杯"。不仅项目目标明确，而且在招投标过程中，很多合作单位是为了申请奥运工程的承包资格前来投标的，所以质量上自然不敢有半点疏忽，再加上监理单位执行严格的检查制度，工程的质量更有了可靠保证。在投资方面，立项前预估造价 4500 万元，建筑面积 13 000m^2，到设计完成后修正造价 4100 万元，面积 13 600m^2，最终整个体育馆落成后主体工程实际耗资 4800 万元，建筑面积 17 320m^2，与预定目标相比有所偏差，但由于该造价包括了室外工程和室内设备，与同类工程项目相比，成本已经得到了非常有效的控制。该项目最大的缺憾是没有做好工期控制。按照原定计划，项目 2 年内竣工，但实际完工时间拖延了8个月。工期拖延的主要原因是承包商管理不善、人员不到位及不可抗力的影响。

工程项目管理最重要的部分是合同管理，所以在制定招标文件和合同文件时，一定要深思熟虑，字字斟酌，防止日后产生纠纷和索赔风险。在 CG 体育馆项目的建设过程中便发生了一起由一字之差造成索赔的事件。在土建工程中，灌木桩在施工时要伸出一些钢筋打在上面的柱子里，而柱子本身的钢筋经打孔弯钩，又伸入桩头里面，以便和柱子连成一体。石桩和柱子里的钢筋是由不同施工单位负责的。在制定招标文件的时候，本来应该写成"桩的连接钢筋由基础单位完成，不在土建工程报价之内"。由于人为疏忽，把"桩"字写成了"柱"字，使得本应负责柱里钢筋的中建×局就此提出索赔。一字之差，便造成了三四万元的损失。另外，在游泳馆的建设过程中，由于承包商报价时遗漏了泳池的钢筋混凝土一项，造成60多万元的损失，承包商希望校方能够提供相关补偿，但是基于合同中已明确提出"如有漏项，由投标单位自行承担"，索赔并没有成功。由此可见，合同管理在项目管理中至关重要。

上述高校体育馆的建设过程是一个典型的工程项目，涉及工程项目的组织管理、工程的承发包模式、施工管理方法、质量管理、投资管理、工期管理、合同管理等内容。何谓工程项目？其有何特征？工程项目建设过程中的管理内容是否仅仅局限在上述内容？一个成功的工程项目如何做好各方面的管理？这些问题可以通过对本书内容的学习加以解决。

1.1 工程项目管理的相关概念

我们在日常生活中，经常听到"工程"的说法，譬如水利工程、化学工程、奥运工程、希望工程、菜篮子工程等，这些说法中的"工程"含义是否一致？是否都是本书的研究对象？另外，"项目"现在也是一个热门词汇，我们经常会听到科研项目、软件开发项目、投资项目等，这里的"项目"与上述"工程"是不是一个概念？工程和项目之间是什么关系？工程管理、项目管理和工程项目管理之间有何区别？这些问题是我们需要明确的。

1.1.1 工程

1. 工程的含义

什么是"工程"（Engineering）？人们从不同的角度对它有不同的解释。工程的定义有许多，比较典型的有以下几个。

《朗文当代高级英语辞典》定义工程为：一项重要且精心设计的工作，其目的是建造或制造一些新的事物，或解决某个问题（An important and carefully planned piece of work that is intended to build or produce some thing new, or to deal with a problem）。

《剑桥国际英语词典》定义工程为：一项有计划的，要通过一段时间完成，并且要实现一个特定的目标的工作或者活动（A piece of planned work or activity which is completed over a period of time and intended to achieve a particular aim）。

《现代汉语词典》解释工程为：土木建筑或其他生产、制造部门用比较大而复杂的设备来进行的工作。或者泛指某项需要投入巨大人力、物力的工作。

中国工程院咨询课题——《我国工程管理科学发展现状研究——工程管理科学专业领

域范畴界定及工程管理案例》研究报告中的有关工程界定为：工程是人类为了特定的目的，依据自然规律，有组织地改造客观世界的活动。一般来说，工程具有产业依附性、技术集合性、经济社会的可取性和组织协调性。

在现代社会，符合上述"工程"定义的事物是十分普遍的。"工程"是一个十分广泛的概念，只要是人们为了某种目的，进行设计和计划，解决某些问题，改进某些事物等，都是"工程"。所以人类社会到处都有"工程"。

"工程"一词在《辞海》中有两层含义：一层含义是将自然科学的原理应用到工农业生产而形成的各学科的总称，如土木工程、水利工程、化学工程、生物工程等。这些学科是应用数学、物理学、化学、生物学等基础科学的原理，结合在科学实验和生产实践中所积累的技术经验而发展起来的。在此含义下，"工程"的主要内容包括对于工程的勘测、设计、施工，原材料的选择研究，设备和产品的设计制造，工艺和施工方法的研究等。另一层含义也指具体的施工建设项目，如全世界最大的水利枢纽工程——三峡工程，是治理和开发长江的关键性骨干工程，具有防洪、发电、航运等综合效益。

在社会经济高速发展的今天，"工程"（Engineering）的概念已经广泛运用于各行各业，频繁出现在我们的视野里。概括起来说，工程是一种科学应用，是把科学原理转化为新产品的创造性活动，而这种创造性活动是通过各种项目的实施由各种类型的工程技术人员来完成的。

在社会活动和日常生活中，"工程"一词往往还多了另外一层含义，即指重要和复杂的计划、事业、方案和大型活动等，如我国青少年发展基金会发起并组织实施的一项为青少年成长服务的社会公益事业"希望工程"，为"面向21世纪，重点建设100所左右的高等学校和一批重点学科"的"211工程"等经济和社会发展工程。

工程的定义虽然非常广泛，但工程管理专业所研究的对象还是比较传统的"工程"范围和定义。

2. 工程的三方面意义

归纳上面的各种解释，从工程技术和工程管理的角度来说，"工程"一词主要有如下三方面的意义。

（1）工程是人类为了实现认识自然、改造自然、利用自然的目的，应用科学技术创造的，具有一定使用功能或实现价值要求的技术系统。

工程的产品或带来的成果都必须有使用价值（功能）或经济价值，如一幢建筑物、一条公路、一个工厂。但有一些工程的产品具有很大的文化价值，如埃及的金字塔、天安门广场的人民英雄纪念碑。工程技术系统通常可以用一定的功能（如产品的产量或服务能力）要求、实物工程量、质量、技术标准等指标表达。例如：一定生产能力（产量）的某种产品的生产流水线，一定生产能力的车间或工厂，一定长度和等级的公路，一定发电量的火力发电站或核电站，具有某种功能的新产品，一定规模的住宅小区，解决某个问题的技术创新、技术改造方案或系统等。在这个意义上，工程是一个人造的技术系统，是解决问题、实现目标的依托，它是工程最核心的内容。一般人们所用的"工程"一词，主要指这个技术系统。

（2）工程又是人们为了达到一定的目的，应用相关科学技术和知识，利用自然资源最佳地获得（如建造）上述技术系统的过程（或活动）。

这些活动通常包括：工程的论证与决策、规划、勘察与设计、施工、运营和维护。还可能包括新型产品与装备的开发、制造和生产过程，以及技术创新、技术革新、更新改造、产品或产业转型过程等。在这个意义上，"工程"又有我们经常使用的"工程项目"的概念。

（3）工程科学。工程科学是人们为了解决生产和社会中出现的问题，将科学知识、技术或经验用以设计产品，建造各种工程设施、生产机器或材料的技能，是人们知识的结晶，是科学技术的一部分。工程科学按照工程的类别可以分为许多工程学科（专业）。

所以，"工程"包括了"工程技术系统""工程的建造过程（即工程项目）""工程科学"三个方面的含义。在实际生活中，"工程"一词在不同的地方使用会有不同的含义。

例如，人们到一个建成的工厂，说"这个工程运营得很好"或"这个工程设计标准很高"，主要是指这个工程的技术系统（设施）状态。如果到一个施工工地，说"这个工程中断了"，则主要是指工程的建设过程，即工程项目。而到一个高等院校，说"这个高校的土木工程、机械工程、电子工程是一流的"，则是指相关的工程学科（专业）。

1.1.2 项目

1. 项目的含义

什么是"项目"（Project）？人们从不同的角度对它也有不同的解释。项目的定义有许多，比较典型的有以下几个。

美国项目管理学会（PMI）的定义：项目是为了在规定的时间、费用和性能参数下满足特定的目标而由一个人或组织所进行的具有规定的开始和结束日期、相互协调的独特的活动集合。

杰克·吉多教授认为：项目就是以一套独特而相互联系的任务为前提，有效地利用资源，为实现一个特定的目标所做的努力。

池仁勇教授认为：项目是为了完成特定的目标，在一定的资源约束下，有组织地开展一系列非重复性的活动。

综合来看，我们认为项目是特殊的将被完成的有限任务，它是一个组织为实现既定的目标，在一定的时间、人员和其他资源的约束条件下，所开展的满足一系列特定目标、有一定独特性的一次性活动。项目的定义包含以下三层含义。

（1）项目是一项有待完成的任务，有特定的环境与要求。这一点明确了项目自身的动态概念，即项目是指一个过程，而不是指过程终结后所形成的成果。例如，人们把一个新图书馆的建设过程称为一个项目，而不把新图书馆本身称为一个项目。

（2）在一定的组织机构内，利用有限资源（人力、物力、财力等）在规定的时间内完成任务。任何项目的实施都会受到一定的条件约束，这些条件是来自多方面的，如环境、资源、理念等。这些约束条件成为项目管理者必须努力促其实现的项目管理的具体目标。在众多的约束条件中，质量（工作标准）、进度、费用是项目普遍存在的三个主要约束条件。

（3）任务要满足一定性能、质量、数量、技术指标等要求。项目能否实现，能否交付用户，必须达到事先规定的目标要求。功能的实现、质量的可靠、数量的饱满、技术指标的稳定，是任何可交付项目必须满足的要求，项目合同对于这些均具有严格的要求。

2. 项目的特征

项目是为提供某项独特产品、服务或成果所做的一次性努力，通过对项目概念的认识和理解，可以归纳出项目作为一类特殊的活动（任务）所表现出来的区别于其他活动的特征。

（1）临时性。临时性是指每一个项目都有确定的开始和结束时间，当项目的目的已经达到，或者已经清楚地看到项目目的不会或不能达到时，或者项目的必要性已不复存在并已终止时，该项目即到达了它的终点。项目的临时性并非意味着持续时间短，许多项目长达几年，甚至十几年。

（2）唯一性，又称独特性。这一属性是"项目"得以从人类有组织的活动中分化出来的根源所在，是项目一次性属性的基础。每个项目都有其特别的地方，没有两个项目会是完全相同的。即使有意模仿，也不可能使自己的项目成果与模仿对象一模一样。项目的产品或服务尽管属于范围广大的某个同一类别，但就好像同一父母的亲兄弟，长相、身材、性格等都会有差异，因此是独特的。

（3）一次性。由于项目的独特性，项目作为一种任务，一旦任务完成，项目即告结束，不会有完全相同的任务重复出现，即项目不会重复，这就是项目的"一次性"。但项目的一次性属性是对项目整体而言的，并不排斥在项目中存在着重复性的工作。我们知道，如果企业生产出不合格品可以放弃，重新进行生产，但项目一旦失败，影响是很难修复的，其一次性使得对项目进行的管理有更高的要求。

（4）多目标性。人类有组织的活动都有其目的性。项目作为一类特别设立的活动，也有其明确的目标。从上面对项目概念的剖析可以看到，项目目标一般由成果性目标与约束性目标组成。其中，成果性目标是项目的来源，也是项目的最终目标，在实施过程中成果性目标被分解为项目的功能性要求，由一系列技术指标来定义，是项目全过程的主导目标；约束性目标通常又称为限制条件，是实现成果性目标的客观条件和人为约束的统称，是项目实施过程中必须遵循的条件，从而成为项目实施过程中管理的主要目标。可见，项目的目标正是二者的统一，没有明确的目标，行动就没有方向，也就不称其为一项任务，就不会有项目的存在，也就没有进行项目管理的必要了。

（5）整体性。项目是为实现目标而开展的任务的集合，它不是一项项孤立的活动，而是一系列活动的有机组合，从而形成的一个完整的过程。强调项目的整体性，也就是强调项目的过程性和系统性。项目的整体性使得对项目进行的管理要考虑各目标及约束条件之间的协调和整合。

（6）冲突属性。项目常与组织中同时进展的其他工作或项目相互作用，但项目总是与项目组织的标准及手头的工作相抵触。组织中各事业部门（营销、财务、制造等）间的相互作用是有规律的，而项目与事业部门之间的冲突则是变化无常的，项目主管应清楚这些冲突，并与所有相关部门保持适当联系。

项目经理与其他经理相比，生活在一个更具有冲突特征的世界中，项目之间有为资源而与其他项目进行的竞争，有为人员而与其他职能部门进行的竞争。项目组的成员在解决项目问题时，几乎一直是处在资源和领导问题的冲突中。

1.1.3 工程项目

1. 工程项目的含义

"工程项目"和"工程"既有联系，又有区别。

"工程项目"是以完成一定的工程技术系统为任务的项目，是一个工程的建设（建造）

过程。如为完成一项工程的建设任务，人们需要完成立项、设计、计划、施工、验收等活动，最终交付一个工程系统。

从前述工程的定义可以看出，工程项目是工程技术系统的建造任务和过程，是工程的一个方面。

例如，人们一谈起"青藏铁路工程"，在脑海里首先想到它是一条铁路，是由该铁路上的轨道、桥梁、隧道、车站、信号等设施构成的系统，是实体系统。而"青藏铁路建设工程项目"是建设青藏铁路的任务和过程，包括可行性研究、立项、设计、施工、运营的全过程，是行为系统。

2. "工程项目"与"项目"和"工程"的关系

从以上分析可以看出，"工程项目"是"工程"和"项目"的交叉点，广义的"工程"中有很多含义是"工程项目"中不包括的，譬如"工程科学"方面和社会学领域的"工程"等；而"项目"中的很多类型也不包括在"工程项目"中，譬如婚礼、会议、旅行等这类项目。在有些情况下，工程和工程项目是同一含义，如"三峡工程"。

3. 工程项目的特殊性

工程项目除了具有一般项目所共有的临时性、唯一性、一次性、整体性等特点外，还有它的特殊性，这种特殊性表现在工程项目实体的特殊性和工程项目建设过程的特殊性两个方面。

（1）工程项目实体的特殊性

1）工程项目实体体形庞大。无论是复杂的工程项目实体，还是简单的工程产品，为满足其使用功能上的需要，并考虑到建筑材料的物理力学性能，需要大量的物质资源，占据广阔的平面与空间，因而工程项目实体体形庞大。

2）工程项目实体在空间上的固定性。一般的工程项目实体均由自然地面以下的基础和自然地面以上的主体结构两部分组成（地下建筑则全部在自然地面以下）。基础承受主体结构的全部荷载（包括基础自重），并传给地基，同时将主体结构固定在地球上。任何工程产品都是在选定的地点上建造和使用的，与选定地点的土地不可分割，从建造开始直至拆除均不能移动。所以，工程项目实体的建造和使用地点在空间上是固定的。

3）工程项目实体的单件性。工程项目实体不仅体型庞大、结构复杂，而且由于建造时间、地点、地形和地质条件等方面的差异，又由于所在地建筑材料的差别及工程项目业主对其使用要求等的不同，使得工程项目实体存在千差万别的单件性，很少或几乎不可能完全类同。

（2）工程项目建设过程的特殊性

1）建设周期长。工程项目实体体形庞大，工程量大，需要用较长的时间才能将其建成，即建设周期长。一般工业企业通常一边消耗人力、物力和资金，一边生产出产品，并产生经济效益。工程建设则不同，它需要经过长期的建设才能完工投产，进而发挥效益，回收投资。在建设期间（如1年，大型工程可能要3~5年，甚至更长），工程项目占用大量人力、财力和物力，却不产生效益。为了更好地发挥投资效益，在工程项目的建设管理上，应尽可能缩短建设周期，及时形成生产能力或交付使用。

2）建设过程的连续性和协作性。建设过程的连续性、协作性意味着工程建设的各阶段、各环节、各协作单位、各项工作必须按照统一的建设计划有机地组织起来，在时间上不间断，在空间上不脱节，使建设工作有条不紊地进行。如果某个过程受到破坏或中断，就可能导致停工，造成人力、物力和财力的积压，并可能使工程项目拖期，不能按时投产或交付使用。

3）建设过程的流动性。工程项目实体的固定性决定了建设过程的流动性，这种流动性表现在两个方面：一方面，一个工程项目建成后，建设者和施工机具便要转移到另一个工程项目的工地上去施工，这是建设者和施工机具在工程项目间的大流动；另一方面，在同一建设工地上，一个工种（或作业）在某一作业面完成后撤退下来，转移到另一作业面，同时开始后续工种施工，这是建设者和施工机具在同一工程项目上的局部流动。建设过程的流动性给建设者的生活安排带来了很多不便，也给工程项目的管理增加了难度。

4）受建设环境影响大。建设环境包括自然环境和社会环境。工程项目建设一般只能露天作业，受水文、气象等因素影响较大；工程项目建设地点的选择常受到地形、地貌、地质等多种复杂因素的制约；工程实体体型庞大、结构复杂，经常会有地下或高空作业，施工安全是很重要的问题；建设过程所使用的建筑材料、施工机具等的价格受到工程项目所在地物价等因素的制约；工程项目投资控制问题也较复杂。总而言之，工程项目建设受到的制约因素较多。

5）工程项目的建设/生产过程与交易过程相交织。在市场经济环境下，工程项目普遍采用承发包交易方式实施。其交易特点是先订货后生产，工程项目交易过程与生产过程相交织。

4. 工程项目的分类

同一工程项目，参与建设的各方常赋予其不同的名称。投资方或政府部门常称工程项目为建设项目；设计者称所设计的工程项目为设计项目；工程监理称所监理的工程项目为监理项目；工程咨询称所咨询的工程项目为咨询项目。

投资方或政府部门通常对建设项目做以下分类。

（1）按行业构成、投资用途分类，建设项目可分为生产性建设项目和非生产性建设项目。生产性建设项目是指直接用于物质生产或为了满足物质生产需要，能够形成新的生产能力的建设工程项目，如工业建设项目。非生产性建设项目是指用于满足人们物质生活和文化生活的需要，能够形成新的效益的建设工程项目。如住宅、文教、卫生和公用事业建设项目等。

（2）按建设项目的建设性质不同分类，建设项目可分为新建、扩建、恢复和迁建项目等。新建项目是指从无到有，"平地起家"建设的项目。扩建项目是指现有企业为扩大原有产品的生产能力或效益或者为增加新的品种生产能力而增建的项目。恢复项目是指企事业单位原有的建设项目，因自然灾害或人为原因使其破坏，全部或部分报废，又投资重新建设的项目。迁建项目是指现有企事业单位因改变生产布局的需要，或环境保护和安全生产及其他特殊需要，搬迁到另外地方进行建设的项目。

（3）按建设的总规模或总投资的大小分类，建设项目可分为大型、中型及小型三类。我国对生产性建设项目和非生产性建设项目的大型、中型、小型划分标准均有规定，中央各部对所属建设项目的大型、中型、小型的划分也有相应的具体标准。

（4）按建设项目的建设阶段分类，一般将建设项目划分为前期工作项目、预备项目、施工项目和建成投产项目。项目建议书批准后，可行性研究报告批准前的项目称前期工作项目。可行性研究报告批准后、开工前的项目称预备项目。开始施工的项目称施工项目。竣工验收后交付使用的项目称建成投产项目。

（5）按建设项目的投入产出属性分类，建设项目分为经营性建设项目和公益性建设项目。经营性建设项目是指有明确投入，建成之后可用于生产经营，创造经济效益，回收投资，并取得利润的建设项目，如高速公路、水电站、房地产开发等。公益性建设项目是指有明确投入，建成之后能产生社会效益，但难以用于生产经营创造经济效益的一类项目，如防洪工程、水土保持工程、生态环境工程等。

5. 工程项目的分解

工程项目分解可分按工程项目最终产品的物理结构及按形成项目最终产品占基本结构的工作内容或过程两个层次进行分解。

（1）按工程项目最终产品的物理结构分解。为满足工程项目的管理需要，有必要按工程项目的最终结果，即项目产品的物理结构，对工程项目进行分解（Project Decomposition），通过分解得到工程项目分解结构（Project Breakdown Structure，PBS）。工程项目一般分解为单项工程、单位工程、分部工程和分项工程等。

1) 单项工程。单项工程是指具有独立的设计文件，可以独立施工，建成后能独立发挥生产能力或效益的工程。生产性建设项目的单项工程，一般是指能独立生产的车间主要产品生产线等；非生产性建设项目的单项工程，是指工程项目中能够发挥设计规定的主要效益的各个独立工程。如办公楼、住宅、电影院、图书馆、食堂等单项工程是工程项目的组成部分，它包括建筑工程、设备及安装工程、其他工程等。单项工程由若干个单位工程组成。

2) 单位工程。单位工程是指具有独立设计文件，可以独立组织施工，但完成后不能独立发挥效益的工程。单位工程是单项工程的组成部分。例如，某车间是一个单项工程，则车间的建筑工程（即厂房建筑）就是一个单位工程。又如该车间的设备安装也是一个单位工程。此外，还有电器照明工程（包括室内外照明设备安装、线路铺设、变电与配电设备的安装工程）、工业管道工程（如蒸气、压缩空气、煤气、输油管道铺设工程）等。每一个单位工程本身又由许多结构更小的部分组成。因此，对单位工程还可以按工程的结构、部件，甚至更细小的部分进一步分解为分部工程和分项工程。

3) 分部工程。分部工程是单位工程的组成部分。它是按工程部位或工种的不同而做出的分类。例如，建筑工程中的一般土建工程，按照不同的部位、工种和不同的材料结构大致可以分为土石方工程、基础工程、砖石工程、混凝土及钢筋混凝土工程、木结构、木装修工程等，其中的每一部分即为分部工程。在分部工程中影响工料消耗大小的因素仍然很多。例如，同样都是土方，由于土壤类别（如普通土、坚土、沙砾坚土）不同，则每一单位土方工程所消耗的工料有所差别。因此，还必须把分部工程按照不同的施工方法、不同的材料、不同的规格等做进一步分解。

4) 分项工程。分项工程是分部工程的组成部分，是工程项目产品的基本结构。分项工程是通过较为简单的施工过程就能生产出来，并且可以用适当的计量单位，计算工料消耗的最基本构造因素。例如，砖石工程按工程部位可以划分为内墙、外墙等分项工程；钢筋混凝土工程可以划分为模板、钢筋、混凝土等分项工程；一般墙基工程可以划分为开挖基槽、垫层、基础灌浇混凝土、防潮等分项工程。

工程项目是一个系统，而在这一系统中又包含若干子系统。例如，一项建设工程由若干单项工程组成；每一个单项工程又可能由若干单位工程组成；每一个单位工程可能由若干分部工程组成；每一个分部工程又可能由若干分项工程组成，如图 1-1 所示。

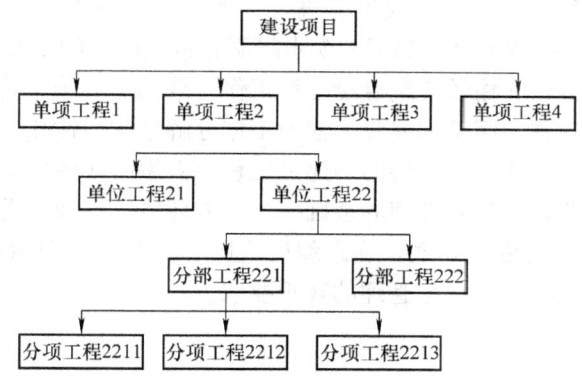

图 1-1　工程项目分解体系

工程项目、单项工程、单位工程、分部工程和分项工程之间的关系，即工程项目的内部系统如图 1-2 所示。

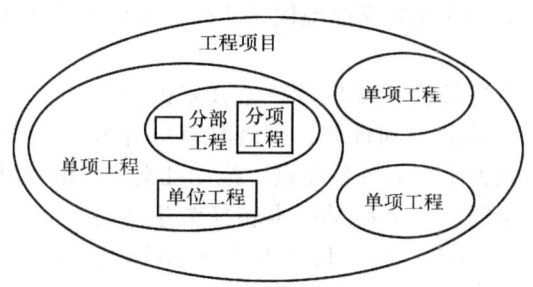

图 1-2　工程项目的内部系统

某水电站工程项目分解结构如图 1-3 所示。

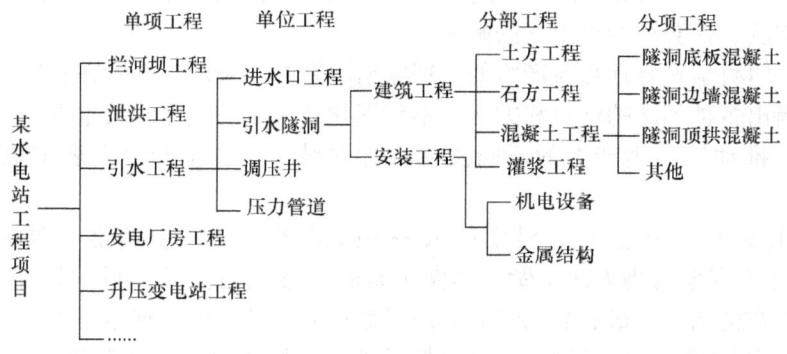

图 1-3　某水电站工程项目分解

上述例子是比较典型的水利水电工程项目的分解结构图。为了满足工程管理的需要，在实际工程中有时需要将分项工程做进一步的分解。

（2）按完成工程项目结构的工作内容分解。在工程项目产品的基本结构、分项工程的基础上，将完成分项工程的工作内容或过程进行分解，可进一步形成项目的工作分解结构（Work Breakdown Structure，WBS）。如图1-3中隧洞底板混凝土的工作内容，即工作分解结构为拌制混凝土、运混凝土和输送浇筑混凝土等工作（或活动，或工序）；灌浆工程可分解为基础灌浆工程等分项工程，而基础灌浆工程的工作分解结构为钻孔、冲洗、压水试验、制浆、灌浆、封孔等工作。工作分解结构的构建是工程定额编制或单价分析、工程质量检验或评定，以及施工班组作业进度计划编制的基础。为了方便管理，通常需对项目分解结构进行编码，建立工程项目统一的编码体系。确定编码规则和方法，是项目规范化管理的基本要求，也是工程项目实行系统、信息化管理的客观要求。

1.1.4 管理

管理是人类共同劳动的产物。管理同人类社会息息相关，凡是人类社会活动皆需要管理。从原始部落、氏族部落到现代文明社会，从企业、军队、学校到政府机构、科研单位，都需要计划、组织、协调、控制，都离不开管理。随着人类社会活动向广度和深度的延伸，管理的含义、内容、理论、方法等也都在逐渐变化和发展，管理的重要性也越突出，以至在现代社会，管理和科学技术一并成为支撑现代文明社会大厦的两大支柱，成为加速社会历史前进的两大动力。

管理的核心和实质是促进社会系统发挥科学技术的社会功能，取得社会效益和经济效益。作为社会经济与科学技术的中间环节，管理具有中介性、科学性和社会性三个基本特征。科学技术通过管理物化为生产力的各要素，推动社会经济的发展。离开了管理的中介作用，科学技术将成为空中楼阁。要把科学技术转换为生产力，必须运用科学知识系统（如系统论、信息论、控制论、经济学等）、科学方法（如数理统计、物理实验、系统分析、信息、技术等）和科学技术工具（如计算机等），必须遵循社会系统的固有规律。因此，管理应当具有科学精神、科学态度、科学手段和科学方法。管理是人类的一项社会活动，人在管理过程中起着核心作用。人既是管理手段的主要成分，又是管理对象的重点内容，因此，管理活动必然受到人们社会心理因素，特别是受社会成员的价值观、准则、意识、观念的影响，受到社会制度、社会结构等因素的影响。

管理成为一门科学是与社会生产力的发展紧密联系的：管理工作者在长期、大量的工作实践中总结并提出各种不同的观点和方法，不断深化管理学的理论和技术方法，拓展了管理学的应用范围，推动社会生产力的不断发展，管理科学也在生产力发展中取得了很大的进步。

第一位使管理从经验上升为科学的人——弗雷德里克·温斯洛·泰勒（Frederick W. Taylor），由于在科学管理方面所做出的突出贡献，被人们誉为"科学管理之父"。泰勒的探索主要反映在他的三个最有名的试验：通过搬运生铁的试验，摸索出工人的日合理工作量，从而为实行定额管理奠定了基础；通过铲具试验，探索出铲物效率最高时的铁锹形状，从而为实行工具标准化奠定了基础；通过金属切削试验，为制定各种机床进行高速切削和精密加工的操作规程提供了科学依据。这些试验使泰勒的科学管理思想深深地扎根在科学实验的基础上，使管理逐渐具有科学的理论和方法。

泰勒的科学管理开创了西方古典管理理论的先河，在其被传播之时，欧洲也出现了一批古典管理的代表人物及其理论，其中影响最大的首推法国管理学家亨利·法约尔（Henri Fayol）及其一般管理理论。法约尔在一个煤矿公司当了30多年的总经理，创办过一个管理研究中心，他率先对经营和管理进行了区分，认为这是两个不同的概念，管理包括在经营之中。他定义了管理的计划、组织、指挥、协调和控制职能，提出了管理的一般原则和方法，这些观点和理论经不断完善而沿用至今。因此，继泰勒的科学管理理论之后，一般管理理论被誉为管理学史上的第二座丰碑。

由此可见，管理并不是脱离实际的空中楼阁，几乎所有管理的原理、原则和方法，都是学者和实业家在管理实践过程中总结管理工作客观规律的基础上形成的。管理学并不能为管理者提供解决一切问题的标准答案，它要求管理者以管理理论和基本方法为基础，结合实际情况，采取恰当的对策和措施，以求得问题的解决和目标的实现。

1.1.5 工程项目管理

1. 工程项目管理的定义

工程项目管理是指通过决策、计划、组织、指挥、协调和控制以实现工程预期目标的过程。尽管工程项目管理最早起源于土木工程领域，然而，经过时代的演变，工程项目管理的内涵和范畴已显著扩大，逐渐渗透到国防、航空、交通、石油化工、采矿冶金、信息等各行各业。工程项目管理领域主要包括工程项目建设实施中的管理，如规划、论证、勘察、设计、施工、运行等管理。

工程项目管理作为适应社会发展所需，由多学科知识交叉融合而成的行业和学科，具有强劲的发展态势和广阔的发展空间。工程项目管理是当代社会技术与管理协同发展、有机结合的产物，体现了学科融合的时代特征。技术、经济、管理、法律四者在工程项目管理内部的交叉组合，可以产生新的交叉学科和专业。技术本身就是一个庞大的泛学科群，包含土木工程、航天工程、生物工程等多个一级学科，即使不考虑技术学科内部的组合，泛技术、经济、管理、法律在工程项目管理内部也可能产生数十个新的学科和研究方向，已经产生的工程经济学、管理经济学、工程项目合同管理、工程项目造价就是其中的代表。

2. 工程项目管理的内涵

工程项目管理可以从许多角度进行理解，主要有以下几个方面。

（1）工程项目管理的目标是取得工程项目的成功，使工程项目达到成功的工程项目的各项要求。对一个具体的工程项目，这些要求就转化为工程项目的目标。所以工程项目管理的目标很多。

（2）工程项目管理是对工程项目全生命周期的管理，包括对工程项目的前期决策的管理、设计和计划的管理、施工的管理、运营维护的管理等。

（3）工程项目管理是涉及工程项目各方面的管理工作，包括技术、质量、安全和环境、造价（费用、成本、投资）、进度、资源和采购、现场、组织、法律和合同、信息等。这些构成了工程项目管理的主要内容。

（4）按照一般管理工作的过程，工程项目管理可分为在工程项目中的预测、决策、计划、控制、反馈等工作。

（5）工程项目管理就是以工程项目为对象的系统管理方法，通过一个临时性的、专门的柔性组织，对工程项目建设和运营过程进行高效率的计划、组织、指导和控制，以对工程项目进行全过程的动态管理，实现工程项目的目标。

（6）按照系统工程方法，工程项目管理可分为确定工程项目目标、制订工程项目方案、实施工程项目方案、跟踪检查等工作。

3. 工程项目管理的特点

工程项目管理产生于、依托于和服务于工程项目，因其实践性强、目标精准和管理效果可验证的特性而有别于一般意义上的管理。就单一工程项目而言，其管理包括资金、进度、风险、质量、安全、人员、信息、环境等相对独立且相互制约的各个环节，解决工程项目管理的实际问题必须采用针对性的技术方法和手段。就此角度出发，工程项目管理可称为管理学中的"物理学"和"外科学"，是经过工程项目实践千锤百炼的"硬管理"。工程项目管理的工作性质决定了工程项目管理具有系统性、复杂性、严谨性、信息化、可持续发展的基本特点。

（1）系统性。工程项目管理可以为工程项目提供全过程服务，具有很强的系统性。这就要求从业者具有系统的理念和思维，把握总体目标任务，注重全过程的协调和局部之间的联系，根据工程项目的具体情况和要求，提出有效实现工程项目最终目标的思路、策略、方案和措施等。

在工程项目决策阶段的管理工作中，由于项目建设所涉及的因素众多，所有的因素构成一个完整的系统，只有在对该系统中的每一个因素充分了解的基础上，用系统的眼光加以综合分析，才能正确判断一个项目的立项是否必要，是否合理，是否有效益，是否值得投资，使项目的决策真正做到客观、准确、科学。

在工程项目的实施过程中，管理工作也是一个完整的系统工程。管理的目的是为业主做好项目的进度、质量、费用的计划和控制。要做好这一工作，管理者必须制订详细的项目建设统筹计划，及时安排设计、采购、施工等各个环节的具体工作，注意各个环节的合理交叉叠加，确定并有效控制质量要点，合理使用人工、材料、机械等各项费用，使工程的管理过程成为一个完整系统的有机整体。

（2）复杂性。工程项目管理是一种复杂性工作。工程项目通常由多个部分构成，其建造过程有若干利益群体参与。因此，工程项目管理工作极为复杂，要综合考虑技术问题、经济问题、工期问题、合同问题、质量问题、安全和环境问题、资源问题等，工程项目管理者需要运用多学科的知识才能解决问题。工程项目本身将涉及社会、经济、环境、安全等各方面因素，这些因素有较强的不确定性，若干因素间常常又带有不确定的联系。工程项目实践的全过程需要将不同经历、不同利益诉求和来自不同组织的人有机地组织在一个特定的组织内，在多种约束条件下实现预期目标，这就决定了工程项目管理工作的复杂性远远高于一般的生产管理。

（3）严谨性。目标精确和效果可验证是工程项目管理的显著特征。无论是青藏铁路、三峡工程等宏伟工程项目，还是一幢住宅楼、一个足球场等小型工程项目，工程项目管理的目标都可以予以精确度量。我们可以利用网络计划技术，S形曲线等各种方法和手段对进度目标进行验证，判断每道工序的进展情况及其对工期的影响，并通过调整关键工作的持续时间，实现对整个工程项目工期目标的精确控制。我们也可以通过质量控制图、因果分析图、直方图等一系列方法来进行精确的质量目标度量与控制，以确保工程项目质量符合国家制定的严格的质量管理和技术规范。我们还可以通过工程量清单等方法将工程项目的投资目标精确度量，并将实际支出与计划投资进行比较，投资控制的效果显而易见。再加上计算机的辅助，这种过程将更加简便易行。

可精确度量管理目标，使得任何一个工程项目的管理效果都是可验证的，例如，项目是否按时完成，成本控制是否在预算范围内，是否出现质量缺陷，是否发生安全事故，生产效率的高低和项目收益的好坏等。正是由于工程项目管理具有鲜明的务实性和精确性，其结果也具有可验证性，要求工程项目管理专业人员既要有严谨的工作态度，扎实的专业基础，又必须具备丰富的实践经验，在实际工作中能够准确、及时和有效地运用各种技术手段。

（4）信息化。信息化是当今国际社会发展的趋势之一，是人类继农业革命、城镇化和工业化后进入新的发展时期的重要标志。如今，工程项目管理信息化已由探索、试点逐步发展到较为广泛地得以采用，计算机和软件已经成为工程项目管理极为重要的方法和手段。工程项目管理水平、效率的进一步提高也将很大程度取决于信息技术的发展和工程项目管理软件的开发速度。工程项目管理信息资源的开发和利用，可以帮助工程管理者吸取类似工程正反两方面的经验和教训，这些有价值的信息将有助于工程项目决策阶段多方案的选择，实施阶段的目标控制和建成后的运行管理。目前，经济发达国家的一些工程项目管理公司已经在项目管理中较为普遍地运用了计算机网络技术，开始探索工程项目管理的网络化和虚拟化。国内越来越多的工程项目管理工作者也开始大量使用工程项目管理软件进行工程造价等专项工作，工程项目管理实用软件的开发研究工作也不断发展。信息技术的飞速发展，必将进一步提升工程项目管理的效率和水平。

（5）可持续发展。大规模的工程项目建设无疑会有效推进社会经济的发展，给人们的生活带来很多便利，极大地提高人们的生活水平。与此同时，也可能对社会、经济、文化和环境保护及人们的生活带来一些负面影响，如耗费大量财力，破坏环境与生态平衡，产生施工噪声、污染、腐蚀等，影响着人们的生活质量，制约全社会的可持续发展。因此，在人们日益重视生态、资源、环境问题的今天，可持续发展越来越成为人们关注的热点，社会呼吁可持续的绿色工程项目和绿色工程项目管理。

绿色工程项目是指充分应用现代科学技术，在工程规划和建设中加强环境保护和资源节约，优化生产环节和生产技术，建造质量优良、经济效益长久、社会效益良好的工程项目。建设绿色工程项目对工程项目管理提出了新的更高的要求。工程项目管理工作除了必须强化环境评价，严格工程项目审批，合理布局与设计建筑设施，采用先进合理的施工方法外，更应该致力于研究符合可持续发展要求的工程项目管理组织方法和实施方法。2008 年北京奥运会场馆建设中，北京奥委会通过项目招标明确规定投标者的环境保护责任，在项目标书中明确环境影响评价制度，防治污染的工程设施与主体工程同时设计、同时施工、同时建成投入使用的制度和工程承建者应该承担的经济责任。同时制定了《奥运工程绿色施工指南》，要求在施工过程中严格执行环境管理措施，防止扬尘、废水、施工垃圾、施工噪声对周围环境造成污染。奥运工程项目建设，为绿色工程项目管理积累了宝贵的经验。

1.2 工程项目管理的发展历程及其发展趋势

1.2.1 工程项目管理的发展历程

漫长的人类文明和社会发展过程中，伴随着大量工程项目的建造实践，逐步积累、提炼并不断充实完善了工程项目管理的理论基础和技术方法。从工程项目管理行业的发展进程看，大致可以分为三个主要阶段。

1. 人类工程实践催生工程项目管理萌芽

人类最初的工程项目以土木工程为主，主要包括房屋（如皇宫、庙宇、住宅等）、水利和交通设施（如运河、沟渠、道路、桥梁等）、军事设施（如城墙、兵站等）及陵墓工程的建设。在这些工程的建造过程中，古人因地制宜，就地取材，针对规模浩大的劳动组织和纷繁复杂的施工安排采取积极有效的对策和措施，充分体现了古人朴素的工程项目管理思想。

长城是人类文明史上最伟大的工程之一，它始建于2000多年前的春秋战国时期，秦始皇统一中国之后将断断续续的各段长城连接为一体，绵延万里，横亘千年，堪称世界奇迹。在完成万里长城这一伟大工程过程中，工程设计和施工组织者发挥了很强的创造力，显示了高度的聪明才智。

在工程项目选址方面，据成书于公元前93年的我国第一部纪传体通史——《史记》记载，"筑长城，因地形，用制险塞"，即长城大多都是沿山脊而筑，充分利用山体河流作为防御屏障，这不仅是古代军事战略需要，而且在总体上可以最大限度地节省人力和材料，充分体现出古人在建设选址时因地制宜的思想。

在施工组织方面，秦始皇时期修筑长城征用全国男劳力50万人，加上其他杂役共300万人，占当时全国男劳力的一半以上。组织如此大量的劳动力进行施工，必然有一套严密的甚至残酷的组织措施作为保证。据文献和长城碑文记载，当时修筑长城是由各军事辖区的首长向朝廷上书，阐明当时当地防卫的具体情况，提出修筑长城的申请，经朝廷同意后再组织施工。施工任务下达后，由中央政权从全国各地征调军队和募集民夫到重点地区去修筑。而在具体修筑时，是按军队编制组织进行的。如今，在石筑城墙残基上，有的地段发现明显的接痕墙缝，证明当时修筑长城是采用分区、分片、分段包干的办法进行建设的。

1100年，我国著名的古代土木建筑家李诫编修了《营造法式》，汇集了北宋以前各个朝代建筑管理技术的精华。书中"料例"和"功限"，就相当于我们现在所说的"材料消耗定额"和"劳动消耗定额"。《营造法式》是人类最早采用定额进行工程造价管理的文字记录之一，遥遥领先于英国19世纪才出现的工料测量师（Quantity Surveyor）。

英法战争（1337—1453年）后，英国政府决定短期内建立大量的军营。为满足建造速度快、成本低的要求，军营建造首次采用了每个工程项目由一个承包商负责，该承包商负责统筹工程项目中各个工种的工作，并通过报价来选择承包商的方式。工程竞价承包有效控制了政府支出，开创了将竞价方式运用到工程项目成本控制上的先例。

前人用其智慧和汗水在创造中收获着他们在工程项目建造过程中所萌发的管理理念和技术方法，催生了现代工程项目管理基础理论和技术方法的萌芽。

2. 社会生产力发展促进工程项目管理成长

20世纪20年代以来，随着社会生产力的发展和科学技术的不断进步，各个行业的生产方式发生着日新月异的变化。从单枪匹马的"工匠式"作业，到"作坊式"和"小型工厂式"的有组织生产，再到越来越多的跨区域、跨国度的大型企业的出现，生产专业化和综合程度越来越高，工程项目也日趋大型化和复杂化。在这样的背景下，数量众多、规模巨大的工程项目建设亟须称职的管理者的出现。生产力的发展和生产方式的转变促使工程项目与管理实现了最自然的、最有效的结合，工程项目实践在推动人类社会进步的同时促进了工程项目管理行业的快速成长。

20世纪初期，美国著名机械工程师和管理学家亨利·甘特（Henry L. Gantt）总结制造设施生产的经验，首次使用甘特图（又称横道图）来形象、直观地表达纷繁复杂的生产过程。随后，甘特图被广泛应用于土木工程领域，在一定程度上标志着工程项目管理开始告别人们简单、自发的经验积累，向着一门具备完善理论基础的专业学科转变。

20世纪20年代起，美国在当时"科学管理"与经济学领域研究成就的基础上开始探索工程项目的科学管理。被誉为"管理理论之母"的福莱特（Marv Parker Follett）在多年的社区管理实践活动中，积累了众多对于工程项目运作（如职业指导中心的建立和运作）和企业管理的经验，明确提出了管理的整体性思想。此后，系统分析方法在工程项目的规划和决策中得到了广泛应用，大大推动了系统理论的发展。

20世纪40年代以来，人们在研究水力资源的多级分配和库存的多级存储问题的工程项目管理实践中孕育了动态规划的思想雏形。

第二次世界大战后，许多国家面临工期紧迫、材料短缺和资金不足的问题，促使业主们更加注重对工程项目工期、造价和质量的控制，推动了工程项目管理新的管理手段和方法不断涌现。同时，伴随着现代科学技术的进步，产生了系统论、信息论、控制论、计算机技术、运筹学、预测技术和决策技术等理论学说和技术方法并日臻完善，为工程项目管理基础理论和技术方法的发展提供了动力和支撑。

1947年，美国工程师迈尔斯在军事工程项目和军需物品采购的实践中不断探索，逐渐总结出一套解决采购问题的行之有效的方法，并把这种思想和方法应用推广到其他领域，形成了早期的价值工程（Value Engineering）。而后，价值工程在工程项目建设、生产发展与组织管理等方面得到广泛应用。

20世纪50年代初，美国数学家贝尔曼首先提出动态规划的概念。美国"北极星潜艇计划"开始利用计算机进行管理，开发了安排工程项目进度的"计划评审技术"方法，用于难于控制、缺乏经验、不确定性因素多而复杂的项目中。该技术的出现被认为是现代工程项目管理的起点，成为工程项目管理最重要的技术和方法之一。1957年，美国杜邦公司在其化学工业建厂计划中，创造了"关键线路法"。1958年，美国在北极星导弹研制工程项目管理中，首次采用了计划评审技术，获得显著成功，加快了整个系统的研制进度。

20世纪60年代，美国由42万人参加，耗资400亿美元的"阿波罗载人登月计划"取得巨大成功，同时开发了著名的"矩阵管理技术"。管理人员还将风险管理运用于工程项目管理中，采用失效模式和关键项目列表等方法对阿波罗飞船进行风险管理。

受社会经济发展相对滞后的影响，这一阶段我国工程项目管理的发展虽滞后于经济发达国家，但在一些方面也取得了进展和成绩。1954年，被誉为我国"导弹之父"的钱学森院士在主持导弹、火箭和卫星的研制工作与管理实践中，把工程实践中经常运用的设计原则和管理方法加以整理和总结，取其共性，提升为科学理论，出版了《工程控制论》专著。

20世纪60年代初，著名科学家华罗庚教授和钱学森教授分别倡导统筹法和系统工程，并将其推广到修铁路、架桥梁、挖隧道等工程实践中，取得了巨大的经济效益。在这一期间开发出了数以百计的工程作业流程，为提高工程管理技术水平和促进工程管理技术方法的规范化、标准化奠定了基础。

20世纪70年代，我国在重大工程项目建设管理实践中引入了全寿命管理概念，并派生出全寿命费用管理、一体化后勤管理、决策点控制等方法，在上海宝钢工程、秦山核电站等大型工程项目中相继运用了系统的工程项目管理方法，保证了工程项目建设目标的顺利实现。

1984年，利用世界银行贷款的工程项目——鲁布革水电站在国内首先采用国际招标，并通过合理的工程项目管理缩短了工期，降低了造价，取得了明显的经济效益，成了我国工程项目管理在建设工程方面应用的范例。此后，我国的许多大中型工程相继实行工程项目管理制度，逐步实施了项目资本金制、法人负责制、合同承包制、建设监理制等。至此，工程项目管理在我国越来越多的领域中得到运用，为我国工程项目建设的蓬勃发展发挥了积极作用。

随着系统工程、运筹学、价值工程、网络技术等科学技术的发展及超大型建设工程和高科技产品开发等工程项目管理实践的大规模开展，这一阶段的工程项目管理在理论和技术方法方面奠定了良好的基础，初步构建起以技术、管理、法律、经济为支撑平台的理论体系。与此同时，在工程项目管理实践中创造和丰富了管理学的理论与方法，工程项目管理实践成为现代管理学众多理论及方法产生的摇篮和发展的引擎。

3. 新型工业化进程加速工程项目管理发展

进入20世纪90年代以来，伴随着新型工业化的进程，工程项目管理在社会经济发展中的地位和作用的大幅提升，工程项目管理得到了全社会的高度重视，取得了长足发展。现代工程项目管理吸收、融合了系统论、信息论、控制论、行为科学等现代管理理论，其基础理论体系逐步健全和完善；预测技术、决策技术、数学分析方法、数理统计方法、模糊数学、线性规划、网络技术、图论、排队论等现代管理方法的不断进步和有效应用，为解决工程项目管理各种复杂问题提供了更为有效的手段和工具，使工程项目管理的技术方法日益科学化和现代化。计算机的广泛应用和现代图文处理技术、多媒体和互联网的使用，显著提高了工程项目管理工作的质量和效率。

近年来，我国在三峡工程、青藏铁路、国家游泳中心等重大工程项目实践中努力创新工程项目管理的技术手段和方法，拓展了工程项目管理的应用空间，提升了工程项目管理在重大工程项目建设中的作用及效果。

20世纪末以来，计算机技术的发展和普及，以及工程项目管理软件的开发和应用，成为推动工程项目管理专业发展的又一强大动力。信息处理变得更加迅速、及时和准确，管理人员能够把资金、时间、设备、材料及人工等多方面的因素综合在一起，通过计算机完成计划、预测、报表等功能，使得把现代化管理方法和技术手段运用于大型复杂工程项目管理的设想变成了现实。

随着工程项目建设规模的迅速扩大和建造难度的不断增加，工程项目管理行业所面临的形势和实践过程中诸多亟待解决的实际问题推动工程项目管理的学术研究不断深入。国内部分科研机构及大学相继建立了以工程项目管理为主要研究内容的科研院所。科研机构围绕工程项目管理的基础理论、技术方法的应用和工程项目管理专业的人才培养、资格认证展开了广泛的研究和探索。

2002年，国家发展与改革委员会重大建设项目稽查特派员办公室组织勘测设计单位、高等院校及相关企业等联合进行项目监测指标体系和监测信息平台的技术攻关，课题题目为《国家重大建设项目动态监测与评价信息系统原型研制与关键技术研究》，并列入"863"计划。2005年3月，国家发展与改革委员会办公厅正式就国家重大建设项目监测信息系统试点工作发文，在国内部分省市、行业及重大项目建设单位进行重大建设项目监测信息系统的试点运行。

2007年4月，中国工程院和广州市政府联合主办了中国工程院首届工程项目管理论坛。论坛以我国工程项目管理发展现状及关键问题为主题，交流了工程项目管理的先进理念与成功经验，探讨了工程项目管理行业未来的发展趋势。论坛的成功举办有力地推动了工程项目管理行业和学科的发展。

伴随着我国社会经济的持续发展，特别是新型工业化进程的加速推进，工程项目管理在基础理论和技术方法上都得到了全面的发展。一方面，系统工程、科学管理、运筹学、价值工程、网络技术、关键线路法等一系列理论与方法均诞生或应用于工程项目实践，并逐步发展成为管理学的核心理论与方法；另一方面，现代科学技术的飞速发展和社会、经济各个领域对工程项目管理的巨大需求，为工程项目管理的进一步完善和发展提供了广阔的空间，注入了新的活力，促使工程项目管理理论和技术体系不断健全和完善，推动工程项目管理逐步成为社会经济发展中具有重要地位和作用的行业。

1.2.2 现代工程项目管理的发展趋势

现代工程项目管理的发展趋势主要体现在以下几个方面。

1. 工程项目管理理论、方法和手段的科学化

现代工程项目管理的发展历史正是现代管理理论、方法、手段和高科技在工程项目管理中研究和应用的历史。现代工程项目管理吸收并使用了现代科学技术的最新成果，具体表现在以下几个方面。

（1）现代管理理论的应用。现代工程项目管理理论是在现代管理理论，特别是系统论、控制论、信息论、组织行为科学等基础上产生和发展起来的，并在现代工程实践中取得了惊人的成果。它们奠定了现代工程项目管理理论体系的基石，推动了工程项目管理学科的发展。现代工程项目管理实质上就是这些理论在工程项目实施过程和管理过程中的综合运用。

（2）现代管理方法的应用。如预测技术、决策技术、数学分析方法、数理统计方法、模糊数学、线性规划、网络技术、图论、排队论等，它们可以用于解决各种复杂的工程项目管理问题。

（3）现代管理手段的应用。最显著的是计算机和现代信息技术，以及现代图文处理技术、精密仪器、数据采集技术、先进的测量定位技术、多媒体技术和互联网等的使用，这大大提高了工程项目管理的效率。

（4）近十几年来，管理领域和制造业中许多新的理论和方法，如创新管理、以人为本、物流管理、学习型组织、变革管理、危机管理、集成化管理、知识管理、虚拟组织等在工程项目管理中的应用，大大促进了现代工程项目管理理论和方法的发展，开辟了工程项目管理一些新的研究和应用领域。同时，工程项目管理的研究和实践也充实和扩展了现代管理学的理论和方法的应用领域，丰富了管理学的内涵。

2. 工程项目管理的社会化和专业化

在现代社会中，由于工程项目的数量越来越多，规模大、技术新颖、参加单位多，社会对工程项目的要求越来越高，使得工程项目管理越来越复杂。按社会分工的要求，现代社会需要专业化的工程项目管理人员和企业，专门承接工程项目管理业务，为业主和投资者提供全过程的专业化咨询和管理服务。这样才能有高水平的工程项目管理。工程项目管理发展到今天已不仅是一个专业，而且形成许多职业。在我国建设工程领域，工程项目管理有许多执业资质，如建造师、造价工程师、监理工程师等。专业化的工程项目管理（包括造价咨询、招标代理、工程监理、项目管理等）公司已成为一个新兴产业，这是世界性的潮流。国内外已探索出许多比较成熟的工程项目管理模式，这样能极大地提高工程项目的整体效益，达到投资省、进度快、质量好的目标。

3. 工程项目管理的标准化和规范化

工程项目管理是一项技术性非常强的十分复杂的管理工作，要符合社会化大生产的需要，工程项目管理必须标准化、规范化。这样才能逐渐摆脱经验型的管理状况，才能专业化、社会化，才能提高管理水平和经济效益。

工程项目管理的标准化和规范化体现在许多方面，例如，规范化的定义和名词解释；规范化的工程项目管理工作流程；统一的工程项目费用（成本）的划分方法；统一的工程项目计量方法和结算方法；信息系统的标准化，如统一的工程项目信息的编码体系，以及信息流程、数据格式、文档系统、信息的表达形式；网络表达形式的标准化，如我国《工程网络计划技术规程》（JGJ/T 121—2015）；标准的合同条件、标准的招投标文件，如我国的建设工程施工合同（示范文本）等；国家标准，如《建设工程项目管理规范》（GB/T 50326—2016）。

4. 工程项目管理的国际化

在当今世界，国际合作工程项目越来越多，如国际工程项目承包、国际咨询和管理业务、国际投资、国际采购等。另外，在工程项目管理领域的国际交流也越来越多。

工程国际化给工程项目管理带来许多困难，这主要体现在不同文化和经济制度背景下的人，由于风俗习惯、法律背景、组织行为和工程管理模式等的差异，增加了工程项目组织的复杂性和协调的困难程度。这就要求工程项目管理国际化，即按国际惯例进行管理，要有一套国际通用的管理模式、程序、准则和方法，这样就使得工程项目中的协调有一个统一的基础。

工程项目管理国际惯例通常有：世界银行推行的工业项目可行性研究指南；世界银行的采购条件；国际咨询工程师联合会颁布的 FIDIC 合同条件；国际上处理一些工程问题的惯例和通行的准则等；国际上通用的项目管理知识体系（PMBOK）；国际标准化组织（ISO）颁布的质量管理标准（ISO 9000）；国际标准化组织（ISO）颁布的项目管理质量标准（ISO 10006）；国际标准化组织（ISO）颁布的环境管理标准（ISO 14000）等。

1.3 与工程项目管理有关的基础理论和方法

1.3.1 系统工程理论和方法

1. "系统"的定义和工程管理系统

自然界和人类社会中的很多事物并非孤立存在，而是相互制约和相互联系的，它们形成了各式各样的系统。系统一词在古希腊就已使用。它来自拉丁语 syatema，由词头"共同"和词尾"位于"结合而成，表示共同组成的群或是集合的概念。它是工程界应用最广的基本概念。许多专家学者企图用最简单的语言对它下定义。

"一般系统论"的创始人贝塔朗菲认为：系统可以定义为相互关联的元素的集合。

钱学森等学者对系统的定义是：系统是由相互作用和相互依赖的若干组成部分结合而成的、具有特定功能的有机整体。

对于这些定义，尽管表述不同，但是都指出了系统的三个基本特征。

（1）系统是由元素组成的。
（2）元素间相互影响、相互作用、相互依赖。
（3）由元素及元素间关系构成的整体具有特定的功能。

系统是要素的组合，但这种组合不是简单叠加和堆积，而是按照一定的方式或规则进行的，其目的是更大程度地提高整体功能，适应环境的要求，以更加有效地实现系统的总目标。

依据上述定义可以看出，系统是一个涉及面广、内涵丰富的概念，它几乎无所不在。我们就处在由各种系统所构成的客观世界，如国民经济系统、城市系统、环境系统、企业系统、教育系统等。

工程项目是一个系统，它是由若干部分组成的，组成部分按一定方式结合在一起，互相依赖，互相制约，在一定的空间和时间内表现出一定的特征，实现一定的功能和效用。例如，机场就是由候机楼、跑道、控制塔和其他地勤设施等部分组成，共同完成旅客和货物的运输功能。各组成部分在平面和空间上以一定的方式联系起来，缺一不可。一个建筑物是由地基、基础、主体结构、电气照明、给排水、采暖通风、生产或生活设施等组成的，为顾客创造了一个生产或其他活动的空间。

任何工程项目都是一个系统，它又是由各种子系统（系统）构成的。实际上前面我们已经在许多地方用过"系统"一词，工程项目可以从许多角度进行系统描述。

从技术的角度，整个工程项目、工程项目的某个功能面、工程项目的每个专业要素都是系统。对工程项目技术系统而言，一个工程项目有主体结构系统、给水系统、强电系统、通信系统、景观系统、智化系统等，投资者、业主、工程管理公司、承包商、设计单位、供应单位等组成的工程项目组织系统。

工程项目建设活动是一个系统，它是由若干相互联系又相互制约的阶段和环节组成的，环环相扣，缺一不可。例如，一项工程项目要经过项目决策、设计、实施和结束等重要阶段，任何一个阶段都会对工程项目的目标造成影响，任何一个阶段都不可忽视。

工程项目目标是一个系统，它由工期、质量和费用等若干既相互统一又相互矛盾的目标组成，任何一个目标都不是孤立存在的。

工程项目的承包商是一个系统，它是由决策层、若干职能部门和项目经理部等子系统组成的。这些子系统在工程项目进行过程中密切联系、互相沟通、协调合作，共同为工程项目目标的实现开展工作。

工程项目经理部是一个系统，由项目经理、项目管理人员、项目资源和项目信息等组成。

工程项目管理系统由各个职能子系统组成，如计划管理子系统、合同管理子系统、质量管理子系统、成本管理子系统、进度管理子系统、资源管理子系统等。

可见，工程项目管理就是一个系统，它由若干子系统组成，包括工程项目子系统、工程项目管理组织子系统、工程项目管理过程子系统、工程项目管理目标子系统、工程项目管理方法子系统和工程项目管理要素子系统等。这些子系统要素紧密配合、相互联系、相互制约，集成为工程项目管理系统。

2. 系统工程方法

系统工程是以有人参与的复杂大系统为研究对象，按照一定的目的对系统进行分析与管理，以期达到总体效果最优的理论与方法。

1975年，美国科学技术辞典对系统工程解释为："系统工程是研究复杂系统设计的科学，该系统由许多密切联系的元素所组成。设计该复杂系统时，应有明确的预定功能及目标，并协调各元素之间及元素和总体之间的有机联系，以使系统能从总体上达到最优目标。在设计系统时，要同时考虑到参与系统活动的人的因素及其作用。"

系统工程方法是从系统整体目标出发进行系统分析，对系统内部和外部环境之间的关系进行综合，站在全局、整体的角度，用系统、统筹的思维解决系统中出现的问题，使得系统总体实现最优。运用系统方法处理问题时，特别注意由于分工而被忽略的方面，协调各组成部分之间由于分工而造成的矛盾和冲突。

系统方法是从1940年第二次世界大战时美国执行原子弹计划开始的。当时一批犹太科学家，以爱因斯坦为首，向时任美国总统罗斯福建议组织力量制造原子弹，以防止希特勒先掌握原子弹，罗斯福同意了该计划。该计划的负责人是加州理工大学奥本海默教授，他是一名理论物理学家。奥本海默教授提出了完成制造原子弹任务的"曼哈顿计划"。奥本海默教授只用了三年半的时间，组织了2.5万名科技人员，12万名生产人员，制造出了原子弹。制造原子弹项目是前所未有的，实施过程中遇到了很多难题。例如，如何获得同位素材料，专家们提出了6个生产方案，并用了2个月的时间讨论方案的优劣，但无果而终。奥本海默教授决定6个方案同时进行，在1943—1944年，6个方案都获得了成功。2.5万名科技人员分散在各行各业，采取分散研究的方式，研究人员基本上不离开原岗位，但有专门的人员从中协调。最后，在三年半的时间内制造出两颗原子弹。整个原子弹的制造过程就是系统方法的应用过程。中国的"神六航天计划""三峡工程""青藏铁路工程"等，无一不是系统工程方法应用的杰作。

系统工程方法是处理工程项目问题的最有效方法，它贯穿与工程项目相关的各专业的理论和方法中，在工程项目管理专业各门课程中都体现了系统工程方法的应用。例如，工程项目结构分解方法、工程项目界面管理方法、工程项目成本（费用）结构分解、工程项目合同结构体系、工程项目计划系统、工程项目管理信息系统、工程项目实施控制系统等。

任何工程项目的参加者，包括工程项目管理者和工程项目技术人员首先必须确立基本的系统工程观念。在解决各种工程项目问题时，人们都采用系统工程方法，从"总体"上去考察、分析与研究问题，这体现在以下几个方面。

（1）全局的观念，系统地观察问题，解决问题，做全面的整体的计划和安排，减少系统失误。在采取措施，做出决策和计划并付诸实施时都要考虑各方面的联系和影响。例如，在工程项目中要修改某一部分建筑方案，必须考虑该方案的修改对相邻部分建筑和整个建筑方案的影响，还要考虑对工程项目结构方案的影响，考虑对其他工程项目专业（如给排水管道、装饰工程、综合布线等）的影响，考虑对工程项目价格的影响，考虑对工程项目实施计划的修改（如采购计划）等。

（2）追求工程项目的整体最优化，强调系统目标的一致性，强调工程项目的总目标和总效果，而不是局部优化。这个整体常常不仅指整个工程项目建设的过程，而且指整个工程项目的全生命周期，甚至还包括对工程项目的整个上层系统（国家、地区、城市、企业）的影响。

3. 工程项目管理的集成化

现代工程项目规模大、范围广、投资大；有新知识、新工艺的要求，技术复杂、新颖；由成百上千个单位共同协作；由许多功能面和工程项目专业要素构成；由成千上万个在时间和空间上相互影响、互相制约的活动构成；受多目标限制，如资金限制、时间限制、资源限制、环境限制等，是复杂的大系统。只有通过集成化的管理方法才能取得成功。

工程项目集成化管理是将工程项目的全过程、全部管理职能、所有工程项目专业、全部工程项目子项纳入一个统一的管理系统中，以保证管理的连续性和一致性。它的关键问题是工程项目全生命周期的目标系统设计、统一的责任体系，保持组织责任的连续性和一致性。在工程项目管理中，我们可以在以下几方面进行集成化管理。

（1）将工程项目的整个生命周期，从工程项目构思到工程项目运营的全过程各个阶段综合起来，形成工程项目全生命周期一体化的管理过程。

（2）把工程项目的目标、子系统、资源、信息、活动及组织整合起来，使之形成一个协调运行的综合体。

（3）将工程项目管理的各个职能，如成本管理、进度管理、质量管理、合同管理、信息管理、资源管理、组织管理等综合起来，形成一个有机的工程项目管理系统。

（4）业主、承包商、设计单位、工程项目管理公司、供应商等各方面管理系统的集成化和一体化。

工程项目管理的集成化使工程项目内的各个工程专业、各个管理职能、工程项目参加者、工程实施的各个阶段之间互相联系、互相渗透，要求工程管理者必须进行工程项目全生命周期的目标管理，综合计划，综合控制，进行良好的界面管理、良好的组织协调和信息沟通。

1.3.2 控制理论和方法

"控制"一词，英文为control，本意为掌舵手，后转化为用于管理系统、管理人、管理国家等的艺术。控制理论和方法在许多学科领域，特别是在工程项目技术和工程项目管理领域中得到了广泛的应用，发挥了重要作用。

控制论对控制所下的定义是：控制，是指一定的主体，为保证在变化着的外部条件下实现其目标，按照事先拟定的计划和标准，通过各种方式对被控对象进行监督、检查、引导和纠正的行为过程。任何系统的控制，都需要充分适应系统环境条件的变化，从输出到反馈，并将其与计划、标准相对比，这是控制过程的重要特征。输入、变换、反馈、分析与纠正措施等是系统控制的基本步骤。

直观地说，所谓控制，是指施控主体（如工程项目管理者）对受控客体（即被控对象，如工程项目、工程项目组织和工程项目实施过程）的一种能动作用，这种作用能够使受控客体根据预定目标而运动，并最终达到这一目标。控制的目的就是保证预定目标的实现。

控制论的研究对象，主要是指具有复杂性和或然性的系统。而工程项目作为一个系统，正具有这些特征，因此，对于工程项目控制系统的研究，可以采用控制论的思想和方法，工程项目中的控制是综合性控制过程。

1. 多目标控制

工程项目中的控制范围非常广泛，对工程项目的各个要素都必须进行控制，如质量控制、时间控制、成本（投资）控制、范围控制、合同控制、风险控制、环境控制、安全控制等。

2. 综合采用事前控制、事中控制和事后控制方法

（1）事前控制就是在工程项目活动之前采取控制措施，如详细调查并分析研究外部环境条件，以确定影响目标实现与计划实施的各种有利和不利因素，并将这些因素考虑到计划和各个管理职能之中。当根据已掌握的可靠信息预测出工程项目实施将要偏离预定的目标时，就采取纠正措施，以便使工程项目的建设和运行不发生偏离。事前控制也叫前馈控制。在工程项目实施中编制切实可行的计划，对参加者进行资格预审，签订有利、公平和完备的合同，建立完备的工程项目管理程序等都是前馈控制。

（2）事中控制是指在工程项目实施过程中确保工程项目依照既定方案（或计划）进行。它通过对工程项目的具体实施活动的跟踪，防止问题的出现。如在工程项目施工过程中进行旁站监理、现场检查、防止偷工减料，就是事中控制。

（3）事后控制是指根据当期工程项目实施结果与预定目标（或计划）的分析比较，提出控制措施，在下一轮生产活动中进行控制的方式。它是利用实际实施状况的信息反馈对工程项目过程进行控制，控制的重点是今后的生产活动。其控制思想是总结过去的经验与教训，把今后的事情做得更好。它是一种反馈控制，在工程项目中有着广泛的应用，例如，对现场已完工工程进行检查，对现场混凝土的试块进行检验以判定工程项目施工质量，在月底对工程项目的成本报表进行分析等。

3. 采用主动控制和被动控制相结合的方法

（1）主动控制

1）主动控制就是预先分析目标偏离的可能性，并拟定和采取各项预防性措施，以保证计划目标得以实现。主动控制是对未来的控制，它可以尽可能地改变偏差已经成为事实的被动局面，从而减少损失，使控制更有效。

2）从组织的角度上，要求工作完成人发挥自己的主观能动性，自律，自己做好工作，自我控制。例如，在工程项目施工质量管理中，首先要求施工人员自我控制，质量自检。

（2）被动控制

1) 被动控制是从工程项目活动的完成情况分析中发现偏差，对偏差采取措施及时纠正的控制方式。其过程包括：①对计划的实施进行跟踪，收集实施情况的信息；②对工程项目信息进行加工、整理，再传递给控制部门；③控制部门从中发现问题，找出偏差，寻求并确定解决问题和纠正偏差的方案；④实施这些纠偏方案，使得工程项目实施一旦出现偏离目标的情况就能得到纠正。

2) 通过工程项目参加者之间的制衡、他人的监督检查进行控制。

（3）主动控制与被动控制的关系

对工程项目管理人员而言，主动控制与被动控制都是实现工程项目目标所必须采用的控制方式。有效的控制系统是将主动控制与被动控制紧密地结合起来，尽可能加大主动控制过程，同时进行定期、连续的被动控制。只有这样，才能取得工程项目的成功。

1.3.3 信息管理理论、方法与技术

1. 信息管理概述

工程项目的信息化水平的高低是衡量工程项目相关产业现代化程度的标志。工程项目的决策、设计和计划、施工及运营管理方式随着信息技术的发展而发生了重大的变化，很多传统的方式已被信息技术所代替。通过信息管理可以有效地整合信息资源，充分利用现代信息技术，促进信息的共享和有效的信息沟通，从而达到优化资源配置、提高工程项目管理效率、规避工程项目风险的目的，保证工程项目的成功。具体地说，通过信息管理可以实现以下目标：使上层决策者能及时准确地获得决策所需的信息，能够有效、快速决策；实现工程项目组织成员之间信息资源的共享，消除信息孤岛现象，防止信息的堵塞，达到高度协调一致；有效地控制和指挥工程项目的实施；让外界和上层组织了解工程项目实施状况，更有效地获得各方面对工程项目实施的支持。

2. 工程项目信息管理的任务

工程项目的信息管理就是对工程的信息进行收集、整理、储存、传递与应用的总称。工程项目管理者承担着工程项目信息管理的任务，具体包括如下主要内容。

（1）按照工程项目实施过程、工程项目组织、工程项目管理工作过程建立工程项目管理信息系统，在工程项目实施过程中保证这个系统正常运行，并保证信息的传递和流通渠道的畅通。

（2）组织工程项目基本情况的信息并系统化，对各种工程项目报告及各种资料做出规定，如报告和各种资料的格式、内容、数据结构要求等。

（3）通过各种信息渠道收集信息，如现场记录、调查询问、观察、试验等，并做各种信息处理工作。高科技为现代工程项目的信息收集提供了许多新的方法和手段，如现场录像、互联网系统、各种专业性的数据采集系统技术、全球定位系统（GPS）和地理信息系统（GIS）等。

（4）文档管理工作。通过文档系统，有条理地储存和提供信息。

3. 工程项目管理信息系统

信息管理作为工程项目管理的一项职能，通常在工程项目组织中要设置信息管理人员。现在一些大型工程项目和企业中都设有信息中心。但信息管理又是一项十分普遍的、基本的工程项目管理工作，是每一个参与工程项目的组织单位或人员的一项基本工作责任，即他们

都要担负收集、提供、传递信息的任务。

　　管理信息系统（MIS）是工程项目组织的"神经系统"。通过这个"神经系统"，工程项目组织可以迅速收集信息，对工程项目问题做出反应，做出决策，进行有效控制。它是在工程项目管理组织、工程项目实施流程和工程项目管理工作流程基础上设计的，并全面反映工程项目实施过程中的信息流。工程项目管理信息系统的有效运行需要信息的标准化、工作程序化、管理规范化。

1.3.4　组织理论和方法

　　"组织"一词，其含义比较宽泛，人们通常所用的"组织"一词一般有两个意义。

　　（1）"组织工作"。表示对一个过程的组织，对行为的策划、安排、协调、控制和检查，如组织一次会议，组织一次活动，对一个工程项目施工过程的组织。

　　（2）结构性组织。是人们（单位、部门）为某种目的，按照某些规则形成的职务结构或职位结构，如工程项目组织、企业组织等。

　　在此基础上，组织理论出现了两个相互联系的研究方面。

　　（1）组织结构。组织结构侧重于组织的静态研究，以建立精干、合理、高效的组织结构为目的。

　　（2）组织行为。组织行为侧重于组织的动态研究，以建立良好的人际关系、保证组织有效的沟通和高效运行为目的。

　　工程项目组织理论是将现代组织理论与工程的特殊性相结合而产生的工程项目管理理论，是工程项目管理最富特色的地方。

【本章小结】

　　本章着重介绍了工程项目的含义及其特征、工程项目管理的起源和发展历程以及工程项目管理中所要用到的一些基础理论和方法。工程项目是以完成一定的工程技术系统为任务的项目，是一个工程的建设（建造）过程。工程项目管理的思想源远流长，工程项目管理是指通过决策、计划、组织、指挥、协调和控制以实现工程项目预期目标的过程。工程项目管理具有系统性、复杂性、严谨性、信息化和可持续发展的特点。工程项目管理要运用系统工程理论、控制理论、信息理论、组织理论等。

【复习思考题】

一、案例讨论

　　青藏铁路起于青海西宁，止于西藏拉萨，全长1956km，被誉为"天路"，是实施西部大开发战略的标志性工程项目，是中国新世纪四大工程项目之一。青藏铁路一期工程西宁至格尔木段814km，早在1958年就已开工建设，1984年5月1日，一期工程正式通车。二期工程格尔木至拉萨段，自青海省格尔木市至西藏自治区拉萨市，2001年6月29日开工，全长1142km，其中新建1110km，格尔木至南山口既有线改造32km，全线路共完成路基土石方7853万m³、桥梁675座、近16万延长米；涵洞2050座、37662横延米；隧道7座、9074延长米，总投资330亿元人民币，2006年7月1日建成。青藏铁路从酝酿到全线铺通，足足经历了48年。

铁路筑进被称为"世界屋脊"的西藏，这是人类铁路建设史上的伟大创举。美国现代火车旅行家保罗·泰鲁在《游历中国》一书中写道："有昆仑山脉在，铁路就永远到不了拉萨。"但中国科学家经过多次实地勘察和反复研究，建立冻土观测站，连续测取1200多万个数据，铁道部先后投入上亿元资金进行冻土研究，最终克服了多年冻土、生态脆弱、高寒缺氧这三大"世界性难题"。更让人自豪的是，10多万青藏铁路建设大军凭着"低压不低志气，缺氧不缺精神"的信念，创造出一个个的"天路"奇迹。

青藏铁路建设采用热棒、片石通风路基、铺设保温板和以桥代路等世界领先技术来解决冻土层问题，创造了世界海拔最高的车站，世界海拔最高、最长的高原永久冻土隧道等多项世界新纪录。青藏铁路还是目前我国环保投入最多的铁路建设项目，环保投入就达20多亿元，占工程总投资的8%，从而将工程对高原生态环境的影响减到最低程度。在全国工程建设中首次引进环保监理，首次与地方环保部门签订环境保护责任书；在铁路建设史上首次提出"创质量环保双优"的目标；首次为野生动物开辟迁徙通道，位于可可西里国家级自然保护区的清水河特大桥就是青藏铁路专门为藏羚羊等野生动物迁徙而建设的。

问题：根据上述案例背景，进行相关资料的搜索，分析青藏铁路建设过程中所体现出来的"工程项目"的特点、"工程项目管理"的特点，并指出相关的工程项目管理理论和方法在青藏铁路建设中是如何运用的。

二、简答题
1. 简述工程项目的含义及其特征。
2. 简述工程项目管理的含义及其特征。
3. 简述工程项目管理中所运用到的基本理论和方法。

第 2 章　工程项目管理的环境

【学习目标】
(1) 熟悉工程项目生命周期的含义和特点。
(2) 掌握工程项目利益相关者的含义及各类利益相关者的作用。
(3) 掌握工程项目的管理组织类型和承发包模式的类型。
(4) 了解工程项目的外部环境。

【导入案例】
某大厦是集商业、酒店、办公、会所于一体的大型综合楼宇。大厦地下 2 层，层高 5 m；地上 28 层，总高度为 116 m。该大厦功能齐全，包括多个单项工程，如采暖、卫生、给排水、煤气、消防、通风空调、制冷、变电站、动力照明、电视、电话和监控等系统。该项目总投资为 1.5 亿元，总建筑面积为 27 000 m^2，工期要求 36 个月，拟采用工程总承包模式。

总承包商在项目组织方面应解决以下主要问题：项目组织与总承包公司之间的关系、项目团队的组织机构设置、项目经理的产生、项目经理责任制的建立和项目团队建设等。

工程项目的组织结构有哪些类型及如何选择，工程项目的利益相关者如何界定，工程项目承发包模式有哪些类型及如何选择，这些内容将在本章加以介绍。

2.1　工程项目的生命周期

2.1.1　生命周期的含义及其阶段划分

任何一个工程项目就像一个人一样，有它的生命周期。工程项目生命周期是指从工程项目构思开始到工程项目报废、拆除的全过程，在这个期限中工程项目经历由产生到消亡的全过程。

为了顺利完成工程项目的投资建设，通常要把每一个工程项目的生命周期划分成若干个工作阶段，以便更好地进行管理。每一个阶段都以一个或数个可交付成果作为其完成的标志，可交付成果就是某种有形的、可以核对的工作成果。用来确定希望达到的控制水平，该主要阶段一般也使用该可交付成果的名称命名。可交付成果及其对应的各阶段组成了一个逻辑序列，最终形成了工程项目成果。

不同类型和规模的工程项目生命周期是不一样的，通常工程项目的生命周期可以划分为四个阶段：工程项目策划和决策阶段、工程项目计划设计阶段、工程项目实施阶段、工程项目竣工验收阶段。国外典型工程项目生命周期阶段划分如图 2-1 所示。

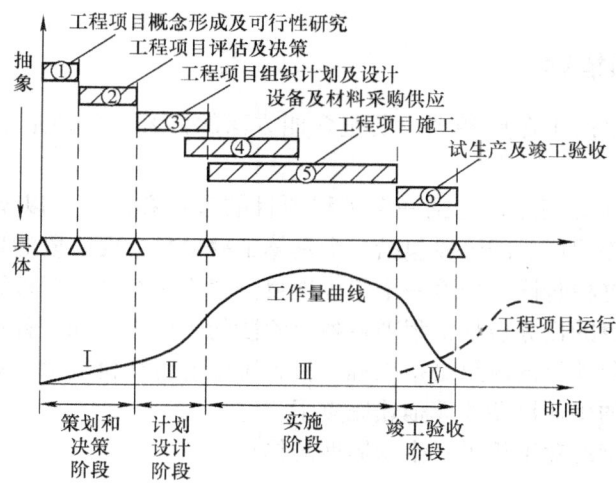

图 2-1 国外典型工程项目生命周期阶段划分

2.1.2 生命周期各阶段的主要工作

如前所述,工程项目生命周期可以划分为若干阶段进行管理,每个阶段都有各自的工作内容。

1. 工程项目策划和决策阶段

工程项目策划和决策阶段的工作内容主要有:工程项目构思的产生、工程项目机会的选择、提出工程项目建议书、进行工程项目可行性研究。

2. 工程项目的工程项目计划和设计阶段

工程项目计划和设计阶段的主要工作内容有:工程建设管理组织的筹建、土地的获得、工程规划、工程勘察、工程设计、编制工程实施计划和现场准备。其中工程设计包括设计任务书的编制、初步设计、技术设计(工艺设计)、施工图设计、设计方案优化等。编制工程实施计划包括的工作有:按照批准的工程项目任务书提出的工程项目建设目标、规划和设计文件编制工程的总体实施规划,之后还要编制工程详细的实施计划,向工程招标管理部门办理工程招标核准和备案手续,进行工程招标,工程质量监督注册,工程安全备案和申请施工许可证。

3. 工程项目实施阶段

工程项目施工阶段的主要工作内容有:施工前的准备工作、工程项目施工过程和施工阶段的其他工作。其中施工阶段的其他工作包括工程项目的保修、工程项目的回访和工程项目建设阶段的考核评价。

4. 工程项目竣工验收阶段

工程项目竣工验收阶段的主要工作内容有:竣工验收和工程项目的运营准备工作。其中工程项目的运营准备工作包括运营维修手册的编制、运营组织的建立与人员的培训、原材料和资金的准备。

2.1.3 生命周期的描述

描述一个工程项目的生命周期至少要包含四方面的内容,分别是工程项目的时限、阶段、任务和成果。

工程项目的时限(时间点)包括一个工程项目的起点和终点,以及一个工程项目各个阶段的起点和终点。工程项目的阶段包括一个具体工程项目主要阶段的划分和各个主要阶段中具体阶段的划分,这种阶段划分将一个工程项目分解成一系列前后接续并且便于管理的工程项目阶段。工程项目的任务包括工程项目各个阶段的主要任务和工程项目各阶段主要任务中的主要活动等。工程项目的成果是指工程项目各阶段的可交付成果。只有将这四部分内容明确,一个工程项目的生命周期才算描述完整了。

图 2-2 是一个典型的对工程项目生命周期的描述。

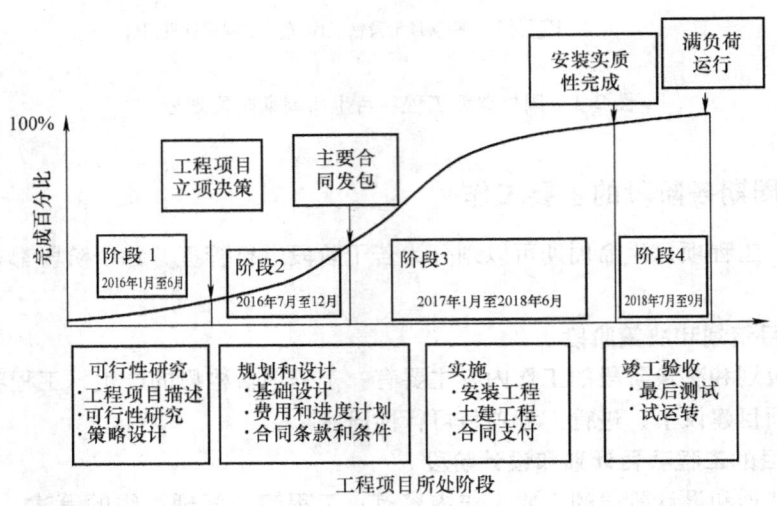

图 2-2 典型的对工程项目生命周期的描述

2.2 工程项目的利益相关者

2.2.1 利益相关者的含义及其内容

工程项目的建设和运营需要各种投入,同时又有各种产出。在这个过程中会影响到社会的许多方面,也需要许多方面的认可和支持。所以,工程项目的建设和运营过程与许多方面利害相关。

工程项目利益相关者是与工程项目的建设和运营过程利害相关的人或组织,这些人或组织有可能通过工程项目获得利益,也可能受到损失或损害。工程项目是靠利益相关者推动和运作的。工程项目利益相关者的范围非常广泛(图 2-3),特别是公共工程项目,涉及社会各个方面。

1. 工程项目产品的用户

工程项目产品的用户即直接购买或使用工程项目最终产品的人或单位。工程项目的最终产品通常是指在投入运营后所提供的产品或服务。例如，房地产开发项目的产品使用者是房屋的购买者或用户；城市地铁工程项目最终产品的使用者是地铁的乘客。有时工程项目的用户就是工程项目的投资者，例如，某企业投资新建一栋办公大楼，则该企业是投资者，该企业使用该办公大楼的科室是用户。

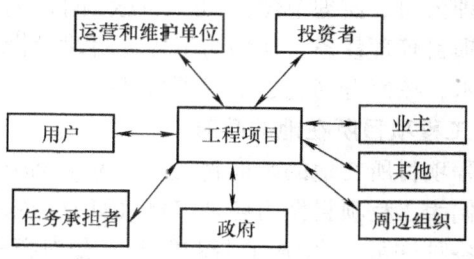

图 2-3　工程项目的利益相关者

用户决定工程项目产品的市场需求，决定工程项目的存在价值。如果工程项目产品不能被用户接受，或用户不满意，不购买，则工程项目没有达到它的目的，也就失去了它的价值。

2. 工程项目的投资者

工程项目的投资者通常包括工程项目所属企业、对工程项目直接投资的财团、给工程项目贷款的或参与工程项目融资的金融单位（如银行），以及我国实行的工程项目投资责任制中的业主单位。许多公共工程项目，政府是投资者。

在现代社会，工程项目的资本结构是多元化的，融资渠道和方式很多，如政府独资、企业独资、中外合资、BOT 方式等，这使得工程项目投资者也是多元化的，可能有政府、企业、金融机构、私人、本国资本或外国资本等。例如，某城市地铁工程项目的投资者为该市政府；某企业独立投资新建一条生产流水线，则该工程项目的投资者就是该企业；某企业与一外商合资建一个新的工厂，则该企业和外商都是该工程项目的投资者；某发电厂工程项目是通过 BOT 融资的，参与 BOT 融资的有一个外资银行、一个国有企业和一个国外的设备供应商，他们都是该工程项目的投资者。

投资者为工程项目提供资金，承担投资风险，行使与所承担的风险相对应的管理权利，如参与对工程项目重大问题的决策，在工程项目的建设和运营过程中的宏观管理、对工程项目收益的分配权利等。所以，如果工程项目获得成功，投资者就能取得利益；如果工程项目失败，投资者不能得到回报，就要受到损失。

3. 业主（建设单位）

"业主"一词主要体现在工程项目的建设过程中。实施一个工程项目，投资者或工程项目所属的企业、政府必须成立专门的组织或委派专门人员以业主的身份负责工程项目的管理工作，如我国的基建管理部门、建设单位等。相对于工程项目的设计单位、承包商、供应商、项目管理单位（咨询、监理）而言，业主是以工程项目的所有者的身份出现的。

工程项目的投资者和业主的身份在有些工程项目中是一致的，但有时又可能不一致。一般在小型工程项目中，业主和工程项目的投资者（或工程项目所属企业）的身份是一致的。但在大型工程项目中业主和工程项目的投资者的身份常常是不一致的，这体现出工程项目所有者和建设管理者的分离，更有利于工程项目的成功。

4. 工程项目任务的承担者

工程项目任务的承担者包括承包商、供应商、勘察和设计单位、咨询单位（包括工程项目管理公司、监理单位）、技术服务单位等，他们通常接受业主的委托完成工程项目任务或工程项目管理任务，他们为工程项目建设投入管理人员、劳务人员、机械设备、材料、资金、技术，按照合同完成工程项目任务，并从业主处获得工程项目价款。

5. 工程项目所在地的政府

工程项目所在地的政府包括工程项目提供服务的政府部门、基础设施的供应和服务单位。它们为工程项目做出各种审批（如立项审批、城市规划审批）、提供服务（如发放项目需要的各种许可）、实施监督和管理（如对招标投标过程的监督和对工程项目的质量监督）。政府代表社会各方面从法律的角度保证工程项目的顺利实施，为工程项目提供服务，监督工程项目的实施，并保护各方面利益。

6. 工程项目的运营和维护单位

工程项目的运营和维护单位是在工程项目建成后接受工程项目的运营和维护任务的单位，它直接使用工程项目生产产品或提供服务。例如，对城市地铁工程项目而言，工程项目的运营和维护单位是地铁运营公司和相关生产者（包括运营操作人员和管理人员）；住宅小区的运营和维护单位是它的物业管理公司。

7. 工程项目所在地的周边组织

工程项目所在地的周边组织包括工程项目所需土地上的原居民、工程项目所在地周边的社区组织和居民等。例如，被拆迁的人员，为工程项目贡献出祖居的房屋和土地，要搬迁到另外的地方生活。

8. 工程项目其他利益相关方

工程项目其他利益相关方一般包括：建筑材料或工程项目设备供应商、工程项目设备租赁公司、保险公司、银行等，这些公司（企业）与业主或承包方签订合同，提供服务或产品。此外，工程项目其他利益相关方还包括工程项目建设过程或运行过程影响范围内的其他组织或个人，由于工程项目的建设或运行，他们的利益受到影响，一般存在补偿的问题。在现代工程项目建设中，部分工程项目这一方面补偿的规模较大，如江西省峡江水利枢纽工程项目，工程项目概算总投资约100亿元，库区征地移民补偿概算投资就约占工程项目总投资的1/3。

2.2.2 利益相关者的管理内容

1. 工程项目建设过程中的工作内容

（1）工程项目所必需的专业性工作内容包括：工程项目设计、建筑施工、安装、设备和材料的供应、技术咨询（鉴定、检测）等。这些工作一般由设计人员、专业施工人员、供应商、技术咨询和服务人员等承担，他们构成了工程的实施层。

（2）工程管理方面的工作内容

1）投资者委托业主负责工程的建设和运营管理。

2）业主委托工程项目管理（或监理）公司具体管理工程项目建设。

3）工程项目的实施单位（设计单位、工程项目承包单位、供应单位）在不同的阶段承担着不同的工作任务，他们都有自己相应的工程项目管理组织。

4）在同一个工程项目中投资者、业主、工程项目管理公司、承包商、设计单位、供应商甚至分包商，都有工程项目经理部。

5）政府从行政和法律的角度进行监督。

2. 投资者的工程项目管理工作内容

投资者的管理工作包括以下几方面。

（1）工程项目前期策划阶段做工程项目的投资决策。

（2）在工程项目建设过程中做投资控制。

（3）在运营过程中做宏观的经营管理。

（4）在工程项目立项后，投资者通常不具体管理工程项目，而委托业主或工程项目管理公司（或代建单位）进行工程项目管理工作。

3. 业主的工程项目管理内容

业主主要在工程项目立项后以工程项目所有者的身份，承担工程项目总体的管理工作。业主的工程项目管理深度和范围是由工程项目的承发包方式和管理模式决定的。具体的管理工作包括以下几方面。

（1）工程项目重大的技术和实施方案的选择和批准（确定生产规模，选择工艺方案）。

（2）做总体实施计划，确定工程项目组织战略，选择工程项目管理模式和工程项目承发包方式。

（3）选择工程项目的设计单位、承包商、工程项目管理单位、供应单位，负责工程项目招标，并以工程项目所有者的身份与他们签订合同。

（4）审定和选择工程项目所用材料、设备和工艺流程等；提供工程项目实施的物质条件；负责与环境部门的协调和得到必要的官方批准。

（5）批准工程项目的设计和计划文件，批准承包商的实施方案，以及对设计和计划的重大修改进行批准。

（6）各子项目实施次序的确定。

（7）对工程项目实施进行宏观控制，对实施过程中重大问题进行决策。

（8）按照合同规定对工程项目实施者支付工程款，组织工程项目竣工验收，接收已完工工程项目。

4. 工程项目管理公司的管理内容

工程项目管理公司包括监理公司、造价咨询公司、招标代理公司、工程项目管理公司、代建制公司等。具体的管理工作包括以下方面。

（1）受业主委托，提供工程项目管理服务，完成包括招标、合同、投资（造价）、质量、安全、环境、进度、信息等方面的管理工作，协调与业主签订合同的各个设计单位、承包商、供应商的关系，并为业主承担工程项目中的事务性管理工作和决策咨询工作。

（2）主要责任是保护业主的利益，保证工程项目整体目标的实现。

工程项目建设监理/咨询方（consulter）一般由工程项目建设监理公司或咨询公司担任，其按与业主签订的监理或咨询合同，提供监理或咨询服务。工程项目监理是我国20世纪80年代末出现的一种建设管理形式。工程项目建设监理公司是指具有工程项目建设监理资格等级证书与法人资格，从事工程项目建设监理业务的单位。监理公司受业主委托后一般都以合同约定的方式与业主签订工程项目建设监理委托合同，在监理委托合同中明确规定监理的范围、双方的权利和义务、监理合同争议的解决方式和监理酬金等。监理的服务范围根据委托方的需要而定，可以包括工程项目建设前期阶段的可行性研究及项目评估，实施阶段的招标投标、勘察、设计、施工等；可以是工程项目建设全过程，也可以是工程项目建设中的部分阶段；委托者既可委托一个监理公司对项目进行监理，也可以委托几个监理公司对工程项目的不同阶段实施监理。监理公司可以只接受一个工程项目的委托，也可以同时接受几个工程项目的监理任务。

工程项目咨询比工程项目监理有更广泛的概念，可以包括工程项目建设监理、工程项目招标代理、项目评估等，是工程项目咨询公司为业主提供的一种技术或管理方面的服务。工程项目咨询公司一般属于智力密集、管理型的工程项目建设企业，凭借其技术和管理方面的能力、经验为业主提供服务，并按合同的约定获得相应的报酬。工程项目咨询公司提供的服务较为广泛，如工程项目的可行性研究、招标代理、合同策划、工程项目造价管理、重大技术或管理问题分析决策等。

5. 承包商的工程项目管理内容

这里的承包商是广义的，包括设计单位、工程项目承包商、材料和设备的供应商。主要的管理工作是在相应的工程项目合同范围内，完成规定的设计、施工、供应、竣工和保修任务，并为这些工作提供设备、劳务、管理人员，使他们所承担的工作（或工程）在规定的工期和成本范围内完成，满足合同所规定的功能和质量要求。

工程项目管理是从参加相应工程项目的投标开始直到合同所确定的工程项目范围完成、竣工交付、工程项目通过合同所规定的保修期为止的。施工承包商承担的任务常常是工程项目实施过程的主导活动，其工程项目管理是最具体、最细致，同时又是最复杂的。

6. 政府的工程项目管理内容

政府的工程项目管理是指政府的有关部门履行社会管理的职能，依据法律和法规对工程项目进行行政管理，提供服务和做监督工作。具体的管理工作包括以下几方面。

（1）对工程立项的审查和批准。
（2）对工程项目建设过程中涉及的建设用地许可、规划方案、建筑许可的审查和批准。
（3）对工程项目涉及环境保护方面的审查和批准。
（4）对工程项目涉及公共安全、消防、健康方面的审查和批准。
（5）从社会的角度对工程项目的质量进行监督和检查。
（6）对工程项目过程中涉及的市场行为（如招标、投标）进行监督。
（7）对在建设过程中违反法律和法规的行为进行处理等。

2.3 工程项目的管理组织

2.3.1 概述

1. 组织的重要性及其内容

如果把一个工程项目视为一个系统，如2008年北京奥运工程项目、广州新白云机场或某高速铁路项目等，其工程项目目标能否实现无疑有诸多的影响因素，应该指出，其中组织因素是决定性的因素。

某市地铁一号线建设时，建设指挥部的工程技术人员超过 1000 人，在历时数年的建设中先后签订了 3000 余个合同，可以想象这样一个工程项目实施时工程组织是何等重要，必须有非常严谨的指令关系、非常明确的任务分工和非常清晰的工作流程组织等。

一个工程项目在决策阶段、实施阶段和运营阶段的组织系统不仅包括建设单位本身的组织系统，还包括各参与单位（设计单位、工程管理咨询单位、施工单位、供货单位等）共同或分别建立的针对该工程项目的组织系统，如工程项目结构、工程项目管理的组织结构、工作任务分工、管理职能分工等。

2. 组织与工程项目系统目标的关系

影响一个系统目标实现的主要因素除了组织以外，还有人的因素（包括管理人员和生产人员的数量和质量）、方法与工具（包括管理的方法与工具及生产的方法与工具），如图 2-4 所示。

结合工程项目的特点，人的因素应包括：建设单位和该工程项目所有参与单位（设计、工程项目监理、施工、供货单位等）的管理人员的数量和质量、生产人员

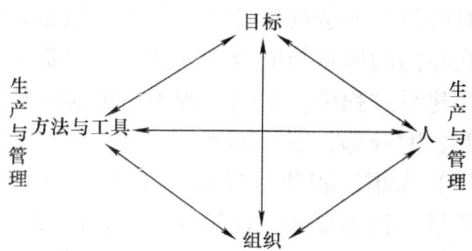

图 2-4　影响一个系统目标实现的主要因素

的数量和质量。方法与工具应包括：建设单位和所有参与单位的管理的方法与工具、所有参与单位的生产的方法与工具（设计和施工的方法与工具等）。

系统的目标决定了系统的组织，而组织是目标能否实现的决定性因素，这是组织论的一个重要结论。如果把一个工程项目的管理作为一个系统，则其目标决定了工程项目管理的组织，而工程项目管理的组织是工程项目管理的目标能否实现的决定性因素，由此可见工程项目管理组织的重要性。控制工程项目目标的主要措施包括组织措施、管理措施、经济措施和技术措施，其中组织措施是最重要的措施。如果对一个工程项目的管理进行诊断，首先应分析其组织方面存在的问题，这都说明了组织的重要性。

3. 组织结构中管理部门设置的原则

在工程项目的实施期，各相关方应该建立哪些部门和机构？根据什么建立这些部门和机构？以下原则将是重要的依据。

（1）根据工程项目的目标和任务确定管理部门。根据组织论的基本原理"目标决定组织"，组织是目标能否实现的决定性因素。工程项目有关管理部门的设置必须考虑工程项目的目标和任务要求。

对任何一个工程项目，其管理的目标都应包括进度、质量和投资三大方面。另外，根据不同工程项目的特点，工程项目的目标还可能包括其他方面。因此，任何一个工程项目的业主都应建立与投资控制、进度控制和质量控制等工作相适应的部门，即应当有专门的部门和人员负责工程项目的投资控制、进度控制和质量控制。比如，有的工程项目业主分别设置了质量安全部、计划管理部和工程项目投资管理部等部门，分别负责质量和安全控制、进度计划和控制、投资控制等；也有的业主设置了计划财务部，负责制订各项工作计划和工程项目进度计划，负责投资控制，设置工程部负责质量控制和进度控制等。当然，也有的按照项目建设任务和生产过程管理来设置管理部门，如设置设计部、招标采购部、工程部等。无论如

何设置，考虑一般工程项目管理的目标和任务，业主设置的管理部门都应该覆盖以下工程项目管理工作任务：投资控制、进度控制、质量控制、合同管理、信息管理、组织与协调、安全管理等。这是由工程项目管理的目标和任务决定的。

（2）与工程项目的性质、规模等特点相结合。工程项目的种类很多，要根据工程项目的性质和特点组建管理部门。比如，对采用新技术经验不足或者技术复杂的大型工程项目，应该成立技术部，专门负责解决实施过程中的重大技术问题，如地铁工程项目、大型水利工程项目、核电站工程项目等都可以设置类似的部门。

对一般的工程项目可以不设置专门的质量管理部门，可以由工程部兼管质量与安全。而那些对质量和安全要求特别高的工程项目，比如，核电站工程项目，则应该根据工程项目特点成立专门的质量与安全管理部门，负责工程项目的质量、安全管理和控制。比如，岭澳核电站在建设过程中，根据工程项目的实际情况，在总经理部下设置了工程部、生产部、质量保证部、财务部、审计部等。

（3）考虑工程项目的实施过程，应有利于工程项目全过程管理和全局控制。对于大型工程项目，技术复杂，建设周期长，面临问题多，可以按照项目建设任务和项目实施的过程来组建管理部门。比如，机场工程项目、地铁工程项目等，可以成立设计部、招标采购部、工程部、运营部等。同时，仍然可以按照项目管理的目标和任务设置相应的投资控制部、质量控制部等。

（4）与工程项目的工作分解结构相适应。大型工程项目的组成内容多，任务重，周期长，比如，地铁工程项目，一般都有多个车站、十多千米甚至数十千米长的区间段及车辆段等组成项目，不论是设计工作还是施工工作，都需要许多单位参与，要考虑将工程项目适当分解，以便发包给不同的单位完成，而业主管理部门的设置应该考虑工程项目工作内容的分解，与工程项目的工作分解结构相适应。

（5）考虑管理跨度和层次，提高管理效率。按照组织效率原则，应该建立规模适度、组织结构层次较少、结构简单、能高效率运作的项目组织。由于许多现代工程项目往往具有规模大、参加单位多的特点，造成组织结构非常复杂。组织结构设置常常在管理跨度和管理层次之间进行权衡。

管理跨度是指某一组织单元直接管理下一层次的组织单元的数量，管理层次是指一个组织总的结构层次。通常管理跨度窄容易造成组织层次多，管理跨度宽则造成组织层次少，如图 2-5 所示。

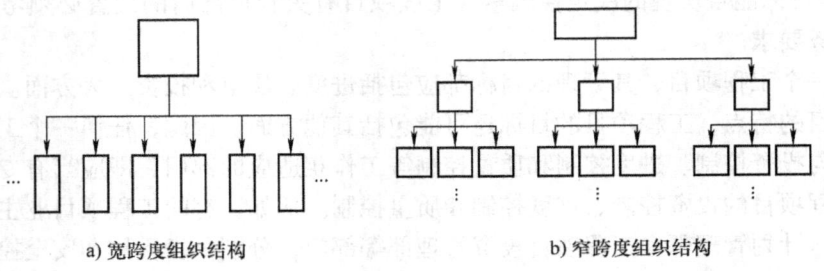

a) 宽跨度组织结构　　　　　　　　b) 窄跨度组织结构

图 2-5　管理跨度和管理层次

1) 跨度窄、层次多的组织结构的特点
① 监督和控制严密，一般不会出现失控现象，但组织层次多，决策慢。
② 高层管理部门与基层管理部门之间的距离过长，信息按照直线传达时容易发生遗漏和曲解。
③ 管理层次多，往往导致管理费用增多。
④ 容易造成管理效率低。
2) 跨度宽、层次少的组织结构的特点
① 组织结构扁平化，结构层次少，组织灵活。
② 管理跨度大，协调困难。
③ 管理负担重，有失控的危险。
④ 对下级有较多的授权。

2.3.2 基本的组织结构模式

组织结构模式可用组织结构图来描述。组织结构图（Diagram of Organizational Breakdown Structure，OBS）是一个重要的组织工具，反映一个组织系统中各组成部门（如工程项目管理班子）之间的组织关系（指令关系），反映的是各工作单位、各工作部门和各工作人员之间的组织关系，如图 2-6 所示。在组织结构图中，矩形框表示工作部门，上级工作部门对其直接下属工作部门的指令关系用单向箭线表示。

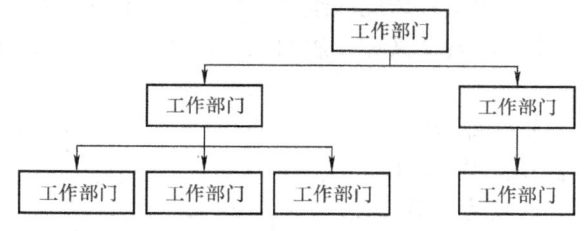

图 2-6　组织结构

组织论的三个重要组织工具是工作分解结构图、组织结构图和合同结构图，它们之间的区别如表 2-1 所示。

表 2-1　工作分解结构图、组织结构图和合同结构图的区别

组织工具	表达的含义	图中矩形框的含义	矩形框连接的表达
工作分解结构图	对一个工程项目的结构进行逐层分解，以反映组成该工程项目的所有工作任务（该工程项目的组成部分）	一个工程项目的组成成分	直线
组织结构图	反映一个组织系统中各组成部分、组成元素之间的组织关系（指令关系）	一个组织系统中的组成部分（工作部门）	单向箭线
合同结构图	反映一个工程项目参与单位之间的合同关系	一个工程项目的参与单位	双向箭线

常用的组织结构模式包括职能组织结构（图 2-7）、线性组织结构（图 2-8）和矩阵组

织结构（图2-9）等。这几种常用的组织结构模式既可以在企业管理中运用，也可以在工程项目管理中运用。

组织结构模式反映了一个组织系统中各子系统之间或各元素（各工作部门）之间的指令关系。组织分工反映了一个组织系统中各子系统或各元素的工作任务分工和管理职能分工。组织结构模式和组织分工都是一种相对静态的组织关系。

1. 职能组织结构的特点及其应用

在人类历史发展过程中，当手工业作坊发展到一定的规模时，一个企业内需要设置对人、财、物和产、供、销管理的职能部门，这样就产生了初级的职能组织结构。因此，职能组织结构是一种传统的组织结构模式。在职能组织结构中，每一个职能部门可根据它的管理职能对其直接和非直接的下属工作部门下达工作指令，因此，每一个工作部门可能得到其直接和非直接的上级工作部门下达的工作指令，那么它就会有多个矛盾的指令源。一个工作部门的多个矛盾的指令源会影响企业管理机制的运行。

在一般的工业企业中，设有人、财、物和产、供、销管理的职能部门，另有生产车间和后勤保障机构等。虽然生产车间和后勤保障机构并不一定是职能部门的直接下属部门，但是职能管理部门可以在其管理的职能范围内对生产车间和后勤保障机构下达工作指令，这是典型的职能组织结构。例如，在高等院校中，设有人事、财务、教学、科研和基本建设等管理的职能部门（处室），另有学院、系和研究中心等教学和科研机构，其组织结构模式也是职能组织结构，人事处和教务处等都可对学院和系下达其分管范围内的工作指令。我国多数企业、学校、事业单位目前还沿用这种传统的组织结构模式。许多工程项目也还沿用这种传统的组织结构模式，在工作中常出现交叉和矛盾的工作指令关系，严重影响了工程项目管理机制的运行和项目目标的实现。

在图2-7所示的职能组织结构中，B1、B2、B3、C5和C6都是工作部门，A可以对B1、B2、B3下达指令，B1、B2、B3都可以在其管理的职能范围内对C5和C6下达指令。因此，C5和C6有多个指令源，其中有些指令可能是矛盾的。

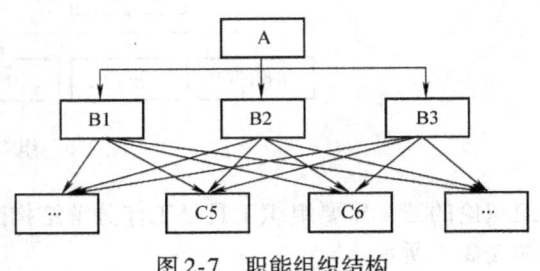

图2-7 职能组织结构

2. 线性组织结构的特点及其应用

在军事组织系统中，组织纪律非常严谨，军、师、旅、团、营、连、排和班的组织关系是指令逐级下达，一级指挥一级和一级对一级负责。线性组织结构就是来自这种十分严谨的军事组织系统。在线性组织结构中，每一个工作部门只能对其直接的下属部门下达工作指令，每一个工作部门也只有一个直接的上级部门，因此，每一个工作部门只有唯一一个指令源，避免了由于矛盾的指令而影响组织系统的运行。

在国际上，线性组织结构模式是工程项目管理组织系统的一种常用模式，因为一个工程项目的参与单位很多，少则数十，多则数百，大型工程项目的参与单位将数以千计，在工程项目实施过程中矛盾的指令会给工程项目目标的实现造成很大的影响，而线性组织结构模式可确保工作指令的唯一性。但在一个特大的组织系统中，由于线性组织结构模式的指令路径过长，有可能会造成组织系统在一定程度上运行的困难。

在图 2-8 所示的线性组织结构中，A 可以对其直接的下属部门 B1、B2、B3 下达指令，B2 可以对其直接的下属部门 C21、C22、C23 下达指令。虽然 B1 和 B3 比 C21、C22、C23 高一个组织层次，但是 B1 和 B3 并不是 C21、C22、C23 的直接上级部门，它们不能对 C21、C22、C23 下达指令。

在该组织结构中，每一个工作部门的指令源都是唯一的。

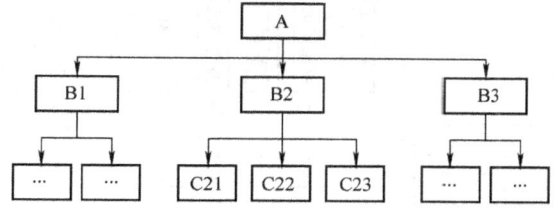

图 2-8　线性组织结构

3. 矩阵组织结构的特点及其应用

矩阵组织结构是一种较新型的组织结构模式。在矩阵组织结构最高指挥者（部门）下设纵向和横向两种不同类型的工作部门。纵向工作部门如人、财、物、产、供、销的职能管理部门，横向工作部门如生产车间等。一个施工企业如采用矩阵组织结构模式，则纵向工作部门可以是计划管理部、技术管理部、合同管理部、财务管理部和人事管理部等，而横向工作部门可以是项目部（图 2-9）。

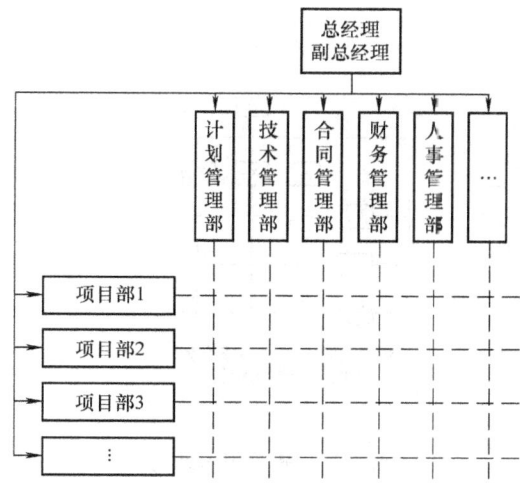

图 2-9　施工企业矩阵组织结构模式的示例

一个大型工程项目如采用矩阵组织结构模式，则纵向工作部门可以是投资控制部、进度控制部、质量控制部、合同管理部、信息管理部、人事管理部、财务管理和物资管理部等，而横向工作部门可以是各子项目的项目管理部（图 2-10）。矩阵组织结构适用于大的组织系统，在上海地铁和广州地铁一号线建设时都采用了矩阵组织结构模式。

在矩阵组织结构中，每一项纵向和横向交汇的工作（如图 2-10 中的项目管理部 1 涉及的投资问题），指令来自纵向和横向两个工作部门，因此其指令源为两个。当纵向和横向工作部门的指令发生矛盾时,由该组织系统的最高指挥者(部门),即图2-11a中的A进行协调或决策。

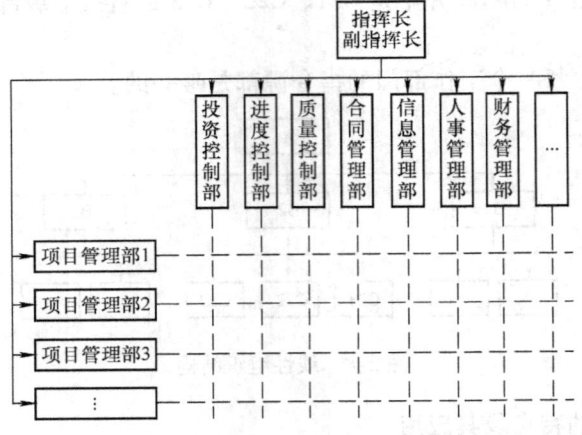

图2-10 大型工程项目采用矩阵组织结构模式的示例

在矩阵组织结构中为避免纵向和横向工作部门指令矛盾对工作的影响,可以采用以纵向工作部门指令为主(图2-11b)或以横向工作部门指令为主(图2-11c)的矩阵组织结构模式,这样也可减轻该组织系统的最高指挥者(部门),即图2-11b和图2-11c中A的协调工作量。

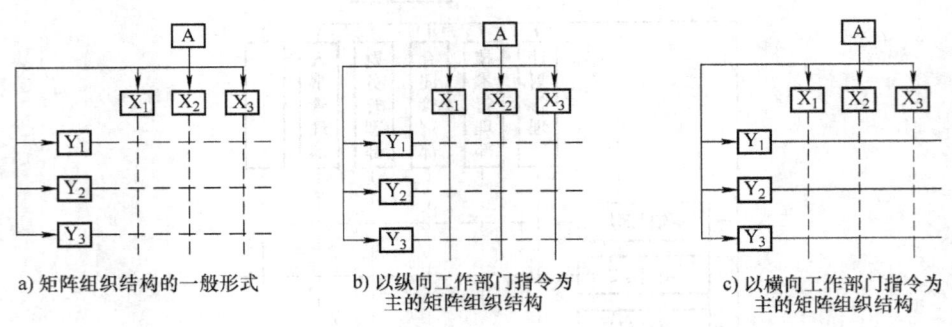

a) 矩阵组织结构的一般形式　　b) 以纵向工作部门指令为主的矩阵组织结构　　c) 以横向工作部门指令为主的矩阵组织结构

图2-11 矩阵组织结构

2.3.3 业主管理的组织结构

2.3.3.1 业主管理的组织模式

1. 业主管理的组织模式的类型

业主的工程项目管理方式主要有以下三种:①业主依靠自有的人力资源自行管理(以下简称A模式);②业主委托一个或多个工程项目管理咨询(顾问)公司进行管理(以下简称B模式);③业主委托一个或多个工程项目管理咨询(顾问)公司进行管理,但业主的人员也参与管理（以下简称C模式）。这三种方式在国际和国内都得到普遍应用。

当业主拥有较充分的人力资源，有能力自行管理工程项目建设时，可采用A模式。若业主不具备自行管理工程项目建设的条件，则可考虑采用B模式或C模式。若业主不习惯或不放心把工程项目建设的管理任务都委托给工程管理咨询（顾问）公司进行管理，则可采用C模式。FIDIC的有关合同文本（FIDIC IGRA 80 PM）规定，如采用上述C模式，则业主的管理人员将在业主委托的工程管理咨询公司的项目经理领导下工作。

在多数工业发达国家中，凡公款投资（指国家或地方财政投资）的工程项目（或有公款投资成分的工程项目）都由政府主管部门直接进行工程管理，其目的是保护纳税人的利益。政府主管部门管理工程项目的能力非常强，基本上都采用A模式。有些工业发达国家，由于公款投资工程项目的数量太大，政府也委托半官方的事业单位（如日本的高速公路公团）或非营利性的组织进行公款投资项目的管理。非公款投资的工程项目则较多采用B模式或C模式。

（1）业主自行工程项目管理。所谓业主自行工程项目管理，即工程项目业主自行组建项目管理班子，完成工程项目建设管理的所有工作，包括工程项目实施全过程中的投资控制、进度控制、质量控制、安全管理、合同管理、信息管理及组织与协调工作。

为了完成各项工程项目管理工作，工程项目业主必须组建与工程项目的管理相适应的部门和机构，拥有专业齐全的项目管理人员，建立规范的管理制度和管理工作流程，进行明确的工作任务分工和管理职能分工，采用科学的工程项目管理方法。业主组建的工程项目管理班子与外部单位的关系如图2-12所示。

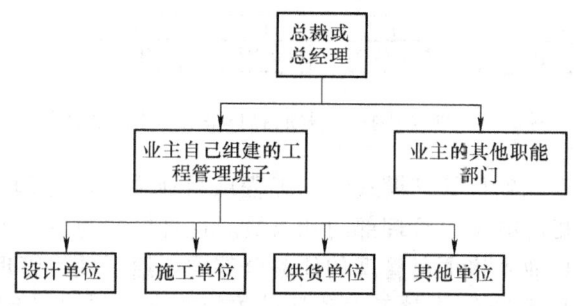

图2-12 业主组建的工程项目管理的组织结构示意

业主自行工程项目管理的特点主要有以下几个方面。

1）工程项目业主对工程项目建设和管理具有较强的主动权和控制权。

2）业主的工程项目管理班子人数多，规模大，特别是对于某些大型工程项目，由于工程项目的规模大、技术复杂、工期长等因素，业主自行工程项目管理往往需要配备大量的项目管理人员，如某地铁工程项目建设，建设指挥部的管理人员最多时超过千人，这么多人参与工程项目管理，不但业主自身的人力资源管理有困难，而且如果工程项目建设完成后人员解散，人员的安置也会有许多困难，会产生很多矛盾。

3）许多工程项目中，工程项目业主管理班子的人员多数属于临时招聘，其能力、经验和水平在短时间内很难体现出来，而如果中途发现问题再更换人员则会对工程项目造成影响。即使所有的人员都非常有能力，胜任管理工作，但众多人员之间的合作也需要一个磨合过程。

4）在工程项目的实施期往往需要大量的项目管理人员，而工程项目建成后又解散，因此不利于积累经验和总结教训，不利于形成专业管理队伍。

有些工程项目的业主，由于已经形成了完善的专业化项目管理机构，具有丰富的工程项目管理经验，完全有能力进行工程项目管理，则不必委托其他单位进行工程项目管理。有些工程项目，不但工程项目业主没有同类工程项目的建设经验，同时社会上也缺乏对同类工程项目具有丰富经验的项目管理咨询单位，这种情况工程项目业主也可以采取自行管理方式。此时，工程项目业主应该组建比较强的管理队伍，并聘请有关技术和管理等专家作为顾问，参与并协助工程项目管理，在共同的参与中使管理人员得到培养、锻炼和提高。如岭澳核电站的建设，工程项目业主实行了自行工程项目管理模式，最终项目取得了很大成功。

（2）业主委托工程项目管理

1）所谓业主委托工程项目管理，即工程项目业主将工程项目管理的所有任务全部委托给工程项目管理咨询公司承担，其组织结构如图 2-13 所示。

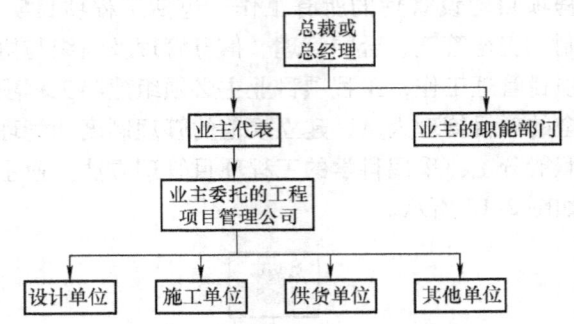

图 2-13　业主委托工程项目管理的组织结构示意

需要说明的是，在委托项目管理模式中，工程项目业主并不是甩手不管，什么都不做，工程项目业主仍然要有相应的项目管理部门和人员。这种模式与自行工程项目管理模式的不同点主要在于，工程项目业主将项目管理的任务全部委托给了项目管理咨询公司，由项目管理咨询公司负责组建项目管理班子对工程项目的投资控制、进度控制、质量控制、合同管理、信息管理、组织与协调等进行全面管理。业主不参与具体的工程项目管理工作，主要进行决策和确认，提供各种条件。工程项目业主的部门可以相应简单化，人员也可以大幅度精简。

2）工程项目管理单位的任务分工。

在工程项目决策阶段负责或者组织开展：①工程项目的机会研究；②可行性研究；③工程项目评估；④为工程项目的决策、立项所需要做的其他工作。

在工程项目设计阶段负责：①编制工程项目建设实施方案；②协助工程项目业主完成向政府部门申请的相关报批工作；③协助工程项目业主确定项目的定义，包括项目的功能、规模、标准等；④编制各个设计阶段的设计要求文件；⑤协助工程项目业主确定技术定义及设计基础；⑥进行资源（技术、人力、资金、材料）评价；⑦进行风险分析并制定管理策略；⑧协助工程项目业主选择专利技术；⑨审查专利商提供的工艺包设计文件；⑩组织委托工程项目总体设计、装置基础设计、工程项目初步设计和施工图设计；⑪审查设备、材料供货厂商名单；⑫提出工程项目设计应统一遵循的标准、规范和规定；⑬协助工程项目业主完成融资工作；⑭制定分包策略，编制招标文件；⑮对投标商进行资格预审；⑯完成招投标和评标工作；⑰协助工程项目业主与工程承包公司进行合同谈判与签约。

在工程项目施工阶段负责：①编制并发布工程施工应统一遵循的标准、规范和规定；②对承包商进行全面管理；③配合工程项目业主进行生产准备；④参加调试，组织装置性能考核、验收；⑤向工程项目业主移交项目全部文件资料。

工程项目收尾阶段，协助工程项目业主处理遗留问题，为项目的终结提供相关服务。

3）工程项目业主的任务分工。在工程项目决策和实施阶段，关于工程项目的技术、经济、管理和组织的规划、协调和控制等具体工作主要由项目管理咨询单位完成，工程项目业主的主要任务是提出有关要求，进行有关的决策、审核、确认和检查等。具体有以下几个方面：①提出工程项目概念和构思、目的和要求；②负责工程项目定义和项目实施方案等的决策；③负责工程项目报批；④负责征地拆迁；⑤负责审核有关计划、标准、规定等；⑥检查各个参与单位的工作；⑦负责实施过程中的有关决策；⑧签订有关合同；⑨根据有关合同和项目管理机构的审核意见支付各种款项。

需要说明的是，在委托工程项目管理模式中，工程项目管理咨询单位提供工程项目管理服务，其工作性质是咨询服务（实质性的管理咨询），不是承包。根据国际惯例，工程项目管理咨询单位为业主的利益开展工作，但并不是业主的代理。

国际上，特别是工业发达国家，社会分工比较明确和细致，采用委托项目管理模式的情况比较普遍，并已经形成了比较规范和成熟的操作模式。但是，并没有法规规定必须采取委托项目管理模式。在市场经济条件下，也并不是所有的工程都采用委托项目管理模式，采用什么模式完全由业主自行决定。

在国内的工程项目管理实践中，越来越多的工程项目倾向于按照国际惯例进行管理并尝试采用委托项目管理模式。例如，某市地铁三号线就采取了这种模式，业主委托国际著名的项目管理咨询公司负责全过程的项目管理，其组织结构如图2-14所示。

根据工程项目的规模和特点，工程项目业主可以委托一个单位对工程进行管理，也可以委托多个单位组成一个联合体或者合作体进行管理，也可以按照工程项目的结构分解，每个单位分别负责不同子项目的管理。

对工程项目管理任务的委托也可以分阶段进行，比如，在设计阶段可以专门委托一个项目管理咨询公司帮助业主进行设计阶段的管理，在施工阶段另委托一个工程项目管理咨询公司负责施工阶段的管理。

（3）业主和工程项目咨询单位合作进行工程项目管理

业主与工程项目管理咨询单位合作进行工程项目管理，可以有以下几种可能的合作形式。

第一种合作形式：由业主和工程项目管理咨询单位联合组建一个工程项目管理机构。工程项目管理咨询单位根据业主的要求和工程项目管理的需要派出相应的人员，双方的人员在一个统一的项目经理（国际上往往由项目管理咨询单位委派）领导下开展工作，分别承担不同的工程项目管理任务。双方人员在一起共同工作，但组织结构图的形式不变，如图2-15所示。

第二种合作形式：由业主自己组建工程项目管理班子，全面负责整个工程项目的组织实

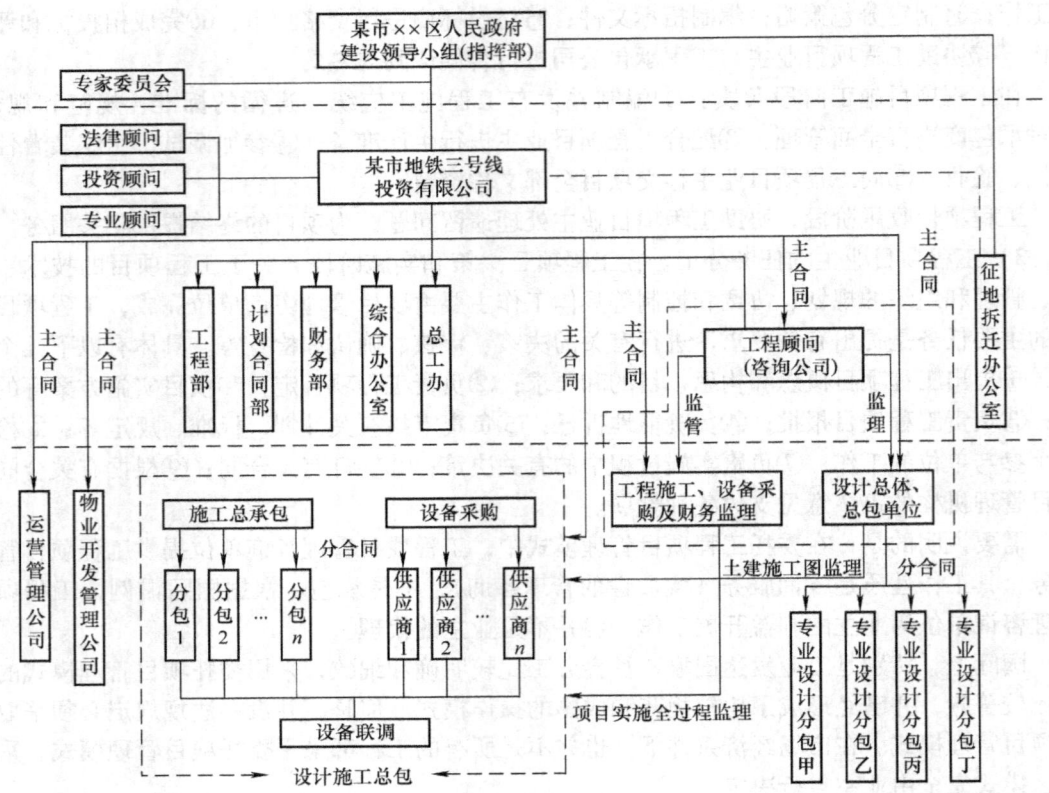

图 2-14 某市地铁三号线建设管理组织结构

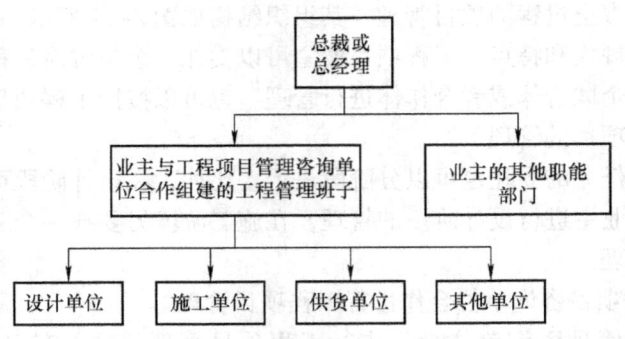

图 2-15 业主和工程项目管理咨询单位合作工程项目管理的组织结构示意

施,统筹安排或者完成工程项目管理的各项任务,其中,可能将几种或几个专门的工程项目管理任务单独委托工程项目管理咨询单位完成。比如,将工程施工任务委托给工程项目监理单位进行现场质量控制、进度控制、协调等,将进口设备采购的招标和评标工作委托给具备资格和能力的招标代理公司完成,将工程造价控制委托造价咨询公司负责,等等。

第三种合作形式:由业主自己组建工程项目管理班子,而由工程项目管理咨询单位作为顾问,又可分为两种情况,分别如图 2-16、图 2-17 所示。

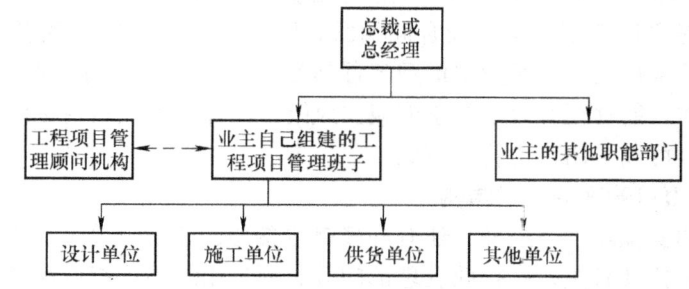

图 2-16 业主和工程项目咨询单位合作进行工程项目管理的组织结构示意 1

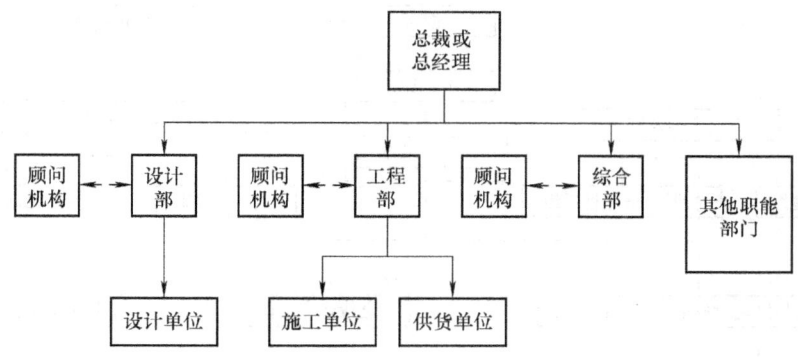

图 2-17 业主和工程项目咨询单位合作进行工程项目管理的组织结构示意 2

在图 2-16 中，工程项目管理咨询单位组建一个工程项目管理顾问机构为业主的工程项目管理班子整体提供咨询，由业主的工程项目管理班子负责对外进行各种协调和管理，发布各种指令。

在图 2-17 中，根据业主的要求和工程项目的需要，由一个或多个工程项目管理咨询单位组建多个工程项目管理顾问小组，分别为业主的不同工程项目管理部门提供专项咨询服务。

2. 业主管理组织模式选择的影响因素

（1）工程项目的经济属性。公益性工程项目由于业主的缺位，若由政府直接管理，从已有实践来看，存在成本超支、工期延长等效率低下问题，因此宜采用委托管理方式。在一些国家和地区，成立了一些专业化的事业性质的单位专门从事政府投资项目的管理，如日本的高速公路公团、我国香港的公路局等。对于非公益性工程项目而言，项目业主采用何种工程项目管理方式，则要视业主的建设管理能力、偏好、经营战略和工程项目的复杂程度等因素而定。

（2）业主的建设管理能力、偏好和经营战略。业主的建设管理能力强、经验丰富，则可能倾向于采用自主管理方式；反之，则可能采用委托管理方式。此外，业主的经营战略也会影响某特定工程项目的管理方式的选择，譬如主营家电制造的企业在多元化扩展过程中，如拟进入房地产行业发展，则可能新成立一家房地产公司，若采用自主管理的方式，则有利于积累经验。业主决策者的偏好对工程项目管理方式的选择也有影响。

（3）工程项目的复杂程度。工程项目的复杂程度高意味着工程项目实施过程中的风险大，更容易出现工程项目变更、索赔或合同纠纷，因此对工程项目管理者的协调、专业知识、经验等方面的要求更高，此时业主借助工程项目管理公司的人力资本和管理经验优势，即采用委托管理方式，能够更有效地规避或减少风险，确保工程项目目标的实现。对于复杂程度低的工程项目，可以采用自主管理方式。

2.3.3.2 业主工程项目管理的组织结构

一个工程项目的实施除了业主外，还有许多单位参加，如设计单位、施工单位、供货单位和工程管理咨询单位及有关政府行政管理部门等，项目组织结构图应注意表达与业主及项目各参与单位有关的各工作部门之间的组织关系（图2-18）。

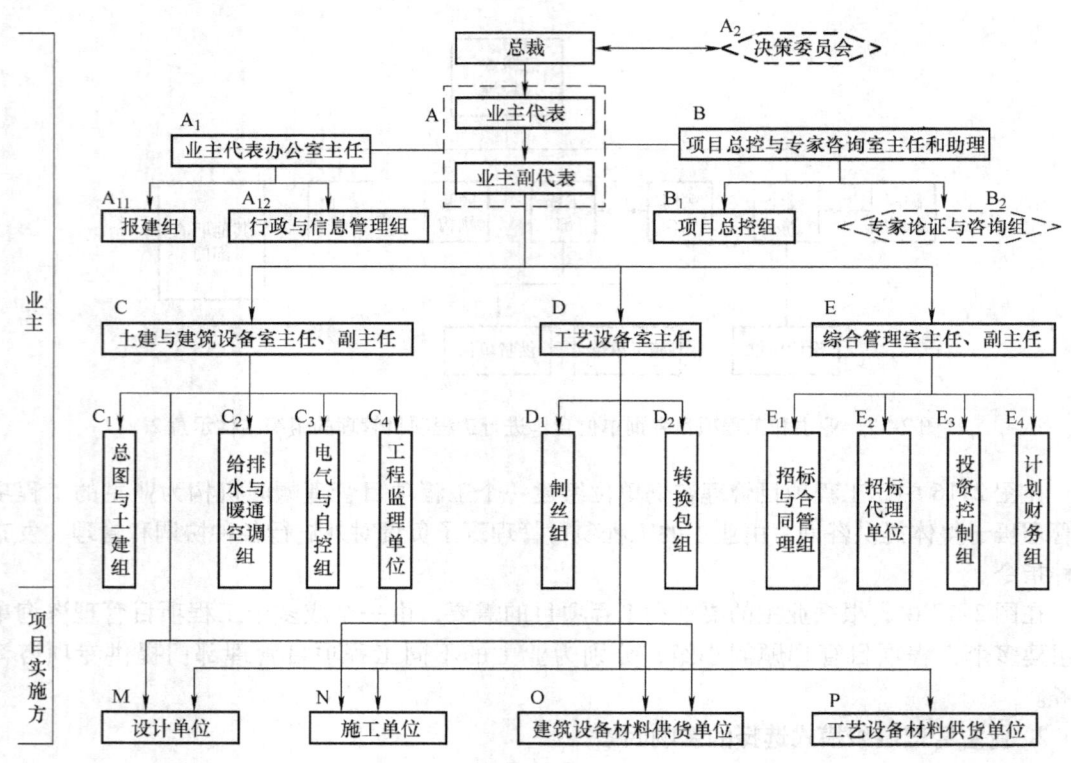

图2-18 某技术改造项目的组织结构示例

业主、设计方、施工方、供货方和工程管理咨询方的工程项目管理的组织结构都可用各自的工程项目组织结构图予以描述。

图2-18是某工厂一个技术改造项目的组织结构示例（在该示例中业主因工作需要在总裁下设业主代表和业主副代表，分别由该厂的总工程师和副总工程师担任），业主内部是线性组织结构，而对于项目实施方而言，则是职能组织结构，该组织结构的运行规则如下：①在业主代表和业主副代表下设三个直接下属管理部门，分别由土建与建筑设备室主任、副主任（C）、工艺设备室主任（D）和综合管理室主任、副主任（E）管理。这三个管理部门只接受业主代表和业主副代表下达的指令。②在C下设C_1、C_2、C_3和C_4四个工作部门，C_1、C_2、C_3和C_4只接受C的指令。在D下设D_1和D_2两个工作部门，D_1和D_2只接受D

的指令。E下的情况与C和D相同。③施工单位将接受工艺设备室主任和工程项目监理单位的工作指令，设计单位将接受土建与建筑设备室主任和工艺设备室主任的指令。

图2-19所示的某工程项目管理组织结构，业主内部和实施方都是线性组织结构。在线性组织结构中每一个工作部门只有唯一的上级工作部门，其指令来源是唯一的。图2-19显示，不允许总经理对项目经理和设计方直接下达指令，总经理必须通过业主代表转达指令；也不允许业主代表对设计方等直接下达指令，而必须通过项目经理转达指令，否则就会出现矛盾的指令。项目的实施方（如图2-19中的设计方、施工方和甲供物资方）的唯一指令来源是代表业主利益的项目经理，这有利于项目的顺利进行。

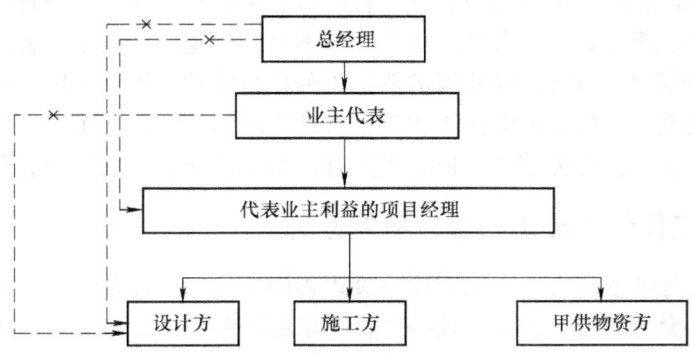

图2-19 在线性组织结构中不允许出现多重指令

1. 业主工程项目管理的组织结构设计

业主项目管理最核心的问题是其组织结构，在进行项目管理组织结构图设计时，需要考虑多方面的因素，如图2-20所示。

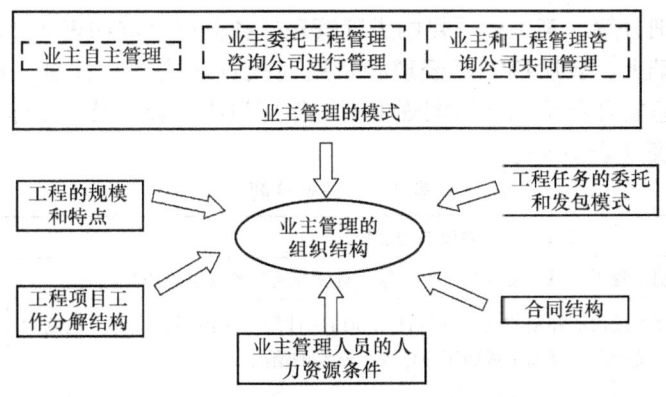

图2-20 影响业主项目管理组织结构图设计的因素

从图2-20中可以看出，业主项目管理的组织结构与工程任务的委托方式、发包模式、业主管理的模式和合同结构紧密相关。对于同一个工程项目，若采用工程项目总承包，或者采用施工总承包，或者采用施工任务的平行发包，其相应的业主项目管理的组织结构必然是不同的。

当分析了图2-20中的各种因素后，应决定采用哪一种组织结构模式。由于线性组织结构的指令源是唯一的，有利于工程的协调、组织和指挥，有利于工程项目目标的控制，因此线性组织结构模式在国际上得到广泛的应用。工程规模较大，且包含多个子项目的工程项目，为避免工作指令路径过长，较多采用矩阵组织结构模式。一般的工程项目不宜采用职能组织结构，因为矛盾的指令源对工程的进展、对工程项目目标的控制都不利。但是，我国多数工程项目采用的还是传统的职能组织结构模式，多重和矛盾的指令源的问题始终没有得到解决。

2. 业主工程项目管理的组织结构的动态调整

工程项目管理的一个重要指导思想是：在工程项目实施的过程中，变是绝对的，不变是相对的，平衡是暂时的，不平衡则是永恒的。工程项目实施的不同阶段，即设计准备阶段、设计阶段、施工阶段和运营准备阶段，其工程项目管理的任务特点、管理的任务量、管理人员参与的数量和专业不尽相同，因此，业主工程项目管理组织结构在工程项目实施的不同阶段应做必要的动态调整，设计不同阶段的业主工程项目管理组织结构图，譬如可以分三个阶段进行设计，分别是：①施工前业主工程项目管理组织结构图；②施工开始后业主工程项目管理组织结构图；③工程任务基本完成，生产准备阶段的业主工程项目管理组织结构图等。

2.3.4 组织中工作任务分工和管理职能分工

业主和工程项目各参与方，如工程项目管理咨询单位、设计单位、施工单位和供货单位等都有各自的项目管理任务，因此上述各方都应该编制各自的工程项目管理任务分工表和管理职能分工表。

2.3.4.1 工作任务分工

每一个工程项目都应编制项目管理任务分工表，这是一个工程项目的组织设计文件的一部分。在编制工程项目管理任务分工表前，应结合工程项目的特点，对工程项目实施的各阶段的费用（投资或成本）控制、进度控制、质量控制、合同管理、信息管理和组织与协调等管理任务进行详细分解。某工程项目的进度管理任务分解示例如表2-2所示。在工程项目管理任务分解的基础上，要明确项目经理和费用（投资或成本）控制、进度控制、质量控制、合同管理、信息管理和组织与协调等主管工作部门或主管人员的工作任务，在此基础上编制工作任务分工表（表2-3）。

表2-2 任务分解

	3.2 设计阶段的进度控制	备注
3201	参与编制工程项目总进度计划，有关施工进度与施工监理单位协商讨论	
3202	审核设计方提出的详细的设计进度计划和出图计划，并控制其执行，避免发生因设计单位推迟进度而造成施工单位要求索偿的情况	
3203	协助起草主要甲供材料和设备的采购计划，审核甲供进口材料设备清单	
3204	协助业主确定施工分包合同结构及招投标方式	
3205	督促业主对设计文件尽快做出决策和审定	
3206	在工程项目实施过程中进行进度计划值和实际值的比较，并提交各种进度控制报表和报告（月报、季报、年报）	
3207	协调室内外装修设计、专业设备设计与主设计的关系，使专业设计进度能满足施工进度的要求	

表 2-3　工作任务分工

工作任务 \ 工作部门	项目经理部	投资控制部	进度控制部	质量控制部	合同管理部	信息管理部	…

在工作任务分工表中应明确各项工作任务由哪个工作部门（或个人）负责，由哪些工作部门（或个人）配合或参与。无疑，在工程项目的进展过程中，应根据需要对工作任务分工表进行调整。

2.3.4.2 管理职能分工

每一个工程项目都应编制管理职能分工表，这是一个工程项目的组织设计文件的一部分。如图 2-21 所示，管理是由多个环节组成的有限的循环过程：提出问题、筹划、决策、执行和检查。

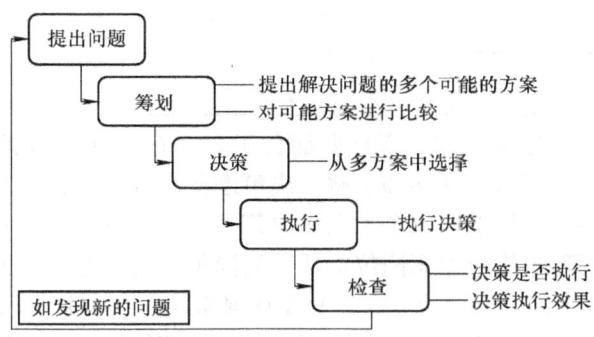

图 2-21　管理职能

这些组成管理的环节就是管理的职能。管理的职能在一些文献中也有不同的表述，但其内涵是类似的。下面以一个示例来解释管理职能的含义。

（1）提出问题——通过进度计划值和实际值的比较，发现进度推迟了。

（2）筹划——加快进度有多种可能的方案，如改一班工作制为两班工作制，增加夜班作业，增加施工设备和改变施工方法，应对这三个方案进行比较。

（3）决策——从上述三个可能的方案中选择一个将被执行的方案，增加夜班作业。

（4）执行——落实夜班施工的条件，组织夜班施工。

（5）检查——检查增加夜班施工的决策是否被执行，如已执行，则检查执行的效果如何。

如通过增加夜班施工，工程进度的问题解决了，但发现了新的问题，施工成本增加了，这样就进入了管理的一个新的循环：提出问题、筹划、决策、执行和检查。整个施工过程中管理工作就是不断发现问题和不断解决问题的过程。

以上不同的管理职能可由不同的职能部门承担，如：

（1）进度控制部门负责跟踪和提出有关进度的问题。

（2）施工协调部门对进度问题进行分析，提出三个可能的方案，并对其进行比较。

(3) 项目经理在三个可供选择的方案中，决定采用第二方案，即增加夜班作业。
(4) 施工协调部门负责执行项目经理的决策，组织夜班施工。
(5) 项目经理助理检查夜班施工后的效果。

管理职能分工表（表2-4）是用表的形式反映工程项目管理班子内部项目经理、各工作部门和各工作岗位对各项工作任务的项目管理职能分工。表中用拉丁字母表示管理职能。管理职能分工表也可用于企业管理。

表2-4 管理职能分工

工作部门 工作任务	项目经理部	投资控制部	进度控制部	质量控制部	合同管理部	信息管理部	…

每一个方块用拉丁字母表示管理的职能

表2-5是苏黎世机场建设工作的管理职能分工表，它将管理职能分成7个，即决策准备、决策、执行、检查、信息、顾问和了解，决策准备与筹划的含义基本相同。从表2-5中可以看出，每项任务都有工作部门或个人负责决策准备、决策、执行和检查。我国多数企业和工程项目的指挥或管理机构习惯用岗位责任制的岗位责任描述书来描述每一个工作部门的工作任务（包括责任、权利和义务等）。工业发达国家在工程项目管理中广泛应用管理职能分工表，以使管理职能的分工更清晰、更严谨，并会暴露仅用岗位责任描述书时所掩盖的矛盾。如使用管理职能分工表还不足以明确每个工作部门的管理职能，则可辅以使用管理职能分工描述书。

表2-5 苏黎世机场建设工作管理职能分工表

编号	工作部门 工作任务	项目建设委员会	项目建设委员会成员	机场经理会	机场经理会成员	机场各部门负责人	工程项目协调部门	工程项目协调工程师	工程项目协调组
1	总体规划的目的/工期/投资	E	B Ko	Ke	Ke	Ke	—	—	—
2	组织方面的负责	E	B Ko	Ke	Ke	Ke	—	—	—
3	投资规划	E	B Ko	Ke	Ke	Ke	—	—	—
4	长期的规划准则	E	Ko	B Ke	B ke	D I	B	B	—
5	机场—机构组成方面的问题	E	B	Ke	Ke	Ke	—	—	—
6	总体经营管理	E	B	Ke	Ke	P Ke	—	—	—
7	有关设计任务书、工期与投资的控制检查	Ko	Ko	D I	D I	I	—	—	—
8	与机场有关的其他项目	Ke	Ke	E	I Ko	P	B Ko	B Ko	Ke
9	施工方面有关技术问题的工作准则	—	—	E	B I Ko	B	Ke	P Ko	Ke

注：P—决策准备；Ko—检查；B—顾问；E—决策；I—信息；D—执行；Ke—了解。

为了区分业主方和代表业主利益的工程项目管理方和工程项目建设监理方等的管理职能，也可以用管理职能分工表表示，表2-6所示的是某工程项目的一个示例。

表2-6　某工程项目管理职能分工表示例

序号		设计阶段任务	业主	工程项目管理方	工程项目建设监理方
1	审批	获得政府有关部门的各项审批	E		
2		确定投资、进度、质量目标	D C	P C	P E
3	发包与合同管理	确定设计发包模式	D	P E	
4		选择总包设计单位	D E	P	
5		选择分包设计单位	D C	P E C	P C
6		确定施工发包模式	D	P E	P E
7	进度	设计进度目标规划	D C	P E	
8		设计进度目标控制	D C	P E C	
9	投资	投资目标分解	D C	P E	
10		设计阶段投资控制	D C	P E	
11	质量	设计质量控制	D C	P E	
12		设计认可与批准	D E	P C	

注：P—筹划；D—决策；E—执行；C—检查。

2.3.5　工程项目建设和实施的承发包模式

2.3.5.1　工程项目承发包模式的内涵和发展

1. 工程项目承发包模式的内涵

在市场经济环境下，业主总是采用在建设市场上选择承包商（包括设计和施工企业）的做法，为其完成工程的建设任务。而工程项目一般由多个子项目组成，建设过程的基本内容又分为设计和施工，于是业主可将整个工程项目的设计、施工任务分别选择设计和施工企业来完成，也可选择一家具有设计施工能力的建设企业来完成；业主甚至还可将整个工程的设计任务交给一家设计企业完成，而将整个工程项目的施工分为若干部分，分别选择施工企业来完成；等等。这就是工程项目不同的承发包模式。因此，工程项目承发包模式是指业主将工程的建设任务进行合理分解，并选择相应的承包商去完成的组织方式。

从不同视角，人们对工程承发包模式给出了其他名称，例如，项目交付方式（Project Delivery Methods/System，PDM/PDS），其基于项目交付视角；工程交易方式，其基于工程交易视角；工程承包方式，其基于工程承包方的视角。

2. 工程项目承发包模式的发展

约200年前，在经济社会制度变迁、工程技术进步的推动下，工程项目建设从完全的手工业逐步向工业化方向发展，专业化的建筑业应运而生，工程项目交易制度逐步建立。

在工程项目交易制度下，业主通常采用承发包模式建设工程项目，即将工程项目的设计、施工等发包给专门的承包商去完成，而其只需对这一交易过程进行管理，并向承包商支付交易款项。

工程项目立项后，要经历一个设计、施工、验收等阶段的过程；工程项目一般也由若干子项目构成，是一个系统，此即为工程交易中的时空二维结构。如何组织工程交易？这就是交易方式或承发包模式设计问题。最先出现的是什么样的交易方式，现在无从考证。但美国工程交易制度的变迁，可为工程交易方式/发包方设计提供启迪。

在美国，1789—1933年这段时间，90%的基础设施采用设计—施工—运行三位一体的方式运作。这种建设体制的效率高、交易成本低，但是设计与施工人员之间缺乏有效的监督和约束，再加上承包商自身设计力量的不足，工程质量难以得到保证。在1875年前的一段时间里，"豆腐渣"大坝、桥梁坍塌等恶性事故屡屡发生，平均每年有25座桥梁坍塌。针对这种情况，美国政府从1893年开始，在联邦政府的公共项目中采用设计与施工分离（DBB）的发包方式，并在1926年的公共建筑法中作为强制执行的内容。进入20世纪90年代，由于技术的进步和企业结构的变化，集设计与施工于一体的DB模式又重新受到重视。从1995年开始的以后10多年中，采用DB模式建设的工程项目数量每年以6%的速度递增，据1999年对400家最大的承包商的统计，有62%的企业在承担DB项目的建设任务。

美国承发包模式应用的实践告诉我们，承发包模式的选择与工程技术、经济社会发展紧密相关。事实上，其还与工程项目自身的特点相关。

目前，按工程设计、施工是否一体化，可将工程承发包模式分为设计与施工相分离的承发包模式（DBB）和设计施工相融合的承发包模式（EPC/DB）两大类。而在这两大类承发包模式下又有若干具体的承发包模式。

对某一工程项目，采用不同的承发包模式，将会产生不同的技术经济效果。因此，工程项目立项后，业主首先关心的是如何选择或设计承发包模式，为工程项目实施开好局、起好步。

2.3.5.2 工程项目承发包模式分类

工程项目承发包模式反映了工程项目的发包方和承包方之间、承包方与分包方之间的合同关系。许多工程项目的管理实践证明，一个工程项目建设能否成功，能否进行有效的投资控制、进度控制、质量控制、合同管理及组织协调，很大程度上取决于承发包模式的选择，因此应该慎重考虑。工程项目的工程任务主要包括设计任务和施工任务，下面介绍几种常见的工程项目承发包模式。

1. 平行承发包

（1）平行承发包的含义。平行承发包又称为分别承发包，是指发包方根据工程项目的特点、项目进展情况和控制目标的要求等因素，将工程项目按照一定原则分解，将设计任务分别委托给不同的设计单位，将施工任务分别发包给不同的施工单位，各个设计单位和施工单位分别与发包方签订设计合同和施工合同，合同结构如图2-22所示。

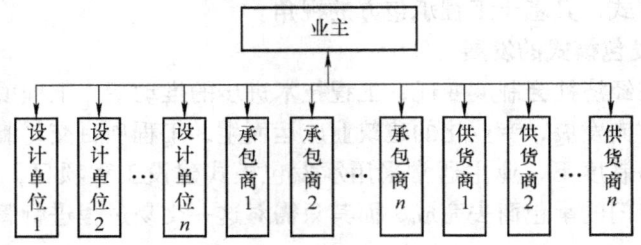

图2-22 平行承发包模式的合同结构

（2）工程设计平行委托。工程设计任务的平行委托，是指工程项目业主根据工程项目的组成结构将工程设计任务平行委托给不同的工程设计单位，也可以根据工程项目的不同设计阶段或者不同设计专业分别委托给不同的工程设计单位。在工程设计平行委托模式中，各个设计单位分别与业主单独签订合同，各个设计单位之间的关系是平行关系。例如，某地铁工程项目，业主除委托 A 设计单位进行总体设计外，还分别将三个地下车站委托给 B 设计单位、将四个地面车站委托给 C 设计单位、将车辆段委托给 D 设计单位等，如图 2-23 所示。又如某国际会展中心工程项目中，工程项目业主将方案设计委托给国外某设计单位设计，初步设计和施工图设计委托给国内某设计单位设计。

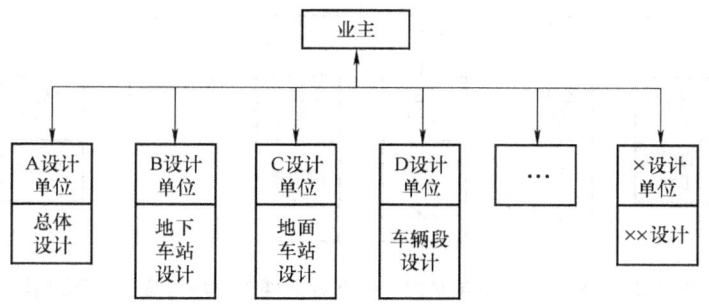

图 2-23 设计平行委托案例——某地铁项目设计合同结构

工程设计平行委托模式的主要特点包括以下几点。

1）工程项目业主要负责所有设计合同的招标、合同谈判、签约、招标及合同管理，工作量较大。

2）工程项目业主要负责对多个设计合同的跟踪管理，工作量较大。

3）不同的设计单位对业主的设计要求、准则和标准的理解和把握程度不同，容易造成设计不协调。

4）各个专业之间、各个设计阶段及工程项目各个组成部分之间的交互界面比较多，界面管理工作量大，也很容易对设计质量、设计进度产生影响。

5）工程项目业主要负责对所有设计单位的管理及各个设计单位之间的组织协调。同时工程项目业主必须选择一个工程设计单位牵头，承担工程设计总负责单位的角色，负责工程设计的协调与衔接。

对有些大型或复杂工程项目，由于工程项目组成内容多，设计工作量大，很难由一个设计单位独立完成设计任务，可以采用设计平行委托模式。如某新建大型机场工程项目，工程项目的组成中有航站楼工程、飞行区工程、货运区工程、空管工程、供油工程、航空食品工程、某航空公司基地工程、综合配套工程等，除了总体设计单位以外，业主又同时委托多家设计单位分别承担不同的单项工程设计，各个设计单位分别与业主签订设计合同。

有些工程项目尽管规模不是很大，但对其中的某些专业工程如办公大楼的外立面工程、智能化工程、精装修工程等仍然可以采用设计平行委托模式。

（3）施工平行发包。在施工平行发包模式中，业主将不同的施工任务分别委托给不同的施工单位，各个施工单位分别与业主签订合同，各个施工单位之间的关系是平行关系。

施工平行发包的一般工作程序为：设计→招投标→施工→验收，即一般情况下，在通过招标选择承包人时该部分工程的施工图已经完成,不确定性因素少,每个合同都可以实行总价合同。

对施工任务的平行发包,发包方可以根据工程项目结构进行分解发包,也可以根据工程项目施工的不同专业系统进行分解发包。例如,某办公楼工程项目中,业主将打桩工程发包给甲施工单位,将主体土建工程发包给乙施工单位,将机电安装工程发包给丙施工单位,将精装修工程发包给丁施工单位等,如图 2-24 所示。

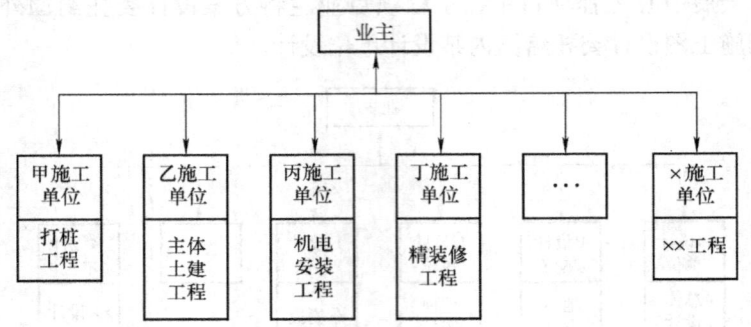

图 2-24　施工平行发包案例——某办公楼工程项目施工合同结构

再如,某地铁工程施工中,业主将 14 座车站的土建工程分别发包给 14 个土建施工单位,14 座车站的机电安装工程分别发包给 14 个机电安装单位,就是典型的施工平行发包模式。施工平行发包的特点如下。

1)费用控制:①每一部分工程的发包都以施工图设计为基础,投标人进行投标报价较有依据;②对业主来说,要等最后一份合同签订后才知道整个工程的总投资,对投资的早期控制不利。

2)进度控制:①某一部分施工图完成后,即可开始这部分工程的招标,开工日期提前,可以边设计边施工,缩短建设周期;②由于要进行多次招标,业主用于招标的时间较多。

3)质量控制:①符合质量控制上的"他人控制"原则,不同分包单位之间能够形成一定的控制和制约机制,对业主的质量控制有利;②合同交互界面比较多,应非常重视各合同之间界面的定义和管理,否则对质量控制不利。

4)合同管理:①业主要负责所有合同的招标、合同谈判和签约工作,招标及合同管理的工作量大;②业主要负责对多个合同的跟踪管理,工作量较大。

5)组织与协调:业主要负责对所有承包商的管理及组织协调,承担类似于施工总承包管理的角色,工作量大。这是施工平行承发包模式的弱点,限制了该种承发包模式在某些工程项目上的应用。

(4)设计与分工相分离的承发包方式的特点。上述平行承发包模式都是设计与施工相分离的方式,可以称之为设计—招标—建造模式(Design – Bid – Build),简称 DBB 模式,是一种传统的模式,在国际上比较通用,世界银行、亚洲开发银行贷款项目和采用国际咨询工程师联合会(FIDIC)的合同条件的项目均采用这种模式。

这种模式最突出的特点是强调工程项目的实施必须按设计—招标—建造的顺序方式进

行，只有一个阶段结束后另一个阶段才能开始。在英国采用这种方法时，业主与设计机构（建筑师/工程师）签订专业服务合同，建筑师/工程师负责提供项目的设计和施工文件。在设计机构的协助下，通过竞争性招标将工程施工任务交给报价和质量都满足要求且/或最具资质的投标人（总承包商）来完成。在施工阶段，设计专业人员通常担任重要的监督角色，并且是业主与承包商沟通的桥梁。

在我国，采用 DBB 模式时，业主一般分别与工程设计方和工程项目监理方签订专业服务合同。工程设计方负责工程项目设计，对业主负责；工程项目监理方负责对施工合同进行监督管理，对业主负责。其与英国等的主要差异在工程设计和监理的委托上。

根据业主是否将工程划分成不同标段进行招标，DBB 模式又可分为 DBB 施工总包和 DBB 分项发包两类发包方式，DBB 施工总包是在工程设计完成后，将工程项目的全部施工任务发包给一个承包人，由其组织实施，当然允许其将部分专业工程进行分包；DBB 分项发包是在工程设计完成后，将工程项目划分为多个标段分别招标，选择承包人完成相应标段的施工任务。

DBB 模式的优点是：参与项目的三方即业主、设计机构（建筑师/工程师）、承包商在各自合同的约定下，各自行使自己的权利和履行自己的义务。因而，这种模式可以使三方的权、责、利分配明确，避免了行政部门的干扰。缺点是：设计基本完成后，才开始施工招标，对于工期紧的项目十分不利；项目周期长，业主管理费较高，前期投入较多；变更时容易引起较多的索赔，业主在控制造价和工期方面信心不足；出现工程质量事故后，责任不易清楚辨别，设计和施工相互推诿，业主权益得不到充分保障；业主与工程师、施工方之间协调比较困难；施工方无法参与设计工作，设计的"可施工性"差；变更频繁，会导致索赔较多。

2. 设计总负责

所谓设计总负责，就是指业主将一个工程项目的所有工程设计任务一次性全部委托给一个工程设计单位或由几个单位组成的联合体（或合作体），接受设计任务的单位或联合体（或合作体）叫作设计总负责单位。

设计总负责单位可以根据需要将部分设计任务委托出去，即设计总负责单位与设计分负责单位签订分设计合同。在实践中，有时工程项目业主也不一定将所有的设计任务一次性全部委托给一个设计单位或由几个单位组成的联合体（或合作体），而是将其中的主要部分如总体设计、工艺设计等委托给一个设计总负责单位，而其他设计工作则委托给不同的设计单位完成，但明确指定由设计总负责单位进行设计的组织、管理和协调。分设计单位的设计委托合同可以由业主签订，也可以由业主授权，由设计总负责单位签订。

设计总负责模式的特点如下。

1) 工程项目业主只需要签订一个设计合同，有利于合同管理。
2) 工程项目业主只需要组织一次设计招标，可减轻工作量。
3) 工程项目业主只需要与一个设计总负责单位进行协调，有利于业主的组织与协调工作。
4) 工程设计进度控制、质量控制等工作在很大程度上依赖于设计总负责单位的能力、经验和技术水平。

在国际上，许多工业与民用建筑普遍采用设计总负责模式，通常是由某个建筑师事务所承接设计任务，而将有关结构设计、机电设计、景观设计等再委托给其他专业设计事务所配合进行专业设计，建筑师事务所作为设计总负责单位统一组织协调，对业主负责。

工程设计总负责单位承担整个工程的设计责任，对业主负责，并负责工程设计的组织、协调与管理各个分设计单位（配合设计单位）。分设计合同通常由设计总负责单位与分设计单位签订，分设计单位的设计费由设计总负责单位支付。如果设计总负责单位拟将部分设计任务委托给其他分设计单位，对分设计的内容和分设计单位的选择应该经过业主的同意。

在我国，设计院一般都是综合性的设计单位，设计单位内部专业齐全，许多工业与民用建筑都是由一个设计单位独立完成的，承接设计任务的设计单位一般不需要分包。

对于某些特大型工程项目，如机场、地铁、大型钢铁厂等工程项目的设计，业主通常会选择一个设计总负责单位，在负责整个工程项目总体设计的基础上，业主或者设计总负责单位再委托多个设计单位进行各个单体项目（或单项工程）的设计，各个单体项目（或单项工程）的设计单位要接受总体设计单位的协调和管理。例如，某地铁工程，业主与某设计院签订了勘察设计总负责合同，合同任务包括勘察、总体设计、扩初设计、施工图设计等，该设计院作为设计总负责单位将其中的勘察、部分扩初设计和全部施工图设计委托给不同的单位实施，如图2-25所示。设计总负责单位除了承担总体设计和部分扩初设计外，还进行设计总体管理，负责组织协调和控制各个分设计单位，在设计进度、设计质量、总投资控制等方面对业主负责。

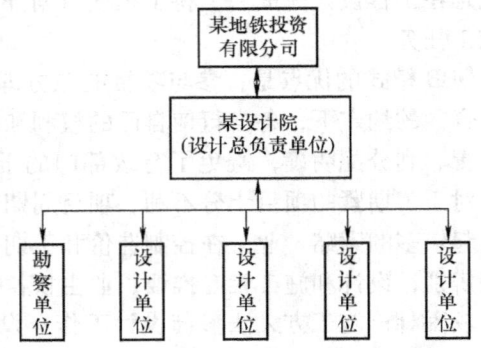

图2-25 设计总负责模式案例——某地铁项目设计合同结构

采用设计总负责管理模式的特点是，工程项目业主有设计分负责单位的选择权，而在整个设计阶段，对各个分负责设计单位的组织、协调则由设计总负责管理单位负责，减轻了业主的负担。设计总负责单位利用自身的设计和管理经验，负责对设计的进度控制和质量控制，这往往更有利于工程项目设计进度和质量目标的实现。

3. 施工总承包

（1）施工总承包的含义

施工总承包是指工程项目业主将全部施工任务发包给一个施工单位或由多个施工单位组成的施工联合体或施工合作体，施工总承包单位主要依靠自己的力量完成施工任务。当然，经工程项目业主同意，施工总承包单位可以根据需要将施工任务的一部分分包给其他符合要求的分包人。施工总承包的合同结构如图2-26所示。

与平行发包相似，施工总承包的一般工作程序为：设计→招投标→施工→验收。在通过招标选择承包人时所有的施工图都已经完成，不确定性因素减少了，有利于实行总价合同。

（2）施工总承包的特点

1）投资控制：①一般以施工图设计为投标报价的基础，投标人的投标报价较有依据；②在开工前就有较明确的合同价，有利于工程项目业主对总投资的早期控制；③若在施工过程中发生设计变更，则可能发生索赔。

2）进度控制：一般要等施工图设计全部结束后，才能进行施工总承包的招标，开工日期较晚，建设周期势必较长。这是施工总承包模式的最大缺点，限制了其在建设周期紧迫的工程项目上的应用。

3）质量控制：工程项目质量的好坏很大程度上取决于施工总承包单位的选择，取决于施工总承包单位的管理水平和技术水平。工程项目业主对施工总承包单位的依赖较大。

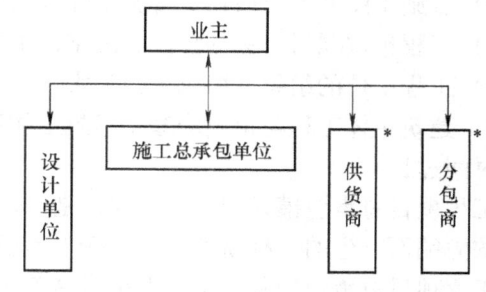

图2-26　建设项目施工总承包模式的合同结构
注：＊为业主自行采购和分包部分。

4）合同管理：工程项目业主只需要进行一次招标，与一家承包商签约，招标及合同管理工作量大大减小，对工程项目业主有利。在很多工程实践中，采用的并不是总价合同的施工总承包，而用所谓的"费率招标"，实质上是开口合同，对工程项目业主方的合同管理和投资控制十分不利。

5）组织与协调：工程项目业主只负责对施工总承包单位的管理及组织协调，工作量大大减小，对工程项目业主比较有利。

4. 设计和施工总承包

业主把工程项目的设计任务和施工任务进行综合委托的模式称为工程项目总承包或工程总承包。设计和施工相融合的承发包模式包括DB方式、EPC方式和CM方式。

《中华人民共和国建筑法》第二十四条规定："建筑工程的发包单位可以将建筑工程的勘察、设计、施工、设备采购一并发包给一个工程总承包单位，也可以将建筑工程勘察、设计、施工、设备采购的一项或者多项发包给一个工程总承包单位；但是，不得将应当由一个承包单位完成的建筑工程肢解成若干部分发包给几个承包单位。"

（1）工程项目总承包的起源。传统的工程项目实施模式中，设计与施工往往是分离的，即业主通过签订设计合同，委托专门的设计单位进行工程设计，设计完成后再通过签订施工承包合同，委托施工单位进行施工，设计和施工是由不同的组织来实施的。

设计和施工的分离是专业化分工的结果，是生产力发展及社会进步到一定阶段的必然产物。由于建筑形式不断创新，工业工程项目中的工艺越来越复杂，技术越来越先进，客观上要求工程设计专业化、设备制造专业化、施工专业化。专业化为建设规模更大、技术更复杂、更先进的工程项目提供了可能。但同时，设计与施工的分离也导致了许多问题，主要有以下几个方面。

1）设计工作是影响工程项目经济性的决定因素，但是设计单位考虑到设计的方便性，有时会忽视设计优化，忽视设计的经济性，而且我国目前的设计费往往是根据投资额的百分比来计算的，投资越高对设计单位越有利。

2）设计单位较少了解施工，有时也较少考虑可施工性，会影响施工的有效进行。

3）在设计时还不能确定将由谁施工，因而不能结合施工单位的特点和能力进行设计，但在确定了施工单位以后，又可能会引起设计修改。

4）施工单位"按图施工"，基本上处于被动地位，在一定程度上影响了其积极性的发挥。

5）若施工图完成以后再进行施工任务的发包，将会延长工程项目的建设周期。

6）工程单位项目目标的控制有困难，主要是不利于投资控制和进度控制。

7）工程单位的组织、协调工作量大。

8）建筑主体工程与市政配套工程施工往往也分离，导致主体工程结束后到投入使用的间隔时间过长。

工程项目总承包模式起源于欧洲，是对传统承发包模式的变革，是为了解决设计与施工分离的弊端而产生的一种新模式。实行工程项目总承包模式，可以在很大程度上解决上述问题。工程项目总承包的基本出发点是借鉴工业生产组织的经验，实现建设生产过程的组织集成化，以克服由于设计与施工的分离致使投资增加，以及克服由于设计和施工的不协调而影响建设进度等弊端。

在工程项目总承包模式中，总承包单位的工作范围除了全部的工程项目施工任务以外，还包括设计任务和物资（包括设备）采购任务。在以房屋建筑为主的民用工程项目中又称为设计和施工总承包（Design-Build, DB），而在以大型装置或工艺过程为主要核心技术的工业建设领域，如大型石化、化工、橡胶、冶金、制药、能源等工程项目，工艺设备的设计、制造、采购与安装成为工程项目实施中的最重要、最关键的核心，而工艺设备的设计、制造、采购与安装又与整个工艺的设计紧密相关，因此，在这些类型的工程项目中，工程项目总承包模式又称为设计、采购、施工总承包（Engineering Procurement Construction, EPC）。尽管 DB 模式和 EPC 模式都叫工程项目总承包（或工程总承包），但是，工业工程项目中 EPC 总承包模式与民用建筑项目中的 DB 总承包模式在操作方法上还是会有许多不同。在国际咨询工程师联合会（FIDIC）新出版的合同中，对 EPC 模式和 DB 模式分别推荐了不同的合同条件，分别为 FIDIC 设计采购施工（EPC）/交钥匙工程合同条件（银皮书）和 FIDIC 工程设备和设计——建造（DB）合同条件（新黄皮书）。

（2）设计和施工总承包的范围。实行设计和施工总承包的几个关键问题需要明确：一是由谁承担设计和施工总承包任务；二是何时开始总承包及承包的范围是什么；三是如何进行总承包的招标、投标和评标；等等。

首先，工程项目总承包单位可以从方案设计阶段就开始总承包，也可以从初步设计阶段、技术设计阶段或者施工图设计阶段开始总承包。但是，若施工图设计完成以后再进行总承包，就变成施工总承包模式了，如图 2-27 所示。

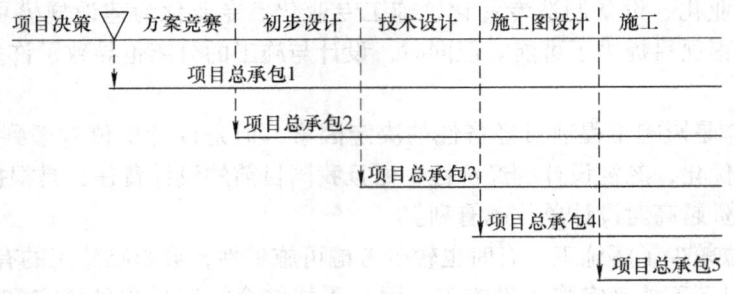

图 2-27　工程项目总承包单位的介入时间

（3）设计和施工总承包的组织。国外承担设计和施工总承包的组织机构一般有两种形式,一种是永久性组织,即永久性的经济实体;另一种是临时性组织,即针对一个具体的工程项目,由若干个设计单位和施工单位组成的临时性组织,如图 2-28 所示。

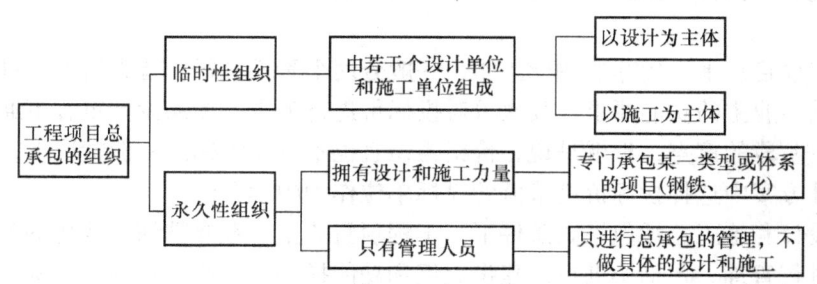

图 2-28　工程项目总承包的组织形式

永久性组织又分两类,一类是拥有设计和施工力量,可以专门承包某一类型或某一体系的工程项目,如国际和国内针对化工、冶金、能源等工程项目而进行的包括设计、设备供应、施工安装等全套服务或承包的项目总承包公司,在工业工程项目中比较多见;另一类是只有管理人员,只进行工程项目总承包管理,不做具体的设计和施工工作。

临时性组织又可以分为以设计为主体和以施工为主体的两种形式,国外主要是以施工为主体,因为施工企业承担风险的能力和控制项目的能力比设计单位强。

在民用工程项目的建设中,工程项目总承包单位大多是临时性组织,很少有永久性的项目总承包公司。比如,擅长大跨度钢结构施工和吊装的施工单位与擅长体育馆设计的设计单位结合,在体育馆工程项目中采用工程项目总承包模式投标中标可能性就很大,而在住宅工程项目中采用工程项目总承包模式投标中标可能性就相对较小。

在实际操作中,往往有以下两种可能的模式,一种是由施工单位承接工程项目总承包的任务,而设计单位受施工单位的委托承担其中的设计任务,即设计单位作为分包;另一种是由设计单位承接工程项目总承包的任务,而施工单位作为其分包承担其中的施工任务。

(4) 工程项目总承包单位内部关系的处理。针对临时性组织的情况,在工程项目总承包内部关系的处理上,国外的一般做法是在设计阶段由设计单位负责,在投标和施工阶段由施工单位负责,而整个工程项目的经济风险由施工单位承担,设计单位只对其设计成果负责。

如果工程项目不中标,工程项目业主会给予投标者经济补偿,其分配原则一般是设计单位得到 70%~80%,而施工单位得到 20%~30%。如果工程项目中标,设计单位除了可以得到设计费以外,还可以参与工程项目利润的分配,一般可以得到利润的 15% 左右。

(5) 设计和施工总承包的招标、投标与评标。在施工总承包模式中,工程项目业主对工程的检查和验收都以图样和合同为依据。但在设计和施工总承包模式中,承包方既要进行设计,又要进行施工,如果要通过招标选择项目总承包单位,根据什么招标、评标呢?这是实行设计和施工总承包模式的一个关键问题。

施工总承包的招标通常是以图样和分部分项工程说明及工程量清单为依据,这种招标称为构造招标。设计和施工总承包模式在招标时可能还没有一张图样,这时的招标必须要有功能描述书及有关的要求和条件说明,这种招标称为功能招标。功能描述书及有关的要求和条件说明是否清楚、明确和具体，是招标能否成功和工程项目能否顺利实施的关键。

工程项目业主可以自行编制或委托项目管理咨询公司编制工程项目功能描述书及有关的要求和条件说明，投标人据此进行投标，编制设计建议书和设计文件，并根据其设计进行工程报价。

关于工程项目总承包招标的评标工作，一般分两个阶段进行，首先对设计进行审查，审查设计是否满足业主的功能要求；其次再对投标价进行审查。如果设计审查不通过，就没有资格进入下一阶段的审查，也就是说，价格再便宜也不可能中标。一般情况下，业主将在符合要求的设计方案中选择投标价格最低的投标单位作为中标单位。

在实行设计和施工总承包模式条件下，工程项目业主一般要聘请专业化的项目管理咨询公司协助其进行管理，包括协助编制建设大纲和功能描述书，协助招标、评标、签订合同及施工阶段的管理。

（6）工程项目总承包（DB）模式的特点及适用范围。实行设计和施工总承包模式具有许多优点，对于工程项目业主来说，可以加快进度，有利于控制投资，有利于合同管理，有利于组织与协调。

1）有利于投资控制，能够降低工程造价。由于投标者把设计和施工作为一个整体来考虑，既要满足业主的功能要求，使设计方案具有竞争性，又要保证投标价格低，因此要从设计方案着手降低工程造价，不仅仅是让利的问题，而是从根源上去挖掘潜力，有利于降低工程造价。国外的经验证明，实行工程项目总承包（DB）模式，平均可以降低造价10％左右。另外，设计和施工总承包模式常实行总价合同（常常是可变总价合同），在签订工程项目总承包合同时就将合同总价明确下来，可以及时明确投资目标，使业主尽早安排资金计划，并使项目总承包单位不超过计划投资，有利于投资控制。

2）有利于进度控制，缩短工期。由于在方案设计阶段就可以根据建筑施工企业的施工经验，所拥有的施工机械、熟练工人和技术人员等情况考虑结构形式和施工方法，与采用常规发包模式相比，可以使工程项目提前竣工。

3）有利于合同管理。工程项目业主只需要签订一个工程项目总承包合同，不需要管理很多合同，因而合同管理工作量比较小。

4）有利于组织与协调，在所有的实施单位中，工程项目业主只需要与一个项目总承包单位进行联系与协调，从而大大简化了协调工作，也减少了协调费用。

5）对于质量控制，因具体情况而有差异，关键是看功能描述书的质量。一般情况下，在工程项目总承包模式中，由于实行功能招标方法，不同于一般的构造招标，其招标、评标和项目管理工作都不同于传统模式，因此，业主一般都要委托社会上有经验的工程项目管理公司协助其起草功能描述书，帮助其招标、评标等。有了强有力的支持，工程项目的质量也可以得到保障。

总之，对工程项目业主而言，实行工程项目总承包，有利于工程项目的系统管理和综合控制，可大大减轻业主的管理负担，有利于充分利用工程项目总承包企业的管理资源，最大限度地降低工程项目的风险，也符合国际惯例和国际承包市场的运行规则。

对建筑施工企业而言，实行工程项目总承包，企业一开始就参与设计阶段的工作，能将其在建筑材料、施工方法、结构形式、价格和市场等方面的丰富知识和经验充分地融于设计中，从而对工程项目的经济性产生积极的影响。另外，采用这种模式还可以促进建筑施工企业自身的生产发展，促进建筑工业化，提高劳动生产率。

对设计单位而言，实行工程项目总承包，设计单位从一开始就与建筑施工企业合作，参加项目总承包的施工企业往往拥有自己的设计力量，能够迅速地编制相应的施工图设计文件，从而使设计单位减少工作量。另外，设计单位作为建筑施工企业的伙伴，在工程项目结束后可以参与利润的分配。

5. 设计、采购和施工总承包（EPC）

设计、采购和施工总承包（EPC）是工程项目总承包的一种方式，又称交钥匙模式。设计、采购和施工总承包是指工程总承包企业按照合同约定，承担工程项目的设计、采购、施工、试运行服务等工作，并对承包工程的质量、安全、工期、造价全面负责。EPC 总承包已在我国石油和石化等工业工程项目中得到成功应用。

设计、采购和施工总承包（EPC）的基本内容是：进行初步设计（视需要）、详细设计，负责设备材料采购、施工安装和试运行指导等。另外，还可以包括许多后续服务，如某工程项目 EPC 总承包招标文件中规定，EPC 总承包的工作范围包括但不限于设计、制造、采购、运输及储存、建设、安装、调试试验及检查、竣工、试运行、消缺、考核验收、技术和售后服务、人员培训等，同时也包括提供所有必要的材料、备品备件、专用工具、消耗品及相关的技术资料等。

EPC 总承包可以针对一个工程项目的全部功能系统进行总承包，也可以针对其中某个功能系统进行总承包。例如，可以针对一个发电厂进行 EPC 总承包的招标，也可以针对一个现有的火力发电厂的脱硫工艺和装置进行 EPC 总承包的招标。EPC 总承包又可分为多种类型。

（1）EPC（max s/c）是 EPC 总承包商最大限度地采用分包的形式来完成工程项目的施工任务，即采用分包的形式将施工任务分包给各个分包商。

（2）EPC（Self – Perform Construction）是 EPC 总承包商主要靠自己的力量承担工程的设计、采购和施工任务，而只将少量工作分包给分包商。

（3）EPCM（Engineering Procurement Construction Management）是指 EPC 总承包商负责工程项目的设计和采购，并负责工程施工的管理。施工承包单位与工程项目业主签订施工承包合同，但接受 EPC 总承包商的管理。EPC 总承包商对工程的造价、进度和质量全面负责。

另外，EPC 总承包还有一些其他的发展和变化，主要是承包和服务内容的变化，如设计、采购和施工咨询服务等。EPC 总承包单位一般通过公开招投标选择，实行总价承包。

大型工程项目的 EPC 总承包商通常都是国际大型工程公司，其特点有以下几个。

（1）拥有人力、物力资源和丰富的工程经验，为工程项目提供全过程服务，能够高质量、高效率、低成本地完成工程项目的建设任务，最大限度地满足业主的需求。

（2）工程项目总承包和项目管理的功能齐全，组织管理机构科学、精干、高效。

（3）以六大控制（质量、进度、费用、材料、文件、风险）为主要内容，采用国际先进的模式和手段对工程项目实行科学的管理。

（4）专业化、集约化和规模化，跨行业、跨国经营，产权结构多元化，营销策略全球化，技术装备现代化，工程项目管理科学化，低层作业本地化。

（5）有较强的融资能力，或者以金融机构为后盾。

(6) 拥有专利技术，或者与专利商有密切的合作关系，能反映当代世界先进技术水平。

6. CM 模式

CM（Construction Management）模式是在北美建筑市场非常流行的工程发包模式，下面简要介绍 CM 模式的产生背景、概念及特征和合同结构等内容。

（1）产生背景。传统的承发包模式最大的局限在于设计与施工的相互分离，施工单位介入工程项目的时间太迟，使建设周期延长，投资增加。针对传统承发包模式的弱点，通过多年的实践总结和理论研究，在建筑市场中出现了 CM 承发包模式。1968 年，CM 模式理论上的创始人 Charles B. Thomsen 在研究关于如何加快设计与施工的速度及如何改进控制方法时，通过对美国国内许多大建筑公司的调查，在综合各方面经验和教训的基础上，提出了一份题为《Fast Track》（快速路径法）的研究报告。这份报告详细研究了设计与施工如何用创新的发包模式进行充分搭接。

（2）概念及特征。CM 是英文 Construction Management 的缩写，由于目前还没有确切的中文翻译，因此这里直接称为"CM 模式"。CM 模式是由业主委托 CM 单位，以一个承包商的身份，采取"快速路径法"的生产组织方式来进行施工管理，直接指挥施工活动，在一定程度上影响设计活动的承发包模式。CM 单位与业主的合同通常采用"成本 + 酬金"（Cost + Fee）计价方式。CM 模式的特征体现在以下几个方面。

1）采用"快速路径法"的生产组织方式。CM 的基本指导思想是缩短建设周期，其生产组织方式是采用"快速路径法"，即设计一部分，招标一部分，施工一部分，实现有条件的"边设计、边施工"。

2）新型的管理角色。由于管理工作的相对复杂化，要求业主委托一家单位来担任这一新的管理角色。该单位的基本属性是承包商，但它既区别于施工总承包，也不同于工程项目总承包，而是一种新型的建设管理模式。

3）有利于设计优化。CM 班子的早期介入，改变了传统承发包模式设计与施工相互脱离的弊病，使设计人员在设计阶段可以获得有关施工成本、施工工艺、施工方法等方面的建议，在一定程度上有利于设计优化。

4）减少设计变更。由于设计与施工的早期结合，设计在施工上的可行性在设计尚未完全结束时已逐步明朗，因此在很大程度上减少了设计变更。

5）有利于合同价格的确定。施工招标由一次性工作被分解成若干次进行，施工合同价也由传统的一次确定变为分若干次确定。完成一部分施工图即进行该部分招标，确定该部分合同价，因此从这方面来说合同价的确定较有依据。

6）"成本 + 利润"的计费方式。由于 CM 单位与业主签约时设计尚未结束，因此 CM 合同价通常既不采用单价合同，也不采用总价合同，而采用"成本 + 利润"方式，即 CM 单位向业主收取其工作成本，再加上一定的利润。CM 单位不赚总包与分包之间的差价，它与分包商的合同价（如果有）对业主是公开的。

（3）CM 模式的合同结构。CM 模式可分为 CM/Non – Agency（CM/非代理型）模式和 CM/Agency（CM/代理型）模式。

1）CM/Non – Agency 模式的合同结构如图 2-29 所示。

CM/Non – Agency 模式的合同结构的特征主要有以下几点。

① 业主与 CM 单位签订 CM 合同,而与大部分分包商/供货商之间无直接的合同关系（除业主自行采购和自行分包之外）,因而对业主来说,合同关系简单,对各分包商和供货商的组织协调工作量较小。

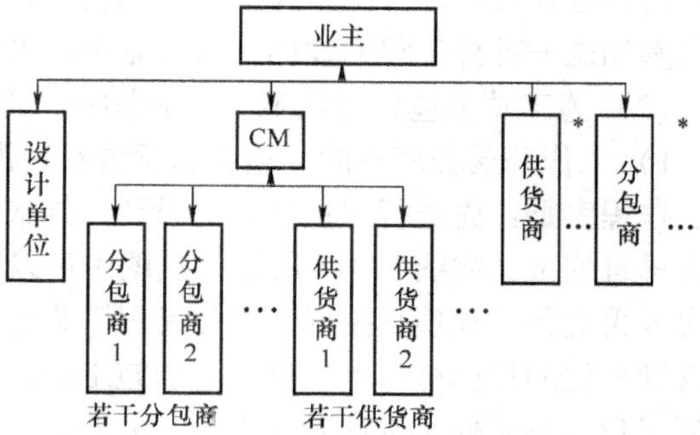

② CM 单位与各分包商签订分包合同,与供货商签订供货合同。对 CM 单位来说,与分包商/供货商签约,一方面增加了 CM 单位对分包商/供货商的管理强度,另一方面也增加了 CM 单位的工作量,同时加大了 CM 单位的管理责任风险。

③ CM 单位介入工程项目时间较早,CM 合同不需要等施工图完成后才签订。

图 2-29 CM/Non – Agency 模式的合同结构
注：* 为业主自行采购和分包的部分。

④ CM 合同形式一般采用"成本 + 利润"方式。CM 单位与分包商每签一份合同后,才确定该分包合同价,而不是事先把总造价包死,因此与施工总承包模式有很大的区别。

⑤ CM 单位对各分包商的资格预审、招标、议标及签约,都必须经过业主的确认才有效（在特殊情况下,若业主有要求,CM 与分包商的合同价款也可以由业主直接支付）。另外,业主还可向 CM 单位指定与其签约的分包商或供货商。

⑥ CM 单位与设计单位之间没有合同关系。但是 CM 单位在采用快速路径法缩短建设周期时,必须与设计单位紧密协调。由于 CM 单位的早期介入,可以从施工方法和施工成本的角度向设计者提供合理建议。但是,如果 CM 单位与设计单位之间产生了矛盾,仍需要由业主进行协调。

2）CM/Agency 模式的合同结构如图 2-30 所示。

与 CM/Non – Agency 模式相比,CM/Agency 模式的合同结构具有以下特点。

① 业主直接与各分包商或供货商签订合同,对业主来说,它所签合同数量明显增加,因此业主合同管理的工作量及组织协调工作量将大大增加。

② CM 单位与各分包商或供货商之间没有合同关系,因此 CM 单位所承担的风险减少,而业主承担的风险较大。

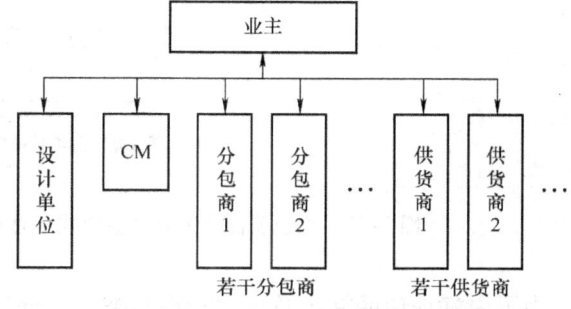

图 2-30 CM/Agency 模式的合同结构

③ CM 单位的身份是进行实质性施工管理,不直接从事施工活动。

7. 施工总承包管理

（1）施工总承包管理的含义。施工总承包管理模式的英文名称是"Managing Contractor",简称 MC,意为"管理型承包"。它不同于施工总承包模式。采用该模式时,工程项目业主与某个具有丰富施工管理经验的单位或联合体或者合作体签订施工总承包管理协议,负责整个工程项目的施工组织与管理。一般情况下,施工总承包管理单位不参与具体工程的施工,而具体工程施工需要再进行分包的招标与发包,把具体施工任务分包给分包商来完成。

但有时也存在另一种情况，即施工总承包管理单位也想承担部分具体工程的施工，这时它也可以参加这一部分工程的投标，通过竞争取得任务。

(2) 施工总承包管理与施工总承包模式的比较

1) 工作开展程序不同。施工总承包管理模式与施工总承包模式不同，施工总承包模式的工作程序是：先进行工程项目的设计，待施工图设计结束后再进行施工总承包招投标，然后再进行施工，如图 2-31a 所示。从图中可以看出，许多大型工程项目如果要等到施工图全部出齐再进行工程项目招标，显然是很困难的。而如果采用施工总承包管理模式，施工总承包管理单位的招标可以不依赖完整的施工图，换句话说，施工总承包管理单位的招标可以提前到工程项目尚处于设计阶段进行。另外，工程实体由施工总承包管理单位化整为零，分别进行分包的发包，即每完成一部分施工图设计就招标一部分，从而使该部分工程的施工提前到整个工程项目设计阶段尚未完全结束之前进行，如图 2-31b 所示。

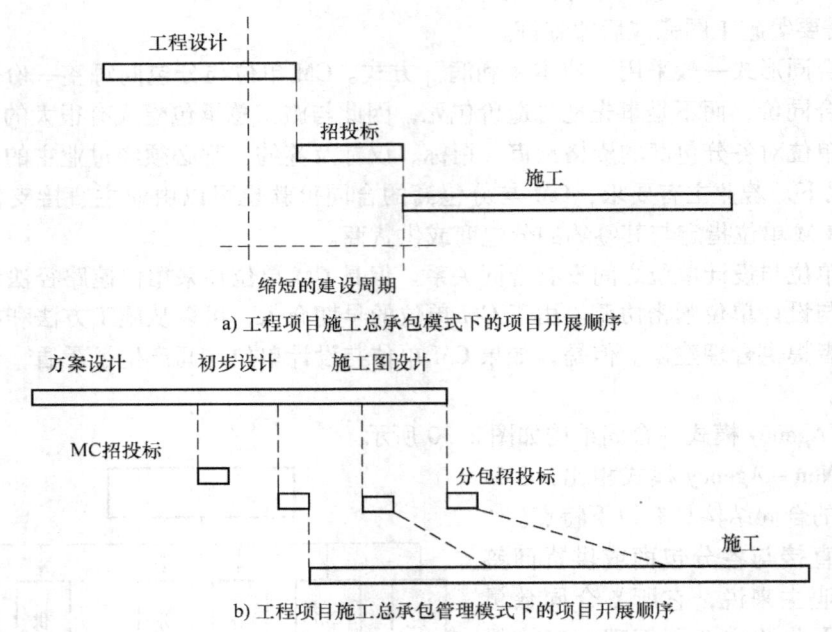

图 2-31　工程项目施工总承包模式与总承包管理模式下的项目开展顺序

为了更好地说明施工总承包管理与施工总承包在工作程序和对进度影响等方面的不同，将施工总承包和施工总承包管理的一般工作程序同时表示在图 2-31 中。从图中可以看出，施工总承包管理模式可以在很大程度上缩短建设周期。

2) 合同关系不同。施工总承包管理模式的合同关系有两种可能，即工程项目业主与分包单位直接签订合同或者由施工总承包管理单位与分包单位签订合同，其合同结构分别如图 2-32、图 2-33 所示。

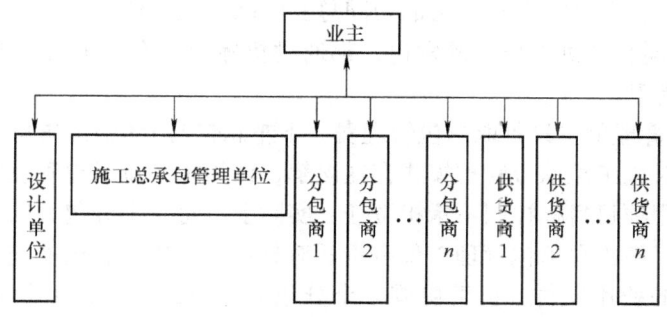

图 2-32　施工总承包管理模式下的合同结构 1

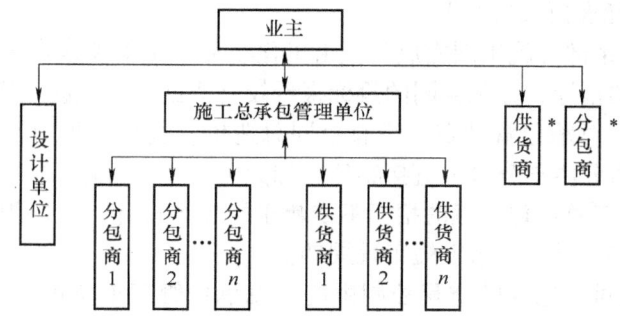

图 2-33　施工总承包管理模式下的合同结构 2

注：＊为业主自行采购和分包部分。

3）对分包单位的选择和认可。工程项目业主通常通过招标选择分包单位。一般情况下，分包合同由工程项目业主与分包单位直接签订，但每一个分包人的选择和每一个分包合同的签订都要经过施工总承包管理单位的认可，因为施工总承包管理单位要承担施工总体管理和目标控制的任务和责任。如果施工总承包管理单位认为工程项目业主选定的某个分包人确实没有能力完成分包任务，而工程项目业主执意不肯更换分包人的，施工总承包管理单位也可以拒绝认可该分包合同，并且不承担该分包人所负责工程项目的管理责任。

4）对分包单位的付款。对各个分包单位的各种款项可以通过施工总承包管理单位支付，也可以由工程项目业主直接支付。如果由工程项目业主直接支付，需要经过施工总承包管理单位的认可。

5）对分包单位的管理和服务。施工总承包管理单位既要负责对现场施工的总体管理和协调，也要负责向分包人提供相应的服务。当然，对于施工总承包管理单位提供的某些设施和条件，如搭设的脚手架、临时用房等，如果分包人需要使用，应该支付一定的费用。

6）施工总承包管理的合同价格。施工总承包管理合同中一般只确定施工总承包管理费（通常是按建安工程造价的一定百分比计取），而不需要事先确定建安工程造价，这也是施工总承包管理模式的招标可以不依赖于设计图样出齐的原因之一。对于分包合同价，由于是在该部分施工图出齐后再进行分包的招标，因此应该采用实价（即单价或总价合同）。由此可以看出，施工总承包管理模式与施工总承包模式相比具有以下优点。

① 合同总价不是一次确定，某一部分施工图设计完成以后，再进行该部分施工招标，

确定该部分合同价,因此整个工程项目的合同总额的确定较有依据。

② 所有分包合同和分供货合同的发包,都通过招标获得有竞争力的投标报价,对工程项目业主节约投资有利。

③ 施工总承包管理单位只收取总包管理费,不赚总包与分包之间的差价。

在国内,普遍对施工总承包管理模式存在误解,认为施工总承包管理单位仅仅做管理与协调工作,而对工程项目目标控制不承担责任,实际上,每一个分包合同都要经过施工总承包管理单位的确认,施工总承包管理单位有责任对分包人的质量、进度进行控制,并负责审核和控制分包合同的费用支付,负责协调各个分包的关系,负责各个分包合同的管理。因此,在组织结构和人员配备上,施工总承包管理单位仍然要进行费用控制、进度控制、质量控制、合同管理、信息管理、组织与协调的机构和人员。

(3) 施工总承包管理模式的特点

1) 投资控制:①某部分施工图完成后,由工程项目业主单独或与施工总承包管理单位共同进行该部分工程的招标,分包合同的投标报价较有依据。②在进行施工总承包管理单位的招标时,只确定施工总承包管理费,没有合同总造价,这是工程项目业主承担的风险之一。③多数情况下,由业主与分包人直接签约,加大了业主的风险。

2) 进度控制:施工总承包管理的招标不依赖于施工图设计,可以提前。分包合同的招标也得到提前,从而提前开工,可缩短工程周期。

3) 质量控制:①对分包人的质量控制由施工总承包管理单位进行;②对分包人来说,符合质量控制上的"他人控制"原则,对质量控制有利;③各分包合同交界面的定义由施工总承包管理单位负责,减轻了业主的工作量。

4) 合同管理:一般情况下,所有分包合同的招投标、合同谈判、签约工作由业主负责,业主的招标及合同管理工作量大,对业主不利。对分包人工程款支付又可分为总承包管理单位支付和业主直接支付,前者有利于加强总承包管理单位对分包人的管理。

5) 组织与协调:由施工总承包管理单位负责对所有分包人的管理及组织协调,大大减轻了业主的工作。这是施工总承包管理模式的基本出发点。与分包人的合同一般由业主签订,这在一定程度上削弱了施工总承包管理单位对分包人管理的力度。

8. 工程项目管理总承包

工程项目管理(Project Management,PM)模式是指工程项目业主聘请一家公司(一般为具备相当实力的工程公司或咨询公司)代表业主进行整个项目过程的管理。这家公司在工程项目中被称作"工程项目管理承包商"(Project Management Contractor,PMC)。

工程项目管理承包商作为业主的代表或业主的延伸,帮助业主在工程项目前期策划、可行性研究、工程项目定义、计划、融资方案,以及设计、采购、施工、试运行等整个实施过程中有效地控制工程项目质量、进度和费用,保证工程项目的成功实施,达到工程项目寿命周期技术和经济指标最优化。

工程项目管理总承包的主要任务是自始至终对一个工程项目负责,这可能包括项目任务书的编制、预算控制、法律与行政障碍的排除、土地资金的筹集等,同时使设计者、工料预测师和承包商的工作正确地分阶段进行,在适当的时候引入指定分包商的合同和任何专业建造商的单独合同,以使业主委托的活动得以顺利进行。

工程项目管理总承包通常用于国际性大型工程项目,适宜选用工程项目管理承包商进行管理的工程项目具有如下特点。

（1）工程项目管理总承包项目投资额大（一般超过10亿元）且包括相当复杂的工艺技术。

（2）业主是由多个大公司组成的联合体，并且有些情况下有政府的参与。

（3）业主自身的资产负债能力无法为工程项目提供融资担保。

（4）工程项目投资通常需要从商业银行和出口信贷机构取得国际贷款，需要通过PMC取得国际贷款机构的信用，获取国际贷款。

（5）由于某种原因，业主感到凭借自身的资源和能力难以完成的工程项目，需要寻找有管理经验的PMC来代业主完成工程项目管理，这些工程项目的投资额一般在5000万美元以上。

9. 施工联合体与施工合作体承包

（1）施工联合体的含义。联合体（Joint Venture）的应用很广，可以用于联合承担设计任务、施工任务、供货任务、工程项目管理任务及其他咨询服务等。

联合体是一种临时性的组织，是为承担某个工程项目的某项特定工程项目任务而成立的，工程项目任务结束后，联合体自动解散。施工联合体就是为承担某个工程项目的某项施工任务而成立的临时性联合组织。

原国家计委、建设部等七部委联合发布的《工程建设项目施工招标投标办法》（2003年5月1日起施行，2013年4月修订）中第四十二条规定："两个以上法人或者其他组织可以组成一个联合体，以一个投标人的身份共同投标。"第四十四条规定："联合体各方必须指定牵头人，授权其代表所有联合体成员负责投标和合同实施阶段的主办、协调工作，并应当向招标人提交由所有联合体成员法定代表人签署的授权书。"第四十五条规定："联合体投标的，应当以联合体各方或者联合体中牵头人的名义提交投标保证金。以联合体中牵头人名义提交的投标保证金，对联合体各成员具有约束力。"

联合体内部的管理，应该由联合体各方组成一个管理委员会，形成决策机制。管理委员会负责协调联合体各方的关系，讨论确定项目经理的人选。项目经理是项目层的管理者，负责工程项目的目标控制和日常管理工作，是对外的代表，业主对工程项目的各项指令均通过项目经理贯彻执行。

项目经理和项目牵头人的权利、义务和责任等应该在协议中明确。

许多国家都有关于联合体的合同条例，条例对盈亏和各方的责任都有规定。

联合体之所以能够联合合作，是因为可以优势互补，强强联合，因而可以具有更强的竞争力。

（2）联合体的投入和利益分配。联合体各方的投入，可以根据各方的特点和优势决定，以互补的优势实现整体的竞争力。比如，A公司的技术力量强就投入技术力量，B公司资金雄厚就投入资金等。

联合体的经济分配可以根据投入资源的价值（即按照投入的量占合同金额的百分比）进行分配，也可以协商确定百分比。投入百分比可以根据人工费、机械费、资金及利息等计算投入比重，从而确定各个单位的投入比例。比如，A公司的投入百分比为40%，盈利了可以得到利润的40%，而亏损了也要赔40%。当然，也可以不按照投入百分比计算盈亏分配比例。比如，B公司的投入百分比是50%，但它不愿承担风险，可以约定盈利了分配10%，亏损了也赔10%。前者，盈亏责任与投入百分比是一致的；后者，盈亏责任与投入不一致，但盈利和亏损的责任是一致的，利益与风险对等。

通常情况下，牵头公司是投入比例（持股比例）最大的公司，并要收取履约金额的 0.5%~5% 作为牵头费。该费用可以根据工程项目的大小决定，但原则上合同金额越大，牵头费占合同金额的比例应该越低。

（3）施工联合体的特点。从承包的角度看，采用施工联合体承包可以发挥各家的优势，主要优点有以下几个。

1）某个工程项目的规模太大，超出了一个公司正常的承包能力，为了分散风险，采取联合形式。

2）两个以上公司联合，能够获得更多的担保额度。

3）由不同专业的公司组合形成专业齐全的联合体可以拓宽业务渠道和项目来源，如以土木工程承包为主的公司与以机械设备承包为主的公司联合起来就可以承担一个电厂工程项目的承包。

4）优势互补的联合还可以表现为：一个公司在当地有丰富经验或者有基地，而另一个公司则有特殊的专业技术；或者一个外国公司寻找当地与政府有良好密切关系的公司进行联合。

从业主的角度看，一是可以分散风险，联合体中任何一家公司倒闭，其他成员必须承担其经济责任；二是组织协调与管理比较简单。因此，对承发包双方都有利。

如果施工期间联合体中有一家公司倒闭了，所引起的经济责任由联合体中的其他成员承担。由于要承担连带责任，因此每个单位参加联合体或选择合作单位时都很慎重。

（4）施工合作体。合作体即英文中的 Consortium，即合作、合伙、联合的意思。施工合作体在形式上和合同结构上与施工联合体一样，但是实质有所区别，主要体现在以下几个方面。

1）参加合作体的施工单位都没有足够的力量完成工程，都想利用合作体，他们之间既有合作的愿望，但彼此又不够信任。

2）各成员公司都投入完整的施工力量，每家单位都有人员、机械、资金、管理人员等。

3）其分配办法相当于内部分别独立承包，按照各自承担的工程内容核算，自负盈亏。

4）根据内部合同，某一家公司倒闭了，其他成员单位不承担其经济责任风险，而由业主负责。

5）由于是一个合作体，所以能够互相协调。

6）适用于那些工作范围可以明确界定的工程项目。

（5）联合体或合作体的选择。对于大型工程项目，允许投标人以联合体或合作体的形式投标，对工程项目业主而言有许多有利的方面。首先，对于大型工程项目，由一个单位独立承包可能会因为承包商的技术、资金和其他资源的条件限制而无法实施，即使一个公司能够独立承担工程，工程项目业主将工程委托给一个公司的风险也很大，如果该公司倒闭了，工程项目业主将承担更大的风险。为了分担风险，工程项目业主可以将工程分解发包。但是选择联合体或合作体承包，工程项目业主可以不必将大型工程项目分解再发包，从而避免了招标工作量大、合同管理工作量大、合同交界面多等问题。其次，尽管联合体或合作体也是由多个单位组成，有许多个单位同时参与工程项目建设，但联合体或合作体内部各个单位之间的关系由其内部自行调节，工程项目业主自身避免了许多矛盾。另外，将大型工程项目整体发包，在竞争有一定充分性的条件下可能会比分别发包获得更加有利的投标报价。

对工程项目业主而言，采用联合体或合作体的风险是不同的。如果是合作体承包，合作体成员中的一个公司倒闭，其他成员单位不承担其经济责任风险，而由业主负责。而对于联合体，工程项目业主就不必承担这个风险。因此，工程项目业主最好选择联合体模式。但是有些施工单位可能不愿意采用联合体，更愿意采用合作体。所以，工程项目业主可以在招标文件中做出要求，指定要求联合体形式，而不要合作体模式。

《招标投标法》第三十一条规定："两个以上法人或者其他组织可以组成一个联合体，以一个投标人的身份共同投标。联合体各方均应当具备承担招标项目的相应能力；国家有关规定或者招标文件对投标人资格条件有规定的，联合体各方均应当具备规定的相应资格条件。由同一专业的单位组成的联合体，按照资质等级较低的单位确定资质等级。联合体各方应当签订共同投标协议，明确约定各方拟承担的工作和责任，并将共同投标协议连同投标文件一并提交招标人。联合体中标的，联合体各方应当共同与招标人签订合同，就中标项目向招标人承担连带责任。"因此，工程项目业主在进行联合体或合作体的资格审查时，不仅要审查各个成员的资质、资格和能力等方面，还要审查其合作协议。

在国际上，无论是施工联合体承包还是施工合作体承包，拟联合或合作的各方都应该签订相应的协议，协议分为标前协议和正式协议。对于大型国际工程项目，拟参与项目的联合体比较多，而这种工程项目大多要先进行资格预审，通过资格预审的公司或联合体才能参加下一轮竞标，所以标前协议只是原则意向性协议。正式协议是保证联合或合作承包大型国际工程项目成功的关键，是联合体或合作体各方在标前和中标后履行合同的法律文件，应在投标定价前签署完成，而不是在中标后再协商签署。

工程项目业主在招标文件中，应该要求联合体或合作体在递交投标文件的同时递交正式协议。如正式协议不能起到法律的约束作用，联合体或合作体将不会被考虑授予合同。

在西方国家，既有许多大型国际工程公司，也有许多的中小型公司，比如在德国，90%以上的施工企业都是不超过100人的中小型公司。业主如果将工程委托一个公司承担，风险太大，因此往往由联合体或合作体承包。中国的大型施工企业很多，一般不习惯于联合体或合作体承包，但近几年来，联合体或合作体承包模式已经逐步为国内大型工程项目的业主和施工企业所接受，在许多工程项目中得到应用。

（6）应用。跨国承包商在其本国和其他国，为能有机会承担大型工程项目，与本国或其他国家承包商联合参与承包的做法，已被国际上认为是增强竞争力、分散风险最为有效的手段。对总投资达1608亿港元的香港新机场工程按合同金额大小分类统计，如表2-7所示。从统计分析结果来看，合同金额达5亿港元的项目，承包商联合的比例已达到半数；合同金额达10亿港元的工程项目，联合比例超过80%；而对于合同金额超过20亿港元的工程项目，联合比例几乎为100%。这说明在国际承包市场上，承包商联合承担大型工程项目已具有相当的普遍性。

比如，香港新机场客运大楼工程总造价超过101亿港元，工程总工期为32个月，其地面以上部分（+1.300m以上）就由中建总公司（CSCEC香港地区）、艾铭国际建筑有限公司（AM）、保富比迪（香港）有限公司（BF）、前田建设工业株式会社和熊谷组（香港）有限公司等组成的BCJ联营公司总承包。

10. 合作伙伴模式

合作伙伴（Partnering）模式是一种新型的工程项目组织与管理模式，以下对其产生背景、定义及特征、组成系统等做简要介绍。

（1）产生背景。工程项目参与各方出于各自的利益考虑，其个体目标与整体目标往往不一致。由于工程项目参与方着眼于各自利益的实现，经常导致项目在实施过程中投资、进度和质量目标的失控，产生许多矛盾和争议，造成工程索赔，甚至引起诉讼，严重损害了业主的利益，同时项目参与各方的利益也会受到损害。这种情况无论在国内还是国际建筑业中都屡见不鲜。

工程项目管理者一直在努力寻求一种新的工程项目组织与管理模式来改变这种状况，使项目参与各方围绕着一个共同的项目目标，着眼于共同利益，将传统的工程项目实施中参与各方的对立关系转变为项目利益共同体，从而避免或减少争议、索赔或诉讼，使项目参与各方的利益得到实现。

表 2-7 香港新机场工程联合承包的普遍性分析

合同金额/百万港元	项目数量	联合承包	联合承包占项目数量百分比
0～50	80	7	8.59%
50～100	19	3	15.79%
100～200	34	10	29.41%
200～500	28	12	42.86%
500～1000	17	9	52.94%
1000～2000	11	9	81.82%
2000～5000	6	5	83.33%
5000～11000	4	4	100%
总数	199	59	29.15%

Partnering 模式就是基于这种背景，于20世纪80年代在美国发展起来的，目前已在美国、英国、澳大利亚、新加坡、中国香港等国家和地区的许多工程项目实践中得到成功运用。

（2）定义及特征。Partnering 模式是业主与工程项目参与各方之间为了取得最大的资源效益，在相互信任、资源共享的基础上达成的一种短期或长期的相互协定。这种协定突破了传统的组织界限，在充分考虑参与各方利益的基础上通过确定共同的工程项目目标，建立工作小组，及时地沟通以避免争议和诉讼的发生，培育相互合作的良好工作关系，共同解决工程项目实施过程中出现的问题，共同分担风险，在实现工程项目目标的同时也保证参与各方目标和利益的实现。

Partnering 模式的基本目的是促进工程项目参与各方的信任和合作。Partnering 模式的代表人物之一可文（Cowan）曾强调说："Partnering 模式不仅仅是一套目标和实施步骤，它是一种精神上、心理上的状态，是一套哲学理论。Partnering 模式体现出了项目参与各方对相互尊重、信任、合作及优势互补的一种承诺。"

Partnering 模式与传统工程项目组织与管理模式的区别主要体现在以下几个方面。

1）出于自愿。在 Partnering 模式中，相当重要的一个特性就是参与 Partnering 模式的各方都必须是完全出于自愿而参加，而非出于任何原因的强迫。

2）高层管理的参与。Partnering 模式是一种新的概念，它的实施需要打破传统的组织界限，建立工作小组，分担风险，资源（甚至是公司间重要的信息资源）共享，因此高层管理者的认同、支持非常重要。

3）Partnering 协议不是法律意义上的合同。在工程合同签订后，项目参与各方经过协商后才能签署 Partnering 协议。项目参与各方仍旧要履行传统工程合同所规定的内容，Partnering 协议并不改变项目参与各方在合同规定范围内的权利和义务关系，它主要确定了参与各方在工程项目上的共同目标、任务分工及行为规范，它是整个 Partnering 工作小组的纲领性文件。

4）信息的开放性。Partnering 模式强调资源共享，信息作为一种重要的资源对于参与各方必须公开。同时，参与各方要保持及时和开诚布公的沟通。在相互信任的基础上，要保证工程的设计资料、进度、投资、质量等信息对参与各方都能方便、及时地获取。这一点不仅能保证项目的目标得到有效控制，同时也能减少许多重复性工作，降低成本。

(3) 组成系统。Partnering 模式的组成系统包括协议系统、评价系统和争议处理系统。

1）协议系统。采用 Partnering 模式的独特之处在于参与各方除了要签订法律意义上的合同外，还要签订 Partnering 协议。

Partnering 协议是一个准合同性的约定，这也是 Partnering 模式的独特之处。Partnering 协议需要参与各方共同签字认可，这不同于设计合同或施工合同（业主分别与设计单位或施工单位签订）。Partnering 协议是参与各方相互之间做出的一种承诺。

Partnering 协议阐述的是工程合同中所无法详细规定的内容，对于项目参与各方均有约束力，同时也保护了参与各方的共同利益。Partnering 协议形成了项目的共同目标和行动纲领，它是项目参与各方的共同承诺，虽然它不是法律意义上的契约，但通过它的起草、讨论、制定和实施使项目参与各方形成了一个利益共同体，同时也保证了一种合作、公开、信任的工作关系。Partnering 协议是采用 Partnering 模式的起点，Partnering 的争议处理系统和评价系统都必须以此为依据。

2）争议处理系统。采用 Partnering 模式应在 Partnering 协议签订后由参与各方组成一个专门的争议处理小组，由该小组制定项目的争议处理系统。

Partnering 模式中采用的争议处理系统有以下特点。

① 采用非诉讼纠纷解决（Alternative Dispute Resolution，ADR）程序处理争议，对争议的解决灵活高效，而且成本较低，在实践运用中不仅减少了争议和纠纷，还避免了诉讼的发生，明显地提高了项目的整体效益，对项目参与各方均有利。

② 每一步都有明确的时间概念，保证争议解决的时效性。

③ 每一步解决措施都有明确的管理层次负责。

④ 解决方法由简单到复杂逐步升级，并尽可能采用最少的成本解决问题。

3）评价系统。评价系统是 Partnering 模式的另一个核心组成部分。在 Partnering 协议签订后，参与各方要组建一个工程项目评价小组，由该小组负责建立一套工程项目评价系统。该系统的目的是追踪工程项目目标，并为工程项目参与各方提供一个分析工具，以便对工程项目实施中好的方面进行强化，及时发现问题并进行纠正。

当评价系统建立之后，应根据该评价系统的方法和要求，考虑工程项目的复杂情况、工期长短、投资等因素,每隔一段时间对工程项目进行评价,并将评价结果报告给参与各方。

2.3.6 特许经营项目常用的模式

特许经营制是政府为管理、规范某些特殊经营活动而设立的一种制度,特许经营权是根据特许经营制度授予某些经济实体的一种经营权利,通常是经特定程序许可而获得的对有限自然资源开发利用、公共资源配置及直接关系公共利益的特定行业的市场准入权。特许经营权由政府控制,政府可根据需要将特许经营权在一定期限内授予经营者。

特许经营行业和特许经营项目由政府确定,并由政府将特许经营权进行转让。2001年12月,国家计委发布《关于印发促进和引导民间投资的若干意见的通知》,鼓励民间投资以独资、合作、联营、参股、特许经营等方式,参与经营性基础设施和公益事业项目建设;2002年3月公布的《外商投资产业指导目录》中,原禁止外商投资的电信和燃气、热力、供排水等城市管网被列为对外开放领域;2002年10月,国家计委、建设部、环保总局等部门出台《关于推进城市污水、垃圾处理产业化发展的意见》,鼓励各类所有制经济积极参与这些行业的投资和经营,逐步建立与社会主义市场经济体制相适应的投融资及运营管理体制,实现投资主体多元化、运营主体企业化、运行管理市场化,形成开放式、竞争性的建设运营格局。关于特许经营的管理法规主要包括《行政许可法》(规定了特许经营法律制度),对外贸易经济合作部在1995年发布的《关于以BOT方式吸收外商投资的有关问题的通知》,国家计委、电力部、交通部同年联合下发的《关于试办外商投资特许权项目审批管理有关问题的通知》,以及建设部于2004年年初颁布的《市政公用事业特许经营管理办法》等,许多地方政府也制定了地方性法规或规章。

在特许经营项目中引进外资和民间投资的模式很多,其中比较常见的有BOT模式、PPP模式、TOT模式、PFI模式等。

2.3.6.1 BOT模式

1. BOT的含义

BOT(Build – Operate – Transfer),即建设—经营—转让,既是一种融资方式,也是一种投资方式。BOT投融资方式在我国称作"特许权投融资方式",其含义是指国家或地方政府部门通过特许权协议,授予签约方的外商投资企业(包括中外合资、中外合作、外商独资)或者私营企业承担公共性基础设施(基础产业)工程项目的融资、建造、经营和维护;在协议规定的特许期限内,工程项目公司拥有投资建造设施的所有权(这个所有权不是完整意义上的所有权),允许向设施使用者收取适当费用,由此回收工程项目投资及经营和维护成本并获得合理的回报;特许期满,工程项目公司将设施无偿地移交给签约方的政府部门。对那些拟吸引投资的国家或者地方政府来说,BOT就是一种融资方式,而对那些拟投资于特许经营项目的投资者来说,BOT则是一种投资方式。

BOT模式的主要内容包括以下几个方面。

(1)工程项目公司以同政府签订的特许权协议作为工程项目建设开发和安排融资的基础。

(2)工程项目公司将特许权协议等权益转让给贷款银团作为抵押,并提供其他信用担保,安排融资。

(3)工程承包商与工程项目公司签订承包合同进行工程项目建设,并提供完工担保。

(4) 经营公司根据经营协议负责工程项目运营、维护，获得投资收益并支付贷款本息。
(5) 特许经营期结束时将工程项目移交给政府。

2. BOT 项目的设立程序

根据原国家计委、电力工业部和交通部于 1995 年 8 月 21 日发布的《关于试办外商投资特许权项目审批管理有关问题的通知》的有关规定，BOT 项目的设立程序包括以下几个方面。

(1) 由工程项目发起人（地方政府机构）负责编制工程项目建议书（预可行性研究报告），按规定的建设项目审批程序进行报批。

(2) 工程项目批准后，由工程项目发起的政府机构负责组织或委托咨询单位编制招标文件（含特许权协议），并进行招投标活动，选择最终的中标人。

(3) 经工程项目发起的政府机构确认的特许权协议（附中标者编制的工程项目可行性研究报告和评标委员会的评审报告），按规定的工程项目审批程序报批。

(4) 工程项目特许权协议得到批准后，中标者必须按规定的期限，按法定程序设立工程项目公司；政府部门与工程项目公司正式签订特许权协议。

(5) 工程项目公司具体负责组织工程项目的融资，组织工程项目设计、物资采购和施工建设，负责设施的运营和维护等。

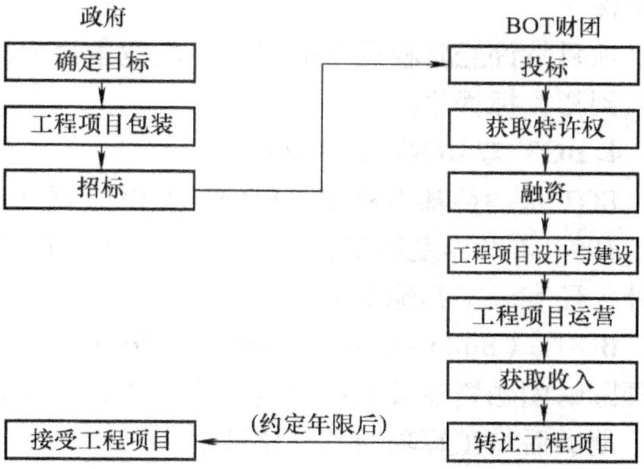

BOT 模式的基本流程如图 2-34 所示。

BOT 项目基本的合同结构如图 2-35 所示。

图 2-34 BOT 模式的基本流程

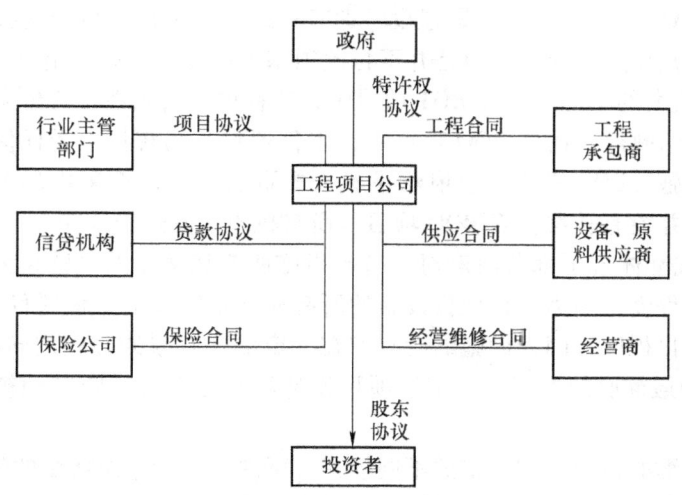

图 2-35 BOT 项目基本的合同结构

3. 政府与工程项目公司的关系

在 BOT 项目中，政府与工程项目公司是经济合同关系，在法律上是平等的经济主体。

政府在 BOT 项目实施过程中具有一定的主导作用。政府只出让特许项目经营权，政府干涉工程项目公司正常的具体经营活动，但要参与工程项目实施过程的组织协调，并对工程项目服务质量和收费进行监督。

在我国，为保证特许经营权项目的顺利实施，在特许经营期内，如因我国政府政策调整使工程项目公司受到重大损失的，一般允许工程项目公司合理提高经营收费或延长项目公司特许经营期；对于工程项目公司偿还贷款本金、支付利息或红利所需要的外汇，国家保证兑换和允许外汇出境。但是，工程项目公司也要承担投融资及建设、采购设备、维护等方面的风险，政府一般不提供固定投资回报率的保证，国内金融机构和非金融机构也不为其融资提供担保。

项目特许经营权通常通过规范的竞争性招标来授予，一旦工程项目建议书得到批准，即进入到招投标程序。

4. BOT 与 BOOT、BOO

BOT 是一种基本模式，BOOT 和 BOO 属于 BOT 基本模式的变化与发展模式。世界银行在《1994 年世界发展报告》中指出，BOT 有三种具体形式，即 BOT、BOOT 和 BOO。除此之外，还有一些其他变通形式。

BOOT（Build – Own – Operate – Transfer），即建设—拥有—经营—转让，由私人合伙或某国际财团融资建设基础产业项目，工程项目建成后，在规定的期限内拥有所有权并进行经营，期满后将工程项目移交给政府。

BOOT 与 BOT 的区别有两个方面。一是所有权的区别。采取 BOT 方式，工程项目建成后，工程项目公司只拥有项目的经营权；而采取 BOOT 方式，工程项目建成后，在规定的期限内，工程项目公司既有经营权，也有所有权。二是时间上的差别。采取 BOT 方式，从工程项目建成到移交给政府这一段时间一般比采取 BOOT 方式短一些。

BOO（Build – Own – Operate），即建设—拥有—经营，工程项目公司根据政府赋予的特许权，建设并经营某项产业项目，但是并不将此项基础产业项目移交给公共部门。

BOO 与 BOT 最大的不同是，在 BOT 项目中，工程项目公司在特许经营期结束后必须将工程项目设施交还给政府，而在 BOO 项目中，工程项目公司有权不受任何时间限制地拥有并经营工程项目设施。BOT 模式是政府给予私人投资者在一定期限内的特许经营权，但该基础设施的所有权并没有转移，而 BOO 项目的所有权不再交还给政府。

各种 BOT 形式都体现了部分政府对于基础设施所愿意接受的民营化程度。BOT 意味着一种很低的民营化程度，因为工程项目设施的所有权并不转移给工程项目公司。BOOT 代表了一种居中的民营化程度，因为设施的所有权在一定的、有限的时间内转给工程项目公司。BOO 代表的是一种最彻底的民营化，工程项目设施没有任何时间限制地被转移给工程项目公司。

一国政府所采纳的建设基础设施的不同模式，反映出其所愿意接受的使某一行业民营化的程度。由于基础设施工程项目通常对社会产生直接影响，并且要使用到诸如土地、公路、铁路、管道、广播电视网等公共资源，因此，基础设施的民营化是一个特别重要的问题。

对于交通工程项目（如收费公路、收费桥梁、铁路等）都可以采用 BOT 方式，因为政府通常不愿将运输网的所有权转交给民营企业。在动力生产工程项目方面，通常会采用 BOT、BOOT 或 BOO 方式。例如，一些国家很重视发电，因此，只会和民营企业签署 BOT 或是 BOOT 特许协议。而在电力资源充足的国家（如阿根廷），其政府并不如此重视发电工程项目，一般会签署一些 BOO 许可证或特许协议。最后，对于电力的分配和输送、天然气及石油开采来说，这类行业通常被认为关系到一个国家的国计民生，因此建设这类设施一般都采用 BOT 或 BOOT 方式。

2.3.6.2　PPP 模式

国家私人合营公司（Private Public Partnership，PPP）模式是国际上新近兴起的一种新型的政府与私人合作建设城市基础设施的形式。其典型的结构为：政府部门或地方政府通过政府采购形式与中标单位组成的特殊目的公司签订特许合同（特殊目的公司一般由中标的建筑公司、服务经营公司或对工程项目进行投资的第三方组成的股份有限公司），由特殊目的公司负责筹资、建设及经营。政府通常与提供贷款的金融机构达成一个直接协议，这个协议不是对工程项目进行担保的协议，而是一个向借贷机构承诺将按与特殊目的公司签订的合同支付有关费用的协定，这个协议使特殊目的公司能比较顺利地获得金融机构的贷款。

PPP 模式的优点有以下几个。

（1）公共部门和私人企业在初始阶段，私人企业与政府共同参与工程项目的识别、可行性研究、设施和融资等工程项目建设过程，保证了工程项目在技术和经济上的可行性，缩短前期工作周期，使工程项目费用降低。

（2）有利于转换政府职能，减轻财政负担。

（3）参与工程项目融资的私人企业在工程项目前期就参与进来，有利于私人企业一开始就引入先进技术和管理经验。

（4）政府部门和民间部门可以取长补短，发挥政府公共机构和民营机构各自的优势，弥补对方身上的不足。

（5）使工程项目参与各方整合组成战略联盟，对协调各方不同的利益目标起关键作用。

（6）政府拥有一定的控制权。

（7）应用范围广泛，该模式突破了目前的引入私人企业参与公共基础设施项目组织机构的多种限制，可适用于城市供热等各类市政公用事业及道路、铁路、机场、医院、学校等项目。

PPP 模式的缺点有以下几个。

（1）对于政府来说，如何确定合作公司给政府增加了难度，而且在合作中要负有一定的责任，增加了政府的风险负担。

（2）组织形式比较复杂，增加了管理上协调的难度，对参与各方的管理水平有一定的要求。

（3）如何设定工程项目的回报率可能成为一个颇有争议的问题。

2.3.6.3　PFI 模式

PFI（Private Finance Initiative）即"私人主动融资"，是英国政府于 1992 年提出的，其含义是公共工程项目由私人资金启动并投资兴建，政府授予私人委托特许经营权，通过特许协议，政府和项目的其他各参与方分担建设和运作风险。

PFI 模式的优势有以下几个。

(1) 它是一种吸收民间资本的有效手段。
(2) 可减轻政府的财政负担。
(3) 有利于加强管理、控制成本。
(4) 有利于引进先进的设计理念和技术设备。
(5) PFI 不会像 BOT 方式那样使政府在特许期内完全失去对工程项目所有权或经营权的控制，政府在特许权期间不出让工程项目的所有权，可随时检查 PFI 的工作进展。

2.3.6.4 TOT 模式

TOT（Transfer – Operate – Transfer），即"转让—经营—转让"。TOT 模式是在 BOT 模式的基础上发展演变而来的一种融资模式，通常是指政府把已经建好的基础设施工程项目转让给经济实力雄厚的企业组织经营，政府从接受转让的企业手中一次性获得一笔资金，再用于兴建其他基础设施的工程项目。而接受转让的企业可以利用获取的经营权，在一定期限内获得稳定的收入和利润，转让期满后，再将工程项目无偿地转让给政府。

国务院 2004 年 7 月 16 日颁布实施的《关于投资体制改革的决定》规定，"已经建成的政府投资工程项目，具备条件的经过批准可以依法转让产权或经营权，以回收的资金滚动投资于社会公益等各类基础设施建设。"

2.4 工程项目的外部环境

2.4.1 外部环境的主要内容

工程项目外部环境是指对工程项目的建设、运营有影响的所有外部因素的总和，它们构成了工程项目的边界条件。任何工程项目都是在一定的环境中生存的。工程项目外部环境包括如下方面。

1. 政治环境

政治环境主要是指工程项目所在地（国）政府和政局的状况。

(1) 政治局面的稳定性，如有无社会动乱，政权变更，种族矛盾和冲突，宗教、文化、社会集团利益的冲突。

(2) 政府对本工程项目的态度，提供的服务，办事效率，政府官员的廉洁程度。

(3) 与工程项目有关的政策，特别是对工程项目有制约的政策，或向工程项目倾斜（有促进作用）的政策。

2. 经济环境

(1) 社会的发展状况，该国、当地、该城市处于一个什么样的发展阶段和发展水平。

(2) 国民经济计划的安排，国家的工业布局及经济结构，国家重点投资发展的工程、领域、地区等。

(3) 国家的财政状况，如赤字和通货膨胀情况。

(4) 国家及社会建设的资金来源，银行的货币供应能力和政策。

(5) 市场情况：①市场对工程或工程产品的需求，市场容量、购买力，人们的市场行为，现有的和潜在的市场，市场的开发状况等；②当地建筑市场情况，如竞争的激烈程度，当地建筑企业的专业配套情况，建材、结构件和设备生产、供应及价格等；③劳动力供应状况及价格;④能源、交通、通信、生活设施的状况及价格;⑤城市建设水平;⑥物价指数,包括全社会的物价指数、部门产品和专门产品的物价指数。

3. 法律环境

工程项目在一定的法律环境中实施和运行,适用工程项目所在地的法律,受它的制约和保护。

(1) 法律的完备性,法制是否健全,执法的严肃性,投资者能否得到法律的有效保护等。

(2) 与工程项目有关的各项法律和法规,如合同法、建筑法、劳动保护法、税法、环境保护法、外汇管制法等。

(3) 国家的土地政策。

(4) 对与本工程项目有关的税收、土地政策、货币政策等方面的优惠条件。

4. 自然条件

(1) 可以供工程项目使用的各种自然资源的蕴藏情况。

(2) 自然地理状况,如地震设防烈度及工程项目建设和运营期地震的可能性;地形地貌状况;地下水位、流速;地质情况,如土类、土层、容许承载力、地基的稳定性,可能的流沙、暗塘、古河道、溶洞、滑坡、泥石流等。

(3) 气候情况:①年平均气温、最高气温、最低气温,高温、严寒持续时间;②主导风向及风力、风荷载;③雨雪量及持续时间,主要分布季节等。

5. 工程周围基础设施、场地交通运输、通信状况

(1) 场地周围的生活及配套设施,如粮油、副食品供应、文化娱乐、医疗卫生条件。

(2) 现场及周围可供使用的临时设施。

(3) 现场周围公用事业状况,如水电的供应能力、条件及排水条件。

(4) 现场及通往现场的运输状况,如公路、铁路、水路、航空的条件、承运能力和价格。

(5) 各种通信条件、能力及价格。

(6) 工程项目所需要的各种资源的可获得条件和限制。

6. 工程项目相关者的组织状况

工程项目相关者,特别是工程项目的投资者、业主、承包商、工程所属的企业、工程所在地周边居民或组织等的如下情况。

(1) 工程项目所属企业的组织体系、组织文化、结构、能力、企业的战略、对工程项目的要求、基本方针和政策。

(2) 合资者的能力、基本状况、战略、对工程项目的要求、政策等。

(3) 工程项目承包商、供应商的基本情况、技术能力、组织能力。

(4) 工程产品的主要竞争对手的基本情况。

(5) 周边组织(如居民、社团)对工程项目的需求、态度,对工程项目的支持或可能的障碍。

7. 其他方面

(1) 社会人文方面。如工程项目所在地人的文化素质、价值取向、商业习惯、风俗和禁忌。

(2) 工程项目所需的劳动力和管理人员状况。如劳动力熟练程度、技术水平、工作效率、吃苦精神；劳动力的可培养、可训练情况；当地教育，即与工程项目相关的技术教育和职业教育情况。

　　(3) 技术环境，即与工程项目相关的技术标准、规范、技术发展水平、技术能力，解决工程项目建造和运行问题技术上的可能性。

2.4.2　外部环境的重要性

　　外部环境对工程项目的整个建设和运营过程有重大影响。工程项目与环境之间存在十分复杂的交互作用，主要体现在如下方面。

　　(1) 工程项目产生于环境（主要为上层系统和市场）的需求，需求决定了工程项目的存在价值。通常环境系统出现了问题，或上层组织有了新的战略，才能产生工程项目需求。而且工程项目的目标，如工程规模定位，产品的品种、产量、质量要求的确定，必须符合环境（特别是市场）的要求。工程项目必须从上层系统、从环境的角度来分析和解决问题。

　　(2) 环境决定工程项目的技术方案（如建筑平面布置、结构选型等）和实施方案（如施工设备选择、施工现场平面布置等）及它们的优化，决定工期和费用。工程项目的实施过程又是工程项目与环境之间互相作用的过程。工程项目的实施需要外部环境提供各种资源和条件，受外部环境条件的制约。如果工程项目没有充分地利用环境条件，或忽视环境的影响，必然会造成实施中的障碍和困难，增加实施费用，导致不经济的工程。

　　(3) 环境是产生风险的根源。现代工程项目都处在一个迅速变化的环境中。在工程项目实施中，由于环境的不断变化，形成对工程项目的外部干扰（如恶劣的气候条件、物价上涨、地质条件变化等），这些干扰会造成工程项目不能按计划实施，造成工期的拖延，成本的增加，使工程项目实施偏离目标，造成目标的修改，甚至造成整个工程项目的失败。所以风险管理的重点之一就是环境的不确定性和环境变化对工程项目的影响。

　　综上所述，环境对工程项目及工程项目管理具有决定性的影响。为了充分地利用环境条件，降低环境风险对工程项目的干扰，工程项目管理者必须进行全面的环境调查，必须大量地占有环境资料，在工程项目全过程中注意研究和把握环境与工程项目的交互作用。

【本章小结】

> 　　工程项目的建设和运营需要各种投入，同时又有各种产出，在这个过程中会影响到社会的许多方面，需要许多方面的认可和支持，这就出现了工程项目利益的相关者。通常，对工程项目有最大影响的利益相关者主要有：工程项目产品的用户；投资者；业主（建设单位）；工程项目任务的承担者；工程项目所在地的政府，以及为工程项目提供服务的政府部门、基础设施的供应和服务单位；工程项目的运营和维护单位；工程项目所在地的周边组织；工程项目其他利益相关方。工程项目的承发包模式反映了工程项目的发包方和承包方之间、承包方与分包方之间等的合同关系，几种常见的工程项目承发包模式有：平行承发包；设计总负责；设计和施工总承包；设计、采购和施工总承包；施工总承包；工程项目管理总承包；施工总承包管理；施工联合体与施工合作体承包；CM模式；合作伙伴模式。

【复习思考题】

一、案例讨论

某调水工程项目的背景如下。

1. 工程项目特点

该调水工程调水部分工程主要包括两大类,即河道工程和大型水泵站工程。根据规划,该工程分批实施。

河道工程呈线状分布,施工工作面限制少,技术相对简单。但施工环境较为复杂,包括永久和临时性征地、施工道路等方面会受到较多的干扰,必须得到工程所在地政府的大力支持,否则工程实施困难较大。

每个水泵站工程投资规模为 2 亿~4 亿元,主要工程包括土建、设备采购和安装,工程内容集中,施工工种多,逻辑关系较为复杂,施工工作面有限,技术较为复杂。但建设环境相对较好。

由于工程前期工作、建设条件变化等方面的原因,不论是水泵站工程还是河道工程均存在一定的不确定性。

2. 工程项目建设环境

在工程项目建设条件方面,该建设工程几乎穿越目前经济较为发达的地区,征地拆迁、施工交通等成本较高,若处理不当,则会付出更大的代价。

在建设法规方面,目前在继续推行招标投标制、建设监理制和项目法人责任制,同时2003 年和 2004 年建设部与国家发展和改革委员会分别提出了工程项目总承包、工程项目管理和代建制,形成了较为完善的建设管理、工程交易制度。

在工程项目建设管理规定方面,将设计单元工程作为管理单位,初步设计文件,包括相应的概算经国家发展和改革委员会批准后,作为设计单元工程管理的依据。

3. 业主特点

业主/项目法人针对该调水工程而组建,编制 50 人,根据公司发展需要当时配置 35 人,他们中许多人是从省水利管理部门调来的,长期从事水利工程建设管理工作。然而面对延绵近 300 km 的建设工程,完全采用自主管理方式,显然其管理人手明显不足,需要寻求新的管理方式。

根据上述背景,为该工程项目的河道工程和水泵站工程设计合适的承发包模式。

二、简答题

1. 工程项目的生命周期一般包含哪几个阶段?
2. 业主管理组织模式选择的影响因素有哪些?
3. 工程项目的利益相关者主要有哪些?

第3章 工程项目招投标管理

【学习目标】
(1) 掌握招投标的性质、任务、原则和范围。
(2) 熟悉招投标的组织形式与招投标方式。
(3) 掌握招投标的程序及其要求。

【导入案例】
　　位于北京天安门广场西侧的国家大剧院,是我国"十五"规划中最大的文化工程,酝酿了近半个世纪,其主体建筑为独特的壳体造型,东西长轴为212.20m,南北短轴为143.64m,高46.68m,地下最深32.50m,周长达600余米,总建筑面积149 520 m^2,周围是面积达3.55万 m^2 的人工湖水面。整个壳体风格简约大气,宛若一颗晶莹剔透的水上明珠。壳体表面由20 000多块钛金属板和1200多块超白透明玻璃共同组成。其内部则由歌剧院、音乐厅和戏剧场及水下廊道、橄榄厅、公共大厅等组成。国家大剧院总投资268 838万元,于2001年12月13日开工,2006年年底基本建成,2007年12月22日正式对外开放。
　　该工程建筑设计方案的产生采用国际邀请竞赛方式,从1998年4月开始,共有来自10个国家和地区的36家顶尖级设计单位参加,其中邀请参加的17家,自愿参加的19家。截至7月13日共收到44个建筑设计方案,其中,国内、国外各占一半。经过两轮竞赛、三次修改,最终经中央政治局常委会讨论研究,选定了法国巴黎机场公司设计、清华大学配合的建筑设计方案,其主持设计师为保罗·安德鲁,北京市建筑设计研究院承担详细设计工作。
　　国家大剧院工程的施工通过公开招投标,确定北京城建集团有限责任公司、香港建设(控股)有限公司、上海建工(集团)总公司组成联合体为施工总承包单位,北京市双圆监理公司中标为工程监理单位。
　　在上述国家大剧院案例的建设过程中,工程项目设计采用邀请竞赛的方式选择设计单位,工程施工是通过公开招投标选择施工单位和监理单位,邀请竞赛是否属于招投标,公开招投标有何要求和特点,是否所有的工程项目都需要采用公开招投标的方式选择承包商,招投标采用何种程序,如何进行评标等,这些问题可以通过本章的学习加以解决。

3.1 招投标概述

3.1.1 招标投标的性质和任务

　　工程项目招投标是国际通用的比较成熟而且科学合理的工程项目承包商的优选方式,是按商品经济规律及价值规律来组织建设工程经济的经营管理制度。它通过招标投标、报价竞争,项目发包单位选择承包单位,签订合同,监理承发包关系,按双方约定的工期、质量和中标价格,按期交付产品的一种交易方式。招标投标是双方互相选择的过程,是各参建单位之间互相竞争的过程，也是合同的形成过程。

我国工程项目招投标是在《中华人民共和国招标投标法》（2000年发布）（以下简称《招标投标法》）及其配套的各项法规指导下，通过公开、公平、公正的竞争，择优选择项目的工程勘察与设计单位、设备制造与供应单位、施工单位或总承包单位及工程管理咨询单位等各参建单位，目的是确保工程质量，缩短建设周期，节省建设资金，提高投资效益。对投标的参建单位来说，是通过建设市场的竞争，不断改进经营管理，发挥本企业的技术优势，争取中标，从而使建设项目实现质量好、工期短、消耗少和效益好的目的，也起到提高企业信誉，实现企业发展目标的作用。

招投标要严格按国家有关规定进行，体现公开、公平、公正和择优、诚信的原则。招标投标法的实质，是运用法律手段强化竞争机制，通过公开、公平、公正的招投标活动，使先进的生产力得到充分发挥，淘汰落后的生产力，从而有力地促进经济发展和社会进步，招投标能够充分调动企业和个人的积极性，实现公平竞争和合理分配；促进企业改善经营方式，实现人力、物力、财力的优化组合，提高工作效率和工作质量；为采用最佳技术方案和新工艺、新结构及新的生产线创造条件。

工程项目的招标投标性质体现在其是在市场经济条件下的一种有组织的特殊的商品交易行为，是竞争最为充分的采购方式，是实施工程项目建设的一种有效手段。

工程项目招投标的任务是为招标人（业主、发包人、采购人）择优选定中标人（承包商、供货商、服务商）。它是应用技术经济评价方法和市场竞争机制，有组织地通过公开、公平和公正的投标竞争，从众多的投标人中择优选定中标人并与其签订合同，以达到节省投资，同时获得高质量的工程、货物或服务的目的。

3.1.2 招投标应遵循的原则

工程项目招投标活动应该遵循公开、公平、公正和诚实信用四个基本原则。

1. 公开原则

公开原则，一是指工程项目的信息要公开，以便让尽可能多的潜在投标者了解招标项目信息；二是指投标人的选择标准要公开，以便使潜在投标人对能否参加投标有充分的准备；三是指评标的方法要公开，以免发生"暗箱"操作。

2. 公平原则

公平原则，一是指工程项目招标信息对所有的投标人来说应该一致，并能够被各投标人公平享有；二是指评标方法应该相同，招标人不应该对不同的投标人制定不同的评标方法。

3. 公正原则

公正原则，一是指评标方法应该符合国家的有关政策并与已经公布的评标方法一致；二是指评标人员在评标过程中应该行为公正，没有偏私；三是指评标委员会的评标专家应该有良好的职业道德，在评标中不应弄虚作假。

4. 诚实信用原则

诚实信用原则，一是指招标人和投标人双方都应该诚实，招标人提供的招标文件应该真实，投标人提供的投标文件也应该出于自己的意愿；二是指招标人在招标过程中，不应该违背招标文件的有关承诺，同时投标人也不应该违背投标文件的有关承诺；三是指招标人和投标人在招投标具体过程中都不应该有不利于其他投标人的行为。

3.1.3 工程项目招标的范围

为了规范工程项目招投标活动，保护国家利益，维护社会公共利益，并保证工程项目质量，提高经济效益，《招标投标法》规定：在中华人民共和国境内进行下列工程建设项目包括项目的勘察、设计、施工、监理及工程建设有关的重要设备、材料等的采购，必须进行招标。

1. 大型基础设施、公用事业等关系社会公共利益、公众安全的工程项目

根据《工程建设项目招标范围和规模标准规定》，关系社会公共利益、公共安全的基础设施工程项目的范围包括：①煤炭、石油、天然气、电力、新能源等能源项目；②铁路、公路、管道、水运、航空及其他交通运输业等交通运输项目；③邮政、电信枢纽、通信、信息网络等邮电通信项目；④防洪、灌溉、排涝、引（洪）水、滩涂治理、水土保持、水利枢纽等水利项目；⑤道路、桥梁、地铁和轻轨交通、污水排放及处理、垃圾处理、地下管道、公共停车场等城市设施项目；⑥生态环境保持项目；⑦其他基础设施项目。

关系社会公共利益、公众安全的公用事业工程项目的范围包括：①供水、供电、供气、供热等市政工程项目；②科技、教育、文化等项目；③体育、旅游等项目；④卫生、社会福利等项目；⑤商品住宅，包括经济适用住房；⑥其他公用事业项目。

2. 全部或者部分使用国有资金投资或者国家融资的工程项目

根据《工程建设项目招标范围和规模标准规定》，使用国有资金投资工程项目的范围包括：①使用各级财政预算资金的项目；②使用纳入财政管理的各种政府性专项建设基金的项目；③使用国有企业事业单位自有资金，并且国有资产投资者实际拥有控制权的项目；④使用国家发行债券所筹资金的项目；⑤使用国家对外借款或者担保所筹资金的项目；⑥使用国家政策性贷款的项目（如使用国家开发银行、中国农业发展银行、中国进出口银行等政策性银行的贷款）；⑦国家授权投资主体融资的项目；⑧国家特许的融资项目。

3. 使用国际组织或者外国政府贷款、援助资金的工程项目

根据《规定》，使用国际组织或者外国政府资金的工程项目范围包括：①使用世界银行、亚洲开发银行等国际组织贷款资金的项目；②使用外国政府及其机构贷款资金的项目（如日本海外经济协力基金贷款、日本输出入银行贷款、日本黑字环流贷款、科威特阿拉伯经济发展基金贷款）；③使用国际组织或者外国政府援助资金的项目。

3.1.4 工程项目招标的规模标准

《工程建设项目招标范围和规模标准规定》中规定的各类工程项目，包括项目的勘察、设计、施工、监理，以及与工程建设有关的重要设备、材料等的采购，达到以下标准之一的，必须进行招标：①施工单项合同估算价在 200 万元人民币以上的；②重要设备、材料等货物的采购，单项合同估算价在 100 万元人民币以上的；③勘察、设计、监理的服务的采购，单项合同估算价在 50 万元人民币以上的；④单项合同估算价低于前三项规定的标准，但项目总投资额在 3000 万元人民币以上的。

2001 年 6 月 1 日，建设部令第 89 号发布的《房屋建筑和市政基础设施工程施工招标投标管理办法》规定："房屋建筑和市政基础设施工程的施工单项合同在 200 万元人民币以上的，或者项目总投资在 3000 万元人民币以上的，必须进行招标。省、自治区、直辖市人民政府建设行政主管部门经报同级人民政府批准，可以根据实际情况，规定本地区必须进行工程施工招标的具体范围和规模标准，但不得缩小本办法确定的必须进行施工招标的范围。"

3.1.5　可以不进行招标的项目范围

《招标投标法》第六十六条规定："涉及国家安全、国家秘密、抢险救灾或者属于利用扶贫资金实行以工代赈、需要使用农民工等特殊情况，不适宜进行招标的项目，按照国家规定可以不进行招标。"

《工程建设项目招标范围和规模标准规定》第11条规定："建设项目的勘察、设计，采用特定专利或者专有技术的，或者其建筑艺术造型有特殊要求的，经项目主管部门批准，可以不进行招标。"2000年10月18日建设部令第82号发布的《建筑工程设计招标投标管理办法》第三条针对建筑工程的设计也做了类似的规定。

《房屋建筑和市政基础设施工程施工招标投标管理办法》第十条规定，工程有下列情形之一的，经县级以上地方人民政府建设行政主管部门批准，可以不进行施工招标：①停建或者缓建后恢复建设的单位工程，且承包人未发生变更的；②施工企业自建自用的工程，且该施工企业资质等级符合工程要求的；③在建工程追加的附属小型工程或者主体加层工程，且承包人未发生变更的；④法律、法规、规章规定的其他情形。

2012年2月1日起施行的《中华人民共和国招标投标法实施条例》第九条规定，除招标投标法第六十六条规定的可以不进行招标的特殊情况外，有下列情形之一的，可以不进行招标：①需要采用不可替代的专利或者专有技术；②采购人依法能够自行建设、生产或者提供；③已通过招标方式选定的特许经营项目投资人依法能够自行建设、生产或者提供；④需要向原中标人采购工程、货物或者服务，否则将影响施工或者功能配套要求；⑤国家规定的其他特殊情形。

3.2　招标的组织形式

我国工程项目招标可以由有资格的招标人自行组建招标工作小组进行，也可以由招标人委托招标代理机构进行。

3.2.1　招标人自行招标

《招标投标法》规定，招标人具有编制招标文件和组织评标能力的，可以自行办理招标事宜。依法必须进行招标的项目，招标人自行办理招标事宜的，经核准可自行招标；未经核准的，招标人应委托招标代理办理招标事宜。

招标人可以自行办理招标事宜，但必须符合下列条件，并设立专门招标工作小组，经招标管理机构审查合格后发给招标组织资格证书。

（1）具有法人资格或是依法成立的组织。
（2）具有与招标工程规模相适应的技术、经济、管理人员。
（3）具有编制招标文件的能力。
（4）具有审查投标人投标资格的能力。
（5）具有组织开标、评标、定标的能力。

依法必须进行招标的项目，招标人自行办理招标事宜的，应当向有关行政监督部门备案。

3.2.2 招标人委托招标机构代理招标

不具备上述自行招标条件的，需委托具有相应资格的招标代理机构办理招标事宜，招标人有权自行选择招标代理机构，任何单位和个人不得以任何形式为招标人指定招标代理机构。招标代理机构是依法设立、从事招标代理业务并提供相关服务的社会中介组织。招标人选择代理机构后，应与其签订委托招标代理协议书，招标代理机构应在招标人委托的范围内办理招标事宜。招标代理机构不得在所代理的招标项目中投标或者代理投标，也不得为所代理的招标项目的投标人提供咨询。

1. 招标代理机构应具备的基本条件

（1）有从事招标代理业务的营业场所和相应资金。

（2）有能够编制招标文件和组织评标的相应专业力量。

（3）有符合规定条件，可以作为评标委员会成员人选的技术、经济等方面的专家库。

2. 招标代理机构类别与资格认定

招标代理机构的资格依照法律和国务院的规定由有关部门认定。国务院住房和城乡建设、商务、发展改革、工业和信息化等部门，按照规定的职责分工对招标代理机构依法实施监督管理。招标代理机构的类别与资格具体如下。

（1）中央建设项目招标代理机构。由国家发展和改革委员会负责其资格认定，其中甲级机构可从事中央投资项目的所有招标代理业务；乙级机构只从事投资总额2亿元以下的中央投资项目的招标业务。甲级资格国际招标须同时取得商务部机电产品国际招标资格。

（2）机电产品国际招标机构。由商务部负责其资格认定，其中甲级资格机构可从事机电产品国际招标业务，不受委托金额限制；乙级资格机构只能从事一次性委托金额在4000万美元以下的机电产品国际招标业务；预乙级资格机构只能从事一次性委托金额在2000万美元以下的机电产品国际招标业务。

（3）工程建设项目招标代理机构。由住房和城乡建设部负责其资格认定，其中甲级工程招标代理机构可以跨省区承担工程招标代理业务，委托金额不受限制；乙级工程招标代理机构只能承担工程投资额在3000万元以下的工程招标代理业务。

3.3 工程项目招投标的方式

招投标方式是工程项目采购的基本方式，不同的方式决定着招投标的竞争程度，是防止不正当交易的重要手段。总体来看，目前世界各国和有关国际组织的有关采购法律、规则都规定了公开招标、邀请招标和协商议标三种招投标方式。

1. 公开招标

公开招标也称竞争性招标，是指招标人以招标公告的方式邀请不特定的法人或者其他组织投标。依法必须进行招标项目的招标公告，应当在国家制定的报刊和信息网络上发布。凡符合规定条件的投标人都可在规定时间内向招标人申请投标，这是我国目前推行工程招投标制的主要方式之一。

按照竞争程度，公开招标可分为国际竞争性招标和国内竞争性招标。其中，国际竞争性招标是指在世界范围内进行招标，国内外合格的投标商均可以投标，采购成本较高，竞争更为激烈。

公开招标时招标人必须做好以下准备工作。

（1）发布招标信息。公开发布的招标信息应包括：建设单位名称，工程项目的名称、结构形式、层数、建筑面积，设备的名称、规格、性能参数等；对投标单位资质要求；招标人的名称、联系地址和联系电话等内容。

（2）受理投标申请。投标人在规定期限内向招标人申请参加投标，招标人向申请投标人发出资格审查表格，以表示须经资格预审查后才能决定是否同意对方参加投标。

（3）确定投标人名单。申请投标人按规定填写投标申请书及资格审查表格，并提供相关资料，接受投标人的资格预审查。一般选定参加投标的单位为4～10个。

（4）发布招标文件。招标人向选定的投标人发函通知，要求领取或购买招标文件。对那些发送投标申请书而未被选定参加的投标人，招标人也应该及时通知。

公开招标使招标人有较大的选择范围，可以在众多的投标人之间选择报价合理、工期较短、信誉良好的投标单位。公开招标有助于开展竞争、打破垄断，促使投标单位努力提高工程质量和服务水平，缩短工期，降低成本。但是招标人审查投标人资格及证书的工作量较大，招标费用的支出也较多；同时，参加竞争的投标人越多，中标的概率将越小，损失投标人费用的风险越大，而这种风险必然反映在标价上，最终还是由招标单位负责。

国家规定，重点建设项目及使用国有资金或者国有资金投资占控股或者主导地位的工程建设项目，应当选择公开招标。

2. 邀请招标

邀请招标是指招标人以投标邀请书的方式邀请特定的法人或者其他组织投标。工程建设项目采用邀请招标方式的，招标人应当向三家以上具备承担招标项目能力、资信良好的特定的法人或者其他组织发出投标邀请书。

选择投标单位的条件一般有以下几个。

（1）近期内承担过类似工程项目，工程经验比较丰富。

（2）企业的信誉良好。

（3）对本工程项目有足够的组织管理能力。

（4）对承担本工程项目有足够的技术力量和生产能力的保证。

（5）投标企业的业务状况良好。

由于被邀请参加竞争的投标单位数量有限，邀请招标可以减少资格审查的工作量，节省招标费用，也提高了投标单位的中标率，因此，对招投标双方都有利。但这种招标方式限制了竞争的范围，有可能把潜在的、富有竞争力的承包商排除在外，不利于自由竞争，不符合"公平、公正、公开"的原则，应当加以限制。为此，《招标投标法》规定："国务院发展计划部门确定的国家重点项目和省、自治区、直辖市人民政府确定的地方重点项目（应当进行公开招标），不宜公开招标的，经国务院发展计划部门或者省、自治区、直辖市人民政府批准，可以进行邀请招标。"

有下列情形之一的，经批准可以选择邀请招标。

（1）建设项目技术复杂或有特殊要求，只有少量几家潜在投标人可供选择的。

（2）受自然地域环境限制的。
（3）涉及国家安全、国家秘密或者抢险救灾，适宜招标但不宜公开招标的。
（4）拟公开招标的费用与项目的价值相比，不值得的。
（5）法律、法规规定不宜公开招标的。

国有资金占控股或者主导地位的依法必须进行招标的项目，应当公开招标；但有下列情形之一的，可以邀请招标。
（1）技术复杂、有特殊要求或者受自然环境限制，只有少量潜在投标人可供选择。
（2）采用公开招标方式的费用占项目合同金额的比例过大。

3. 协商议标

《招标投标法》里没有协商议标的内容，但考虑协商议标历史的客观存在，这里予以略述。协商议标也称谈判招标（Negotiation Tendering）或限制性招标（Limited Tendering），即通过谈判确定中标者。

对于有保密性要求或专业性、技术性要求较高的特殊工程，不适合采用公开招标和邀请招标的工程项目，经招投标管理机构审查同意，可以进行协商议标。

协商议标仍属于招标范畴，同样需要通过投标企业的竞争，由招标单位选择中标者，议标过程较为简单，但必须符合以下条件。
（1）工程项目具备招标条件。
（2）工程项目具备标底，对于技术特殊或者内容复杂的项目也要有一个相当于标底的投资限额。
（3）至少有两个投标单位。
（4）议标的结果必须以签订合同来体现。

协商议标主要有以下几种方式。
（1）直接邀请议标方式。由招标人或其代理人直接邀请某一企业进行单独协商，达成协议后签订采购合同。如果与一家协商不成，可以邀请另一家，直到协议达成为止。
（2）比价议标方式。"比价"是兼有邀请招标和协商特点的一种招标方式，一般适用于规模不大、内容简单的工程和货物采购。通常的做法是由招标人将采购的有关要求送交选定的几家企业，要求它们在约定的时间提出报价，招标单位经过分析比较，选择报价合理的企业，就工期、造价、质量和付款条件等细节进行协商，从而达成协议，签订合同。
（3）方案竞争议标方式。它是选择工程规划设计任务的常用方式。通常组织公开竞赛，也可邀请经预先选择的规划设计机构参加竞赛。一般的做法是由招标人提出规划设计的基本要求和投资控制数额，并提供可行性研究报告或设计任务书、场地平面图、有关场地条件和环境情况的说明，以及规划、设计管理部门的有关规定等基础资料，参加竞争的单位据此提出自己的规划或设计的初步方案，阐述方案的优点和长处。并提出该项规划或设计任务的主要人员配置、完成任务的时间和进度安排，以及总投资估算和设计等，一并报送招标人然后由招标人邀请有关专家组成的评选委员会，选出优胜单位，招标人与优胜者签订合同，对未中选的参审单位给予一定补偿。

由于议标的中标者是通过谈判产生的，不便于公众监督，容易导致非法交易，因此我国机电设备招标规定中，禁止采用这种方式。即使允许采用议标方式，也大都对议标方式做了严格限制。譬如，为了使得协商议标尽可能地体现招标的公平、公正原则，联合国国际贸易法委员会《货物、工程和服务采购示范法》还规定，在议标过程中，招标人应与足够数目的供应商或承包商举行谈判，以确保有效竞争，如果是采用邀请报价，至少应有三家；招标人向某供应商和承包商发送的与谈判有关的任何规定、准则、文件、澄清或其他资料，应在平等基础上发送给正与该招标人举行谈判的所有其他供应商或承包商；招标人与某一供应商或承包商这时的谈判应该是保密的，谈判的任何一方在未征得对方同意的情况下，不得向另外任何人透露与谈判有关的任何技术资料、价格或其他市场信息。

工程项目常用的招标方式除了上述三种通用的方式外，有时还采用一些其他的方法，如两阶段招标、双信封投标等，在此做简单介绍。

4. 两阶段招标

对 EPC（交钥匙）合同，某些大型的、复杂的设施，或特殊性质的工程，或复杂的信息和通信技术，要求事先准备好完整的技术规范是不现实的，此时可采用两阶段招标（Two-Stage Bidding）。

先邀请投标人根据概念设计或性能要求提交不带报价的技术建议书（Technical Proposals），并要求投标人应遵守其他招标要求。在业主对此技术建议进行仔细评审后，指出其中的不足，并分别与每一个投标人一同讨论和研究，允许投标人对技术方案进行改进以更好地符合业主的要求。凡同意改进技术方案的投标人均可参加第二阶段投标，即提交最终的技术建议书和带报价的投标书，业主据此进行评标。

考虑到透明性和知识产权的要求，在第二阶段对招标文件进行修改时，业主应尊重投标人在第一阶段投标时所提交的关于技术建议书保密性的要求。

世界银行、亚洲开发银行的采购指南中均允许采用两阶段招标。

5. 双信封投标

对某些形式的机械设备或制造工厂的招标，其技术工艺可能有选择方案时，可以采用双信封投标（Two-Envelope Bidding Procedure）方式，即投标人同时递交技术建议书和价格建议书。评标时首先开封技术建议书，并审查技术方面是否符合招标文件的要求，之后再与每一位投标人就其各自的技术建议书进行讨论，以使所有的投标书达到所要求的技术标准。

如由于技术方案的修改致使原来已递交的投标价需修改时，将原提交的未开封的价格建议书退还投标人，并要求投标人在规定期间再次提交其价格建议书，当所有价格建议书都提交后，再一次打开进行评标。

亚洲开发银行允许采用这种方法，但需事先得到批准，并应注意将有关程序在招标文件中写清楚。世界银行则不允许采用这种方法。

3.4 招投标的程序及其要求

工程项目的招投标程序是指工程项目在招投标过程中需要遵循的流程及在这个流程中需要达到的一些要求。本节将以国际咨询工程师联合会（FIDIC）2000 年版"FIDIC 合同指南"推荐使用的"招标程序"（Tendering Procedure）为例，进行招投标程序及其要求的内容介绍。各国（或地区）的咨询工程师大都在本国（或地区）组成一个民间的咨询工程师协会，这些协会的国际联合会就是"FIDIC"。因此，FIDIC 的招投标程序具有一定的代表性。另外，为了便于我国工程实践人员的使用，在依据 FIDIC 招标程序进行相关内容介绍时,将对我国招投标中的一些具体做法和要求进行穿插介绍。

3.4.1 工程项目招投标的一般程序

工程项目招投标的一般程序如图 3-1 所示。

从图 3-1 可以看出,按照 FIDIC 的要求,工程项目招投标的一般程序分为六个步骤,分别是招标准备阶段(确定工程项目策略)、资格预审、招标和投标、开标、评审投标书及谈判、授予合同。

在遵循上述招投标一般程序的前提下,不同类型工程项目的招投标程序又有所区别,譬如工程施工合同的招标就比货物类项目公开招标程序要复杂,本节将以工程项目施工合同的招投标程序为例进行介绍,其具体的程序如图 3-2 所示。

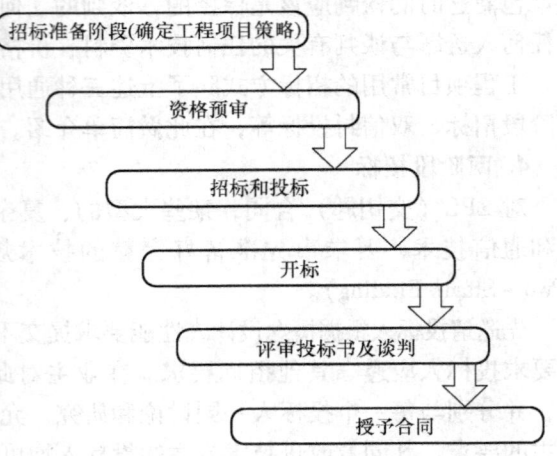

图 3-1 工程项目招投标的一般程序

从图 3-2 可以看出,工程施工项目公开招标程序一共有 21 个步骤,分别是:
①招标前期准备;②签订招标委托协议;③细化招标方案,制订招标实施计划;④编报资格预审文件,编报招标文件,如果需要,还可以编制标底文件;⑤发布资格预审公告;⑥发售

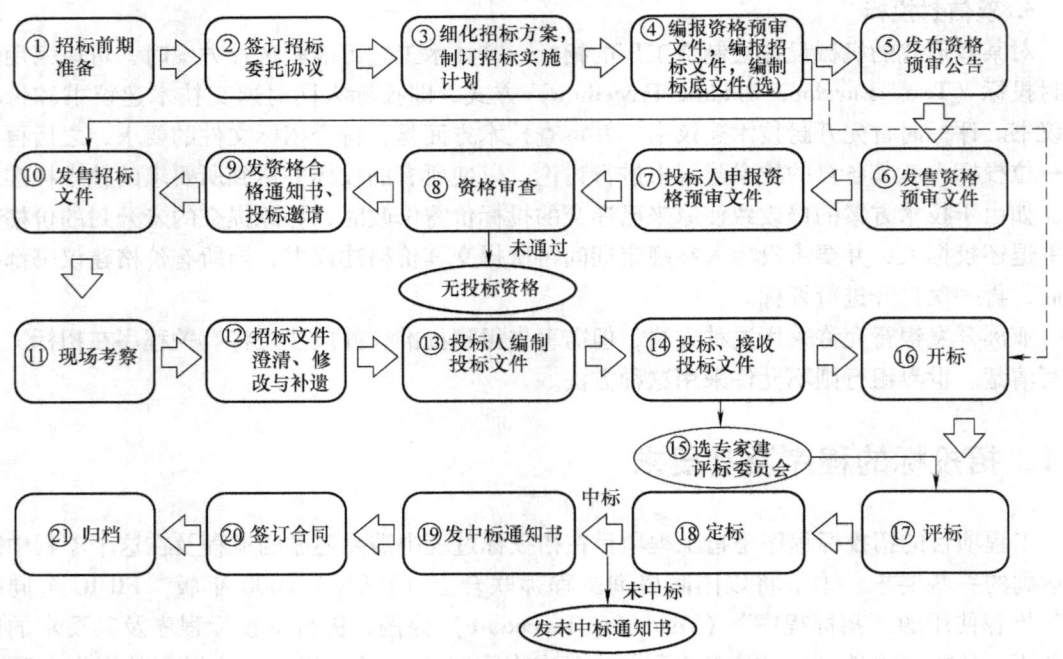

图 3-2 工程施工项目公开招标程序示意

资格预审文件；⑦投标人申报资格预审文件；⑧资格审核，未通过的就没有投标资格；⑨发资格合格通知书、投标邀请；⑩发售招标文件（其中不需要进行资格预审的工程项目，直接从步骤④到步骤⑩）；⑪现场考察；⑫招标文件澄清、修改与补遗；⑬投标人编制投标文件；⑭投标、接收投标文件；⑮选专家，建评标委员会；⑯开标（如果步骤④中有编制的标底文件，则开标时需要参考）；⑰评标；⑱定标；⑲发中标通知书（未中标的发未中标通知书）；⑳签订合同；㉑归档。

工程施工项目的招投标程序是在上述工程项目招投标的一般程序六个步骤的基础上进行细化而成的，是工程项目招投标一般程序的具体应用。以下将对上述工程项目招投标一般程序进行具体说明。

3.4.2 确定工程项目策略（招标准备）

一个工程项目在前期策划阶段，应研究采用何种策略最适合实现项目的目标，这取决于项目的性质、复杂程度、融资渠道、工程项目的生命周期费用、业主的管理能力及外界的政治和经济环境等。

工程项目策略的选择属于一项重大决策，它将对工程项目实施的全过程产生深远的影响。确定工程项目策略要慎重，确定之后，要保证它在整个工程项目从初步构思到竣工验收的全过程中被认真地执行，否则可能导致索赔和争议，使各参与方付出额外的精力、时间和费用。

确定工程项目策略包括确定工程项目采购方法和工程项目实施的日程表，这也决定了工程项目是否要进行招投标，因此，工程项目策略选择也可以是包含招标准备阶段的工作。

工程项目采购方法（Procurement Method）一般是指业主在选择工程项目的服务方（如咨询、承包、供货等）时，从确定需求到完成的全过程中所采用的方法，包括招标方式等。但在决定采购方法前，必须先确定采用何种工程项目管理模式。工程项目的管理模式是指一个工程项目建设的基本组织模式，是在工程项目实施过程中各参与方所扮演的角色及其合同关系。在某些情况下，还要规定工程项目完成后的运行方式。确定工程项目的管理模式后才能决定工程项目的采购方法和招标方式。如采用传统的采购模式，则是先找一家咨询设计公司前期工作和设计，再找一家工程公司承包施工；如采用设计-建造模式，则是找一家公司承担全部的设计和施工工作；如采用EPC（交钥匙）模式，则是找一家公司承担项目的前期策划、设计、设备采购和工程施工工作。项目的管理模式确定后，参与项目各方所扮演的角色就明确了，从而才能确定合同方式及合同中各方的权利、义务和风险分担。

采购方法确定后就可确定哪些采购工作需要招标，如设计、设备采购、施工等。然后决定招标方式和授予合同的准则。

这个阶段还应根据项目采购方法和招标方式来确定整个工程项目的时间进度表，包括项目的招标、设计、施工、验收等工作的里程碑（Milestone）日期。同时，也应规定招标工作的日程表，包括工程项目的某些部分单独招标的日程表。

每个工程项目的安排在开始实施前要得到上级机关的审查批准，如果是国际金融机构贷款还需要得到该组织的审查批准。在安排日程表时，要充分估计审查批准所需的时间。

因此，工程项目策略选择工作中涉及招标前的准备工作，确定哪些采购工作需要招标，还需要决定招标方式和授予合同的准则。另外，招标前的准备工作还包括组建招标班子、选择招标代理机构和细化招标方案、制订招标作业实施计划。

（1）组建招标班子。招标人组建由法人代表或其授权代表领导的招标工作班子，配备专职专业人员，以保证招标工作的成功进行。

（2）选择招标代理机构。要注意确认招标代理机构的资质，要了解其招标工作业绩、实力、专家支撑系统、实际招标工作经验和服务态度。

（3）细化招标方案，制订招标作业实施计划。合理划分标段，当确定招标方式后，由招标代理机构与建设项目业主协商制订招标作业实施计划。

3.4.3 对投标人进行资格审查

对投标人进行资格审查是指在投标前或者开标后对投标申请人进行的资格审查。

1. 资格审查的目的

（1）了解投标人的基本情况，如财务状况、资质条件、技术能力、经营业绩、管理水平和资信等方面的情况。对于施工工程项目还可了解到是否具有类似工程项目的施工经验，人员、施工机械配备情况及项目经理的情况等。

（2）事先淘汰不合格的投标人，排除将合同授予不合格投标人的风险。

（3）减少招标人、招标代理机构评标阶段的工作量，节省时间和评标费用支出。

（4）节省不合格投标人购买投标文件、参加现场考察、制作投标文件等费用支出。

2. 资格审查的分类

按照资格审查进行的时间，资格审查分为资格预审和资格后审。

（1）资格预审（Prequalification）。资格预审是指在投标前对投标申请人进行的资格审查，一般适用于公开招标。在国际工程招标过程中，对投标人（Tender/Bidder）进行资格预审是一个十分重要的环节，其目的是通过投标之前的审查，挑选出一批确有经验、有能力和具备必要的资源以保证能圆满完成项目的公司获得投标的资格。

资格预审审查的主要内容有：①具有独立订立合同的法人资格；②具有履行合同的能力，包括专业、技术资格和能力，资金、设备和其他物质设施状况，管理能力，经验、信誉和相应的从业人员；③有无不良记录；④以往承担类似项目的业绩情况；⑤法律、行政法规规定的其他资格条件。

资格预审的程序包括：①业主编制资格预审文件；②通过刊登广告等方式邀请承包商参加资格预审（我国要求在国务院发展改革部门依法指定的媒介发布）；③向承包商出售或颁发资格预审文件（一般发售期不得少于5天）；④承包商填写资格预审文件并送交业主（自资格预审文件停止发售之日起不得少于5日）；⑤由业主对所有的资格预审文件进行分析评审，编写资格预审评审报告；⑥招标人确定资格预审合格人名单；⑦发资格预审合格通知书及投标邀请书。

资格预审文件一般包括资格预审公告、资格预审申请人须知、资格预审申请书及各种附表四个部分。在申请人须知中必须明确并公开资格预审的条件、内容、评审标准和方法。招标人可以对已发出的资格预审文件进行必要的澄清或者修改。澄清或者修改的内容可能影响资格预审申请文件的，招标人应当在提交资格预审申请文件截止时间至少3日前，以书面形式通知所有获取资格预审文件的潜在投标人；不足3日的，招标人应当顺延提交资格预审申请文件的截止时间。

为了保证招标具有一定的竞争性，在资格预审合格的前提下，一般允许通过资格预审的公司不宜太多，也不宜太少，通常以 6~10 家为宜（少于 3 家要重新招标），还要根据项目的具体情况来确定。为了防止一些通过资格预审的公司不来投标，一般要求通过资格预审的公司回函确认其是否参加投标。如果有的潜在投标人希望退出，则业主应让下一个最有资格的公司入选，并要求该公司同样做出上述确认。

（2）资格后审（Post Qualification）。资格后审是指开标后，在评标时对投标申请人进行的资格审查，一般适用于邀请招标。

如果业主急于开工，或对比较简单的中小型工程，为了争取时间，可以不进行资格预审而进行资格后审，即在招标文件中加入资格审查的内容，投标人在提交投标书时提交资格审查资料，评标时先对投标人进行资格审查，不合格者取消被评标资格。

经过资格预审的，一般不再进行资格后审，但招标文件另有规定的除外。

资格审查时，招标人不得以不合理的条件限制、排斥和歧视潜在投标人或投标人。任何单位和个人不得以行政手段或者其他不合理方式限制投标人的数量。

3.4.4 招标和投标

3.4.4.1 招标

招标是指招标人进行招标文件的编制并进行发布的过程。

1. 招标文件的作用

（1）招标文件是招标人采购需求的最基础、最重要、最完整的法律性文件。

（2）招标文件是向投标人公开提供的编制投标文件的唯一依据。

（3）招标文件是评标委员会选用评标的评标标准和评标方法的根据。

（4）招标文件是招标人与中标人签订合同的基础。

2. 招标文件编制原则

（1）依法编制，符合法规要求。

（2）满足用户使用要求。

（3）科学合理。

（4）公平竞争，一视同仁，不能有任何歧视性、倾向性的内容条款。

（5）注意保护商业秘密。

3. 招标文件的内容

以施工工程项目为例，招标文件的内容主要有以下 11 项。

（1）投标邀请书。采用资格预审的形式时，是专门用来邀请资格预审合格的投标人投标的；在邀请招标时，不发招标公告，用投标邀请书直接邀请潜在投标人参加投标。招标邀请书的内容包括：招标项目名称、招标编号、工程性质与简况、资金来源、招标文件发售价格与时间及地点、投标文件递交截止时间与开标时间及地点等。

（2）投标须知。投标须知包括"投标须知前附表"和"投标人须知"。"投标须知前附表"是将投标文件中的核心内容通过表格形式简要表述，让人一目了然。其内容包括：工程名称、建设地点与规模、承包方式、质量标准、工期要求、招标范围、资金来源、投标人资质等级要求、资格审查方法、工程报价方式、投标有效期、投标担保金额、踏勘现场、替代方案、投标文件份数与投标截止日期、开标时间与地点、评标标准及方法、履约担保金额等。"投标人须知"是对投标人提出的更全面、更具体的规定与要求。

（3）合同条款。一般分为通用条款和专用条款两部分。通用条款具有普遍适用性；专用条款是针对某一特定工程项目合同的具体规定，它对通用条款进行补充、修改。

（4）合同文件格式。通常要提供合同协议书、房屋建筑工程质量保修书、承包人银行履约保函、承包人履约担保书和预付款银行保函、发包人支付担保书等的格式。

（5）工程建设标准。一是要依据现行国家和行业标准和工程设计文件，列出本招标工程项目的材料、设备、施工必须达到的工程建设标准、规范要求；二是要根据工程设计要求，对该工程项目的材料、施工有特殊要求的，还应列出特殊项目的施工工艺标准和要求。

（6）投标文件投标函部分格式。包括投标函、投标函附录、投标担保书、投标担保银行保函格式、投标文件签署授权委托书、招标文件要求投标人提交的其他投标资料格式。

（7）投标文件商务部分格式。当采用综合单价形式时，应包括投标报价说明、投标报价汇总表、主要材料清单报价表、设备清单报价表、工程量清单报价表、措施项目报价表、其他项目报价表、工程量清单项目价格计算表、投标报价需要的其他资料。当采用工料单价形式时，应包括投标报价说明、投标报价汇总表、主要材料清单报价表、设备清单报价表、分部工程工料价格计算表、分部工程费用计算表、投标报价需要的其他资料。

（8）投标文件技术部分格式。主要包括施工组织设计或施工方案、项目管理机构配备情况、拟分包项目情况表。施工组织设计或施工方案包括各分部分项工程的主要施工方法，工程投入的主要施工机械设备情况，主要施工机械进场计划，劳动力安排计划，确保工程质量、安全生产、文明施工及工期的技术组织措施，施工总平面图，有必要说明的其他内容。项目管理机构配备情况包括项目管理机构配备情况表、项目经理简历表、项目技术负责人简历表，以及其他辅助说明资料等。

（9）资格审查申请书。这是专门为不做资格预审项目在进行资格后审时准备的。

（10）工程量清单。应包括工程量清单说明和工程量清单表。工程量清单应与投标须知、合同条款、合同协议条款、工程规范和图样一起使用。

（11）工程设计图，即施工工程项目的设计图样。

4. 招标文件注意事项

在招标人编制招标文件时，还要注意不得以不合理的条件限制、排斥潜在投标人或者投标人。招标人有下列行为之一的，属于以不合理条件限制、排斥潜在投标人或者投标人。

（1）就同一招标项目向潜在投标人或者投标人提供有差别的项目信息。

（2）设定的资格、技术、商务条件与招标项目的具体特点和实际需要不相适应或者与合同履行无关。

（3）依法必须进行招标的项目以特定行政区域或者特定行业的业绩、奖项作为加分条件或者中标条件；对潜在投标人或者投标人采取不同的资格审查或者评标标准。

（4）限定或者指定特定的专利、商标、品牌、原产地或者供应商。

（5）依法必须进行招标的项目非法限定潜在投标人或者投标人的所有制形式或者组织形式。

（6）以其他不合理条件限制、排斥潜在投标人或者投标人。

5. 招标公告（或投标邀请书）的发布

采用公开招标的，招标人应当发布招标公告或资格预审公告。当采用资格预审公开招标方式时，先发布招标资格预审公告；资格预审结束后，向投标人发资格预审合格通知书的同时，发布投标邀请书。采用邀请招标的，招标人应当向三家以上具备承担招标项目能力、资信好的特定法人或其他组织发出投标邀请书。

我国政府规定必须招标项目招标公告的发布媒介是《中国日报》《中国经济导报》《中国建设报》，以及中国采购与招标网（http：//www.chinabidding.com.cn）。属于国际招标的，除了应在《中国日报》发布外，商务部规定还必须在中国国际招标网（http：//china-bidding.com）上公布。

6. 现场踏勘与质疑/答疑

（1）投标人现场踏勘（Visit Site by Tenders）。投标人现场踏勘是指业主在投标人购买招标文件后的一定时间（一般为1个月左右）内，组织投标人考察项目所在现场的一种活动。其目的是让投标人在阅读和研究招标文件后有机会实地考察了解现场的实际情况。一般现场踏勘都与标前会议（Pre-bid Meeting）一并进行，由业主负责有关组织工作，投标人自费参加该项活动。

（2）投标人质疑（Tenders' Queries）。投标人质疑有两种方式：信函方式或投标人会议方式，或两者同时采用，应在招标文件的"投标人须知"中说明。

1）信函方式。由投标人在规定时限（如提交投标书28天前）内，将质疑的问题书面递交给业主/工程师，业主/工程师将汇总所有投标人的问题，用书面答复发给所有的投标人。

2）现场考察与标前会议相结合的方式。可以要求投标人在规定时间内将质疑的问题书面提交业主，也允许在会议中提问，业主在会议上应回答所有的问题，向所有的投标人（无论是否与会）发送书面的会议纪要及对所有有关问题的解答。但不论采取上述哪种方式，在问题解答中均不应涉及提出问题的质疑人。业主应说明此类书面会议纪要及问题解答是否作为招标文件的补遗。如果是，则应将之视为正式招标文件的内容。

（3）招标人答疑。回答投标人提出的问题，也可对招标文件中出现的错误进行修改。对招标文件的澄清和修改，必须在投标文件截止日期的15天以前进行。招标人对投标人的问题解答及对招标文件的澄清、修改与说明，都必须以书面形式通知所有购买招标文件的潜在投标人，并将其作为招标文件的组成部分。

7. 招标文件补遗

招标文件补遗（Addenda to Tender Documents）应编有序号，因为招标文件补遗一般均构成正式招标文件的一部分，因此应由每个投标人正式签收，并将回执返还给业主/工程师。

补遗的内容多半出于业主对原有招标文件的解释、修改或增删，也包括在投标人会议上对一些问题的解答和说明。一般业主应尽量避免在投标期的后一段时间颁发补遗，否则会使承包商来不及对其投标书进行修改，如果颁发补遗太晚，业主应主动延长投标期。

《招标投标法》规定："招标人对已发出的招标文件进行必要的澄清或者修改的，应当在招标文件要求提交投标文件截止时间至少15日前，以书面形式通知所有招标文件收受人。该澄清或者修改的内容为招标文件的组成部分。"

3.4.4.2 投标

投标人应在招标文件规定的投标截止日期或延期后的投标截止日期之前，将完整的投标书按要求密封、签字后送交业主指定地点。业主应有专人签收保存，开标之前不得启封。如果投标书的递交迟于投标截止日期或者投送到非指定地点，一般将视为废标，并将被原封不动地退回。投标人在招标文件要求提交投标文件截止时间前,可以补充、修改、替代或撤回已提交的投标文件,并书面通知招标人。补充、修改的内容为投标文件的组成部分。

未通过资格预审的申请人提交的投标文件,以及逾期送达或者不按照招标文件要求密封的投标文件,招标人应当拒收。招标人应当如实记载投标文件的送达时间和密封情况,并存档备查。

1. 投标注意事项

(1)与招标人存在利害关系可能影响招标公正性的法人、其他组织或者个人,不得参加投标。

(2)单位负责人为同一人或者存在控股、管理关系的不同单位,不得参加同一标段投标或者未划分标段的同一招标项目投标。

违反前两款规定的,相关投标均无效。

2. 工程项目投标程序

工程项目投标程序主要包括:购买资格预审文件,编制和报送资格预审申请文件;资格预审合格按投标邀请购买投标文件;参加现场踏勘和标前答疑与澄清会;编制和审定投标文件,开具投标保函(或缴纳投标保证金);按招标文件规定如期递交投标文件,进行投标;参加开标会;接受评标委员会的提问并进行说明;中标后按期与招标人签订书面合同并交履约保证金。

投标人应当按照招标文件的要求编制投标文件。投标文件应当对招标文件提出的实质性要求和条件做出响应。建设项目施工招标的投标文件的内容应当包括拟派出的项目负责人与主要技术人员的简历、业绩和拟用于完成投标项目的机械设备等。

投标文件一般应包括:投标函;投标报价;投标保证金或其他形式的担保(投标保函);投标项目方案及说明;投标人资格、资信证明文件及授权书;招标文件要求的其他有关内容和各种附件、附表等材料。其中,投标保证金一般不得超过投标总价的2%,但最高不得超过80万元人民币。投标保证金有效期应当超出投标有效期30天。

3.4.5 开标

开标(Opening of Tenders, Bid Opening)是指在提交投标文件截止的同一时间,由招标人依据招标文件规定的地点,邀请所有投标人和监督机构代表参加,当众检查投标文件密封情况,启封投标人提交的投标文件,公开宣布投标人名称、投标价格、备选方案价格、投标保证金和招标机构认为合适的投标文件的其他主要内容的过程。同时也宣读因过期提交等原因而被取消投标资格的投标人的名称。

一般开标应采取公开开标,也可以采取限制性开标,即只邀请投标人和有关单位参加。开标是招标公开原则的重要标志之一,必须保证做到开标的公开、公平和公正。如果投标人少于3个的,招标人应当依法重新招标。

《招标投标法》规定:"开标由招标人主持,邀请所有投标人参加。"开标的程序如图3-3所示。

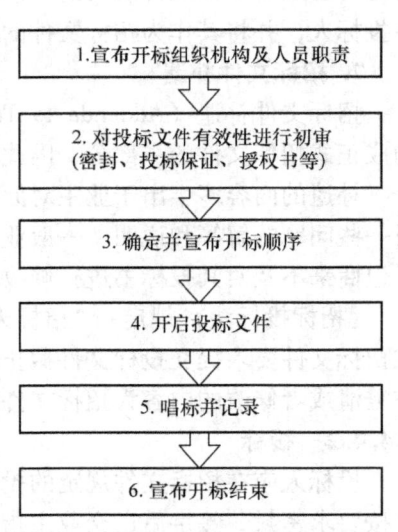

图3-3 工程项目招标的开标程序

3.4.6 评标

评标（Bid Evaluation）是指由依法组建成的评标委员会根据招标文件规定的评标标准和评标方法，通过对投标文件的分析比较和评审，向招标人提出书面评标报告并推荐中标候选人的过程。

3.4.6.1 评标的主要工作内容

评标包括以下几部分工作：评审投标书（Review of Tenders）、包含有偏差的投标书（Tenders Containing Deviations）、对投标书的裁定（Adjudication of Tenders）和废标（Rejecting of all Tenders）。

1. 评审投标书

评审投标书由专业人士进行，业主一般组建评标委员会进行评标。评标委员会的主要工作是审查每份投标书是否符合招标文件的规定和要求，并审查投标人的人员、设备、技术方案、业绩、财务、银行融资能力等，同时，也应核算投标报价有无运算方面的错误，如果有，则要求投标人与评标人共同核算并确认改正后的报价。如果投标文件有原则性的违背招标文件之处，或投标人不确认其投标书报价运算中的错误，则投标书应被拒绝并退还投标人，投标保证金将被没收。

有下列情形之一的，评标委员会应当否决其投标。
（1）投标文件未经投标单位盖章和单位负责人签字。
（2）投标联合体没有提交共同投标协议。
（3）投标人不符合国家或者招标文件规定的资格条件。
（4）同一投标人提交两个以上不同的投标文件或者投标报价，但招标文件要求提交备选投标的除外。
（5）投标报价低于成本或者高于招标文件设定的最高投标限价。
（6）投标文件没有对招标文件的实质性要求和条件做出响应。
（7）投标人有串通投标、弄虚作假、行贿等违法行为。

2. 包含有偏差的投标书

在评审投标书后，业主一般要求报价最低的几个投标人澄清其投标书中的问题，包括投标书中的偏差。偏差是指投标书总体符合要求，但个别地方有不大合理的要求（如要求适当延长竣工日期）。业主可以接受此投标书，但在评标时由业主将此偏差的资金价值采用"折价"方式计入投标价，然后按评标后的投标价（对某些投标书有偏差的投标人应考虑折价后的投标价）大小排序。

如果因投标书包含的偏差太大而不可能决定偏差的资金价值，则一般认为投标书不符合要求，将之退还给投标人。除非投标人声明确认撤回偏差，并不对投标价做任何修改，业主才可能接受此投标书。

以下属于包含有偏差的投标示例：投标文件中的大小写金额不一致的，以大写金额为准；总价金额与依据单价计算出来的结果不一致的，以单价金额为准修正总价，但单价金额小数点有明显错误的除外。

3. 对投标书的裁定

对投标书的裁定一般简称决标，是指业主在综合考虑了投标书的报价、技术方案及其他方面的情况后，最后决定选中一家承包商中标。除非特殊情况，否则，业主应将合同授予投标书符合要求且评标后的投标价最低的投标人。

如果在投标人须知中允许投标人可以提交备选方案（Alternative），则在评标时也应对备选方案进行比较。因为备选方案可能在工期上有优势，或在价格上有优势，或在使用功能上有优势，或兼有其中几方面的优势，所以，业主最后在决定某一备选方案中标时不一定是价格最低的方案，但总体上应符合招标文件的要求。

如果是世界银行、亚洲开发银行等贷款项目，则要在贷款方对业主选中的承包商进行认真严格的审查后才能正式决标。

4. 废标

有时由于下列原因业主方宣布此次招标作废，取消所有投标，这些原因包括每个投标人的报价都大大高于业主的标底；或每一份投标书都不符合招标文件的要求；或收到的投标书太少，一般指不多于3份。此时业主应通知所有的投标人，说明废标原因，并退还他们的投标保证金。

业主不能因企图获得较低的投标报价而废标，再完全按照原招标文件重新招标。如果在废标之后，业主欲重新招标，则应按照新的技术标准和要求对原招标文件进行研究和修改之后，再行招标。

3.4.6.2 工程项目评标的主要程序及要求

工程项目评标的主要程序包括评标准备、符合性审查、技术评审、商务（价格）评审、投标文件澄清、综合评价和推荐中标候选人、编报评标报告等步骤，如图3-4所示。

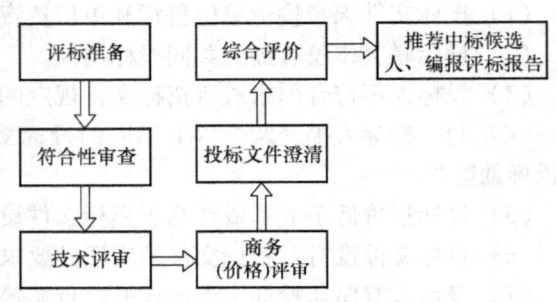

图3-4 工程项目评标程序示意

从图3-4可以看出，工程项目评标程序主要包括以下几个步骤。

（1）评标准备。评标准备包括组织准备和业务准备。组织准备是指确认评委成员身份，每个评委成员应当签署保密协议和有无回避情况的承诺书，根据项目实际需要配备必要的工作人员。业务准备是指评委应——了解、熟悉招标文件规定的主要技术要求和商务条款，了解、熟悉评标标准和评标方法及为此准备的有关评标表格等。

（2）符合性审查。符合性审查主要是审查投标文件的有效性、完整性及与招标文件要求的一致性。重点审查投标文件是否对招标文件提出的所有实质性要求和条件做出了响应，并逐项列出投标文件的重大偏差和细微偏差。

（3）技术评审。技术评审的主要任务是比较与审查投标人完成招标项目的技术能力与实力。审查投标人总体布置的合理性、施工方案的可行性和先进性、施工进度计划及保证措施的可靠性、施工质量保证体系方案及措施的先进合理与可靠性、劳动力计划及主要设备材料构件用量计划是否满足设计和招标文件中的要求、安全措施的可靠与完善性等。如有分包，应当审查分包商的资格条件和是否有完成分包工程的能力与经验等。如招标文件规定可提交建议或替代方案的，还应对投标文件中的建议或替代方案进行技术评审。

(4) 商务（价格）评审。工程项目招标评标时，重点是评审投标报价，包括投标报价的校核，审查全部报价数据计算的正确性，既要比较总价，也要分析单价、计日工价，要分析单价构成及所附资金流量表的合理性，有无严重不平衡报价，分析财务或付款方面的建议条款和优惠条件，评估如果接受这些条件时的利弊和是否可能导致风险，分析报价高低的原因等。也要注意有无提出与招标文件合同条款相悖的要求或对合同条款有无重要保留等，如果是有标底招标评标，还要参考标底，与标底价格进行对比分析，如果有招标控制价，还要跟招标控制价进行对比。

(5) 投标文件澄清。在对投标文件进行符合性评审、技术评审和商务（价格）评审的整个评标过程中，若发现投标文件的内容有含义不清或需对某些问题做出说明的，评标委员会可以请投标人进行澄清与说明。投标人对所提问题的澄清和答复，都应以书面的形式，且经其法定代表人或授权代理人签字，并作为投标文件的组成部分。对投标文件的澄清与说明，不允许对投标报价等实质性问题进行任何改动。

(6) 综合评价。综合评价主要是对已经通过符合性审查、技术评审、商务（价格）评审的投标文件进行综合比较与分析，并对投标人的评审结果进行排序。

(7) 推荐中标候选人、编报评标报告。评标委员会依据评标标准和方法，在对投标人逐个进行全面比较与综合分析，并排列出高低名次的基础上，按招标文件的要求数量向招标人推荐中标候选人，并向招标人（招标代理机构）提交书面评标报告。

在中标结果没有公布前，评标委员会成员必须对评标情况继续严格保密。

3.4.6.3 评标方法及其选择

对工程项目评标时，评标方法的不同会直接影响最终中标候选人的选择。因此，在评标时要选择合理的评标方法，并要将评标方法事前在招标文件中公布。目前常见的评标方法有：经评审的最低投标价法，综合评估法，法律、法规允许的其他评标方法。

1. 经评审的最低投标价法

经评审的最低投标价法是指能满足招标文件实质性要求，经评审的投标报价最低（低于成本的除外）的投标人为中标候选人的评审方法。评标委员会首先对已通过符合性审查的投标人的投标文件进行技术评审。技术评审合格后，进入商务（价格）评审。在商务（价格）评审时，要对投标人的商务偏差做价格调整。这种方法适用于招标人对技术、性能没有特殊要求的一般项目。

2. 综合评估法

综合评估法是指综合衡量价格、商务、技术等各项因素对招标文件的满足程度，按照统一的标准（分值或者货币）量化后进行比较的方法。最大限度地满足招标文件中规定的各项综合评价标准的投标，应当推荐为中标候选人。综合评估法包括综合评标价法、评分法、全寿命费用评标价法。

综合评估法采购评标时应考虑的因素有：投标价、运输费用、交货期、设计能力、产品性能和质量、施工组织设计和项目管理机构、付款条件、备件价格、优惠条件及服务承诺、其他因素。

(1) 综合评标价法。综合评标价法是根据招标文件中规定的评标因素价格调整方法，对投标人的投标报价、投标文件的商务偏差与技术偏差进行价格折算与调整，用货币形式计算出投标人的评标价，在商务、技术条款均满足招标文件要求时，评标价格最低的投标人被推荐为中标人的评标方法。

（2）评分法。评分法是指在最大限度地满足招标文件实质性要求的前提下，按各评分因素的重要性确定得分标准，分别对各投标书的报价和各种服务进行评审打分，以评标总得分最高的投标人作为中标候选人的评标方法。

表 3-1 是一个建设工程项目评分标准的示例。

表 3-2 是世界银行采购项目的评分标准。

表 3-1 某建设工程项目评分标准

内容	分数
施工组织设计	25 分
项目管理机构	10 分
投标报价	60 分
其他评价因素	5 分

表 3-2 世界银行采购项目的评分标准

内容	分数
货物投标价	60~70 分
标准备件价格	0~20 分
技术性能、维修及运行费用	0~20 分
服务和备件的提供	0~20 分
设计标准化	0~20 分

（3）全寿命费用评标价法。全寿命费用评标价法在综合评标价法的基础上，进一步加上一定运行年限内的费用作为评审价格。这种方法主要适用于采购生产线、成套设备、车辆等运行期内各种后续费用较高的产品。

采用适当的评标方法完成评标后，评标委员会应当向招标人提交书面评标报告和中标候选人名单。中标候选人应当不超过 3 个，并标明排序。评标报告应当由评标委员会全体成员签字。

3.4.7 授予合同

经过评标选定中标人之后，要进行合同的授予（Award of Contract）。授予合同包括的主要工作有：签发中标函（Issue Letter of Acceptance）、履约保证（Performance Security）、编制合同协议书（Preparation of Contract Agreement）、通知未中标的投标人。

1. 签发中标函

签发中标函之前，还有一个定标的过程。定标是指招标人根据评标委员会的评标报告，在推荐的中标候选人（一般为 1~3 名）中最终核定中标人的过程。招标人也可授权评标委员会直接确定中标人。

最终确定中标人时需要遵循一定的原则：①国有资金占控股或者占主导地位的依法必须进行招标的项目，招标人应当确定排名第一的中标候选人为中标人；②排名第一的中标候选人放弃中标、因不可抗力不能履行合同、不按照招标文件要求提交履约保证金，或者被查实存在影响中标结果的违法行为等情形，不符合中标条件的，招标人可以按照评标委员会提出的中标候选人名单排序依次确定其他中标候选人为中标人，也可以重新招标；③在确定中标人前，招标人不得与投标人就投标价格、投标方案等实质性内容进行谈判。招标人不得向中标人提出压低报价、增加工作量、缩短工期或其他违背中标人意愿的要求作为发出中标通知书和签订合同的条件。

在经过定标确定中标候选人之后，业主要与评标价格最低的投标人进行深入的谈判，将谈判达成的一致意见写成一份谅解备忘录（Memorandum of Understanding，MOU），此备忘录经双方签字确认后，业主即可向此投标人发出中标函（Letter of Acceptance）。中标函要明确承包商应实施的工程范围及合同价格。MOU 有时也叫合同协议书备忘录或附录或合同谈判纪要，它是构成合同协议书的重要文件之一。其效力优先于合同协议书之外的其他合同文件。如果谈判未达成一致，则业主即与评标价第二低的投标人谈判。

对机电产品国际招标评标结果，按规定必须实行公示制度。①评标结束后，招标机构应当在中国国际招标网上进行评标结果公示，公示期为 7 日；②投标人对评标结果有异议的，可在公示期内在网上向相应的主管部门提出质疑；③质疑处理结果根据情况可分为维持原评标结果、变更中标人和招标无效三种。主管部门对质疑处理意见一经做出，立即生效，并发布"公示结果公告"，在此公告后 3 日内出具《评标结果备案通知》，即已定标，可向中标人发中标通知书。

如果是使用外国贷款的项目，在公示结果后，还需凭主管部门出具的《评标结果通知》向贷款方报送评标报告，获其批准后才算最终定标，才能发中标通知书。

定标后，招标人（或招标代理机构）应当及时向中标人发出中标通知书，并同时将中标结果通知所有未中标的投标人。中标通知书对招标人和中标人具有法律效力。中标通知书发出后，招标人改变中标结果的，或者中标人放弃中标项目的，应当依法承担法律责任。

自确定中标人之日起 15 日内，招标人向监督部门提交招投标情况书面报告。

2. 履约保证

履约保证是指投标人在签订合同协议书时或在招标文件规定的时间内，按招标文件规定的保函或担保的格式和金额，向业主提交的一份保证承包商在合同期间履约的担保性文件。履约保证金不得超过中标合同金额的 10%。

如果投标人未能按时提交履约保证，则投标保证金将被没收，业主再与评标价第二低的投标人谈判签约。招标文件要求中标人提交履约保证金或者其他形式履约担保的，中标人应当按规定提交。拒绝提交的，视为放弃中标项目。招标人要求中标人提供履约保证金或其他形式履约担保的，招标人应同时向中标人提供工程款支付担保。

3. 编制合同协议书

（1）编制合同协议书的一般做法和要求。一般均要求业主与中标人正式签订一份合同协议书，且合同协议书的格式须由业主规定，并由业主方准备此协议书。协议书中除规定双方基本的权利、义务以外，还应列出所有的合同文件。

一般业主以中标函形式签发的通知将构成合同的成立。在有些国家，法律规定收到中标函即可认为合同成立，无须再签订合同协议书。但大多数国家的习惯做法还是要求采用合同协议书签字盖章的形式使合同正式生效。这一点业主应在招标文件中规定。

招标人和中标人应当依照《招标投标法》和相关规定签订书面合同，合同的标的、价款、质量、履行期限等主要条款应当与招标文件和中标人的投标文件的内容一致。招标人和中标人不得再行订立背离合同实质性内容的其他协议。

招标人和中标人应当自中标通知书发出之日起 30 日之内签订书面合同。

房屋建筑和市政基础设施工程施工招标的合同订立 7 日之内，中标人应将合同送县级以上工程所在地的建设行政主管部门备案。

中标人不履行与招标人订立合同的，履约保证金不予退还，并取消其中标资格。没有提交履约保证金的，应当对招标人的损失承担赔偿责任。

招标人不履行与中标人签订合同的，应当双倍返还中标人的履约保证金；没有提交履约保证金的，应当对中标人的损失承担赔偿责任。

(2) 投标文件中规定的中标项目的分包情况。中标人应当按照合同约定履行义务，完成中标项目。中标人不得向他人转让中标项目，也不得将中标项目肢解后分别向他人转让。

中标人按照合同约定或者经招标人同意，可以将中标项目的部分非主体、非关键性工作分包给他人完成。接受分包的人应当具备相应的资格条件，并不得再次分包。

中标人应当就分包项目向招标人负责，接受分包的人就分包项目承担连带责任。

对于不具备分包条件或者不符合分包规定的，招标人有权在签订合同或者中标人提出分包要求时予以拒绝。发现中标人转包或违法分包时，要求其改正，拒不改正的，可终止合同，并报请有关行政部门查处。

4. 通知未中标的投标人

只有在中标人与业主签订了合同协议书并提交了履约保证后，业主才将投标保证金退还中标人，招标投标工作至此完成。招标人最迟应当在书面合同签订后 5 日内向中标人和未中标的投标人退还投标保证金及银行同期存款利息。然后，业主应通知所有未中标的投标人，并退还他们的投标保证金。

【本章小结】

招标投标是在市场经济条件下的一种有组织的特殊的商品交易行为，是竞争最为充分的采购方式，是实施项目建设的一种有效手段。而工程项目的招投标的过程同时也是一个复杂的过程，因此，需要确定工程项目招投标的组织形式及工程项目的招标方式，这与工程项目的自身特点有着密切的联系，不同的工程项目根据其自身特点可以选择公开招标、邀请招标和协商议标三种招投标方式。工程项目的招投标还需要通过一定的固定程序，包括招标准备阶段（确定工程项目策略）、资格预审、招标和投标、开标、评审投标书及谈判、授予合同共六个阶段才能够完成。

【复习思考题】

一、单项选择题

1. 公开招标与邀请招标在招标程序上的差异表现为（　　）。
   A. 是否进行资格预审　　　　　　B. 是否组织现场考察
   C. 是否解答投标单位的质疑　　　D. 是否公开开标

2. 根据我国《招标投标法》，（　　）可以不进行招标。
   A. 使用世界银行贷款的项目　　　B. 使用国有资金的项目
   C. 关系社会公共利益的大型基础设施项目　D. 抢险救灾工程项目

3. 根据我国《招标投标法》，招标人和中标人应当自中标通知书发出之日起（　　）日内，按照招标文件和中标人的投标文件订立书面合同。
   A. 10　　　　B. 15　　　　C. 20　　　　D. 30

4. 施工招标文件的内容一般不包括（　　）。
   A. 工程量清单　　　　　　　　　B. 资格预审条件

C. 合同条件　　　　　　　　　　　D. 投标须知
5. 建设项目施工规模在（　　）万元人民币以上估算价的必须进行招标。
A. 50　　　B. 100　　　C. 200　　　D. 300

二、多项选择题

1. 根据我国《招标投标法》，强制招投标的项目包括（　　）。
A. 大型基础设施、公用事业等关系公共利益、公众安全的项目
B. 全部使用国有资金投资或国家融资的项目
C. 部分使用国有资金投资或国家融资的项目
D. 使用国际组织或者外国政府借款、援助资金的项目
E. 使用外国商业银行借款资金的项目

2. 根据我国《招标投标法》规定，招标方式包括（　　）。
A. 公开招标　　B. 邀请招标　　C. 协商议标　　D. 地区内招标　　E. 行业内招标

3. 建设行政主管部门发现（　　）情况时，可视为招标人违反《招标投标法》的规定。
A. 没有编制标底
B. 在资格审查条件中设置不允许外地区承包商参与投标的规定
C. 在评标方法中设置对外系统投标人压低分数的规定
D. 强制投标人必须结成联合体投标
E. 没有委托代理机构招标

三、案例讨论

案例1：

政府投资的某工程，监理单位承担了施工招标代理和施工监理任务。该工程采用无标底公开招标方式选定施工单位。工程实施中发生了下列事件。

事件1：工程招标时，A、B、C、D、E、F、G共7家投标单位通过资格预审，并在投标截止时间前提交了投标文件。评标时，发现A投标单位的投标文件虽加盖了公章，但没有投标单位法定代表人的签字，只有法定代表人授权书中被授权人的签字（招标文件中对是否可由被授权人的签字没有具体规定）；B投标单位的投标报价明显高于其他投标单位的报价，分析其原因是施工工艺落后造成的；C投标单位以招标文件规定的工期380天作为投标工期，但在投标文件中明确表示如果中标，合同工期按定额工期400天签订；D投标单位投标文件中的总价金额汇总有误。

事件2：经评标委员会评审，推荐G、E、F投标单位为前3名中标候选人。在中标通知书发出前，建设单位要求监理单位分别找G、E、F投标单位重新报价，以价格低者为中标单位，按原投标报价签订施工合同后，建设单位与中标单位再以新报价签订协议书作为实际履行合同的依据。监理单位认为建设单位的要求不妥，并提出了不同意见，建设单位最终接受了监理单位的意见，确定G投标单位为中标单位。

问题：
1. 分别指出事件1中A、B、C、D投标单位的投标文件是否有效？说明理由。
2. 事件2中，建设单位的要求违反了招投标有关法规的哪些具体规定？

案例2：

某建设单位经相关主管部门批准，组织某建设项目全过程总承包（即EPC模式）的公开招标工作。根据实际情况和建设单位要求，该工程工期定为两年，考虑到各种因素的影响，决定该工程在基本方案确定后即开始招标，确定的招标程序如下。

(1) 成立该工程招标领导机构。
(2) 委托招标代理机构代理招标。
(3) 发出招标邀请书。
(4) 对报名参加投标者进行资格预审，并将结果通知合格的申请投标人。
(5) 向所有获得投标资格的投标人发售招标文件。
(6) 召开投标预备会。
(7) 招标文件的澄清与修改。
(8) 建立评标组织，制定标底和评标、定标办法。
(9) 召开开标会议，审查投标书。
(10) 组织评标。
(11) 与合格的投标者进行质疑澄清。
(12) 决定中标单位。
(13) 发出中标通知书。
(14) 建设单位与中标单位签订承发包合同。

该工程共有7家投标人投标，在开标过程中，出现如下情况。

(1) 其中1家投标人的投标书没有按照招标文件的要求进行密封和加盖企业法人印章，经招标监督机构认定，该投标作为无效投标处理。

(2) 其中1家投标人提供的企业法定代表人委托书是复印件，经招标监督机构认定，该投标作为无效投标处理。

(3) 开标人发现剩余的5家投标人中，有1家的投标报价与标底价格相差较大，经现场商议，也作为无效投标处理。

问题：
1. 指出上述招标程序中的不妥和不完善之处。
2. 以上开标过程中的处理是否正确，并说明原因。

第4章 工程项目合同管理

【学习目标】
(1) 掌握合同价格类型。
(2) 熟悉合同管理主要任务。
(3) 掌握合同管理的索赔管理和争议解决。

【导入案例】
某工程项目,业主与承包商采用 FIDIC《生产设备和设计—施工合同条件》订立了承包合同;业主与监理公司采用 FIDIC《业主/咨询工程师标准服务协议书条件》订立了服务合同。在合同履行过程中发生了如下事件:

事件1:因业主的原因,承包商实际开工比工程师通知的开工日期晚了5天,致使承包商与某公司签订的施工设备运输协议不能如期履约。承包商提出5天的工期索赔和费用索赔,并要求业主向运输公司承担违约责任。

事件2:承包商的某电器设备因雨季潮湿发生故障,遂向工程师提出设备修复的费用索赔,并要求顺延因此延误的工期。

事件3:由于承包商延迟采购,原设计中的一种材料出现短缺,承包商经业主同意采用替代材料。此做法导致了加工成本的增加。在结算时,承包商以设计变更为由要求增加费用。

上述事件中,涉及以下问题:事件1中,工程师是否应该同意承包商提出的索赔?是否应由业主向运输公司承担违约责任?事件2中,承包商的索赔理由是否成立?事件3中,因材料替换增加的加工费应由谁承担?

对以上事件的了解及问题的回答需要了解工程项目合同管理的内容和管理的方法。

4.1 工程项目合同概述

4.1.1 工程项目合同的概念与性质

工程项目合同是承包人进行工程建设、发包人支付价款的合同。工程项目合同主要包括工程勘察、设计、施工合同,工程项目实行监理的,发包人还应当与监理单位订立委托监理合同。

工程项目合同是一种承诺合同,合同订立生效后双方应当严格履行。同时,工程项目合同也是一种双务、有偿合同。当事人双方在合同中都有各自的权利和义务,在享有权利的同时也必须履行义务。

从合同理论上说,工程项目合同是广义的承揽合同的一种,即承揽人(承包人)按照定作人(发包人)的要求完成工作(工程项目建设)、交付工作成果(竣工工程项目),定作人给付报酬的合同。但由于工程项目合同在经济活动、社会生活中具有重要作用，而且在政府监管、合同标的等方面有别于一般承揽合同，我国一直将工程项目合同列为单独的一类重要合同。对于工程项目合同中没有规定的内容，适用于承揽合同的有关规定。

4.1.2 工程项目合同的类型及合同方式和类型的选择

1. 工程项目合同的类型

工程项目合同按其范围和内容，通常包括如下几种主要类型。

（1）工程项目咨询服务合同。这类合同通常是指工程项目出资人在项目建设前期委托有相应资质的工程项目咨询公司进行市场调查，开展投资机会研究和项目可行性研究，进行项目评估等咨询活动，为工程项目投资决策提供咨询意见和建议的合同。工程项目建设前期的工程咨询评估水平和质量，直接影响到工程项目的投资决策，甚至影响到工程项目建设的成败。工程项目出资人，首先要选择有资质、有能力、有信誉的工程项目咨询公司承担相关任务；二是要明确提出工程项目咨询服务的任务、目标和要求；三是要加强工程项目咨询服务合同的管理；四是对合同受托方提供的调查、研究成果的项目评估意见，要聘请权威专家或另一工程项目咨询公司进行客观、公正的评价。

（2）工程项目勘察、设计合同。工程项目勘察合同，是指工程项目业主根据工程项目建设的要求，委托工程项目勘察单位查明、分析、评价建设场地的地质地理环境特征和岩土工程条件，编制工程项目勘察文件的合同。工程项目设计合同，是指工程项目业主根据工程项目建设的要求，委托工程项目设计单位对工程项目所需的技术、经济资源、环境条件进行综合分析、论证，编制工程项目设计文件的合同。工程项目勘察、设计任务，可以由一家具有相应资质的工程项目勘察设计单位承包，也可以分别委托具有相应资质的工程项目勘察单位和工程项目设计单位分别承包勘察、设计任务。

（3）"设计、采购、建造"（EPC）／"交钥匙"工程项目总承包合同。这种合同是指从工程项目设计、设备材料采购、施工建造到试生产和项目竣工验收，工程项目建设的全部工作都由一个承包商总承包，并在工程项目达到设计的正常生产水平后，交给工程项目业主生产运营。这种总承包合同包含的工作量大，工作范围宽，合同内容复杂。一般应选择一个具备综合承包能力的大承包商统包，这样可以依靠总承包商的综合管理优势完成工程项目建设任务，实现工程项目业主的目标。根据工程项目特点，工程项目业主也可以选择不同形式的联营体承包商总承包。这种联营体可以是以工程项目设计为主的，也可以是以设备制造为主的，还可以是以工程项目施工企业为龙头的总承包商。

（4）设计—采购（即"EP"）承包合同。设计—采购承包是承包商只负责工程项目的工程设计和设备材料采购，工程施工由业主另行委托的一种承包方式。对于EP承包合同，承包商的工作范围专一，但业主的管理工作量较大，需要负责工程项目设计、采购与施工的统筹协调工作。EP承包合同方式适用于业主有较强的管理能力，并选择具有工程项目设计和技术优势的承包商承担工程项目设计和采购任务的情况。

（5）工程项目施工承包合同。工程项目施工承包合同的特点是承包商只负责合同约定的建筑工程施工任务，是目前普遍采用的合同方式。

（6）工程项目管理总承包（PMC）合同。PMC合同的特点是工程项目业主将工程项目建设的全部组织管理工作委托给专业工程项目管理公司承包，代表业主负责工程项目建设的协调和监管，直到工程项目建成投入生产运营。在工程项目建设的各个阶段，PMC 承包公司应及时向建设工程项目业主报告工作，建设工程项目业主则派出少量人员对 PMC 承包商的工作进行监督和检查。

（7）委托工程项目监理合同。由工程项目业主根据有关法律、法规，通过招标选择有资质的工程项目监理单位，订立委托工程项目监理合同，并按合同约定由工程项目监理单位负责项目建设的监理工作。

（8）技术服务合同。当工程项目业主需要引进某种专有技术或先进的生产设备时，可以签订相应的技术服务合同，由专有技术拥有方或生产设备制造商提供某种技术服务，对专有技术和生产设备的应用给予培训和指导，并对其提供的专有技术和使用效果负责。

（9）工程项目保险合同。工程项目保险合同是指工程项目业主与保险机构签订的相关保险合同。

（10）融资合同。融资合同是指工程项目业主同金融机构签订的各种债务融资合同。

2. 工程项目合同方式和类型的选择

工程项目合同方式和类型的选择，主要考虑 3 个因素。

（1）工程项目的性质和特点、工程复杂程度、环境和风险等因素。

（2）工程项目业主因素，包括业主的管理战略、目标和动机；业主的管理能力、经验，以及融资能力；业主的管理风格及对项目管理介入的深度。

（3）承包商因素，包括承包商的经营战略、目标、动机；企业规模、业绩、经营状况和财务状况；管理水平、管理能力和管理风格；融资能力等。

工程项目合同方式和类型的选择，直接影响到工程项目合同的管理方式，并在很大程度上决定工程项目的管理方式，还将直接影响管理成本，工程项目业主必须给予足够的重视。需要指出的是，不管采用哪一种合同方式和类型，工程项目业主都要对工程项目承担最终责任。

4.1.3 工程项目合同的一般内容

目前，各国根据各自的国情和实际需要，已经编制和形成了具有自身特点的工程项目合同条件范本或格式，一些国际组织也编制了适用于国际工程项目、较多考虑国际工程项目建设惯例的标准合同条件。由于工程项目性质、类型和风险不同，合同的繁简、格式也有所区别。不论哪一种工程项目合同，一般包括以下基本内容。

（1）合同的序文。主要包括合同当事人的名称、法定地址及定义和解释。定义和解释是对合同中频繁出现、可能引起歧义、含义复杂的术语做出明确规范的定义解释。

（2）合同宗旨。主要是说明工程项目实施的根据，工程项目性质、规模和质量要求，执行的技术标准和规范，设备材料和物资供应条件等。实质是确定承包商应承担并完成的工作。

（3）合同各方的权利和职责。主要是明确规定发包方和承包商各自的权利及相应承担的义务和责任范围，并规定在未履行合同义务并给对方造成损失的情况下的处理和补偿办法。

（4）合同价格条款和支付条款。这是合同中最重要的条款之一，在合同中应专款列出，一般应包括合同总价及单项价格、计价货币、支付期限和支付地点、延期付款的利息、预付款和结算等。同时，对于固定单价合同，对因通货膨胀和市场因素引起的额外费用（国际合同也包括外币）要做相应调整。在合同中有专门的条款规定费用的调整范围、调整方法、调整时间和程序等。

（5）开工与工期。这是工程项目承包合同的主要内容之一，承包商应在合同约定的期限内开工，并在给定的工期内完工。

（6）保险条款。保险是合同双方转移风险、降低成本的有效手段。特别是对于工程项目，风险因素的数量和影响都是巨大的，通过保险避免和降低风险所带来的损失，早已成为国际通行做法和国际合同的一般要求。目前，国内工程项目保险也已受到各方面的认可。

（7）维修和验收条款。工程竣工后，按验收条款组织验收。经验收认为不合格的工程项目，必须在维修期内返工、维修，直至复验合格。

（8）保证条款。保证条款是指合同双方当事人，为确保合同的认真履行，共同协商而采取的具有法律效力的书面保证条款。在工程项目承包合同中，要求承包商提供的保证主要有履约保证、还款保证（预付款保证）、维修保证等。

（9）税务条款。合同双方当事人应根据我国税法的有关规定对纳税范围、内容、税率和计算方式做出明确规定。

（10）变更、索赔及违约条款。变更、索赔直接涉及合同价的变化和双方的经济利益，因此应对此问题的处理做出明确规定，包括变更的提出、认定、估价、变更的临时支付，以及索赔通知、索赔证据提供和索赔的评估处理等。另外，对违约类型及其处理要有具体规定。

（11）不可抗力条款。这里是指在发生战争、地震、水灾等非人力所能控制的危险或意外事件时合同的处理方式。

（12）争议解决及仲裁条款。这是指双方当事人约定，对将来可能发生的争议和纠纷进行调解处理或提交仲裁解决的一种协议。其内容一般包括：调解机构和调解程序，仲裁地点、仲裁机构和仲裁效力等。这是工程项目合同中都应该包括的、非常重要的条款。

（13）终止条款。根据这一条款规定，合同可以在某些事件发生时终止。

（14）其他条款。主要包括合同文本、合同语言、合同适用法律和法规，以及合同签字的时间、地点和合同生效等条款。

对于工程项目合同，除了通用条件外，为适应工程项目具体情况和特殊要求，一般还要编制所谓的"合同特殊条件"。合同特殊条件应根据具体项目的具体要求拟定。凡合同一般条件不符合工程项目要求或未能包括工程项目要求的，必须在合同特殊条件中进行删除、更改或增补。在合同执行中，如果一般条件与特殊条件不一致而产生矛盾时，应以特殊条件为准。

4.1.4 工程项目合同文件的组成

工程项目合同一般由下面几部分组成：①合同协议书（含授权书和履约保证书）；②中标通知书（含承包商的书面回函）；③合同协议书的备忘录；④投标书和投标书附录；⑤招标文件及补遗；⑥合同特别条件；⑦合同专用条款；⑧合同通用条款；⑨技术规范；⑩图样和现场资料；⑪投标前会议纪要、质疑、解答及来往信函；⑫参考文献。

上述文件相互补充、相互解释，但是当这些文件出现歧义或不一致时，一般应按照上述规定的顺序解释。

4.1.5 工程项目合同条件的选择

1. 工程项目合同条件选择中需注意的问题

工程项目业主在招标发包之前,要慎重选择合同条件。在选择合同条件时一般应注意以下问题。

(1) 一般应选择已经得到广泛认可,并与双方管理水平相适应、被双方所熟悉的专业合同条件。

(2) 合同条款应该严格、准确、细致、周密,并具有完善的程序和可操作性,尽可能避免合同争议和纠纷。

(3) 采用国际上常用合同条件时,一是要注意适用法律和税务条件,应符合我国有关法律、法规和规定;二是在选用国际常用合同条件时,除采用其通用条款外,要有适合工程项目特点、符合工程项目业主要求的专用条款或特殊条件,保护业主的利益。

(4) 选用国内有关部门或行业部门推荐的合同样本或示范文本时,对其通用条款不应随意修改或删减,要保持合同的完整性,但可以补充符合工程项目特点和业主要求的专用条款。

2. 可供选择或借鉴的合同样本或示范文本

(1) 国内合同文本。国内合同示范文本包括住建部、国家工商管理总局联合颁布的《建设工程勘察合同文本》《建设工程设计合同文本》《建设工程造价合同示范文本》《建设工程施工合同文本》《建设工程委托监理合同(示范文本)》,以及政府行业管理部门推荐的合同示范文本,如水利部和国家工商管理总局联合颁布的《水利水电工程施工合同和招标文件示范文本》。

(2) 重要的国际工程合同文本。如 ICE 合同文本(英国土木工程师学会与土木工程承包商协会联合颁布)、ECC 合同文本(英国工程师学会颁布),以及国际咨询工程师联合会(FIDIC)颁布的系列合同文本。

3. 国际咨询工程师联合会(FIDIC)合同条件

(1) FIDIC 合同条件。FIDIC 在长期的国际工程实践中,逐渐形成并编制了一系列反映国际工程惯例的规范性的合同条件,并已成为一种独具特色的、适用于国际工程项目的典型管理模式。

FIDIC 合同条件一般适用于由业主(或由其委托的设计工程师)提供设计,在工程项目实施过程中由工程师代理业主进行工程项目管理,以单价合同为计价基础的施工合同。但工程范围不仅限于土木工程,还包括房屋建筑、电力和机械等许多方面。

FIDIC 在 1957 年出版了《土木工程施工合同条件》(又称"红皮书")第 1 版,其后分别在 1963 年、1977 年和 1987 年发布了第 2、第 3 和第 4 版。1999 年,FIDIC 大幅度改版,不论是内容还是格式,与 1987 年的第 4 版相比都出现了很大变化。因此将改版后的合同条件称为"1999 年第 1 版"。这些合同条件除《施工合同条件》外,还包括《工程设备和设计-建造合同条件》《EPC/交钥匙项目合同条件》《简短合同格式》3 种较为常用的合同条件。

《施工合同条件》是业主委派工程师管理合同,检查工程进度、质量,签发支付证书及其他证书，其合同文件包括合同协议书、中标函、投标函、补充文件、合同条件、规范、图样、已填写的资料表、合同协议书或中标函中列出的其他文件（如果有），其设计工作由业主完成，当需要时也可要求承包商负责部分永久工程项目的设计，其合同价格方式一般均为单价加子项包干合同，可以进行调价，这种合同条件适用于各类大型或较复杂的工程项目，如工程项目的施工或"施工"总承包项目。

《工程设备和设计—建造合同条件》同样也是业主委派工程师管理合同，同时工程师还负责设计人员资质、设计图样、资料及设计分包的审查，其合同文件包括合同协议书、中标函、投标函、补充文件、合同条件、业主的要求、已填写的资料表、承包商的建议书、合同协议书或中标函中列出的其他文件（如果有），其设计工作由承包商按照"业主的要求"（含"项目纲要"及工程设备性能要求）中的规定提交设计，包括各类技术文件、图样、竣工文件及操作和维修手册等，其价格方式一般为总价合同，部分工作可采用单价合同，可以进行调价，这种合同条件适用于电力、机械及房屋建筑等工程的"设计—施工"总承包，包括工程项目及其工程设备的设计、制造和安装。

《EPC/交钥匙项目合同条件》是由业主或业主代表管理合同，但不能对总承包商的工作干预过多，其合同文件包括合同协议书、合同协议书备忘录（包括合同价格的细目表）、补充文件、合同条件、业主的要求、承包商的投标书、合同协议书中列出的其他文件（如果有），其设计可能包括工程项目的规划和方案设计及整个设计过程的管理，其余要求同《工程设备和设计—建造合同条件》，其价格方式为总价合同，且不可调价，这种合同条件适用于承包商以"交钥匙"方式为业主承建工厂、电力、石油开发及基础设施的"设计—采购—施工"总承包项目。

《简短合同格式》是由业主或业主代表管理合同，也可在需要时委任工程师管理的合同条件，其合同文件包括合同协议书、合同条件、规范、图样、承包商的投标设计、工程量表、合同协议书及附录中列出的其他文件（如果有），其设计由业主提供，如在招标文件"规范"中列明，也可由承包商负责设计，其价格方式一般采用总价合同，但也可用单价合同或成本补偿合同，这种合同条件适用于投资较少的各类小型工程项目，即工期短、不需专业分包、简单的或重复性的项目。

(2) FIDIC 合同条件的主要特点。FIDIC《土木工程施工合同条件》的基本精神和原则源于英国的 ICE 合同条件，它有如下特点。

1) 要求业主委托工程师管理合同，并在合同中赋予工程师许多重要的职责和权力。工程师要在业主和承包商之间公正行事，并独立做出判断。工程师的职责包括日常合同的管理，负责合同支付，并有权决定额外付款。

2) FIDIC 合同条件是一个"重新"计量合同，即工程量清单中所列数量仅为估算数量，合同单价也仅适用于原有的合同内容。合同价格要根据变化的工程内容、材料价格及法规政策进行调整。

3) FIDIC 合同条件反映了国际工程中的一些普遍做法，反映了最新的工程管理方法。

4) 条款齐全，内容完整，严密科学。工作程序比较清晰，易于操作。随着版本的不断更新，语言也变得更容易理解。

5) 适用范围广。适用于各种工程类型和世界上许多国家。

6) 在分配业主和承包商风险方面具有公正性、合理性，保证双方权利和义务的基本平衡。

（3）使用 FIDIC 合同条件时应注意的问题。FIDIC 合同条件在国内许多项目的运用情况表明，FIDIC 合同条件与国内的法律、法规和政策及我们在项目建设中的习惯做法有很多差异。在参考和借鉴 FIDIC 合同条件时应特别注意以下问题。

1）根据国内目前的项目建设和管理状况，FIDIC 合同的部分条款还不便于操作，有些条款也不能完全照搬。实际上，包括许多西方发达国家在内，各国都有适合本国国情的合同范本，并不照搬 FIDIC 合同条件。

2）FIDIC 合同条件要求工程项目业主委托工程师管理合同，并对工程师充分授权，这与我国的实际不符。

3）在 FIDIC 合同条件下，费用的变化、工期的延长都要通过合同予以解决。对许多大型建设项目来说，有许多因素都可能影响工程项目工期。但在 FIDIC 合同条件下，首先，工程项目业主不能拒绝承包商提出的、由非承包商原因造成的工期延长要求；其次，为满足合同预定目标而实施"赶工"属于合同以外的内容，不能在原合同范围和基础上解决，而只能通过双方协商、以后续协议重新确立双方权利和义务。在 FIDIC 合同条件下，工期延误和赶工都将成为非常复杂的问题，业主应给予高度的重视。

4）FIDIC 关于招标程序的要求很严格、很复杂，而且需要比较长的时间。这对工程项目业主在招标阶段选择一个有能力的、优秀的承包商是有利的，但从另一方面来说，这也意味着一旦签订合同，除非有异常特殊的原因而终止合同，双方都要按合同要求积极合作，努力善始善终地完成项目；否则，任何类似解除合约的尝试和行动都将给双方带来巨大的影响。

5）新版 FIDIC 合同条件，以 DAB 作为合同争议解决的主要机构，在一定程度上削弱了工程师在合同争议解决中的地位和权力，可能使合同争议的数量增加，拖延合同争议解决的时机。但是由于独立的第三方加入，可使合同双方在权利、义务平等的基础上，公平合理地解决分歧，能更好和忠实地执行合同。

6）由于文化和历史背景的差异，对 FIDIC 条件编制的法律基础和许多隐性条款的相关研究应该加强。对于合同的文化和法律背景的共同认识和理解，将为合同管理及双方协商协作建立重要的、必不可少的基础。特别是涉及合同争议问题的处理时，对"合同的本意"的了解，是取得主动和解决问题的关键。

4.2 合同价格的类型

4.2.1 总价合同

1. 总价合同的主要特征

总价合同是指支付给承包方的工程款项在承包合同中是一个规定的金额。它是以设计图样和工程说明书为依据，由承包方与发包方经过协商确定的。总价合同的主要特征有以下几个。

（1）根据招标文件的要求由承包方实施全部工程任务，按承包方在投标报价中提出的总价确定。

(2)拟实施项目的工程性质和工程量应在事先基本确定。

2. 总价合同的计价形式

总价合同的计价有以下两种形式。

(1)业主为方便承包商投标,在招标文件中给出工程量表,但业主对工程量表中的数量不承担责任,承包人根据清单数量填报单价并进行价款的汇总。

(2)招标文件中没有提供工程量清单的,由承包商自己编制工程量清单并报价。

在总价合同中,工程量表和相应的报价表仅仅作为阶段付款和过程变更计价的依据,而不作为承包商按照合同规定应完成的工程范围的全部内容,所以工程量表的分项常常带有随意性和灵活性。

合同价款总额由每一分项工程的包干价款(固定总价)构成。承包商必须根据工程信息计算工程量。如果业主提供的或承包商自己编制的工程量表有漏项或计算错误,所涉及的工程价款被认为已包括在整个合同总价中,因此承包商必须认真复核工程量。

显然,总价合同对承包方具有一定的风险。采用这种合同时,必须明确工程承包合同标的物的详细内容及其各种技术经济指标,一方面承包方在投标报价时要仔细分析风险因素,需在报价中考虑一定的风险费;另一方面发包方也应考虑到使承包方承担的风险是可以承受的,以获得合格而又有竞争力的投标人。

3. 总价合同的类型

总价合同可以分为固定总价合同和可调总价合同两类。

(1)固定总价合同。固定总价合同的价格计算是以设计图样、工程量及现行规范等为依据,发承包双方就承包工程协商一个固定的总价,即承包方按投标时发包方接受的合同价格实施过程,并一笔包死,无特定情况不做变化。

采用这种合同,合同总价只有在设计和过程范围发生变更的情况下才能随之做相应的变更,除此之外,合同总价一般不得变动。因此,采用固定总价合同,承包方要承担合同履行过程中的主要风险,要承担实物工程量、工程单价变化而造成损失的风险。在合同执行过程中,发承包双方均不能以工程量、设备和材料价格、工资等变动为理由,提出对合同总价调值的要求。因此,作为合同总价计算依据的设计图样、说明及相关规定需对工程做出详尽的描述,承包方要在投标时对一切费用上升的因素做出估计并将其包含在投标报价之中。由于承包方可能要为许多不可预见的因素付出代价,所以往往会加大不可预见费用,致使这种合同的投标价格偏高。

固定总价合同的适用范围有以下几个。

1)工程范围明确,工程图样完整、详细、清楚,报价的工程量应准确而不是估计数字。

2)工程量小、工期短,在工程过程中环境因素(特别是物价)变化小、工程条件稳定。

3)工程结构、技术简单,风险小,报价估算方便。

4)投标期相对宽裕,承包商可以详细做现场调查,复核工程量,分析招标文件,拟定计划。

5)合同条件完备,双方的权利和义务关系十分清楚。

目前总价合同的应用范围有扩展的趋势,在一些大型工程项目的"设计—采购—施工"

总承包合同中也使用总价合同形式。有些工程中业主只用初步设计资料招标，却要求承包商以固定总价合同承包，因此，承包商应充分意识到风险，通过采用有效的工程项目管理方法，回避风险，将不可预见费用转为企业利润。

（2）可调总价合同。可调总价合同的总价一般也是以设计图样及规定、现行规范为基础，在报价及签约时，按招标文件的要求和当时的物价计算合同总价。但合同总价是一个相对固定的价格，在合同执行过程中，由于通货膨胀而使所用的工料成本增加，可对合同总价进行相应的调整。可调总价合同在合同条款中设有调价条款，如果出现通货膨胀这一不可预见的费用因素，合同总价就可按约定的调价条款做相应调整。

可调总价合同列出的有关调价的特定条款，往往在合同专用条款中列明。调价工作必须按照这些特定的调价条款进行。这种合同与固定总价合同的不同之处在于，它对合同实施中出现的风险做了分摊，发包方承担了通货膨胀的风险，而承包方承担合同实施中实物工程量、成本和工期因素等其他风险。

可调总价合同适用于工程内容和技术经济指标规定很明确的项目，由于合同中列有调价条款，所以工期在1年以上的工程项目较适于采用这种合同计价方式。

4.2.2　单价合同

单价合同是指承包方按发包方提供的工程量清单内的分部分项工程内容填报单价，并据此签订承包合同，而实际总价则是按实际完成的工程量与合同单价计算确定，合同履行过程无特殊情况，一般不得变更单价。

单价合同的执行原则是，单价合同的工程量清单内所列出的分部分项工程量为估计工程量，而非准确工程量，工程量在合同实施过程中允许有上下浮动变化，但分部分项工程的合同单价不变，结算支付时以实际完成工程量为依据。因此，采用单价合同时，按招标文件工程量清单中的预计工程量乘以所报单价计算得到的合同价格，并不一定就是承包方圆满实施合同规定的任务后所获得的全部工程款项，实际工程价格可能大于原合同价格，也可能小于原合同价格。

单价合同分为固定单价合同和可调单价合同。

1. 固定单价合同

（1）估计工程量单价合同。这种合同形式是以工程量清单和相应的综合单价表为基础和依据来计算合同价格的，也称为计量估价合同。估计工程量单价合同通常是由发包方提出工程量清单，列出分部分项工程量，由承包方以此为基础填报相应单价，累计计算后得出合同价格。但最后的工程结算价应按照实际完成的工程量来计算，即按合同中的分部分项工程单价和实际工程量，计算得出工程结算和支付的工程总价格。采用这种合同时，要求实际完成的工程量与原估计的工程量不能有实质性的变更。因为承包方给出的单价是以相应的工程量为基础的，如果工程大幅度增减可能影响工程成本。

这种合同计价方式较为合理地分担了合同履行过程中的风险。承包方据已报价的清单工程量为估计工程量，这样可以避免当实际完成工程量与估计工程量有较大差异时，总价合同计价可能导致发包方过大的额外支出或是承包方较大的亏损。此外，承包方在投标时可不必将不能合理准确预见的风险计入投标报价内，有利于发包方获得较为合理的合同价格。采用估计工程量单价合同时，工程量是统一计算出来的，承包方只要经过复核后填上适当的单价即可；发包方也只需审核单价是否合理，对双方都较为方便。由于具有这些特点，估计工程量单价合同是比较常用的一种合同计价方式，它可在不能精确地计算出工程量的条件下，避免发包或承包的任何一方承担过大的风险。

估计工程量单价合同大多用于工期长、技术复杂、实施过程中可能会发生各种不可预见因素较多的建设工程，或发包方为了缩短工程项目建设周期，如在初步设计完成后就拟进行施工招标的工程。在施工图不完整或当准备招标的工程项目内容、技术经济指标一时尚不能明确和具体予以规定时，往往要采用这种合同计价方式。

(2) 纯单价合同。采用纯单价合同时，发包方只向承包方给出发包工程的有关分部分项工程及工程范围，不对工程量做任何规定。即在招标文件中仅给出工程内各个分部分项工程一览表、工程范围和必要的说明，而不必提供实物工程量。承包方在投标时只需要对这类给定范围的分部分项工程做出报价即可，合同实施过程中按实际完成的工程量进行结算。

这种合同计价方式主要适用于没有施工图，工程量不明，却急需开工的紧迫工程，如设计单位来不及提供正式施工图样，或虽有施工图样但由于某些原因不能比较准确地计算工程量等。当然，对于纯单价合同来说，发包方必须对工程范围的划分做出明确的规定，以使承包方能够合理地确定工程单价。

2. 可调单价合同

可调单价合同一般是在工程项目招标文件中规定，合同中签订的单价，根据合同约定的条款进行调整。如有些单价合同规定，若实际工程量与工程量清单表中的工程量相差超过±10%时，允许承包方调整合同单价；也有些单价合同在材料价格变动较大时允许承包方调整单价，即"调值"；有的工程项目在招标或签约时，因某些不确定因素难以估计其变化，故先在合同中暂定某些分部分项工程的单价，在工程项目结算时，再根据实际情况和合同约定对合同单价进行调整，确定实际结算单价。

【例 4-1】 某招标工程采用单价合同计价，投标人提交的分部分项工程计价表（节选）如表 4-1 所示。

(1) 在评标过程中，投标人的挖沟槽土方合价中出现明显的数字错误（实际应为 10 015.65 元），评标委员会应如何处理？

(2) 项目中标后，在工程实施中承包人发现由于笔误，将砖基础的单价写错（实际应为 459.16 元/m^3），故向发包人提出修改综合单价的请求，发包人应如何处理？

解：(1) 由于本招标工程采用的是单价合同，评标委员会可以要求投标人对投标文件中的挖沟槽土方合价错误以书面方式修正，然后再进行评标。

(2) 单价合同以单价优先，砖基础计价仍应以所报的综合单价进行计价，不得调整。

4.2.3 成本加酬金合同

成本加酬金合同是将工程项目的实际投资划分成直接成本费和承包方完成工作后应得酬金两部分。工程实施过程中发生的直接成本费由承包方实报实销，发包方再按合同约定的方式另外支付给承包方相应的报酬。

1. 成本加酬金合同的适用情形

这种合同计价方式主要适用于以下情况。

(1) 招投标阶段工程范围无法界定，缺失工程的详细说明，无法准确估价。

(2) 工程项目特别复杂，工程技术、结构方案不能预先确定，故这类合同经常被用于一些带研究、开发性质的工程项目中。

(3) 时间特别紧急，要求尽快开工的工程，如抢救、抢险工程。

(4) 发包方与承包方之间有着高度的信任，承包方在某些方面具有独特的技术、特长或经验。

这种合同有两个明显缺点：一是发包方对工程总价不能实施有效的控制；二是承包方对降低成本不感兴趣。因此，采用这种合同计价方式，其条款必须非常严格，才能加强对工程投资的控制，否则容易造成不应有的损失。

表 4-1 分部分项工程和单位措施项目清单与计价表（节选）

序号	项目编码	项目名称	项目特征描述	计量单位	工程量	综合单价	合价	其中 暂估价
1	010101003001	挖沟槽土方	土类别：三类土 挖土深度：3 m 弃土运输距离：4 km	m³	96.91	103.35	1001.57	
⋮								
8	010401001001	砖基础	砖品种、强度等级：普通页岩标准砖、MU10 基础类型：带形基础 砂浆强度等级：M5 水泥砂浆	m³	37.60	45.916	17 264.42	
⋮								

2. 成本加酬金合同的类型

按照酬金的计算方式不同，成本加酬金合同又分为以下四种形式。

(1) 成本加固定百分比酬金。采用这种合同计价方式，承包方的实际成本实报实销，同时按照实际成本的固定百分比付给承包方一笔酬金。这种合同计价方式，工程项目总价及付给承包方的酬金随工程项目成本的增加而增加，不利于鼓励承包方降低成本，故这种合同计价方式很少被采用。

(2) 成本加固定金额酬金。采用这种合同计价方式与成本加固定百分比酬金合同相似。其不同之处仅在于成本上所增加的费用是一笔固定金额的酬金，酬金按估算工程项目成本的一定百分比确定，数额是固定不变的。这种计价方式的合同虽然也不能鼓励承包商关心和降低成本，但从尽快获得全部酬金，减少管理投入的角度出发，有利于缩短工期。

采用上述两种合同计价方式时，为了避免承包方企图获得更多的酬金而对工程项目成本不加控制，往往在承包合同中规定一些补充条款，以鼓励承包方节约工程费用，降低成本。

(3) 成本加奖罚。采用成本加奖罚合同，在签订合同时双方事先约定该工程项目的预期成本和固定酬金，以及实际发生的成本与预期成本比较后的奖罚计算方法。

在合同实施后，根据工程实际成本的发生情况，承包商得到的金额分为以下几种情况。

1) 实际成本 = 预期成本：承包商得到实际发生的工程项目成本，同时获得酬金。

2) 实际成本 < 预期成本：承包商得到实际发生的工程项目成本，获得酬金并根据成本

节约额的多少,得到预先约定的奖金。

3)实际成本＞预期成本:承包方可得到实际成本和酬金,但视实际成本高出预期成本的情况,被处以一笔罚金。

成本加奖罚计价方式可以促使承包方关心和降低成本,缩短工期,而且预期成本可以随着设计的进展加以调整,所以发承包双方都不会承担太大的风险,这种合同计价方式应用较多。

(4)最高限额成本加固定最大酬金。在这种计价方式的合同中,首先要确定最高限额成本(高于报价成本)、报价成本和最低成本(预期成本)。

1)实际成本＜预期成本:承包商得到实际发生的工程项目成本,获得酬金,并根据节约额的多少,得到预先约定的奖金。

2)预期成本＜实际成本＜报价成本:承包商得到实际发生的工程项目成本,获得酬金。

3)报价成本＜实际成本＜限额成本:承包商得到实际发生的工程项目成本。

4)实际成本＞限额成本:超过部分由承包商承担,发包方不予支付。

这种合同计价方式有利于控制工程项目投资,并能鼓励承包方最大限度地降低工程项目成本。

4.2.4 影响合同价格方式选择的因素

在工程项目实践中,采用哪种合同计价方式,应根据工程项目的特点,业主对筹建工作的设想,对工程项目费用、工期和质量的要求等因素综合考虑后进行确定。

1. 工程项目的复杂程度

规模大且技术复杂的工程项目,承包风险较大,各项费用不易估算准确,不宜采用固定总价合同。有时在同一工程项目中可以采用不同的合同形式,如承包商可以力争对有把握的部分采用固定总价合同,估算不准的部分采用单价合同或成本加酬金合同,以降低合同风险。

2. 工程项目设计工作的深度

工程项目招标时所依据的设计文件的深度,即工程项目范围的明确程度和预计完成工程量的准确程度,经常是选择合同计价方式时应考虑的重要因素。因为招标图样和工程量清单的详细程度决定了投标人能否合理报价。

3. 工程项目施工的难易程度

如果施工中有较大部分采用新技术和新工艺,当发包方和承包方在这方面都没有经验,且在国家颁布的标准、规范、定额中又没有可作为依据的标准时,为了避免投标人盲目地提高承包价格或由于对施工难度估计不足而导致承包亏损,不宜采用固定总价合同,较为保险的做法是选用成本加酬金合同。

4. 工程项目进度要求的紧迫程度

在招标过程中,对一些紧急工程项目,如灾后恢复工程、要求尽快开工且工期较紧的工程项目等,可能仅有实施方案,还没有施工图样,因此,承包商不可能报出合理的价格。此时,采用成本加酬金合同比较合理。

4.3 工程项目合同管理的主要任务

根据工程项目管理的实践，工程项目合同管理的主要任务可以归纳为以下几点。

（1）按照工程项目的管理要求和特点，确立合同体系，包括确定合同方式、选定合同类型、选择合同条件、准备合同草本。

（2）编制招标文件，组织招标，组织合同谈判和订立合同。

（3）制订合同管理制度，建立合同管理程序。

（4）全过程跟踪合同执行情况，按照动态管理原理，对工程项目实施全面的监督、控制和调整，尽力实现合同规定的各项目标。

（5）控制和处理合同变更，尽量减少对工程项目质量、计划工期和投资的影响。

（6）分析和处理索赔，及时解决合同争议，减少对工程项目建设的影响。

（7）建立协调和沟通制度，促进各方的相互支持和积极合作，积极应对工程项目进展中所遇到的问题。

（8）建立合同档案，加强合同信息管理，做好各类合同信息的记录、搜集、整理和分析工作。

（9）注意对合同重大问题进行研究和解决，并根据需要开展法律及技术咨询。

4.4 工程项目合同管理的主要措施

1. 组建高素质、分层次的合同管理团队

在工程项目管理机构中，应建立合同管理保证体系，从机构设置、人员安排、设备配置等方面保证合同管理的顺利开展。

（1）要确立工程项目业主在工程项目管理中的主导地位，在工程项目业主管理机构中建立面向工程项目的最高决策机构，直接对工程项目负责，并负责及时就工程项目的重大问题做出决策。

（2）应给予工程项目监理应有的授权，使工程项目监理能全面和充分地行使工程项目监理委托合同所赋予的各项权利，强化工程项目监理的合同管理机构，全面履行其对于合同日常管理的各项职能。

（3）聘请在管理、合同问题处理和法律方面有经验的专家，组成合同管理咨询机构，为工程项目业主和监理随时提供咨询意见。

（4）根据工程项目的具体情况和需要，建立争议调解机构及时就合同争议问题进行调解。

（5）合同管理人员应具备组织管理和协调沟通能力、观察分析和总结提高能力、判断决策和应急反应能力以及技术业务能力，要有诚信热情、严谨执着、勤思机敏、好学上进的基本素质和严于自律的精神。

2. 制定严密和明晰的合同管理程序

程序是规范管理的最重要的基础之一。要根据工程项目合同，制定完善和严密的管理程序，并使合同实施过程中的日常事务按程序进行，使工程项目的合同事件处于控制中，保证合同目标的实现。主要包括以下程序。

（1）单项工程开工申请和批复程序。
（2）进场设备、材料检验程序。
（3）工程计量、签认程序。
（4）工程款支付的审查程序（包括业主和工程监理方面）。
（5）图样审查和批准程序。
（6）工程项目变更申请和批准程序，包括设计发布通知、业主的批准、工程项目监理的指令、承包商提出改变单价申请、变更单价的确定等。
（7）合同调价程序，包括劳务、材料和运输等方面费用的调整等。
（8）索赔处理和争议调解的程序。

3. 实行全员合同管理

（1）要组织合同培训，对各级项目管理人员进行"合同交底"，学习和了解合同，对合同的主要内容、工作程序做出解释和说明，提高合同意识，自觉按合同办事，规范管理程序。

（2）合同管理人员要对合同的重要条款、与合同有关的重要问题进行深入分析，做到全面理解和重点掌握，发挥能动性，正确地运用合同解决实际问题。

（3）确定合同管理任务、目标和责任，并将其细化和分解，将具体的合同管理任务和责任落实到有关部门和人员的身上。

4. 建立信息管理系统

信息管理是合同管理的基础和手段，也是工程项目管理最基本的依据。完整、准确和及时的信息对确保合同管理工作的正确、快速决策，保证工程项目的顺利进行和实现项目的计划目标具有重要意义。

首先，工程项目合同管理时间跨度很大，许多资料都是相互关联的，初期的资料和证据对后期的管理往往具有重要的影响；其次，工程项目涉及面广，资料丰富，信息含量巨大，特别是在施工期间，资料在不断更新，每天可能都有新的情况出现，对大量信息的搜集、整理、及时处理和分析，就显得十分重要；最后，信息是合同管理决策的依据，也是提出索赔或反索赔、保护自己合同权利所必需的支持材料，它更是处理合同争议的基础和提交仲裁或法庭时的证据。

所以，信息管理作为合同管理最重要的基础工作，工程项目管理单位和合同管理人员应给予特别重视，应该借助计算机和网络等现代信息手段，建立完善和高效的信息管理系统。

5. 建立合同各方之间的交流和沟通制度

工程项目建设期间，各方充分和及时的交流与沟通，以及信息的及时和准确传递，对有关问题的迅速处理都发挥着重要作用。因此，应该以制度的形式保证信息的正常流转和反馈。

定期地举行专题会议是一种很好的方式，如现场监理工程师和承包商现场人员每天的碰头会、周进度会议、月进度会议，关于变更和索赔处理的专题例会，建设项目业主、工程项目设计和工程项目监理之间的会议，以及工程项目业主、工程项目监理和各承包商之间的会议等。通过这些会议，可以及时检查合同实施和进展情况，可以就出现的问题明确各方责任，并提出解决问题的方案，可以对将来可能出现的问题给予提醒和警告，合同双方可以评议变更和索赔等问题的处理进展情况，就有关问题做出决策等，还可以协调各方面的工作等。

4.5 工程项目合同索赔管理

4.5.1 索赔的含义

在法律和合同体系中,索赔是当事人根据法律、合同规定和惯例,向合同的另一方提出要求,以获得属于自己的东西或补偿自己损失的一种合同行为。

索赔是合同当事人在合同实施过程中根据法律、合同规定及惯例,对并非由于自己的过错,而是属于应由合同对方承担责任且实际发生了损失,向对方提出给予补偿的要求。索赔事件的发生,可以是一定行为造成,也可以由不可抗力引起;可以是合同当事人一方引起,也可以是任何第三方行为引起。索赔的性质属于经济补偿行为,而不是惩罚。索赔的损失结果与被索赔人的行为并不一定存在法律上的因果关系。

对于工程项目承包施工来说,索赔是维护施工合同签约者合法利益的一项根本性管理措施。

4.5.2 索赔的类型

工程项目索赔中,按照不同的分类标准可以分为以下三种。

1. 按索赔主体分类

对于工程项目合同的双方来说,索赔是维护双方合法利益的权利。它与条件中双方的合同责任一样,构成严密的合同制约关系。承包商可以向业主提出索赔,业主也可以向承包商提出索赔。在国际工程项目实践中,习惯上将承包商向业主的索赔,直接称为承包商索赔,简称为"索赔",而把业主向承包商的索赔称为业主的索赔,简称"反索赔"。

2. 按索赔目的分类

按索赔目的分类,索赔有工期索赔和经济索赔两种。工期索赔是指承包商向业主要求延长工期,合理顺延合同工期。合理的工期延长,可以使承包商免于承担误期罚款(或损害赔偿金)。经济索赔是指承包商要求取得合理的经济补偿,即要求业主补偿不应该由承包商自己承担的经济损失或额外费用,或者业主向承包商要求因为承包商违约导致业主的经济补偿。经济索赔也称为"费用索赔"。

3. 按索赔的处理方式分类

按索赔的处理方式分类,索赔有单项索赔和总索赔两种。单项索赔也称一事一索赔,是指每一件索赔事项发生后,索赔管理人员针对该事项,在规定的索赔有效期内向工程师提出索赔要求,要求单项解决支付,不与其他的索赔事项混在一起。单项索赔通常原因单一,责任划分明确,分析处理比较简单。总索赔又称一揽子索赔,是指对整个工程中所发生的索赔事项综合在一起进行索赔,这是在特定的情况下被迫采用的一种索赔方法。

4.5.3 常见的索赔内容

1. 承包人向发包人的索赔

(1)不利的自然条件与人为障碍引起的索赔。不利的自然条件是指施工中遭遇到的实际自然条件比招标文件中所描述的更为困难和恶劣,是一个有经验的承包人无法预测的不利的自然条件与人为障碍，导致了承包人必须花费更多的时间和费用，在这种情况下，承包人可以向发包人提出索赔要求。

1）地质条件变化引起的索赔。一般来说，在招标文件中规定，由发包人提供有关该项工程的勘察所取得的水文及地表以下的资料。但在合同中往往写明承包人在提交投标书之前，已对现场和周围环境及与之有关的可用资料进行了考察和检查，包括地表以下条件及水文和气候条件。承包人应对其上述资料的解释负责。但合同条件中经常还有另外一条：在工程施工过程中，承包人如果遇到了现场气候条件以外的外界障碍或条件，在他看来这些障碍和条件是一个有经验的承包人也无法预见到的，则承包人应就此向监理工程师提供有关通知，并将一份副本呈交发包人。收到此类通知后，如果监理工程师认为这类障碍或条件是一个有经验的承包人无法合理预见到的，在与发包人和承包人适当协商以后，应给予承包人延长工期和费用补偿的权利，但不包括利润。以上两条并存的合同文件，往往是承包人同发包人及监理工程师各执一端争议的缘由所在。

例如，某承包人投标获得一项铺设管道工程，根据标书中介绍的情况算标。工程开工后，当挖掘深 7.5 m 的坑时，遇到了严重的地下渗水，不得不安装抽水系统，并开动了 35 日之久，承包人对不可预见的额外成本要求索赔。但监理工程师根据承包人投标时业主承认考察过现场并了解现场情况，包括地表地下条件和水文条件等，认为安装抽水机是承包人自己的事，拒绝补偿任何费用。承包人则认为这是发包人提供的地质资料不实造成的。监理工程师则解释为，地质资料是真实的，钻探是在 5 月中旬进行的，这意味着是在旱季季尾。而承包人的挖掘工程是在雨季中期进行的，承包人应预先考虑到会有一较高的水位，这种风险不是不可预见的，因此拒绝索赔。

2）工程项目中人为障碍引起的索赔。在施工过程中，如果承包人遇到了地下构筑物或文物，如地下电缆、管道和各种装置等，只要是图样上并未说明的，承包人应立即通知监理工程师，并共同讨论处理方案。如果导致工程费用增加（如原计划是机械挖土，现在不得不改为人工挖土），承包人即可提出索赔。这种索赔发生争议较少。由于地下构筑物和文物等确属是有经验的承包人难以合理预见的人为障碍，一般情况下，因遭遇人为障碍而要求索赔的数额并不太大，但闲置机器而引起的费用是索赔的主要部分。为了减少突然发生的障碍的影响，监理工程师应要求承包人详细编制其工作计划，以便在必须停止一部分工作时，仍有其他工作可做。当未预知的情况所产生的影响是不可避免的时，监理工程师应立即与承包人就解决问题的办法和有关费用达成协议，给予工期延长和成本补偿。如果办不到的话，可发出变更命令，并确定合适的费率和价格。

（2）工程项目变更引起的索赔。在工程施工过程中，由于工地上不可预见的情况，环境的改变，或为了节约成本等，在监理工程师认为必要时，可以对工程项目或其任何部分的外形、质量或数量做出变更。任何此类变更，承包人均不应以任何方式使合同作废或无效。但如果监理工程师确定的工程变更单价或价格不合理，或缺乏说服承包人的依据，则承包人有权就此向发包人进行索赔。

（3）工期延期的费用索赔。工期延期的索赔通常包括两个方面：一是承包人要求延长工期；二是承包人要求偿付由于非承包人原因导致工程延期而造成的损失。一般这两个方面的索赔报告要求分别编制，因为工期和费用索赔并不一定同时成立。例如，由于特殊恶劣气候等原因承包人可以要求延长工期，但不能要求赔偿；也有些延误时间并不影响关键路线的施工，承包人可能得不到延长工期的承诺。但是，如果承包人能提供证据说明其延误造成的损失，就有可能有权获得这些损失的赔偿，有时两种索赔可能混在一起，既可以要求延长工期，又可以获得对其损失的赔偿。

1）工期索赔。承包人提出工期索赔，通常是由于下述原因：①合同文件的内容出错或互相矛盾；②监理工程师在合理的时间内未曾发出承包人要求的图样和指示；③有关放线的资料不准；④不利的自然条件；⑤在现场发现化石、钱币、有价值的物品或文物；⑥额外的样本与试验；⑦发包人和监理工程师命令暂停工程；⑧发包人未能按时提供现场；⑨发包人违约；⑩业主风险；⑪不可抗力。以上这些原因要求延长工期，只要承包人能提供合理的证据，一般可获得监理工程师及发包人的同意，有的还可索赔损失。

2）延期产生的费用索赔。以上提出的工期索赔中，凡属于客观原因造成的延期，属于发包人也无法预见到的情况，如特殊反常天气等，承包人可得到延长工期，但得不到费用补偿。凡纯属发包人方面的原因造成拖期的，不仅应给承包人延长工期，还应给予费用补偿。

(4) 加速施工费用的索赔。一项工程可能遇到各种意外的情况或由于工程变更而必须延长工期，但由于发包人的原因（例如，该工程已经出售给买主，需按议定时间移交给买主），坚持不给延期，迫使承包人加班赶工来完成工程，从而导致工程项目成本增加，如何确定加速施工所发生的附加费用，合同双方可能差距很大。因为影响附加费用款额的因素很多，如投入的资源量、提前的完工天数、加班津贴、施工新单价等。解决这一问题建议采用"奖金"的办法，鼓励承包人克服困难，加速施工。即规定当某一部分工程或分部工程每提前完工一天，发给承包人奖金若干。这种支付方式的优点是：不仅促使承包人早日建成工程，早日投入运营，而且计价方式简单，避免了计算加速施工、延长工期、调整单价等许多容易扯皮的烦琐计算和讨论。

(5) 发包人不正当地终止工程项目而引起的索赔。由于发包人不正当地终止工程项目，承包人有权要求补偿损失，其数额是承包人在被终止工程项目中的人工、材料、机械设备的全部支出，以及各项管理费用、保险费、贷款利息、保函费用的支出（减去已结算的工程款），并有权要求赔偿其盈利损失。

(6) 法律、货币及汇率变化引起的索赔

1）法律改变引起的索赔。如果在基准日期（招标工程以投标截止日期前的 28 天、非招标工程以合同签订前 28 天）以后，由于发包人所在国家或地方的任何法规、法令、政令或其他法律或规章发生了变更，导致承包人成本增加，对承包人由此增加的开支，发包人应予补偿。

2）货币及汇率变化引起的索赔。如果在基准日期以后，工程项目施工所在国政府或其授权机构对支付合同价格的一种或几种货币实行货币限制或货币汇兑限制，则发包人应补偿承包人因此而受到的损失。

如果合同规定将全部或部分款额以一种或几种外币支付给承包人，则这项支付不应受上述指定的一种或几种外币与工程项目施工所在国货币之间的汇率变化的影响。

(7) 拖延支付工程款的索赔。如果发包人在规定的应付款时间内未能按工程师的任何证书向承包人支付应支付的款额，承包人可在提前通知发包人的情况下，暂停工作或减缓工作速度，并有权获得任何误期的补偿和其他额外费用的补偿（如利息）。

(8) 业主的风险

1) FIDIC 合同条件对业主风险的定义。业主的风险是指：①战争、敌对行动（不论宣战与否）、入侵、外敌行动；②工程所在国内的叛乱、恐怖主义、革命、暴动、军事政变或篡夺政权，或内战；③承包人人员及承包人和分包商的其他雇员以外的人员在工程项目所在国内的暴乱、骚动或混乱；④工程项目所在国的战争军火、爆炸物资、电离辐射或放射性引起的污染，但可能由承包人使用此类军火、炸药、辐射或放射性引起的除外；⑤由音速或超音速飞行的飞机或飞行装置所产生的压力波；⑥除合同规定以外业主使用或占有的永久工程的任何部分；⑦由业主人员或业主对其负责的其他人员所做的工程任何部分的设计；⑧不可预见的或不能合理预期一个有经验的承包人已采取适宜预防措施的任何自然力的作用。

2) 业主风险的后果。如果上述列举的业主的任何风险达到对工程项目、货物或承包人文件造成损失或损害的程度，承包人应立即通知工程师，并应按照工程师的要求，修正此类损失或损害。

如果因修正此类损失或损害使承包人遭受延误和（或）招致增加费用，承包人应进一步通知工程师，并根据"承包人的索赔"的规定，有权要求：①根据"竣工时间的延长"的规定，如果竣工已经或将受到延误，对任何此类延误给予延长期；②任何此类成本应计入合同价格，给予支付。如有"业主的风险"的⑥和⑦的情况，还应包括合理的利润。

（9）不可抗力

1) FIDIC 合同条件对不可抗力的定义。不可抗力是指某种异常事件或情况：①一方无法控制的；②该方在签订合同前，不能对之进行合理准备的；③发生后，该方不能合理避免或克服的；④不能主要归因于他方的。

只要满足上述①和②的条件，不可抗力可以包括但不限于下列各种异常事件或情况：①战争、敌对行动（不论宣战与否）、入侵、外敌行为；②叛乱、恐怖主义、革命、暴动、军事政变或篡夺政权，或内战；③承包人人员和承包人及其他雇员以外的人员的骚动、喧闹、混乱、罢工或停工；④战争军火、爆炸物资、电离辐射或放射性污染，但可能因承包人使用此类军火、炸药、辐射或放射性引起的除外；⑤自然灾害，如地震、飓风、台风或火山活动。

2) 不可抗力的后果。如果承包人因不可抗力妨碍其履行合同规定的任何义务，使其遭受延误和（或）招致增加费用，承包人有权根据"承包人的索赔"的规定要求：①根据"竣工时间的延长"的规定，如果竣工已经或将受到延误，对任何此类延误给予延长期；②如果是不可抗力定义中①～④所述的事件或情况，并且②～④所述事件或情况发生在工程项目所在国时，对任何此类费用给予支付。

2. 发包人向承包人的索赔

由于承包人不履行或不完全履行约定的义务，或者由于承包人的行为使发包人受到损失时，发包人可向承包人提出索赔。

（1）工期延误索赔。在工程项目的施工过程中，由于多方面的原因，往往使竣工日期拖后，影响到发包人对该工程项目的利用，给发包人带来经济损失，按照国际惯例，发包人有权对承包人进行索赔，即由承包人支付误期损害赔偿费。承包人支付误期损害赔偿费的前提是，这一工期延误的责任属于承包人方面。施工合同中的误期损害赔偿费，通常是由发包人在招标文件中确定的。发包人在确定误期损害赔偿费的标准时，一般要考虑以下因素。

1) 发包人盈利损失。

2）由于工程项目拖期而引起的贷款利息增加。
3）工程项目拖期带来的附加监理费。
4）由于工程项目拖期不能使用，继续租用原建筑物或租用其他建筑物的租赁费。

对于误期损害赔偿费的计算方法，在每个合同文件中均有具体规定。一般按每延误一天赔偿一定的款额计算，累计赔偿额一般不超过合同总额的5%~10%。

（2）质量不满足合同要求索赔。当承包人的施工质量不符合合同的要求，或使用的设备和材料不符合合同规定，或在缺陷责任期未满以前未完成应该负责修补的工程项目时，发包人有权向承包人追究责任，要求补偿所受的经济损失。如果承包人在规定的期限内未完成缺陷修补工作，发包人有权雇佣他人来完成工作，发生的成本和利润由承包人负担。如果承包人自费修复，则发包人可索赔重新检验费。

（3）承包人不履行的保险费用索赔。如果承包人未能按照合同条款指定的工程项目投保，并保证保险有效，发包人可以投保并保证保险有效，发包人所支付的必要的保险费可在应付给承包人的款项中扣回。

（4）对超额利润的索赔。如果工程量增加很多，使承包人预期的收入增大，因工程量增加承包人并不增加任何固定成本，合同价应由双方讨论调整，收回部分超额利润。

由于法规的变化导致承包人在工程实施中降低了成本，产生了超额利润，应重新调整合同价格，收回部分超额利润。

（5）发包人合理终止合同或承包人不正当地放弃工程的索赔。如果发包人合理地终止承包人的承包，或者承包人不合理放弃工程，则发包人有权从承包人手中收回由新的承包人完成工程所需的工程款与原合同未付部分的差额。

4.5.4 索赔费用的构成

索赔费用的主要组成部分包括以下几个。

1. 分部分项工程量清单费用

工程量清单漏项或非承包人原因的工程变更，会造成增加新的工程量清单项目。

（1）人工费。人工费的索赔包括以下几种。
1）完成合同之外的额外工作所花费的人工费用。
2）由于非承包人责任的工效降低所增加的人工费用。
3）超过法定工作时间加班增加的费用。
4）法定人工费增长及非承包人责任工程延误导致的人员窝工费和工资上涨费等。

（2）材料费。材料费的索赔包括以下几种。
1）由于索赔事项材料实际用量超过计划用量而增加的材料费。
2）由于客观原因材料价格大幅度上涨。
3）由于非承包人责任工程延误导致的材料价格上涨和超期储存费用。

材料费中应包括运输费、仓储费，以及合理的损耗费用。如果由于承包人管理不善造成材料损坏失效，则不能列入索赔计价。

（3）施工机具使用费。施工机具使用费的索赔包括以下几种。
1）由于完成额外工作增加的机械、仪器仪表使用费。
2）非承包人责任工效降低增加的机械、仪器仪表使用费。

3）由于发包人或监理工程师原因导致机械、仪器仪表停工的窝工费。窝工费的计算，如系租赁设备，一般按实际租金和调进调出费的分摊计算；如系承包人自有设备，一般按台班折旧费计算，而不能按台班费计算，因台班费中包括了设备使用费。

（4）管理费。此项又可分为现场管理费和总部管理费两部分。索赔款中的现场管理费是指承包人完成额外工程、索赔事项工作及工期延长期间的现场管理费，包括管理人员工资、办公、通信、交通费等。索赔款中的总部管理费主要是指工程项目延期期间所增加的管理费，包括总部职工工资、办公大楼、办公用品、财务管理、通信设施及企业领导人员赴工地检查指导工作等方面的开支，这项索赔款的计算，目前没有统一的方法。在国际工程施工索赔中总部管理费的计算有以下几种。

1）按照投标书中总部管理费的比例（3%～8%）计算：

总部管理费 = 合同中总部管理费比率（%）×（人、料、机费用索赔款额 + 现场管理费索赔款额等）

2）按照公司总部统一规定的管理费比率计算：

总部管理费 = 公司管理费比率（%）×（人、料、机费用索赔款额 + 现场管理费索赔款额等）

3）以工程延期的总天数为基础，计算总部管理费的索赔额，计算步骤如下：

$$对某一工程提取的管理费 = \frac{同期内公司的总管理费 \times 该工程的合同额}{同期内公司的总合同额}$$

$$该工程的每日管理费 = \frac{该工程向总部上缴的管理费}{合同实施天数}$$

索赔的总部管理费 = 该工程的每日管理费 × 工程延期的天数

（5）利润。一般来说，由于工程项目范围的变更、文件有缺陷或技术性错误、发包人未能提供现场等引起的索赔，承包人可以列入利润。但对于工程项目暂停的索赔，由于利润通常是包括在每项实施工程项目内容的价格之内的，而延长工期并未影响某些项目的实施，也未导致利润减少，所以一般监理工程师很难同意在工程暂停的费用索赔中加进利润损失。索赔利润的款额计算通常与原报价单中的利润百分率保持一致。

（6）迟延付款利息。发包人未按约定时间进行付款的，应按银行同期贷款利率支付迟延付款的利息。

在不同的索赔事件中可以索赔的费用是不同的，根据国家发改委、财政部、住房和城乡建设部等九部委第56号令发布的《标准施工招标文件》中通用条款的内容，可以合理补偿承包人的条款如表4-2所示。

表4-2 《标准施工招标文件》中合同条款规定的可以合理补偿承包人索赔的条款

序号	条款号	主要内容	可补偿内容		
			工期	费用	利润
1	1.10.1	施工过程中发现文物、古迹以及其他遗迹、化石、钱币或物品	√	√	
2	4.11.2	承包人遇到不利物质条件	√	√	
3	5.2.4	发包人要求向承包人提前交付材料和工程设备		√	
4	5.2.6	发包人提供的材料和工程设备不符合合同要求	√	√	√

(续)

序号	条款号	主要内容	可补偿内容		
			工期	费用	利润
5	8.3	发包人提供的资料错误，导致承包人的返工或造成工程损失	√	√	√
6	11.3	发包人的原因造成工期延误	√	√	√
7	11.4	异常恶劣的气候条件	√		
8	11.6	发包人要求承包人提前竣工		√	
9	12.2	发包人的原因引起的暂停施工	√	√	√
10	12.4.2	发包人的原因引起造成暂停施工后无法按时复工的	√	√	√
11	13.1.3	发包人的原因造成工程质量达不到合同约定验收标准的	√	√	√
12	13.5.3	监理人对隐蔽工程重新检测，经检验证明工程质量符合合同要求的	√	√	
13	16.2	法律变化引起的价格调整		√	
14	18.4.2	发包人在全部工程竣工前，使用已接受的单位工程导致承包人费用增加的	√	√	
15	18.6.2	发包人的原因导致试运行失败的		√	√
16	19.2	发包人的原因导致工程缺陷和损失的		√	√
17	21.3.1	不可抗力	√		

2. 措施项目费用

因分部分项工程量清单漏项或非承包人原因的工程变更，引起措施项目发生变化，造成施工组织设计或施工方案变更，造成措施费中发生变化时，已有的措施项目，按原有措施费的组价方法调整；原措施费中没有的措施项目，由承包人根据措施项目变更情况，提出适当的措施费变更，经发包人确认后调整。

3. 其他项目费

其他项目费中所涉及的人工费、材料费等按合同的约定计算。

4. 规费与税金

除工程项目内容的变更或增加，承包人可以列入相应增加的规费与税金。其他情况一般不能索赔。

索赔规费与税金的款额计算通常是与原报价单中的百分率保持一致。

4.5.5 索赔费用的计算方法

索赔费用的计算方法有：实际费用法、总费用法和修正的总费用法。

1. 实际费用法

实际费用法是计算工程索赔时最常用的一种方法，这种方法的计算原则是以承包人为某项索赔工作所支付的实际开支为根据，同业主要求费用补偿。

用实际费用法计算时，在直接费的额外费用部分的基础上，再加上应得的间接费和利润，即是承包人应得的索赔金额。由于实际费用法所依据的是实际发生的成本记录或单据，所以，在施工过程中，系统而准确地积累记录资料是非常重要的。

2. 总费用法

总费用法就是当发生多次索赔事件以后，重新计算该工程项目的实际总费用，实际总费

用减去投标报价时的估算总费用,即为索赔金额。即

$$索赔金额 = 实际总费用 - 投标报价估算总费用$$

不少人对采用该方法计算索赔费用持批评态度,因为实际发生的总费用中可能包括了承包人的原因,如施工组织不善而增加的费用;同时投标报价估算的总费用也可能为了中标而报得过低。所以这种方法只有在难以采用实际费用法时才应用。

3. 修正的总费用法

修正的总费用法是对总费用法的改进,即在总费用计算的原则上,去掉一些不合理的因素,使其更合理。修正的内容如下。

(1) 将计算索赔款的时段局限于受到外界影响的时间,而不是整个施工期。

(2) 计算受影响时段内的某项受影响工作的损失,而不是计算该时段内所有施工工作所受的损失。

(3) 与该项工作无关的费用不列入总费用中。

(4) 对投标报价费用重新进行核算:按受影响时段内该项工作的实际单价进行核算,乘以实际完成的该项工作的工程量,得出调整后的报价费用。

修正的总费用法下的索赔金额为:

$$索赔金额 = 某项工作调整后的实际总费用 - 该项工作的报价费用$$

修正的总费用法与总费用法相比,有了实质性的改进,它的准确程度已接近于实际费用法。

4.5.6 现场签证

由于工程项目施工生产的特殊性,在工程项目施工过程中往往会出现一些与合同工程或合同约定不一致或未约定的事项,现场签证就是指发包人现场代表(或其授权的监理人、工程造价咨询人)与承包人现场代表就这类事项所做的签认证明。

现场签证是工程项目在施工过程中经常碰到的,是对整个工程项目的某些施工情况做出变更、补充、修改等一系列调整的书面行为,也是对原工程项目承包合同的一种逐步完善,使原工程项目承包合同在工期、开工条件、价款、工程量增减、工程质量、工程设计、原材料、设备、场地、资金、施工条件、施工图样、技术资料等方面的具体合同条款更加完备和更加具有操作性的备忘书面文件。同时,现场签证也成为原工程项目承包合同的重要补充部分,其法律效力与原工程项目承包合同相同,所以因工程项目施工现场签证发生的价款成了工程造价的重要组成部分。

1. 现场签证的情形

现场签证有多种情形,一般包括以下几种。

(1) 发包人的口头指令,需要承包人将其提出,由发包人转换成书面签证。

(2) 发包人的书面通知如涉及工程项目实施,需要承包人就完成此通知需要的人工、材料、机械设备等内容向发包人提出,取得发包人的签证确认。

(3) 合同工程招标工程量清单中已有,但施工中发现与其不符,如土方类别等,需要承包人及时向发包人提出签证确认,以便调整合同价款。

(4) 由于发包人原因,未按合同约定提供场地、材料、设备,或因停水、停电等造成承包人停工,需要承包人及时向发包人提出签证确认,以便计算索赔费用。

(5) 合同中约定的材料等价格由于市场发生变化,需要承包人向发包人提出采购数量

及单价，以取得发包人的签证确认。

2. 现场签证的范围

现场签证的范围一般包括以下几个方面。

（1）适用于施工合同范围以外零星工程的确认。

（2）在工程施工过程中发生变更后需要现场确认的工程量。

（3）非承包人原因导致的人工、设备窝工及有关损失。

（4）符合施工合同规定的非承包人原因引起的工程量或费用增减。

（5）确认修改施工方案引起的工程量或费用增减。

（6）工程项目变更导致的工程项目施工措施费增减等。

3. 现场签证的程序

（1）承包人应发包人要求完成合同以外的零星项目、非承包人责任事件等工作的，发包人应及时以书面形式向承包人发出指令，提供所需的相关资料；承包人在收到指令后，应及时向发包人提出现场签证要求。

（2）承包人应在收到发包人指令后的 7 天内，向发包人提交现场签证报告，发包人应在收到现场签证报告后的 48 h 内对报告内容进行核实，予以确认或提出修改意见。发包人在收到承包人现场签证报告后的 48 h 内未确认也未提出修改意见的，视为承包人提交的现场签证报告已被发包人认可。

（3）现场签证的工作如果已有相应的计日工单价，现场签证中应列明完成该类项目所需的人工、材料、工程设备和施工机械台班的数量。如果现场签证的工作没有相应的计日工单价，则应在现场签证报告中列明完成该签证工作所需的人工、材料设备和施工机械台班的数量及其单价。

（4）合同工程项目发生现场签证事项，未经发包人签证确认，承包人便擅自施工的，除非征得发包人书面同意，否则发生的费用由承包人承担。

（5）现场签证工作完成后的 7 天内，承包人应按照现场签证内容计算价款，报送发包人确认后，作为增加合同价款，与进度款同期支付。

（6）在施工过程中，当发现合同工程内容因场地条件、地质水文、发包人要求等不一致时，承包人应提供所需的相关资料，提交发包人签证认可，作为合同价款调整的依据。

4. 现场签证费用的计算

现场签证费用的计价方式包括以下两种。

第一种是完成合同以外的零星工作时，按计日工单价计算。此时提交现场签证费用申请时，应包括下列证明材料。

（1）工作名称、内容和数量。

（2）投入该工作所有人员的姓名、工种、级别和耗用工时。

（3）投入该工作的材料类别和数量。

（4）投入该工作的施工设备型号、台数和耗用台时。

（5）监理人要求提交的其他资料和凭证。

第二种是完成其他非承包人责任引起的事件，应按合同中的约定计算。

现场签证种类繁多，发承包双方在工程项目施工过程中来往信函就责任事件的证明均可称为现场签证，但并不是所有的签证均可马上算出价款，有的需要经过索赔程序，这时的签证仅是索赔的依据,有的签证可能根本不涉及价款。考虑到招标时招标人对计日工项目的预估难免会有遗漏,造成实际施工发生后,无相应的计日工单价,现场签证只能包括单价一并处理,因此,在汇总时,有计日工单价的,可归并于计日工,如无计日工单价的,归并于现场签证,以示区别。当然,现场签证全部汇总于计日工也是一种可行的处理方式。

进行现场签证时,要关注以下几个问题。

(1) 时效性问题。例如,某工程对镀锌钢管价格的确认,既没有标明签署时间,也没有施工发生的时间。按照当地造价信息公布的市场指导价,5月DN5镀锌钢管单价与7月的单价相差额为150元。合同约定竣工结算时此材料按公布的市场指导价执行,施工企业取7月的镀锌钢管单价增加了价款。如地下障碍物及建好需拆除的临时工程,承包人等拆除后再签证,靠回忆录签字。

监理工程师应关注变更签证的时效性,避免事隔多日才补办签证,导致现场签证内容与实际不符的情况发生。此外,应加强工程变更的责任及审批手续的管理控制,防止签证随意性、无正当理由拖延和拒签现象。

(2) 重复计量问题。某些现场签证没有考虑单元工程中已给的工程量。例如,承包人在申请计量时报给监理一个《现场签证单》,内容为:"堤基范围内清除垃圾,回填沙砾料6230 m^3;回填垃圾3123 m^3;动迁户遗留生活垃圾回填沙砾2224 m^3。"

监理工程师按照《现场签证单》上的工程量,在《工程计量报验单》和《已完工程量汇总表》上签字,报给了总监,程序似乎一切正常。但总监在审核时发现:①《现场签证单》中注明的"堤基范围内清除垃圾,回填沙砾料"是否存在重复计量?②《现场签证单》中写明的"回填垃圾"在堤基范围内可以回填垃圾吗?③垃圾清除后的高程是多少没有标明,而高程直接涉及清基高程线是否包含在里面。依据计量要求,设计清基高程以上部分的填筑工程量已经在堤防填筑单元的工程量中核定,在计算垃圾坑填筑工程量时,应将清基高程以上部分的填筑量予以扣除。

经监理工程师按照设计图样的高程认真计算后,扣除了重复计量的部分。"回填垃圾"经监理工程师核实,回填的确实是沙砾料。"回填垃圾"属于写法上的失误,遗漏了一个关键字"坑",即"回填垃圾坑"。

经验总结:监理工程师不能仅核实工程量,更应该从全局把握工程量计量是否合理、准确。

(3) 要掌握标书中对计日工的规定。例如,某承包人按监理工程师的《计日工通知》在申报河道料场围堰计日工工程量时,按投标书中计日工的人工、材料和施工机械使用费的单价上报了《计日工工程量签证单》,同时申报了人工、材料和施工机械使用费共三项费用,如表4-3所示。

表4-3 人工、材料和施工机械使用费

序号	工程项目名称	计日工内容	单位	申报工程量	监理核准工程量
1	河道料场围堰	工长	工时	20	20
2		驾驶员	工时	48	0
3		柴油	kg	840	0
4		挖掘机	台时	48	48

监理工程师在批复工程量时，只批复了工长的工时和挖掘机台时，没有批复驾驶员的工时和柴油量，为什么？

监理工程师在审核工程量时，查阅了招标文件中对计日工中施工机械使用费单价的规定，其中对于施工机械使用费是这样规定的："施工机械使用费的单价除包括机械折旧费、修理费、保养费、机上人工费和燃料动力费、牌照税、车船使用税、养路费外，还应包括分摊的其他人工费、材料费、其他费用和税金等一切费用和利润。"按照规定，施工机械使用费中已包含了人工费和燃料动力费，因此，人工费和燃料动力费的申报就属于重复计量了。

4.6 工程项目合同争议解决

4.6.1 合同争议产生的原因

工程项目本身的特点是投资大、工期长、现场复杂多变，尽管工程项目合同内容十分细致，但难免有缺陷；而且合同的所有条款都与成本、价格、责任、权力、付款等相联系，直接关系到合同双方当事人的权利、义务关系和可能的收益状况，很容易造成签约双方对合同理解不一致而发生各执己见、争执不下的局面。因此，合同的争端和纠纷是不可避免的。

4.6.2 处理合同争议的主要方式

基于工程项目合同的特有属性，发生合同争议是比较正常和常见的，如何处置合同争议，对双方当事人都极为重要。处置合同争议的主要方式有：协商、调解、仲裁和诉讼。

1. 协商解决

协商解决也称友好解决，是指双方当事人进行磋商，为了促进双方的关系与相互谅解，为了今后双方经济往来的继续与发展，相互都怀有诚意做出一些有利于争议实际解决的让步，并在彼此都认为可以接受、可以继续合作的基础上达成和解协议。

目前，许多合同中有关争议解决的条款都写明"凡由于在执行本合同所引起的或与合同有关的一切争议，双方当事人应通过友好协商解决"。在通常情况下，合同双方遇到争议，一般都愿意先进行协商，宁愿做出一些让步，以换取合同的正常履行。协商解决的优点在于无须经过仲裁或诉讼司法程序，省去仲裁和诉讼的麻烦与费用，气氛比较友好，而且双方协商的灵活性较大。更重要的是协商解决给双方留下很大的余地。当然，在协商解决中让步是有原则的。在通常情况下，仅依靠友好协商是远远不够的。如果争议所涉及的金额较大，双方都不肯或不可能做出大的让步，或者一方故意毁约，没有协商的诚意，或者经过反复协商，双方各执一端，相持不下，无法达成一致的协议等。这样就必须通过调解、仲裁或诉讼来解决。

2. 调解解决

调解是由第三者从中调停，促使双方当事人和解。调解可以在交付仲裁和诉讼前进行，也可以在仲裁和诉讼过程中进行。通过调解达成和解后，即可不再求助于仲裁或诉讼。

重视通过调解来解决各种争议，是我国民事诉讼中的一个重要原则。实践证明，许多争议经过第三者的调解是可以得到解决的。调解的过程，是查清事实、分清是非的过程，也是协调双方关系、更好地履行合同的过程。新版FIDIC引入了争议裁决委员会（DAB），强化了争议调解的作用。另外，争议评审团（DRB）作为比较成熟的一种调解方式，在我国二滩水电站、小浪底水利枢纽工程建设中也取得了满意的效果。

3. 仲裁解决

仲裁解决也称"公断"，是指双方当事人根据双方达成的书面协议，自愿把争议提交双方同意的仲裁机构，仲裁机构依照一定的程序做出裁决。裁决对双方都有约束，仲裁分为国内仲裁和涉外仲裁。

目前，我国国内的仲裁机构为国家工商行政管理总局和地方各级工商行政管理局设立的经济合同仲裁委员会，以及根据《技术合同仲裁机构管理暂行规定》成立的各类技术合同仲裁机构，涉外的仲裁机构有中国国际贸易促进委员会国际贸易仲裁委员会、中国国际贸易促进委员会海事仲裁委员会。

国际贸易仲裁机构有临时和常设两种。临时仲裁机构是为了解决特定的争议而组成的仲裁庭，争议处理完毕，临时仲裁庭即告解散。常设仲裁机构如国际商会仲裁院、瑞典斯德哥尔摩商会仲裁院和瑞士苏黎世商会仲裁院等，设有负责组织和管理有关事项的人员，为仲裁提供方便。因此，在仲裁条款中通常都选用合适的常设机构。

根据我国法律和有关仲裁规则，合同发生争议时，当事人可以依据合同中的仲裁条款或者事后达成的书面协议，向仲裁机构申请仲裁。此外，合同当事人只能或是选择仲裁或是选择诉讼，不能既选择仲裁又提起诉讼。

仲裁做出裁决后，由仲裁机构制作仲裁裁决书。对仲裁机构的仲裁裁决，当事人应当履行，当事人一方在规定的期限内不履行仲裁机构的仲裁裁决，另一方可以申请法院强制执行。

4. 诉讼解决

如果合同双方没有仲裁协议，或仲裁协议无效，则可以通过诉讼解决，即由法院受理争执并行使审判权，对双方的争执做出强制性判决。

工程项目合同当事人因合同争议而提起的诉讼，一般由各级法院的经济审判庭受理并判决。根据某些合同的特殊情况，也可以提请专业法院进行审理。

当事人在提起诉讼以前应该做好充分准备，收集有关对方违约的各类证据，进行必要的取证工作，整理双方往来的所有财务凭证、信函、记录等。同时，向律师咨询或聘请律师处理案件。

当事人在采取诉讼前，应注意诉讼管辖地和诉讼时效问题。

4.6.3　FIDIC 合同条件中的调解机制

1. FIDIC "红皮书"中的调解机制

FIDIC 在 20 世纪 90 年代中期之前编制的合同文件，以《土木工程施工合同条件》（1987 年第 4 版，1992 年修正版）（"红皮书"）为代表，一直沿用首先将争议提交给工程师，由工程师进行调解并向合同双方提出解决争议的复审决定。如合同双方均同意并执行此决定，则争议得到解决。如任一方不同意，或开始时双方均同意但事后又有一方不执行，则只有走向仲裁。如在合同双方得到工程师的决定后，有一方不同意并要求仲裁，还应经过一个 56 天的"友好解决"期，如果不能和解或调解，则走向仲裁。

FIDIC "红皮书"在国际工程界得到广泛应用，但对于由工程师来处理争议的方式，人们提出了疑义和批评，理由如下：虽然在合同条件中规定工程师应在管理合同中行为公正，但由于工程师是受雇于业主，相当于业主的雇员，因而很难保证其公正性；因为承包商向工程师提交的争议，大多数是工程师在工程实施过程中已做出的决定，当承包商有异议再提交工程师要求复审时，实际上就是要求工程师推翻或修改其原来的决定，因此，从心理学的观点来看，这种解决争议的做法也受到质疑。

虽然由工程师来处理争议的方式受到了批评，但由于在整个工程项目实施过程中，全部是由工程师为业主进行工程项目管理，工程师几乎每天、每件工作都与承包商交往，因此，我们认为还是应该强调，工程师是争议的第一调解人。工程师调解争议的好处是：解决争议速度快，节省时间，节省费用，只要工程师能公平地与双方协商做出决定，调解的结果还是可以为双方所接受的；易于执行，而最重要的是，这样能够及时化解争议，有利于工程项目双方保持伙伴关系，在一个比较和谐的气氛中继续实施和完成工程。

2. 建立"争议委员会"（Dispute Board，DB）的调解机制

关于争议委员会的调解机制，有一个发展的过程，最初发源于美国的"争议评审委员会"（Dispute Review Board，DRB），之后，世界银行在其工程采购范本中要求采用DRB，与此同时，FIDIC在《设计—建造与交钥匙工程合同条件》（"橘皮书"）中也提出了"争议评判委员会"（Dispute Adjudication Board，DAB），到2006年，FIDIC"多边银行协调版"采用"新红皮书"时，将DAB改成"争议委员会"，下面分别予以介绍。

（1）争议评审委员会。这种方式是20世纪70年代首先在美国发展起来的。美国科罗拉多州的埃森豪威尔隧道工程包含价值1.28亿美元的土建、电器和装修三个合同，4年工程实施中发生了28起争议，均通过DRB的调解得到了解决并得到双方的尊重和执行。这种调解方式的成功引起了美国工程界的广泛关注，之后在许多工程中推广了DRB方式。

世界银行关注到DRB这种新的争议解决的替代方式，并开始在其贷款项目中试行。1980—1986年，由世界银行和泛美开发银行贷款的洪都拉斯的埃尔卡洪水电站工程（坝高780ft（1ft＝0.3048m），水电站装机容量300MW，总造价2.36亿美元）采用DRB方式取得了巨大的成功，五次争议全部金额达2030万美元，均由DRB方式调解成功并为双方接受执行，工程按期完成，且未发生仲裁或诉讼。DRB的费用仅厄了30万美元。

由于世界银行在随后的项目中采用DRB方式也取得了很好的成效，因此在1995年1月世界银行出版的《工程采购标准招标文件》中正式规定以DRB替代工程师解决争议的方式：5000万美元以上的工程项目必须采用DRB；1000万～5000万美元的工程项目可由合同双方商定采用下述三种方式中的任何一种来调解争议：DRB（三人）、DRE（一位争议评审专家）、"红皮书"中的工程师。

（2）争议评判委员会。FIDIC在1995年出版的"橘皮书"中提出了用DAB来替代过去版本中单纯依靠工程师解决争议的办法。在1999年新出版的《施工合同条件》（"新红皮书"）、《工程设备与设计—建造合同条件》（"新黄皮书"）、《EPC交钥匙项目合同条件》（"银皮书"）中，均统一采用DAB，并且附有"争议评判协议书的通用条件"和"程序规则"等文件。

DAB的委员一般是三人，小型工程也可是一人。委员的聘任是由业主和承包商在投标函附录规定的时间内各提名一位委员并经对方批准，然后由合同双方与这二位委员共同商定第三名成员作为DAB的主席。如果组成DAB有困难，则采用专用条件中指定的机构（如FIDIC）或官方提名任命DAB成员，该任命是最终的和具有决定性作用的。

（3）争议委员会。2006年3月，FIDIC"多边银行协调版"采用的"新红皮书"中，将DAB改成DB。由于DRB、DAB和DB都是借鉴美国采用DRB的经验，其总体思路和实施方式大同小异。

【本章小结】

　　本章着重介绍了工程项目合同的概念和性质、合同价格类型、合同的索赔管理及争议解决的相关内容。工程项目合同是一种承诺合同，也是一种双务、有偿合同，是广义的承揽合同的一种。合同价格类型分为总价合同、单价合同和成本加酬金合同三大类。在工程项目实施过程中，不可避免地会出现索赔和对合同内容产生争议的问题，常见的索赔中有承包人向发包人的索赔和发包人向承包人的索赔。合同争议产生的主要原则是由于合同条款涉及双方利益，而合同内容却难免有缺陷。工程项目中处理争议的主要方式是协商、调解、仲裁和诉讼。

【复习思考题】

一、单项选择题

1. 下列关于建设工程项目固定总价合同的说法中，错误的是（　　）。
   A. 合同执行中承包方承担主要风险
   B. 适合于工期在1年以内的工程
   C. 要求初步设计已完成并可以估算出工程量
   D. 合同总价在合同约定的风险范围内不可调整

2. 采用可调总价合同时，发包方承担了（　　）风险。
   A. 实物工程量　　　B. 成本　　　　C. 工期　　　　D. 通货膨胀

二、多项选择题

1. 当项目实际工程量与估计工程量没有实质性差别时，由承包人承担工程量变化风险的合同形式有（　　）。
   A. 固定总价合同　　　B. 纯单价合同　　　C. 成本加奖罚合同
   D. 可调总价合同　　　E. 成本加固定百分比酬金合同

2. 承包商可索赔的人工费包括（　　）。
   A. 特殊恶劣气候导致的人员窝工费
   B. 法定增长的人工费
   C. 设计变更导致的人员窝工费
   D. 因雨季停工后加班增加的人工费
   E. 完成额外工作增加的人工费

3. 发包人向承包人的索赔包括（　　）。
   A. 工期延误的索赔　　B. 工程项目变更引起的索赔　　C. 对超额利润的索赔
   D. 加速施工的索赔　　E. 发包人合理终止合同的索赔

三、案例讨论

案例1：

　　某工程项目，建设单位通过招标选择了一个具有相应资质的监理单位承担施工招标代理和施工阶段监理工作，并在监理中标通知书发出后第45天与该监理单位签订了委托合同，之后双方又签订了一份监理酬金比监理中标价降低10%的协议。

在施工公开招标中，有A、B、C、D、E、F、G、H等施工单位报名投标，经监理单位资格预审均符合要求，但建设单位以A是外地企业为由不同意其参加投标，而监理单位坚持认为A施工单位有资格参与投标。

评标委员会由五人组成，其中当地建设行政管理部门的招投标管理办公室主任一人、建设单位代表一人、政府提供的专家库中抽取的技术经济专家三人。

评标时发现，B施工单位投标报价明显低于其他投标单位报价且未能合理说明理由；D施工单位投标报价大写金额小于小写金额；F施工单位投标文件提供的检验标准和方法不符合招标文件的要求；H施工单位投标文件中某分项工程的报价有个别漏项；其他施工单位的投标文件均符合招标文件要求。

建设单位最终确定G施工单位中标，并按照《建设工程施工合同（示范文本）》与该施工单位签订了施工合同。

工程按期进入安装调试阶段后，由于雷电引起一场火灾。火灾结束后48 h内，G施工单位向项目监理机构通报了项目损失情况：工程本身损失150万元；总价值100万元的待安装设备彻底报废；G施工单位人员烧伤所需医疗费及补偿费预计15万元；租赁的施工设备损坏赔偿10万元；其他单位临时停放现场的一辆价值25万元的汽车被烧毁。另外，大火扑灭后G施工单位停工5天，造成其他施工机械闲置损失2万元，以及必要的管理保卫人员费用支出1万元，并预计工程所需清理、修复费用200万元。损失情况经项目监理机构审核属实。

问题：

1. 指出建设单位在监理招标和委托监理合同签订过程中的不妥之处，并说明理由。
2. 在施工招标资格预审中，监理单位认为A施工单位有资格参加投标是否正确？说明理由。
3. 指出施工评标委员会组成的不妥之处，说明理由，并写出正确做法。
4. 判别B、D、F、H四家施工单位投标是否为有效标？说明理由。
5. 安装调试阶段发生的这场火灾是否属于不可抗力？指出建设单位和G施工单位应各自承担哪些损失和费用（不考虑保险因素）？

案例2：

某石化公司通过监理招标确定某设备监理公司负责整套石化设备的采购及安装监理。该石化公司2015年6月25日发出中标通知书后，与设备监理公司反复磋商，于当年8月1日双方以技术服务合同形式签订了监理合同，合同价为投标报价的70%。

在项目实施过程中，设备监理工程师遇到如下事件。

事件1：安装工程需用两种规格型号的钢管共100t（其中X型号80t、Z型号20t），由石化公司向某钢管厂订货。设备监理工程师查阅该批钢管采购合同时，发现该合同有一份补充协议，补充协议中约定："由于钢管厂生产的Z型号钢管缺货，为保证石化公司的需要，经双方协商一致，20t Z型号钢管由该钢管厂向某Z型号钢管生产单位外购。该批Z型号钢管每延迟一天交货，供货方支付违约金2000元。"

事件2：钢管厂供货过程中，20t Z型号钢管延迟10天交货。石化公司接收钢管后以钢管厂违约为由拒付该20t Z型号钢管货款。

事件3：由于石化公司拒付钢管厂20t Z型号钢管货款，导致 Z 型号钢管生产单位也收不到该货款，Z 型号钢管生产单位向设备监理机构提出，要求石化公司付款。

问题：
1. 石化公司与设备监理公司订立合同过程中有哪些不妥？说明理由。
2. 石化公司与钢管厂的补充协议是否有效？为什么？
3. 石化公司拒付20t Z 型号钢管货款的行为和理由是否正确？为什么？
4. Z 型号钢管生产单位向设备监理机构提出，要求石化公司付款是否正确？为什么？
5. 设备监理机构在 Z 型号钢管货款的支付证书中应扣除违约金多少元？

第 5 章　工程项目进度管理

> 【学习目标】
> （1）掌握工程项目进度管理的基本概念，熟悉工程进度控制的计划体系。
> （2）掌握常用网络图的特点、绘制及时间参数计算。重点掌握单、双代号网络计划及时标网络计划的绘制与时间参数计算。
> （3）熟悉网络计划的工期优化和费用优化。
> （4）掌握工程项目实际进度与计划进度的横道图、前锋线和 S 形曲线比较法。
> （5）掌握动态进度控制原理，熟悉工程项目进度监测与调整的系统过程。

【导入案例】

某码头 10#泊位改造工程项目（以下简称"本工程"）位于 A 市码头 9#泊位与 11#泊位之间。

工程项目规模：本工程包括水工主体结构和道路堆场两个单位工程，其中 X 局基地堆场工程紧挨着水工主体工程。码头总长 180 m，分三个结构段：A 段长 75 m，B 段长 55 m，C 段长 50 m。码头宽度 28 m，码头面高程 4.91～4.97 m，前沿水深 14.0 m，道路堆场改造工程面积约为 7.9 万 m²。

10#泊位改造工程工期 1 年，水工工程节点工期为 210 天，计划 2010 年春节前完成施工任务。

本工程工期较为紧张，为保证整体工期顺利完成特制定了如下措施以保证施工进度。

（1）严格实行施工计划管理，坚持周计划制度，确保以周进度保月进度，以月进度保季度进度，以季度进度保总进度计划。

（2）按计划要求的施工强度配备足够的人、机、物，从施工硬件上确保进度计划的顺利实施。

（3）借鉴并吸取 8#、9#泊位施工中的成功经验，进一步优化施工工艺，改进施工方案，从软件上进一步确保工程建设能按进度要求顺利实施。

（4）准确预见施工过程可能遇到的困难，并事先制定相应的措施，以便排除施工中的障碍。

（5）主动与业主、监理、设计单位、质监站及相邻施工单位沟通协调，为工程的顺利实施营造良好的外部环境。

施工中遇到了以下问题。

（1）沉桩工期计划不准，导致其他计划混乱。沉桩施工是本工程水工主体结构中的一项重点工程，只能在白天进行，正常情况下每天可以施工 3 根。本工程共 132 根桩，连续施工需 44 天可完成。沉桩船载作业时，要八字抛锚，距离 60～80 m，有可能要和现有 9#、11#泊位交叉，与码头生产作业产生冲突。沉桩船在靠近 9#泊位的 60 m 处施工时，会影响到 9#泊位的船舶作业；在靠近 11#泊位 60 m 处施工时，会影响到 11#泊位的船舶作业。

在计划编制阶段，工程项目部部长考虑到泊位生产对施工的影响，为了确定施工工期，曾多次同业主协商，希望业主能够使沉桩施工工程连续进行，以确保施工工期按计划完成。但业主生产任务比较重，不同意停产。随后工程项目部部长向业主了解的情况只是"生产比较忙"，他陷入排定沉桩计划工期的困境。工程项目部很怕由于工期估计不足而产生过高的成本，所以排出了沉桩计划：2009年9月10日开始动工，计划90天完成。

实际上，沉桩施工只用了47天，比计划缩短了43天。由于工期变化比较大，影响到租赁合同总价变化较大，产生争议。按照90天的施工工期，本工程运桩任务较小，只配备了两艘运桩船。但由于工期缩短，不得不临时增加一艘运桩船，导致资源计划变化，成本上升。

（2）工程项目部在进度控制中的协调能力有限。在编制完进度计划后，便设置了进度控制目标，水工主体按计划完成；堆场争取提前1个月完成取得奖金。接下来工程项目部部长便将总的进度计划逐项分解，落实到每一个专业分包公司及其他部门。为了更好地控制进度，工程项目部部长在施工前组织相关管理人员（包括各分包公司负责人）、技术人员了解项目进度控制目标，同时要求传达到每个人。但是工程项目部事情比较多，大家对工程项目部召开的会议不是很重视，本应是部门负责人或分包公司负责人参加的会议，往往只派个施工员参加。工程项目部部长由于年轻且缺乏经验，对控制要求的讲解也抓不住重点，参会人习惯性地把会议当成务虚会议，只是走走形式，而未能把会议内容完整传达到自己的部门。在分项进度计划落实过程中，各部门及各分包公司都没有提出什么异议，会上大家都表示能够完成目标要求。

在实际工作中，各部门在每周的周例会上汇报本周完成的工作及下周的工作计划，工程项目部部长比较总进度，判断项目所处状态是否能够满足进度要求，并判断是否需要赶工或者调整计划。但是后来各部门进度有前有后，或是出现天气、机械故障等问题，各部门资源不是闲置就是需要等待，造成堆场施工总是磕磕绊绊。各部门及分包公司都在抱怨自己的工作有困难，受到影响比较大，指责别人拖进度，形成了"踢皮球"的局面。由于堆场施工涉及的人工、材料、机械等都需要严密配合；各种资源又是由不同部门调配，工程项目部只能协调。工程项目部部长也对此极为不满，几次召开协调会议。一直调节各方矛盾，努力向着进度控制目标靠拢。但由于个人的职位、年龄等问题，协调的难度很大，自己也逐渐感受到了来自各方的压力。

5.1 工程项目进度管理概述

5.1.1 工程项目进度管理的概念

一个工程项目能否在预定的工期内竣工交付使用，从而保证工程项目按期或提前发挥经济效益和社会效益，是投资者最关心的问题之一，也是工程项目管理工作的重要内容。

在全面分析工程项目的各项工作内容、工作程序、持续时间和逻辑关系的基础上编制进度计划，力求拟订的计划具体可行、经济合理，并在计划实施过程中通过采取各种有效措施，为确保预定的进度目标的实现而进行的组织、指挥、协调和控制（包括必要时对计划进行调整）等活动，称为工程项目的进度管理。

进度管理的总目标是使工程项目建设工期得到有效的控制。进度管理是一项系统工程，涉及工程项目的决策、勘察、设计、采购、施工、试生产等多项内容，各项工作都应按照总进度计划依次进行，实现计划工期目标。

进度管理对于工程项目整体目标的实现具有重要的作用。在建设管理中，进度、质量、投资并列为工程项目的三大控制目标，它们之间有着相互依赖的制约关系。加快进度，不但需要增加投资，而且会对质量产生影响；严格控制质量，减少和避免工程返修，有利于保障工程进度。因此，进度管理的目的是协调好进度、质量和投资三者之间的关系，从而提高工程项目建设的综合效益。

5.1.2 工程项目进度管理的特点

1. 进度管理是一个动态过程

通常工程项目建设周期较长，随着工程项目的进展，各种内部、外部环境和条件的变化，都会使工程项目本身受到一定的影响。因此，在工程项目实施过程中，进度计划也应随着环境和条件的改变而做出相应的修改和调整，以保证进度计划的指导性和可行性。

2. 工程项目进度计划具有很强的系统性

工程项目既有总的进度计划安排，又有各个阶段的计划，诸如前期工作计划、设计进度计划、施工进度计划等，每个阶段的计划又可分解为若干子项计划，所有这些计划内容彼此相互联系，相互影响。因此，进度计划是控制工程项目进度的系统性计划。

3. 进度管理是一种既有综合性又有创造性的工作

进行工程项目进度管理不但要沿用前人的管理理论知识，借鉴同类工程项目的进度管理经验和技术成果，而且还要结合工程项目的具体情况，进行大胆创新。

4. 进度管理具有阶段性和不均衡性

工程项目进展的各个阶段，如工程项目准备阶段、招投标阶段、勘察设计阶段、施工阶段、竣工验收阶段等都有明确的起始与完成时间和不同的工作内容，因此相应的进度计划和实施控制的方式也不相同。

与此同时，在工程项目不同计划期内，外界自然条件、工作环境也都有所不同，这就使得进度计划具有很大的不均衡性，给进度管理工作带来一定的困难。

5.2 工程项目进度计划

5.2.1 工程项目进度计划的分类

为了确保工程项目进度控制目标的实现，参与工程项目建设的各有关单位都要编制进度计划，并且控制这些进度计划的实施。工程项目进度控制计划体系主要包括建设单位的计划系统、监理单位的计划系统、设计单位的计划系统和施工单位的计划系统。

工程项目进度计划按类别不同可以总结归纳为七类，分别是按项目建设参与方、使用者、项目范围、时间、目的、项目个数、粗细程度这七个方面进行分类，具体如图5-1所示。

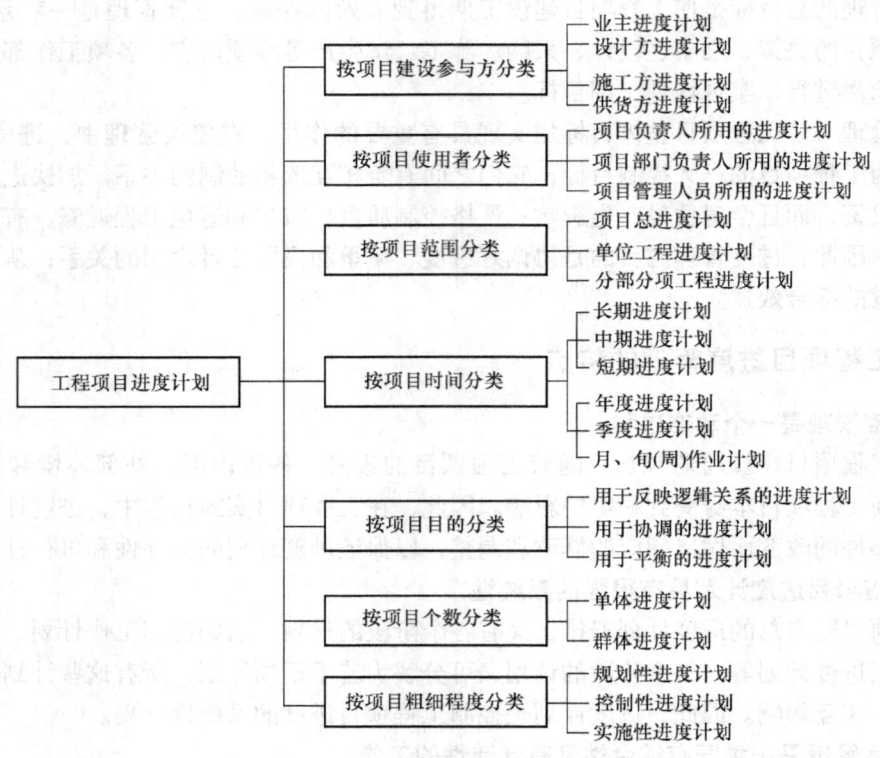

图 5-1 工程项目进度计划的分类

5.2.1.1 建设单位的计划系统

建设单位编制（也可委托监理单位编制）的进度计划包括工程项目前期工作计划、工程项目建设总进度计划和工程项目年度计划。

1. 工程项目前期工作计划

工程项目前期工作计划是指对工程项目可行性研究、项目评估及初步设计的工作进度安排，它可使工程项目前期决策阶段各项工作的时间得到控制。工程项目前期工作计划需要在预测的基础上编制，如表 5-1 所示。其中，建设性质是指新建、改建或扩建，建设规模是指生产能力、使用规模或建筑面积等。

表 5-1 工程项目前期工作进度计划

工程项目名称	建设性质	建设规模	可行性研究		项目评估		初步设计	
			进度要求	负责单位和负责人	进度要求	负责单位和负责人	进度要求	负责单位和负责人

2. 工程项目总进度计划

工程项目总进度计划是指初步设计被批准后，在编报工程项目年度计划之前，根据初步设计对工程项目从开始建设（设计、施工准备）至竣工投产（动用）全过程的统一部署。其主要目的是安排各单位工程项目的建设进度，合理分配年度投资，组织各方面的协作，保证初步设计所确定的各项建设任务的完成。工程项目总进度计划对于保证工程项目建设的连续性,增强工程项目建设的预见性,确保工程项目按期动用,都具有十分重要的作用。

工程项目总进度计划是编报工程项目年度计划的依据,其主要内容包括文字和表格两部分。

(1) 文字部分。说明工程项目的概况和特点,安排工程项目建设总进度的原则和依据,建设投资来源和资金年度安排情况,技术设计、施工图设计、设备交付和施工力量进场时间的安排,道路、供电、供水等方面的协作配合及进度的衔接,计划中存在的主要问题及采取的措施,需要上级及有关部门解决的重大问题等。

(2) 表格部分

1) 工程项目一览表。工程项目一览表将初步设计中确定的建设内容,按照单位工程归类并编号,明确其建设内容和投资额,以便各部门按统一的口径确定工程项目投资额,并以此为依据对其进行管理。工程项目一览表如表 5-2 所示。

表 5-2 工程项目一览表

单位工程名称	工程编号	工程内容	概算额/元						备注
			合计	建筑工程费	安装工程费	设备工程费	工器具购置费	工程建设其他费用	

2) 工程项目总进度计划。工程项目总进度计划是根据初步设计中确定的建设工期和工艺流程,具体安排单位工程的开工日期和竣工日期。其表式如表 5-3 所示。

表 5-3 工程项目总进度计划

工程编号	单位工程名称	工程量		××××年				××××年				…
		单位	数量	一季	二季	三季	四季	一季	二季	三季	四季	

3) 投资计划年度分配表。投资计划年度分配表是根据工程项目总进度计划安排各个年度的投资,以便预测各个年度的投资规模,为筹集建设资金或与银行签订借款合同及制订分年用款计划提供依据。其表式如表 5-4 所示。

表 5-4 投资计划年度分配表

工作编号	单位工程名称	投资额	投资分配/万元					…
			××××年	××××年	××××年	××××年	××××年	
	合计 其中: 建设投资 设备投资 工器具投资 其他投资							

4) 工程项目进度平衡表。工程项目进度平衡表用来明确各种设计文件交付日期、主要

设备交货日期、施工单位进场日期、水电及道路接通日期等，以保证工程项目建设中各个环节相互衔接，确保工程项目按期投产或交付使用。其表式如表5-5所示。

表5-5 工程项目进度平衡表

工程编号	单位工程名称	开工日期	竣工日期	要求设计进度				要求设备进度			要求施工进度			协作配合进度				
				交付日期			设计单位	数量	交货日期	供货日期	进场日期	竣工日期	施工日期	道路通行日期	供电		供水	
				技术设计	施工图	设计清单									数量	日期	数量	日期

在此基础上，可以分别编制综合进度控制计划、设计进度控制计划、采购进度控制计划、施工进度控制计划和验收投产进度计划等。

3. 工程项目年度计划

工程项目年度计划是依据工程项目总进度计划和批准的设计文件进行编制的。该计划既要满足工程项目总进度计划的要求，又要与当年可能获得的资金、设备、材料、施工力量相适应。应根据分批配套投产或交付使用的要求，合理安排本年度建设的工程项目。工程项目年度计划主要包括文字和表格两部分内容。

（1）文字部分。说明编制年度计划的依据和原则，建设进度、本年计划投资额及计划建造的建筑面积，施工图、设备、材料、施工力量等建设条件的落实情况，动力资源情况，对外部协作配合工程项目建设进度的安排或要求，需要上级主管部门协助解决的问题，计划中存在的其他问题，以及为完成计划而采取的各项措施等。

（2）表格部分

1）年度计划项目表。年度计划项目表将确定年度实施工程项目的投资额和年末形象进度，并阐明建设条件（图样、设备、材料、施工力量）的落实情况。其表式如表5-6所示。

表5-6 年度计划项目表

（投资：万元 面积：m²）

工程编号	单位工程名称	开工日期	竣工日期	年初完成				本年计划						年末形象进度	建设条件落实情况			
				投资额	投资来源			投资			建筑面积				施工图	设备	材料	施工力量
					投资额	建安投资	设备投资	合计	建安投资	设备投资	新开工	续建	竣工					

2）年度竣工投产交付使用计划表。年度竣工投产交付使用计划表将阐明各单位工程的建筑面积、投资额、新增固定资产、新增生产能力等建筑总规模及本年计划完成情况，并阐明其竣工日期。

3）年度建设资金平衡表。

4）年度设备平衡表。

5.2.1.2 监理单位的计划系统

监理单位除对被监理单位的进度计划进行监控外,自己也应编制有关进度计划,以便更有效地控制工程项目实施进度。

1. 监理总进度计划

在对工程项目实施全过程监理的情况下,监理总进度计划是依据工程项目可行性研究报告、工程项目前期工作计划和工程项目建设总进度计划编制的,其目的是对工程项目进度控制总目标进行规划,明确工程项目前期准备、设计、施工、动用前准备及项目动用等各个阶段的进度安排。其表式如表 5-7 所示。

表 5-7 监理总进度计划

建设阶段	各阶段进度																	
	××××年				××××年				××××年				××××年				…
	1	2	3	4	1	2	3	4	1	2	3	4	1	2	3	4	
前期准备																	
设计																	
施工																	
动用前准备																	
项目动用																	

2. 监理总进度分解计划

(1) 按工程进展阶段分解。包括:①设计准备阶段进度计划;②设计阶段进度计划;③施工阶段进度计划;④动用前准备阶段进度计划。

(2) 按时间分解。包括:①年度进度计划;②季度进度计划;③月度进度计划。

5.2.1.3 设计单位的计划系统

设计单位的计划系统包括:设计总进度计划、阶段性设计进度计划和设计作业进度计划。

1. 设计总进度计划

设计总进度计划主要用来安排自设计准备开始至施工图设计完成的总设计时间内所包含的各阶段的开始时间和完成时间,从而确保设计进度控制总目标的实现。该计划的表式如表 5-8 所示。

表 5-8 设计总进度计划

阶段名称	进度(月)																	
	1	2	3	4	5	6	7	8	9	10	11	12	13	14	15	16	17	18
设计准备																		
方案设计																		
初步设计																		
技术设计																		
施工图设计																		

2. 阶段性设计进度计划

阶段性设计进度计划包括：设计准备工作进度计划、初步设计（技术设计）工作进度计划和施工图设计工作进度计划。这些计划用来控制各阶段的设计进度，从而实现阶段性设计进度目标。在编制阶段性设计进度计划时，必须考虑设计总进度计划对各个设计阶段的时间要求。

（1）设计准备工作进度计划。设计准备工作进度计划中一般要考虑规划设计条件的确定、设计基础资料的提供及委托设计等工作的时间安排。

（2）初步设计（技术设计）工作进度计划。初步设计（技术设计）工作进度计划要考虑方案设计、初步设计、技术设计、设计的分析评审、概算的编制、修正概算的编制及设计文件审批等工作的时间安排，一般按单位工程编制。

（3）施工图设计工作进度计划。施工图设计工作进度计划主要考虑各单位工程的设计进度及其搭接关系。

3. 设计作业进度计划

为了控制各专业的设计进度，并作为设计人员承包设计任务的依据，应根据施工图设计工作进度计划、单位工程设计工日定额及所投入的设计人员数，编制设计作业进度计划。

5.2.1.4 施工单位的计划系统

施工单位的进度计划包括：施工准备工作计划、施工总进度计划、单位工程施工进度计划及分部分项工程进度计划。

1. 施工准备工作计划

施工准备工作的主要任务是为工程项目的施工创造必要的技术和物资条件，统筹安排施工力量和施工现场。施工准备的工作内容通常包括：技术准备、物资准备、劳动组织准备、施工现场准备和施工场外准备。为落实各项施工准备工作，加强检查和监督，应根据各项施工准备工作的内容、时间和人员编制施工准备工作计划。其表式如表 5-9 所示。

表 5-9 施工准备工作计划

序号	施工准备项目	简要内容	负责单位	负责人	开始时间	完成时间	备注

2. 施工总进度计划

施工总进度计划是根据施工部署中施工方案和工程项目的开展程序，对全工地所有单位工程做出时间上的安排。其目的在于确定各单位工程及全工地性工程的施工期限及开竣工日期，进而确定施工现场劳动力、材料、成品、半成品、施工机械的需要数量和调配情况，以及现场临时设施的数量、水电供应量和能源、交通需求量。因此，科学、合理地编制施工总进度计划，是保证整个工程项目按期交付使用，充分发挥投资效益，降低工程项目成本的重要条件。

3. 单位工程施工进度计划

单位工程施工进度计划是在既定施工方案的基础上，根据规定的工期和各种资源供应条件，遵循各施工过程的合理施工顺序，对单位工程中的各施工过程做出时间和空间上的安排，并以此为依据，确定施工作业所必需的劳动力、施工机具和材料供应计划。因此，合理安排单位工程施工进度，是保证在规定工期内完成符合质量要求的工程任务的重要前提。同时，为编制各种资源需要量计划和施工准备工作计划提供依据。

4. 分部分项工程进度计划

分部分项工程进度计划是针对工程量较大或施工技术比较复杂的分部分项工程，在依据工程具体情况所制订的施工方案的基础上，对其各施工过程所做出的时间安排。如大型基础土方工程、复杂的基础加固工程、大体积混凝土工程、大型桩基工程、大面积预制构件吊装工程等，均应编制详细的进度计划，以保证单位工程施工进度计划的顺利实施。

此外，为了有效地控制工程项目施工进度，施工单位还应编制年度施工计划、季度施工计划和月（旬）作业计划，将施工进度计划逐层细化，形成一个旬保月、月保季、季保年的计划体系。

5.2.2 工程项目进度计划编制的依据

工程项目进度计划在工程项目管理中起着控制作用。进度计划编制的质量直接影响着进度计划和其他各类计划的实施与控制。

编制工程项目进度计划，通常以下面的管理信息资料、调查研究的内容和同类工程项目的成熟经验等为编制依据。

（1）合同文件及相关文件。合同文件中规定了工程项目的工期总目标及设备的质量和资金拨付等合同双方的责任、权利和义务，除了合同文件以外还包括经批复的可行性研究报告，经批准的用地规划文件等，有关单位必须以此为首要限制条件编制进度计划。

（2）设计图样和定额资料（包括工期定额、概算定额、预算定额和施工定额）。

（3）项目管理规划。

（4）材料、设备和资料的供应条件。

（5）项目承包商可能投入的力量，包括劳动力和设备等。

（6）项目的外部条件和现场条件。

（7）已建成的同类或类似项目的实际进度等。

（8）风险分析资料。工程项目存在的各类风险无疑会对进度计划产生影响。风险主要是指在制订进度计划时，工程项目中存在的不确定性因素的状况，一旦发生会对工程项目的进度产生影响。

（9）日历。考虑工程项目所处的社会和文化环境，即公休日、节假日等对进度计划的影响。在编制工程项目进度计划之前，必须收集到与工程项目有关的各种资料，认真进行分析整理，列出影响进度计划的约束条件及可利用条件，为编制进度计划提供依据。同时，必须结合工程项目现场和实际情况对进度计划做出更新，以便在工程项目的各个阶段中能具体实施，并根据实施的具体情况调整与控制进度计划。

5.2.3 进度计划的编制程序

编制工程项目进度计划按下列步骤进行。

1. 确定工程项目进度总目标

为了有效控制工程项目进度,首先必须合理确定进度目标。目标是控制的前提,如果目标不合理或不可行,势必出现控制上的偏差。确定工程项目进度总目标的主要依据有:合同规定、工期定额、类似项目的实际进度;工程项目的难易程度及项目条件的落实情况;项目预计投入的资源(人、财、物等)数量及强度等。

2. 确定工程项目进度目标体系

根据系统工程的观点,可将一个工程项目的进度目标从不同角度逐级进行分解,明确各级进度目标和相应的责任者,形成工程项目进度控制目标体系,以便有效地组织工程项目实施,最终控制工程项目进度总目标。一般的工程项目进度目标分解方法包括以下几种。

(1) 按工程项目组成分解进度目标。可将项目分解为子项目 A、子项目 B、子项目 C 等,根据约束条件明确各子项目的起止时间。

(2) 按工程项目实施单位分解进度目标。按照工程项目的不同实施单位将工程项目进度目标分解为实施单位 A、实施单位 B、实施单位 C 等所实施工作的开始及完成时间。

(3) 按工程项目实施阶段分解进度目标。以房屋建筑工程为例,可以将工程项目的总工期分解为基础工程、结构工程、装修工程等的开工及完工时间。

(4) 按工程项目计划期分解目标。按照季、月、周等时间段分解进度目标,明确项目各计划期的起止时间和具体任务。

3. 工作定义

确定为生产项目可交付成果而必须进行的具体工作。工作定义就是对工作分解结构(WBS)中规定的可交付成果或半成品所产生的必须进行的具体工作(活动、作业或工序)进行定义,并形成相应的文件,包括工作清单和工作分解结构的更新。

按照工程项目的规模及控制的需要,要对工程项目过程进行分解及工作定义。

4. 计算工程量

按照工程项目计划、工作或活动定义、设计文件及有关计算规则,确定工程项目各项工作或活动的工作量。工程量也可按初步设计(或扩大初步设计)图样和有关定额等资料进行计算。

5. 确定实施方案和分配资源

实施方案会对工程项目的进度计划及费用产生很大的影响,而方案又与资源约束、拟提供的资源种类、数量及强度密切相关。

6. 确定各单位工程的期限、开竣工时间及相互搭接关系

各单位工程的施工期限应根据合同工期确定,同时考虑建筑类型、结构特征、施工方法、施工管理水平和施工现场条件等因素。如果在编制施工总进度计划时没有合同工期,则应保证计划工期不超过工期定额。

确定整个工程项目中各单项工程的施工顺序,合理地搭接各项工程,组织全场性流水作业,尽量做到均衡施工。

7. 编制工程项目进度计划

根据工作及活动间的逻辑关系及预计持续时间,以网络图或横道图等形式编制初步的工程项目进度计划,再采用工期、费用和资源优化方法,得到最终的工程项目进度计划。

5.2.4 工程项目进度计划的表示方法

5.2.4.1 里程碑进度计划

1. 概述

里程碑计划是以工程项目中某些关键性的重要事件的开始或完成时间点作为基准所形成的计划，是一种战略计划或工程项目进度框架，它规定了工程项目可实现的中间结果。同时它也是根据工程项目要达到最终目标所必须经历的工作环节确定的重大而关键的工作序列。每个里程碑代表一个关键事件，并表明其必须完成的时间界限。

里程碑进度计划可以保证工程项目完成的关键性重要事件完工的日期。这些关键事件是综合了工程项目的各种因素，针对实现工程项目目标的重要程度而言的，所以它可能在关键线路上，也可能不在关键线路上。里程碑计划一般适用于工期较长、较为复杂的大型工程项目。

里程碑进度的关键性重要事件包括：①主要工作环节的完成日期；②保证工程项目完成的关键性决策工作的日期；③工程项目的结束日期。

2. 里程碑进度计划的特点

把关键工作的完成时间截止在里程碑计划的关键事件处，不允许有任何推迟，也就是要采取一切措施确保在里程碑计划所标示的时间内完成各项预定的关键环节的任务。

3. 里程碑计划的编制

（1）对于工期长、技术复杂的大型工程项目，在确定工程项目目标时就明确了有关的里程碑进度，编制总进度计划时必须以该里程碑计划为依据，并在总进度计划上保证里程碑计划的实现。这种里程碑计划的要求，应该在招标文件和施工合同中明确并有严格的规定。有些工程项目，也可以在编制了总进度计划后，根据工程项目的特点，在总进度计划的基础上编制里程碑计划，以此作为工程项目进度控制的重要依据。

（2）从工程项目目标要求的最后一个里程碑，即工程项目的最终目标开始向反方向进行。

（3）在工程项目建设中有许多阶段，也有许多事件。根据事件在工程项目建设进行中的位置及其对前后事件的作用和影响，参照同类工程项目的实施经验加以确定。

5.2.4.2 横道图进度计划

1. 概述

横道图又称甘特图，是一种传统的进度计划方法，是1917年由美国人亨利·甘特（Henry Gatt）发明的。横道图是一个二维的平面图，横向表示进度，并与时间相对应，纵向表示工作内容，如图5-2所示的是横道图表示的进度计划。

横道图是一种最简单且运用最广的计划方法，尽管有新的计划技术被采用，横道图在建设行业仍占统治地位。

横道图可以用于小型工程项目或大型工程项目子项目上，或用于计算资源需要量、概要预示进度，也可用于其他计划技术的表示结果。

2. 横道图的特点

（1）横道图能够清楚地表达各项工作的起止时间，内容排列整齐有序，形象直观。

（2）可直接根据横道图计算各时段的资源需要量，并绘制资源需要量计划。

图 5-2 横道图表示的进度计划

（3）使用方便，易于掌握。

正是由于横道图这些非常明显的特点，使横道图自发明以来被广泛应用于各行各业的生产管理活动中，直到现在仍被普遍使用着。

3. 横道图的局限性

横道图通常由手工编制，用于简单工程项目中有其优点，但在大型工程项目中，由于工作任务很多，就显得有所不足。然而，计算机管理系统消除了这些问题，它可以做到只需人工输入数据，就能不断地、定期地进行修改。网络图就是在横道图的基础上发展起来的，应用网络计划技术，可以根据网络图画出横道图，但不能依据横道图画出网络图。后面将进行网络图的相关介绍。对于横道图的局限性可以总结为以下三点。

（1）不能清楚地表达工作间的逻辑关系。因此，当某项工作出现进度偏差时，不便于分析进度偏差对后续工作及总工期的影响，难以调整进度计划。

（2）适用于手工编制计划。计划调整只能用手工方式进行，其工作量较大，并且难以适应较大的进度计划系统。

（3）不能反映各项工作的相对重要性，难以进行严谨的进度计划时间参数计算，不能确定计划的关键工作、关键线路与时差，不便于掌握影响工期的主要矛盾。

（4）对于大型复杂工程项目，由于计划内容多，逻辑关系不明，难以用计算机技术对项目计划进行处理和优化，其局限性更为明显。

鉴于横道图所存在的局限性，横道图更多用于表达进度计划的结果，而难以用其编制计划。

4. 横道图的适用范围

横道图计划直观、简单、容易操作、便于理解，其适用范围如下。

（1）在大型工程项目中，可广泛用于工程项目高层管理人员了解工程项目建设的各有关部位的进展情况，便于研究和决策。

（2）在工程项目前期的工作报告中，用横道图计划可向工程项目的决策者提供以相对独立的工作环节为分块的进度计划，对于工程项目的决策有一定参考作用。

（3）在工程项目实施过程中，横道图计划可以用于工作分解结构（WBS）的任何层次的进度控制，即将实际进度以同样的条形在同一个横道图的工作内容的横道上表示出来，可以十分直观地对比实际进度与计划进度的偏离。

（4）可用于资源的优化和编制资源及费用计划。

5. 横道图计划的编制步骤

横道图计划编制的基本步骤包括：①进行项目分解；②明确各项工作之间的先后关系；③编制工作关系表；④绘制横道图。

5.2.4.3 网络图进度计划

为了克服横道图的局限性，1956 年由美国杜邦公司的工程技术人员开发了一种面向计算机安排进度计划的方法，即关键线路法。以后在此方法的基础上陆续开发了一些新的其他计划方法，统称为网络图计划。网络图是由箭线和节点组成的，用来表示工作流程的有向和有序的网状图形，如图 5-3 所示。

1. 网络图的特点

网络图与横道图相比具有以下特点。

（1）能全面明确地反映工作之间的逻辑关系，便于分析进度偏差和调整进度计划。

（2）能进行工作时间参数计算，确定关键工作和关键线路。

（3）能应用计算机对计划进行优化、调整和管理。

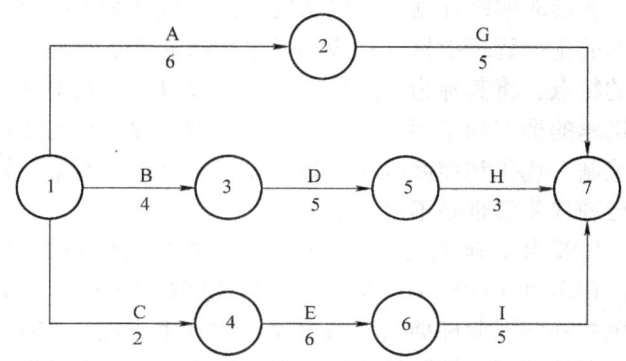

图 5-3　用网络图表示的进度计划

2. 网络图的局限性

（1）除双代号时标网络计划以外，其他网络计划技术没有横道图简单、直观。

（2）不能直接根据网络图计算资源需要量。

网络图的计划技术很重要，后面将重点介绍。

5.3　网络计划技术

5.3.1　概述

1. 网络计划技术的起源与发展

网络计划技术是一种科学的计划管理方法，它是随着现代科学技术和工业生产的发展而产生的。20 世纪 50 年代，为了适应科学研究和新的生产组织管理的需要，国外陆续出现了一些计划管理的新方法。应用最早的网络计划技术是关键线路法（CPM）和计划评审法（PERT）。

1956 年，美国杜邦化学公司的工程技术人员和数学家共同开发了关键线路法（Critical Path Method，CPM）。它首次运用于化工厂的建造和设备维修，大大缩短了工作时间，节约了费用。1958 年，美国海军械局针对舰载洲际导弹项目研究，开发了计划评审技术（Program Evaluation and Review Technique，PERT）。该工程项目运用网络方法，将研制导弹过程中的各种合同进行综合权衡，有效地协调了成百上千个承包商的关系，而且提前完成了任务，并在成本控制上取得了显著的效果。20世纪60年代初期，网络计划技术在美国得到了推广，一切新建工程项目全面采用这种计划管理新方法，并开始将该方法引入日本和西欧等其他国家。目前，它已广泛应用于世界各国的工业、国防、建筑、运输和科研等领域，已成为发达国家盛行的一种现代生产管理科学方法。

随着电子计算机技术的发展、边缘学科的相互渗透，网络计划技术同决策论、排队论、控制论、仿真技术相结合，应用领域不断拓宽，又相继产生了许多诸如搭接网络技术（PDN）、决策网络技术（DN）、图示评审技术（GERT）、风险评审技术（VERT）等一大批现代计划管理方法，广泛应用于工业、农业、建筑业、国防和科学研究领域。随着计算机的应用和普及，还开发了许多网络计划技术的计算和优化软件。

我国对网络计划技术的研究与应用起步较早，1965年，著名数学家华罗庚教授首先在我国的生产管理中推广和应用了这些新的计划管理方法，并根据网络计划统筹兼顾、全面规划的特点，将其称为统筹法。改革开放以后，网络计划技术在我国的工程项目建设领域也得到迅速的推广和应用，尤其是在大中型工程项目的建设中，对其资源的合理安排，进度计划的编制、优化和控制等应用效果显著。目前，网络计划技术已成为我国工程项目建设领域中推行现代化管理必不可少的方法。

1992年，国家技术监督局和建设部先后颁布了中华人民共和国国家标准《网络计划技术》（GB/T 13400.1—1992、GB/T 13400.2—1992、GB/T 13400.3—1992）三个标准和中华人民共和国行业标准《工程网络计划技术规程》（JGJ/T 121—1999），使工程网络计划技术在计划的编制与控制管理的实际应用中有了一个可遵循的、统一的技术标准，保证了计划的科学性，对提高工程项目的管理水平发挥了重大作用。

（1）《工程网络计划技术规程》适用于工程项目建设的规划、设计、施工以及相关工作的计划中，在计划子项目（工作）和工作之间的逻辑关系及各项工作的持续时间都肯定的情况下，对进度计划的编制与控制进行管理。

（2）《工程网络计划技术规程》对四种网络计划图的计算、绘图规则和关键工作及关键线路的确定都有明确规定，对网络计划的优化和网络计划的控制也有相应的规定。

实践证明，网络计划技术的应用已取得了显著成绩，保证了工程项目质量、成本、进度目标的实现，也提高了工作效率，节约了项目资源。但网络计划技术同其他科学管理方法一样，也受到一定客观环境和条件的制约。网络计划技术是一种有效的管理手段，可提供定量分析信息，但工程规划、决策和实施还取决于各级领导和管理人员的水平。另外，网络计划技术的推广应用，需要有一批熟悉和掌握网络计划技术理论、应用方法和计算机软件的管理人员，需要提升工程项目管理的整体水平。

2. 网络计划的基本概念

网络计划技术是利用网络图表示工程项目进度计划及各项工作相互关系的方法。网络计划主要由两大部分组成，分别是网络图和网络参数。网络图是由箭线和节点组成，用来表示工作流程的有向的、有序的网状图形。一个网络图表示一项计划任务。在网络图上加注工作的时间参数等编成的进度计划称为网络计划。网络计划技术不仅是一种科学的计划方法，也是一种科学的动态控制方法，同时也是网络计划对任务的工作进度进行安排和控制，以保证实现预定目标的科学的计划管理技术。

3. 网络计划技术的分类

网络计划技术可以从不同的角度进行分类。

（1）按工作之间逻辑关系和持续时间的确定程度分类。按各项工作持续时间和各项工作之间的相互关系是否确定，网络计划可以分为肯定型和非肯定型两类。肯定型网络计划的类型主要有：关键线路法（CPM）、搭接网络计划、有时限的网络计划、多级网络计划和流水网络计划。非肯定型网络计划的类型主要有：计划评审技术（PERT）、图示评审技术（GERT）、风险评审技术（VERT）、决策网络技术（DN）、随机网络计划技术（QERT）和仿真网络计划技术等。

（2）按网络计划的基本元素——节点和箭线所表示的含义分类

1）双代号网络计划（工作箭线网络计划）。

2）单代号搭接网络计划、单代号网络计划（工作节点网络计划）。

3）事件节点网络计划。事件节点网络是一种仅表示工程项目里程碑事件的很有效的网络计划方法。

（3）按目标分类。按目标网络计划可以分为单目标网络计划和多目标网络计划。只有一个终点节点的网络计划是单目标网络计划。终点节点不止一个的网络计划是多目标网络计划。

（4）按层次分类。根据不同管理层次的需要而编制的范围大小不同、详略程度不同的网络计划称为分级网络计划。以整个计划任务为对象编制的网络计划，称为总网络计划。以计划任务的某一部分为对象编制的网络计划，称为局部网络计划。

（5）按表达方式分类。以时间坐标为尺度绘制的网络计划，称为时标网络计划。不按时间坐标绘制的网络计划，称为非时标网络计划。

（6）按反映工程项目的详细程度分类。概要地描述工程项目进展的网络称为概要网络。详细地描述工程项目进展的网络称为详细网络。

（7）按其应用对象不同划分。按其应用对象的不同，可以分为分部工程网络计划、单位工程网络计划和群体工程网络计划。

4. 网络计划技术的特点

网络计划技术作为现代管理的方法与传统的计划管理方法相比较，具有明显优点，主要表现为以下几个方面。

（1）利用网络图模型，明确表达各项工作之间的逻辑关系。按照网络计划方法，在制订工程计划时，首先必须厘清该工程项目内的全部工作和它们之间的相互关系，然后绘制网络图模型。

（2）通过网络图时间参数计算，确定关键工作和关键线路。

（3）掌握机动时间，进行资源合理分配。

（4）运用计算机辅助手段，方便网络计划的调整与控制。

5.3.2 双代号网络计划

5.3.2.1 双代号网络图的概念

用箭线或箭线两端节点的编号表示工作的网络图，称为双代号网络图，如图 5-4 所示。通常把工作的名称写在箭线上方，工作的持续时间写在箭线下方。箭尾表示工作的开始，箭尾节点称始节点；箭头表示工作的结束，箭头节点称末节点。

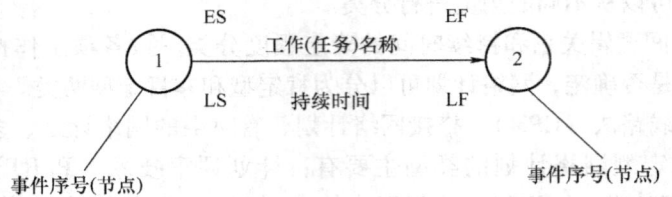

图 5-4 双代号网络图

5.3.2.2 双代号网络图的基本术语

1. 内向箭线

相对于节点而言，箭头指向该节点的箭线，称为该节点内向箭线。

2. 外向箭线

相对于节点而言，箭头背向该节点的箭线，称为该节点外向箭线。

3. 紧前工作

相对于某工作而言，紧排在该工作之前的工作称为该工作的紧前工作。

4. 紧后工作

相对于某工作而言，紧排在该工作之后的工作称为该工作的紧后工作。

5. 先行工作

自开始节点至本工作之前各条线路上的所有工作称本工作的先行工作。

6. 后续工作

本工作之后至结束节点各条线路上的所有工作叫本工作的后续工作。

7. 平行工作

相对于某工作而言，可以与该工作同时进行的工作称为该工作的平行工作。

8. 逻辑关系

工作之间的先后顺序关系称为逻辑关系，分为工艺逻辑和组织逻辑两种。

（1）工艺逻辑。由生产工艺或工作程序决定的先后顺序关系称为工艺上的逻辑关系，简称工艺逻辑。如柱绑扎钢筋应在柱支模之前进行，如图5-5所示。

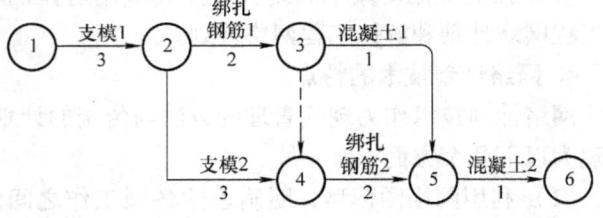

图 5-5 某混凝土工程双代号网络图

（2）组织逻辑。由组织安排或资源调配的需要而规定的先后顺序关系称为组织上的逻辑关系，简称组织逻辑。如不同施工段的先后施工顺序。

9. 虚活动（虚工作）

既不消耗资源，又不占用时间，仅表示逻辑关系的工作（或活动）称虚工作（或活动）。虚工作（或活动）有助于很好地识别活动，并用来说明不用虚工作（或活动）就无法表明的某种先后关系。图 5-6 是一个虚活动应用的示例。图 5-6a 是错误的网络图，因为当说到活动 1—2 时，不知道是指活动 A 还是指活动 B，图 5-6b、c 是加入虚活动后的正确网络图，可以区分活动 A 和活动 B。

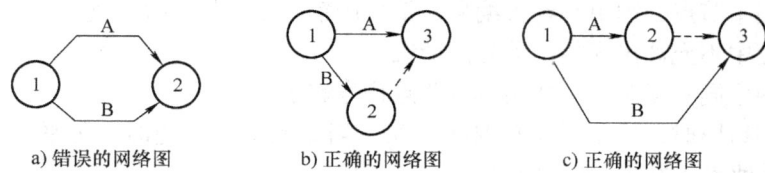

a) 错误的网络图　　b) 正确的网络图　　c) 正确的网络图

图 5-6　虚活动的应用

【例 5-1】　活动 A 和活动 B 可以同时进行，只有活动 A 完成后，活动 C 才能开始，只有活动 A 和活动 B 都完成后，活动 D 才能开始，画网络图，如图 5-7 所示。

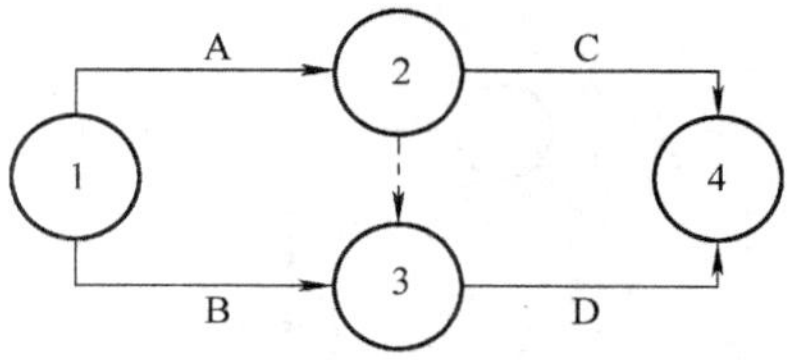

10. 线路

网络图从开始节点沿箭线方向连续通过若干个中间节点，最后到达结束节点所经过的道路称线路。

图 5-7　例 5-1 网络图

5.3.2.3　双代号网络图的绘图

1. 双代号网络图的绘图规则

（1）网络图必须按照既定的逻辑关系绘制。

（2）网络图中严禁出现从一个节点出发，顺箭头方向又回到原出发点的循环回路，如图 5-8a 所示。

（3）网络图中严禁出现双向箭头或无箭头的连线，图 5-9 即为错误画法。

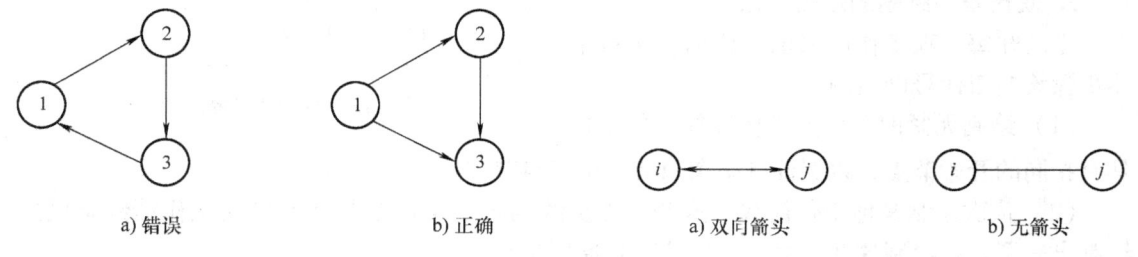

a) 错误　　　　　b) 正确　　　　　　a) 双向箭头　　　　b) 无箭头

图 5-8　循环回路示意　　　　　图 5-9　错误画法（一）

（4）网络图中严禁出现没有箭尾节点或没有箭头节点的连线，图 5-10 为错误画法。

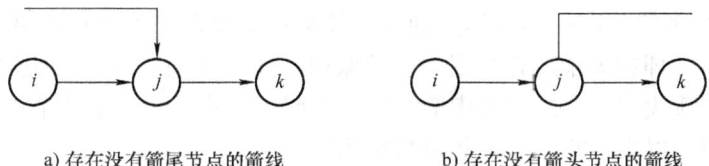

a) 存在没有箭尾节点的箭线　　b) 存在没有箭头节点的箭线

图 5-10　错误画法（二）

（5）网络图中只允许有一个开始节点和一个结束节点，不应该出现两个及以上的开始或结束节点。

(6) 网络图中节点必须由小到大编号,编号严禁重复,但可以不连续。

(7) 网络图中不允许出现相同编号的箭线。

(8) 网络图中同一项工作只能用一对节点代号表示。

(9) 绘制网络图时,应尽量避免箭线交叉。当交叉不可避免时,可采用过桥法、断线法、指向法等几种表示方法,如图 5-11 所示。

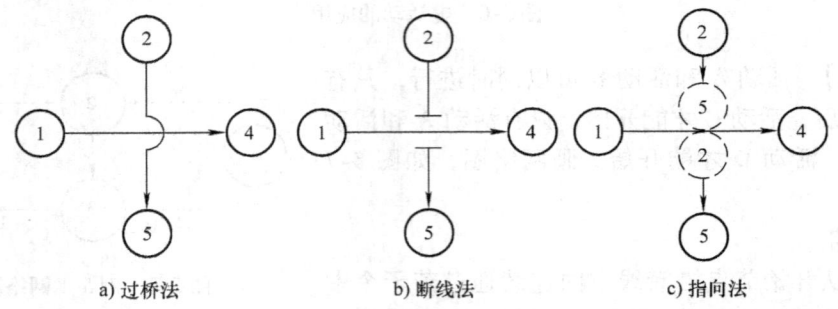

图 5-11 交叉箭线示意

(10) 当网络图的开始节点有多条外向箭线或结束节点有多条内向箭线时,为使图形简洁,可采用母线法绘制,如图 5-12 所示。

(11) 网络图应条理清楚,布局合理,箭线尽量横平竖直,节点排列均匀。

2. 双代号网络图的绘图方法

当已知每一项工作的紧前工作时,可按下述步骤绘制双代号网络图。

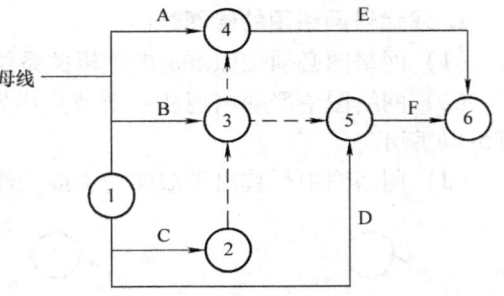

图 5-12 母线法绘制示例

(1) 绘制无紧前工作的工作箭线,使它们具有相同的开始节点,以保证网络图只有一个起点节点。

(2) 依次绘制其他工作箭线,这些工作箭线的绘制条件是其所有紧前工作箭线都已经绘制出来了。在绘制这些箭线时,应按下列原则进行。

1) 当所要绘制的工作只有一项紧前工作时,将该工作箭线直接画在其紧前工作箭线之后即可。

2) 当所要绘制的工作有多项紧前工作时,应按以下四种情况分别予以考虑。

① 对于所要绘制的工作(本工作)而言,如果在其紧前工作之中存在一项只作为本工作紧前工作的工作(即在紧前工作栏目中,该紧前工作只出现一次),则应将本工作箭线直接画在该紧前工作箭线之后,然后用虚箭线将其他紧前工作箭线的箭头节点与本工作箭线的箭尾节点分别相连,以表达它们之间的逻辑关系。

② 对于所要绘制的工作(本工作)而言,如果在其紧前工作之中存在多项只作为本工作紧前工作的工作,应先将这些紧前工作箭线的箭头节点合并,再从合并后的节点开始,画出本工作箭线,最后用虚箭线将其他紧前工作箭线的箭头节点与本工作箭线的箭尾节点分别相连,以表达它们之间的逻辑关系。

③ 对于所要绘制的工作（本工作）而言，如果不存在情况①和情况②时，应判断本工作的所有紧前工作是否都同时作为其他工作的紧前工作（即在紧前工作栏目中，这几项紧前工作是否均同时出现若干次）。如果上述条件成立，应先将这些紧前工作箭线的箭头节点合并后，再从合并后的节点开始画出本工作箭线。

④ 对于所要绘制的工作（本工作）而言，如果不存在情况①、②和③时，则应将本工作箭线单独画在其紧前工作箭线之后的中部，然后用虚箭线将其各紧前工作箭线的箭头节点与本工作箭线的箭尾节点分别相连，以表达它们之间的逻辑关系。

3) 当各项工作箭线都绘制出来之后，应合并那些没有紧后工作的工作箭线的箭头节点，以保证网络图只有一个终点节点（多目标网络计划除外）。

4) 当确认所绘制的网络图正确后，即可进行节点编号。可以采用连续编号或者不连续编号（后面可能增加工作）的方法。但是网络图的节点编号在满足前述要求的前提下，有时采用不连续的编号方法，以避免以后增加工作时而改动整个网络图的节点编号。

以上所述是已知每一项工作的紧前工作时的绘图方法，当已知各项工作的紧后工作时，可按类似的方法进行网络图的绘制，只是其绘图顺序由前述的紧前工作改为紧后工作。

(3) 双代号网络图绘图示例

【例 5-2】 已知各工作之间的逻辑关系如表 5-10 所示，则可按下述步骤绘制其双代号网络图。

表 5-10　工作逻辑关系

工作名称	A	B	C	D
紧前工作	—	—	A，B	B

解：

1) 绘制工作箭线 A 和工作箭线 B，如图 5-13a 所示。

2) 按前述原则绘制工作箭线 C，如图 5-13b 所示。

3) 按前述原则绘制工作箭线 D 后，将工作箭线 C 和 D 的箭头节点合并，以保证网络图只有一个终点节点。当确认给定的逻辑关系表达正确后，再进行节点编号。表 5-10 所给定的逻辑关系对应的双代号网络图如图 5-13c 所示。

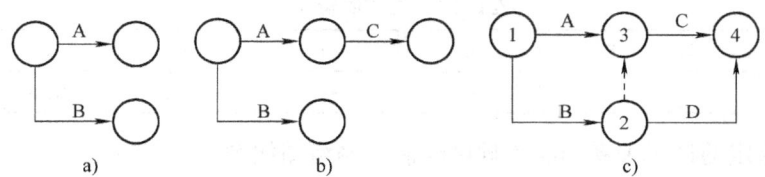

图 5-13　绘图过程

【例 5-3】 已知某工程各项工作名称、逻辑关系等资料如表 5-11 所示，试绘制其双代号网络图。

表 5-11　工作逻辑关系

工作名称	A	B	C	D	E	F
紧后工作	E	E，F	E，F	F	—	—

解：根据给定的逻辑关系和绘图规则绘制的网络图如图 5-12 所示。在图 5-12 中，工作 2—3 起区分作用，工作 3—4 起联系作用，工作 3—5 起断路和联系双重作用。

【**例 5-4**】 已知某工程项目各项工作名称、逻辑关系等资料如表 5-12 所示，试绘制其双代号网络图。

表 5-12　工作逻辑关系

工作名称	A	B	C	D	E	G
紧前工作	—	—	—	A, B	A, B, C	D, E

解：根据给定的逻辑关系和绘图规则绘制的网络图如图 5-14 所示。

【**例 5-5**】 已知某工程项目各项工作名称、逻辑关系等资料如表 5-13 所示，试绘制其双代号网络图。

表 5-13　工作逻辑关系

工作名称	A	B	C	D	E
紧前工作	—	—	A	A, B	B

解：根据给定的逻辑关系和绘图规则绘制的网络图如图 5-15 所示。

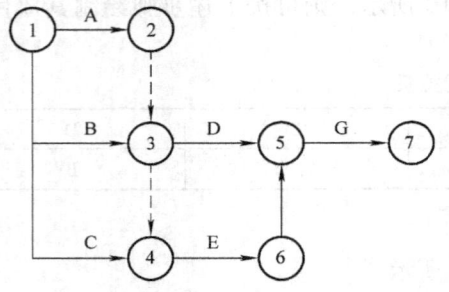

图 5-14　双代号网络图

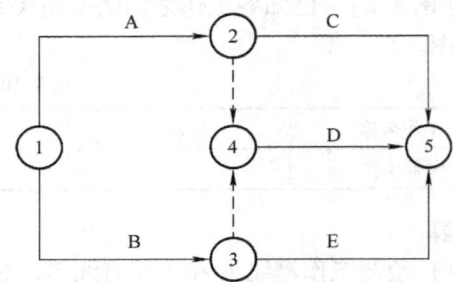

图 5-15　双代号网络图

【**例 5-6**】 已知某工程项目各项工作名称、逻辑关系等资料如表 5-14 所示，试绘制其双代号网络图。

表 5-14　工作逻辑关系

工作名称	A	B	C	D	E	G	H
紧前工作	—	—	—	—	A, B	B, C	C, D

解：根据给定的逻辑关系和绘图规则绘制的网络图如图 5-16 所示。

5.3.2.4　双代号网络图时间参数的概念及计算

1. 网络计划时间参数的概念

所谓网络计划时间参数，是指网络计划、工作及节点所具有的各种时间值。

（1）工作持续时间。工作持续时间是指一项工作从开始到完成的时间，常用 D_{i-j} 表示。

（2）工期。工期泛指完成一项任务所需要的时间。在网络计划中，工期一般有以下三种。

1）计算工期。计算工期是根据网络计划时间参数计算而得到的工期，用 T_c 表示。

2）要求工期。要求工期是指任务委托人所要求的工期（合同工期），用 T_r 表示。

3）计划工期。在要求工期和计算工期的基础上综合考虑需要和可能而确定的工期，就是计划工期，用 T_p 表示。

当已规定了要求工期时，计划工期不应超过要求工期，即 $T_p \leqslant T_r$。

当未规定要求工期时，可令计划工期等于计算工期，即 $T_p = T_c$。

如果投标工期和招标工期不一致，以投标工期为准。

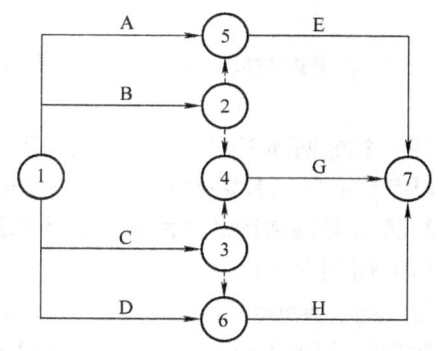

图 5-16　双代号网络图

（3）工作的六个基本时间参数。网络计划中工作的六个时间参数是：工作最早开始时间（ES_{i-j}）、工作最早完成时间（EF_{i-j}）、工作最迟完成时间（LF_{i-j}）、工作最迟开始时间（LS_{i-j}）、工作总时差（TF_{i-j}）和工作自由时差（FF_{i-j}）。

图 5-17 所示是一个双代号网络时间参数示例。

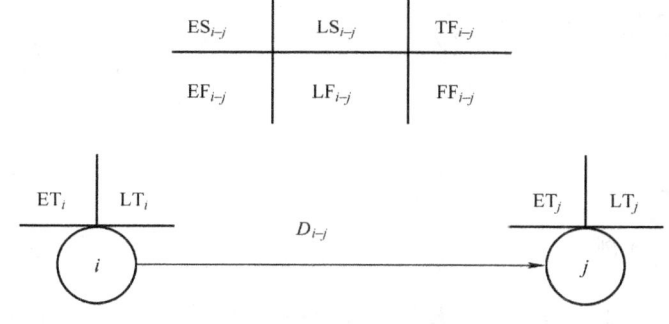

图 5-17　双代号网络时间参数示例

1）工作的最早开始时间（ES），是指在其所有紧前工作全部完成后，本工作有可能开始的最早时刻。

2）工作的最早完成时间（EF），是指在其所有紧前工作全部完成后，本工作有可能完成的最早时刻。

3）工作的最迟完成时间（LF），是指在不影响整个任务按期完成的前提下，本工作必须完成的最迟时刻。

4）工作的最迟开始时间（LS），是指在不影响整个任务按期完成的前提下，本工作必须开始的最迟时刻。

5）工作的总时差（TF），是指在不影响总工期的前提下，本工作所具有的最长的机动时间。

6）工作的自由时差（FF），是指在不影响其紧后工作按最早开始时间开始的前提下，本工作可以利用的机动时间。

（4）节点最早时间和最迟时间

1）节点最早时间（ET_i）。在双代号网络计划中，以该节点为始节点的工作的最早开始时间。

2）节点最迟时间（LT_j）。在双代号网络计划中，以该节点为末节点的工作的最迟完成时间。

（5）相邻两项工作之间的时间间隔（LAG）。相邻两项工作之间的时间间隔是指本工作的最早完成时间与其紧后工作最早开始时间之间的差值。

2. 双代号网络计划时间参数的计算及计算方法

（1）时间参数计算

1）$ES_{j-k} = \max(ES_{i-j} + D_{i-j}) = \max(EF_{i-j})$。某项活动的最早开始时间必须同于或晚于直接指向这项活动的所有其他活动的最早结束时间中的最晚时间。示例如图 5-18 所示。

2）$LF_{i-j} = \min(LF_{j-k} - D_{j-k}) = \min(LS_{j-k})$。某项活动的最迟结束时间必须同于或早于该活动直接指向的所有其他活动的最迟开始时间的最早时间。示例如图 5-19 所示。

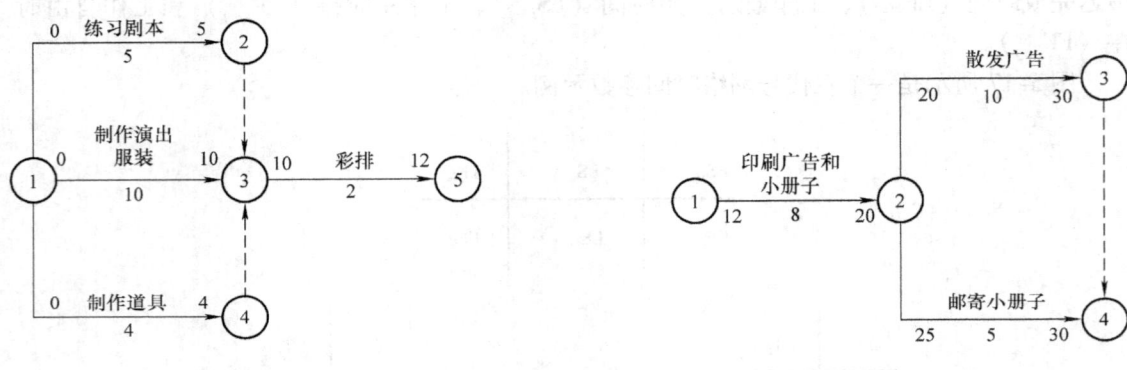

图 5-18　示例　　　　　　　　　图 5-19　示例

3）$TF_{i-j} = LS_{i-j} - ES_{i-j} = LF_{i-j} - EF_{i-j}$。总时差计算示意如图 5-20 所示。

4）LAG（时间间隔）$= ES_{j-k} - EF_{i-j}$。

5）$FF_{i-j} = \min(ES_{j-k} - EF_{i-j}) = \min(LAG)$。自由时差计算示意如图 5-21 所示。

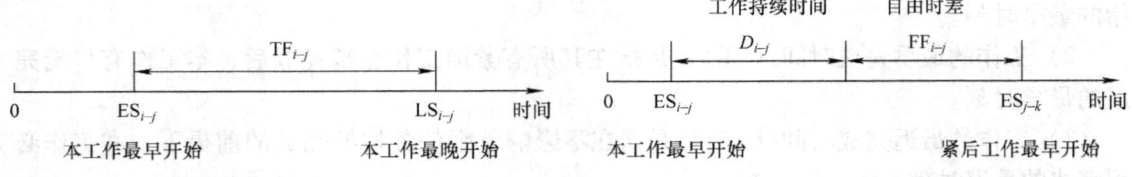

图 5-20　总时差计算示意　　　　　图 5-21　自由时差计算示意

（2）计算方法。双代号网络计划时间参数的计算方法有按工作计算法和按节点计算法两种。

1）按工作计算法。按工作计算法就是以网络计划中的工作为对象，直接计算各项工作的时间参数。下面以图 5-22 所示的双代号网络计划为例，说明按工作计算法计算时间参数的过程。

① 计算工作的最早开始时间 ES_{i-j} 和最早完成时间

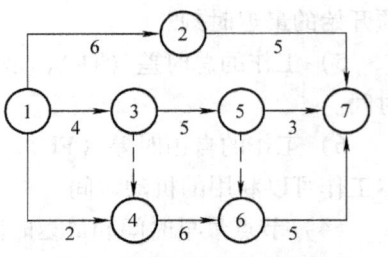

图 5-22　双代号网络计划

EF_{i-j}。工作最早开始时间和最早完成时间的计算应从网络计划的开始节点顺着箭线方向依次进行。

a. 工作最早开始时间。以网络计划开始节点为始节点的工作，一般规定其最早开始时间为零，其他工作的最早开始时间等于其紧前工作最早完成时间的最大值，即

$$ES_{1-2} = ES_{1-3} = ES_{1-4} = 0，通式为 ES_{i-j} = 0 \ (i=1)$$

$$ES_{i-j} = \max\{EF_{h-i}\} = \max\{ES_{h-i} + D_{h-i}\}$$

式中，EF_{h-i} 为工作 $i-j$ 的紧前工作 $h-i$（非虚工作）的最早完成时间；ES_{h-i} 为工作 $i-j$ 的紧前工作 $h-i$（非虚工作）的最早开始时间；D_{h-i} 为工作 $i-j$ 的紧前工作 $h-i$（非虚工作）的持续时间。

例如在本例中，$ES_{4-6} = \max\{EF_{1-3}, EF_{1-4}\} = \max\{4, 2\} = 4$。

b. 工作的最早完成时间。该时间等于本工作的最早开始时间加上作业持续时间，即

$$EF_{i-j} = ES_{i-j} + D_{i-j}$$

例如在本例中，$EF_{1-3} = ES_{1-3} + D_{1-3} = 0 + 4 = 4$。

② 计算工期 T_c 的确定。即

$$T_c = \max\{EF_{i-n}\}$$

式中，EF_{i-n} 为以网络计划终点节点 n 为完成节点的工作的最早完成时间。

在本例中，$T_c = \max\{EF_{2-7}, EF_{5-7}, EF_{6-7}\} = \max\{11, 12, 15\} = 15$。

③ 计算工作的最迟完成时间 LF_{i-j} 和最迟开始时间 LS_{i-j}。工作最迟完成和最迟开始时间应从网络计划终点节点逆着箭线方向依次进行。

a. 工作最迟完成时间。当规定有计划工期时，以网络图终点节点为末节点的工作，最迟完成时间 LF_{i-n} 等于网络计划的计划工期；当未规定计划工期时，一般假定 $T_p = T_c$。其他工作的最迟完成时间 LF_{i-j} 应等于其紧后工作最迟开始时间的最小值，即

$$LF_{i-n} = T_p = T_c$$

$$LF_{i-j} = \min\{LS_{j-k}\} = \min\{LF_{j-k} - D_{j-k}\}$$

式中，LF_{i-n} 为以网络计划终点节点 n 为完成节点的工作的最迟完成时间；LF_{j-k} 为工作 $i-j$ 的各项紧后工作 $j-k$ 的最迟完成时间；D_{j-k} 为工作 $i-j$ 的持续时间。

在本例中，$LF_{3-5} = \min\{LS_{5-7}, LS_{6-7}\} = \min\{12, 10\} = 10$。

b. 工作最迟开始时间。该时间等于本工作的最迟完成时间减去本工作的作业持续时间，即

$$LS_{i-j} = LF_{i-j} - D_{i-j}$$

例如在本例中，$LS_{5-7} = LF_{5-7} - D_{5-7} = 15 - 3 = 12$。

④ 计算工作的总时差。工作的总时差等于该工作最迟完成时间与最早完成时间之差，或该工作最迟开始时间与最早开始时间之差，即

$$TF_{i-j} = LF_{i-j} - EF_{i-j} = LS_{i-j} - ES_{i-j}$$

例如在本例中，$TF_{3-5} = LF_{3-5} - EF_{3-5} = 10 - 9 = 1$ 或 $TF_{3-5} = LS_{3-5} - ES_{3-5} = 5 - 4 = 1$。

⑤ 计算工作的自由时差。工作自由时差的计算应按以下两种情况分别考虑。

a. 对于有紧后工作的工作，为

$$FF_{i-j} = \min\{ES_{j-k} - EF_{i-j}\}$$

式中，ES_{j-k} 为工作 $i-j$ 的紧后工作 $j-k$（非虚工作）的最早开始时间。

在本例中，$FF_{3-5} = \min \{ES_{5-7} - EF_{3-5}, ES_{6-7} - EF_{3-5}\} = \min \{9-9, 10-9\} = 0$。

b. 对于无紧后工作的工作，也就是以网络计划终点节点为完成节点的工作，其自由时差等于计划工期与本工作最早完成时间之差，即

$$FF_{i-n} = T_p - EF_{i-n}$$

当 $T_p = T_c$ 时，$FF_{i-n} = TF_{i-n}$。

例如在本例中，$FF_{2-7} = TF_{2-7} = 4$。

⑥ 确定关键工作和关键路线

a. 在网络计划中，没有机动时间或总时差等于零的工作称为关键工作。例如在本例中，工作1—3、工作4—6和工作6—7的总时差均为零，故它们都是关键工作。

b. 从工程项目的开始到结束有很多路径，其中最长的路径（花费时间最多）的活动路径决定了工程项目的完成时间，称为关键路线。关键路线一般用粗箭线或双箭线表示。关键路线上各项工作的持续时间总和应等于网络计划的计算工期，这一特点也是判别关键路线是否正确的准则。例如在本例中，线路①—③—④—⑥—⑦即为关键路线。

本例时间参数计算结果如图5-23所示。

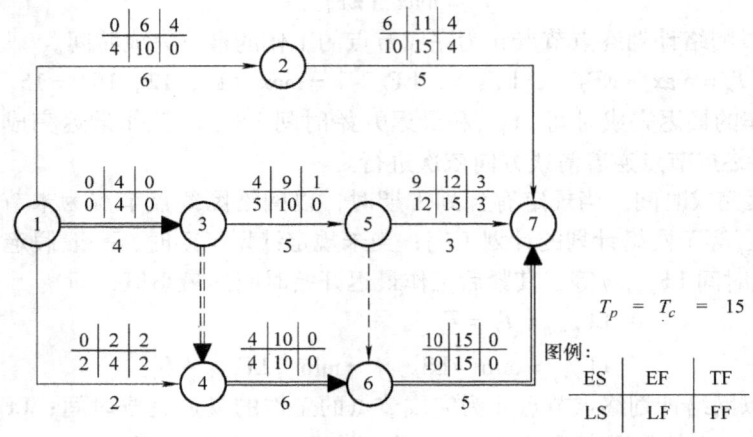

图5-23 双代号网络计划（六时标注法）

【例5-7】 已知某工程各项工作名称、逻辑关系、作业时间等资料如表5-15所示，试绘制其双代号网络图并计算其时间参数。

表5-15 工作逻辑关系

工作名称	A	B	C	D	E	G	H	I
紧前工作	—	—	A	A, B	B	C, D	D, E	G, H
作业时间	2	4	10	4	6	3	4	2

解：根据给定的逻辑关系和绘图规则绘制的网络图如图5-24所示。

2）按节点计算法。所谓按节点计算法，就是先计算网络计划中各个节点的最早时间和最迟时间，然后再据此计算各项工作的时间参数和网络计划的计算工期。

节点最早时间是指节点后工作最早开工时间，或节点前工作最早完工时间的最大值。节点最迟时间是指节点前工作最迟完工时间，或节点后工作最迟开工时间的最小值。

下面仍以图 5-22 为例，说明按节点计算法计算时间参数的过程。

① 计算节点的最早时间。节点最早时间的计算应从网络计划起点节点开始顺着箭线方向依次进行。当未规定其最早开始时间时，网络计划起点节点的最早时间为零，其他节点的最早时间等于其紧前节点最早完成时间的最大值，即

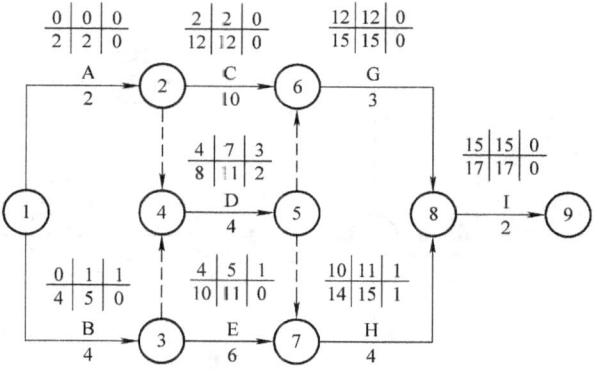

图 5-24 双代号网络图

$$ET_1 = 0$$
$$ET_j = \max \{ET_i + D_{i-j}\}$$

式中，ET_j 为工作 $i-j$ 的完成节点 j 的最早时间；ET_i 为工作 $i-j$ 的开始节点 i 的最早时间。

例如在本例中，节点④的最早时间为 $ET_4 = \max \{ET_1 + D_{1-4}, ET_3 + D_{3-4}\} = \max \{0+2, 4+0\} = 4$。

② 确定网络计划的计算工期。计算工期等于网络计划终点节点的最早时间，即 $T_c = ET_n$。

③ 计算节点的最迟时间。节点最迟时间的计算应从网络计划的终点节点开始逆着箭线方向依次进行。当规定有计划工期时，网络计划终点节点的最迟时间等于网络计划的计划工期；当未规定计划工期时，一般假定 $T_p = T_c$，即 $LT_n = T_p = T_c$。

式中，LT_n 为网络计划终点节点 n 的最迟时间。

其他节点的最迟时间应按下面公式进行计算
$$LT_i = \min \{LT_j - D_{i-j}\}$$

式中，LT_i 为工作 $i-j$ 的开始节点 i 的最迟时间；LT_j 为工作 $i-j$ 的完成节点 j 的最迟时间。

例如在本例中，节点⑤的最迟时间为
$$LT_5 = \min \{LT_6 - D_{5-6}, LT_7 - D_{5-7}\} = \min \{10-0, 15-3\} = 10$$

④ 根据节点的最早时间和最迟时间判定工作的六个时间参数。

a. 工作的最早开始时间等于该工作开始节点的最早时间，即 $ES_{i-j} = ET_i$。

b. 工作的最早完成时间等于该工作开始节点的最早时间与其持续时间之和，即
$$EF_{i-j} = ET_i + D_{i-j}$$

c. 工作的最迟完成时间等于该工作完成节点的最迟时间，即 $LF_{i-j} = LT_j$。

d. 工作的最迟开始时间等于该工作完成节点的最迟时间与其持续时间之差，即
$$LS_{i-j} = LT_j - D_{i-j}$$

e. 工作的总时差：$TF_{i-j} = LF_{i-j} - EF_{i-j} = LS_{i-j} - ES_{i-j}$。

f. 工作的自由时差：$FF_{i-j} = \min \{ES_{j-k} - EF_{i-j}\}$。

本例中节点时间计算结果如图 5-25 所示，工作时间参数计算结果同图 5-23。

5.3.3 单代号网络计划

5.3.3.1 单代号网络图的概念及特点

用节点或节点的编号表示工作的网络图，称为单代号网络图，如图 5-26 所示。

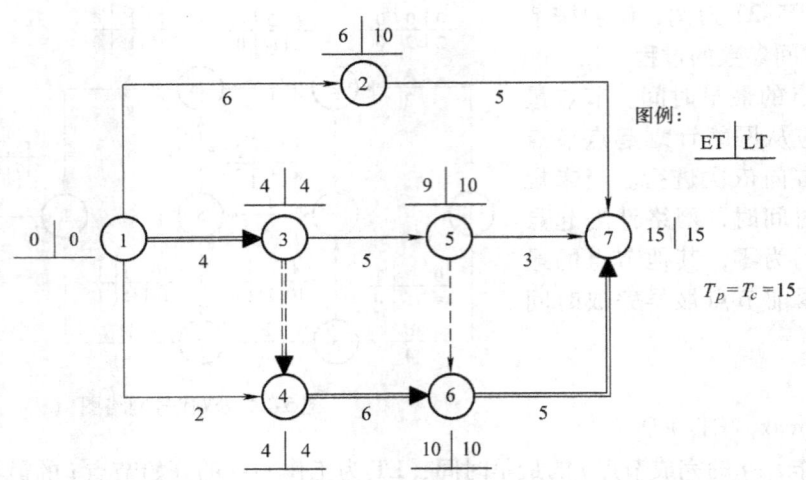

图 5-25 双代号网络计划按节点计算法

与双代号网络图相比，单代号网络图的特点如下。

（1）单代号网络图是以节点及其编号表示工作的，以箭线表示工作之间的逻辑关系。

（2）单代号网络图中箭线无虚实之分。

（3）由于工作的持续时间表示在节点之中，没有长度，故不够形象，也不便于绘制时标网络计划，更不能直接根据单代号网络进行工期资源优化。

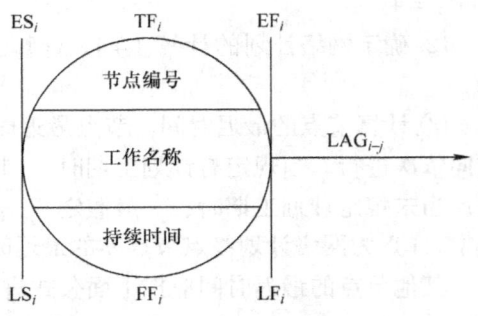

图 5-26 单代号网络计划示例

（4）表示工作之间逻辑关系的箭线可能产生较多的纵横交叉现象，这时可通过增加虚节点解决。

5.3.3.2 单代号网络图的绘图规则与绘制方法

1. 单代号网络图的绘图规则

单代号网络图的绘图规则与双代号网络图的绘图规则基本相同。与双代号网络图不同的是，在单代号网络图中，当有两个以上的开始工作或结束工作时，为清楚表示它们同时开始或同时结束，需增加一个虚拟的开始或结束节点。

2. 单代号网络图的绘制方法

单代号网络图的绘制步骤与双代号网络图的绘制步骤基本相同。

5.3.3.3 单代号网络图绘图示例

【例 5-8】 已知某工程各项工作名称、逻辑关系等资料如表 5-16 所示，试绘制其单代号网络图。

表 5-16 工作逻辑关系

工作名称	A	B	C	D	E	G
紧前工作	—	—	—	A	A，B	B，C

解：根据给定的逻辑关系和绘图规则绘制的网络图如图 5-27 所示。

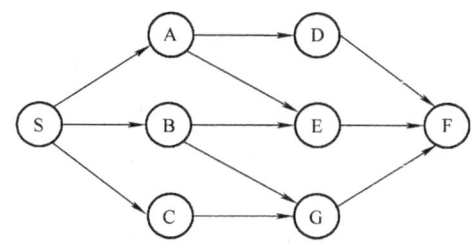

图 5-27 单代号网络图

【例 5-9】 已知各工作之间的逻辑关系如表 5-17 所示,绘制单代号网络图。

表 5-17 工作逻辑关系

工作名称	A	B	C	D	E	G	H	I
紧前工作	—	—	—	B	B,C	A	D	D,E
持续时间	6	4	2	5	6	5	3	5

解:根据给定的逻辑关系和绘图规则与方法,绘制的网络图如图 5-28 所示。

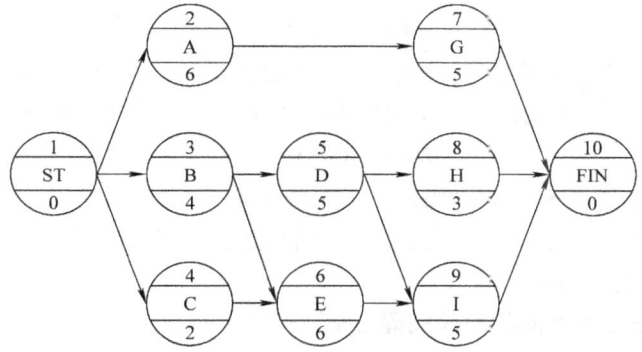

图 5-28 单代号网络图的绘制

5.3.3.4 单代号网络计划时间参数的计算

单代号网络计划与双代号网络计划只是表现形式不同,它们所表达的内容及逻辑关系完全一样。因此,两者时间参数计算方法是相同的,下面以图 5-28 所示单代号网络计划为例,说明其时间参数的计算过程。计算结果如图 5-29 所示。

1. 计算工作的最早开始时间和最早完成时间

工作最早开始时间和最早完成时间的计算应从网络计划的起点节点开始,顺着箭线方向按节点编号从小到大的顺序依次进行。其计算步骤如下。

(1) 工作的最早开始时间 ES。网络计划起点节点所代表的工作,其最早开始时间未规定时取值为零。其他工作的最早开始时间应等于其紧前工作最早完成时间的最大值,即

$$ES_1 = 0$$
$$ES_j = \max \{EF_i\}$$

式中,ES_j 为工作 j 的最早开始时间;EF_i 为工作 j 的紧前工作 i 的最早完成时间。

(2) 工作的最早完成时间 EF。工作的最早完成时间应等于本工作的最早开始时间与其持续时间之和,即

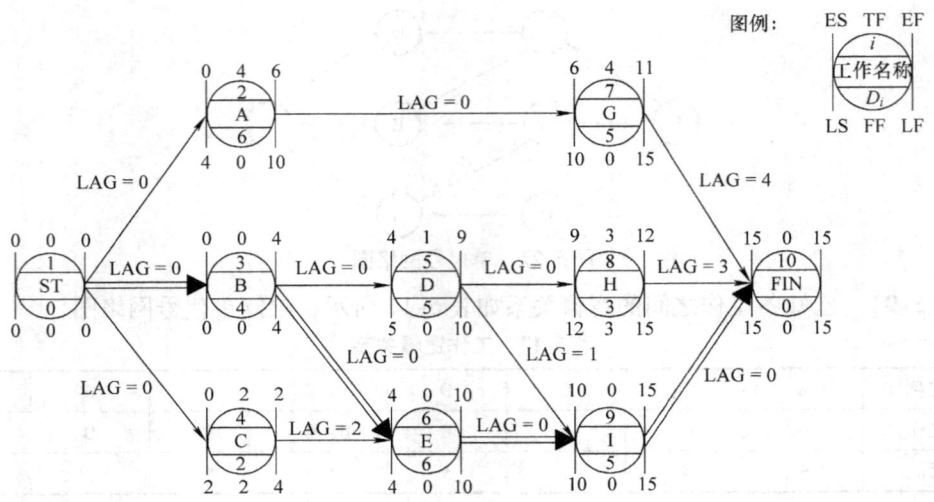

图 5-29 单代号网络计划时间参数的计算

$$EF_i = ES_i + D_i$$

式中，EF_i 为工作 i 的最早完成时间；ES_i 为工作 i 的最早开始时间；D_i 为工作 i 的持续时间。

例如在本例中，工作 A 的最早完成时间和工作 E 的最早开始时间分别为

$$EF_2 = ES_2 + D_2 = 0 + 6 = 6$$
$$ES_6 = \max\{EF_3, EF_4\} = \max\{4, 2\} = 4$$

（3）网络计划的计算工期等于其终点节点所代表的工作的最早完成时间。例如在本例中，其计算工期为：$T_c = EF_{10} = 15$。

2. 计算相邻两项工作之间的时间间隔 LAG

相邻两项工作之间的时间间隔是指其紧后工作的最早开始时间与本工作最早完成时间的差值，即 $LAG_{i-j} = ES_j - EF_i$。

例如在本例中，工作 C 与工作 E 的时间间隔为 $LAG_{4,6} = ES_6 - EF_4 = 4 - 2 = 2$。

3. 计算工作的总时差

工作总时差的计算有两种方法：一种是与双代号网络图的计算方法相同；另一种是用相邻两项工作之间的时间间隔计算。网络计划终点节点 n 所代表的工作的总时差应等于计划工期与计算工期之差，其他工作的总时差应等于本工作与其各紧后工作之间的时间间隔加该紧后工作的总时差所得之和的最小值，即

$$TF_n = T_p - T_c$$
$$TF_i = \min\{LAG_{i,j} + TF_j\}$$

例如在本例中，工作 H 和工作 D 的总时差分别为

$$TF_8 = LAG_{8,10} + TF_{10} = 3 + 0 = 3$$
$$TF_5 = \min\{LAG_{5,8} + TF_8, LAG_{5,9} + TF_9\} = \min\{0 + 3, 1 + 0\} = 1$$

4. 计算工作的自由时差

工作自由时差的计算也有两种方法：一种是与双代号网络图的计算方法相同；另一种是用相邻两项工作之间的时间间隔计算。网络计划终点节点 n 所代表工作的自由时差等于计划

工期与本工作的最早完成时间之差，无计划工期时等于计算工期与本工作的最早完成时间之差；其他工作的自由时差等于本工作与其紧后工作之间时间间隔的最小值，即

$$FF_n = T_p - EF_n \text{ 或 } FF_n = T_c - EF_n$$

$$FF_i = \min\{LAG_{i,j}\}$$

例如在本例中，工作 D 和工作 G 的自由时差分别为

$$FF_5 = \min\{LAG_{5,8}, LAG_{5,9}\} = \min\{0, 1\} = 0$$

$$FF_7 = LAG_{7,10} = 4$$

5. 计算工作的最迟完成时间和最迟开始时间

工作最迟完成时间和最迟开始时间的计算可按以下两种方法进行。

（1）根据总时差计算。工作的最迟完成时间等于本工作的最早完成时间与其总时差之和；工作的最迟开始时间等于本工作的最早开始时间与其总时差之和，即

$$LF_i = EF_i + TF_i$$

$$LS_i = ES_i + TF_i$$

例如在本例中，工作 G 的最迟完成时间和最迟开始时间分别为

$$LF_7 = EF_7 + TF_7 = 11 + 4 = 15$$

$$LS_7 = ES_7 + TF_7 = 6 + 4 = 10$$

（2）根据计划工期计算。根据计划工期确定工作最迟完成时间和最迟开始时间时，应从网络计划的终点节点开始，逆着箭线方向按节点编号从大到小的顺序依次进行。

1）网络计划终点节点所代表的工作 n 的最迟完成时间等于计划工期，无计划工期时等于计算工期，即 $LF_n = T_p$ 或 $LF_n = T_c$。

2）工作的最迟开始时间等于本工作的最迟完成时间与其持续时间之差，即 $LS_i = LF_i - D_i$。

3）其他工作的最迟完成时间等于该工作各紧后工作最迟开始时间的最小值，即

$$LF_i = \min\{LS_j\}$$

式中，LF_i 为工作 i 的最迟完成时间；LS_j 为工作 i 的紧后工作 j 的最迟开始时间。

例如在本例中，虚拟工作 FIN 和工作 G 的最迟开始时间分别为

$$LS_{10} = LF_{10} - D_{10} = 15 - 0 = 15$$

$$LS_7 = LF_7 - D_7 = 15 - 5 = 10$$

工作 H 和工作 D 的最迟完成时间分别为

$$LF_8 = LS_{10} = 15$$

$$LF_5 = \min\{LS_8, LS_9\} = \min\{12, 10\} = 10$$

6. 确定网络计划的关键线路

如前所述，总时差最小的工作为关键工作。将这些关键工作相连，并保证相邻两项关键工作之间的时间间隔为零而构成的线路就是关键线路。

例如在图 5-29 中，由于工作 B、工作 E 和工作 I 的总时差均为零，故它们为关键工作。由网络计划的起点节点①和终点节点⑩与上述三项关键工作组成的线路上，相邻两项工作之间的时间间隔全部为零，故线路①—③—⑥—⑨—⑩为关键线路。

【例 5-10】 已知某工程各项工作名称、逻辑关系、工作时间等资料如表 5-18 所示，试绘制其单代号网络图并计算其时间参数。

表 5-18　工作逻辑关系

工作名称	A	B	C	D	E	G	H	I
紧前工作	—	—	A	A,B	B	C,D	D,E	G,H
作业时间	2	4	10	4	6	3	4	2

解：根据给定的逻辑关系和绘图规则与方法，绘制的网络图如图 5-30 所示。

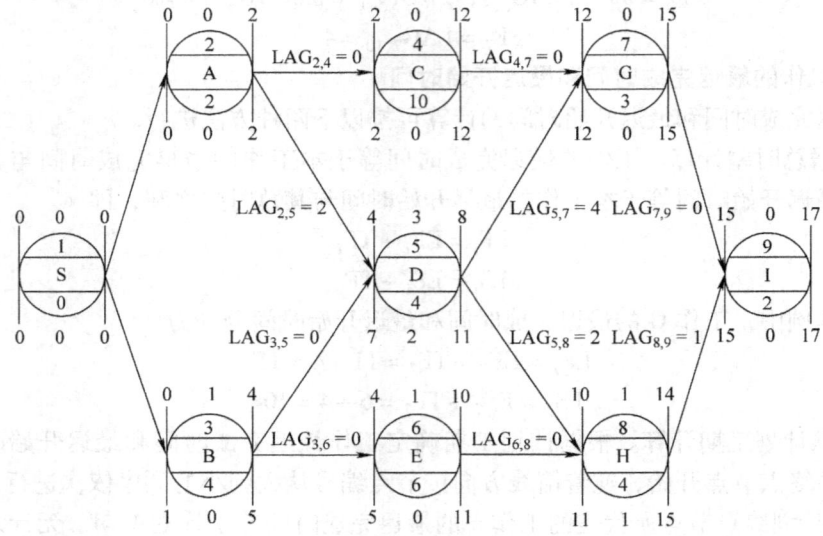

图 5-30　单代号网络图

5.3.4　双代号时标网络计划

5.3.4.1　双代号时标网络计划的概念及特点

时间坐标网络计划，简称为时标网络计划，是以时间坐标为尺度编制的网络计划。将表示工作的箭线的水平投影长度按该工作持续时间大小成比例绘制而成的双代号网络计划称双代号时标网络计划，简称时标网络计划。在时标网络计划中，必须以水平时间坐标为尺度表示工作的持续时间大小，并以实箭线表示工作，以虚箭线表示虚工作，以波形线表示工作与其紧后工作之间的时间间隔。双代号时标网络计划图如图 5-31 所示。

时标网络计划的主要特点如下。

（1）兼有网络计划与甘特图两者的优点，能够清楚地表明计划的时间进程。
（2）能在图上直接显示各项工作的开始与完成时间、自由时差与关键线路。
（3）可以利用时标网络分析、监控进度偏差。
（4）可以利用时标网络编制资源计划，进行资源优化和调整。

5.3.4.2　时标网络计划的分类

根据工作开始和完成时间不同，分为早时标网络计划和迟时标网络计划。

（1）早时标网络计划，即各项工作均按最早开始和最早完成绘制的时标网络计划。
（2）迟时标网络计划，即各项工作均按最迟开始和最迟完成绘制的时标网络计划。

5.3.4.3　时标网络计划的绘制方法

时标网络计划的绘制方法有间接绘制法和直接绘制法两种，以早时标网络计划的绘制为

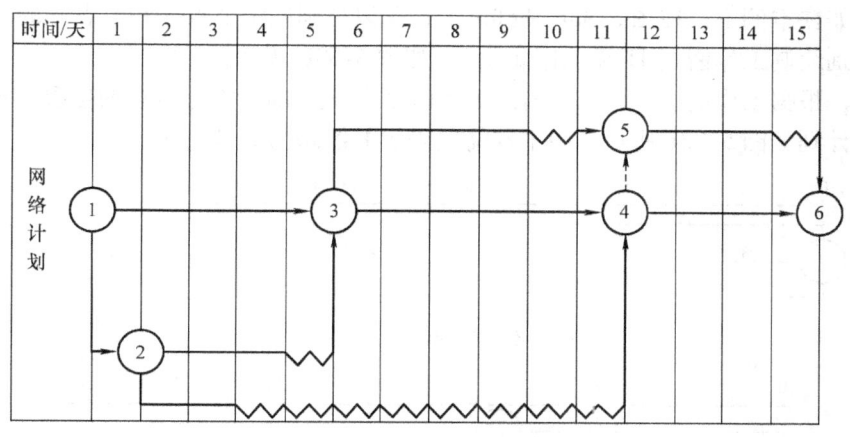

图 5-31 双代号时标网络计划图

例介绍如下。

1. 间接绘制法

间接绘制法是指先根据无时标的网络计划计算其时间参数并确定关键线路，然后在时标网络计划表中进行绘制。在绘制时应先将所有节点按其最早时间定位在时标网络计划表中的相应位置，然后再用规定线型按比例绘出实工作和虚工作。当某些工作箭线的长度不足以到达该工作的完成节点时，须用波形线补足，箭头应画在与该工作完成节点的连接处。由于此法在技术上无难度，不再举例说明。

2. 直接绘制法

直接绘制法是指不计算时间参数而直接按无时标的网络计划草图绘制时标网络计划。现以图5-32所示网络计划为例，说明时标网络计划的绘制过程。

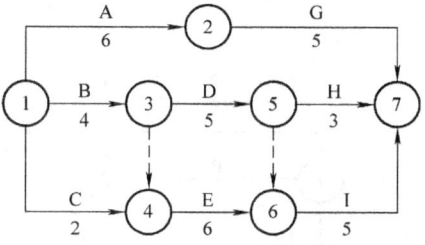

图 5-32 双代号网络计划

第一步，将网络计划的起点节点定位在时标网络计划表的起始刻度线上，如图5-33a所示，节点①就定位在时标网络计划表的起始刻度线"0"位置上。

第二步，按工作的持续时间绘制以网络计划起点节点为开始节点的工作箭线，如图5-33a所示，分别绘出工作箭线A、B和C。

第三步，除网络计划的起点节点外，其他节点必须在所有以该节点为完成节点的工作箭线均绘出后，定位在这些工作箭线中最迟的箭线末端。当某些工作箭线的长度不足以到达该节点时，须用波形线补足，箭头画在与该节点的连接处。例如在本例中，节点②直接定位在工作箭线A的末端；节点③直接定位在工作箭线B的末端；节点④的位置需要在绘出虚箭线3-4之后，定位在工作箭线C和虚箭线3-4中最迟的箭线末端，即坐标"4"的位置上。此时，工作箭线C的长度不足以到达节点④，因而用波形线补足，如图5-33b所示。

第四步，当某个节点的位置确定之后，即可绘制以该节点为开始节点的工作箭线。例如在本例中，在图5-33b基础之上，可以分别以节点②、节点③和节点④为开始节点绘制工作箭线G、工作箭线D和工作箭线E，如图5-33c所示。

第五步，利用上述方法从左至右依次确定其他各个节点的位置，直至绘出网络计划的终点节点。例如在本例中,在图 5-33c 基础之上,可以分别确定节点⑤和节点⑥的位置,并在它们之后分别绘制工作箭线 H 和工作箭线 I,如图 5-33d 所示。

第六步,根据工作箭线 G、工作箭线 H 和工作箭线 I 确定终点节点的位置。本例所对应的时标网络计划如图 5-33e 所示,图中双箭线表示的线路为关键线路。

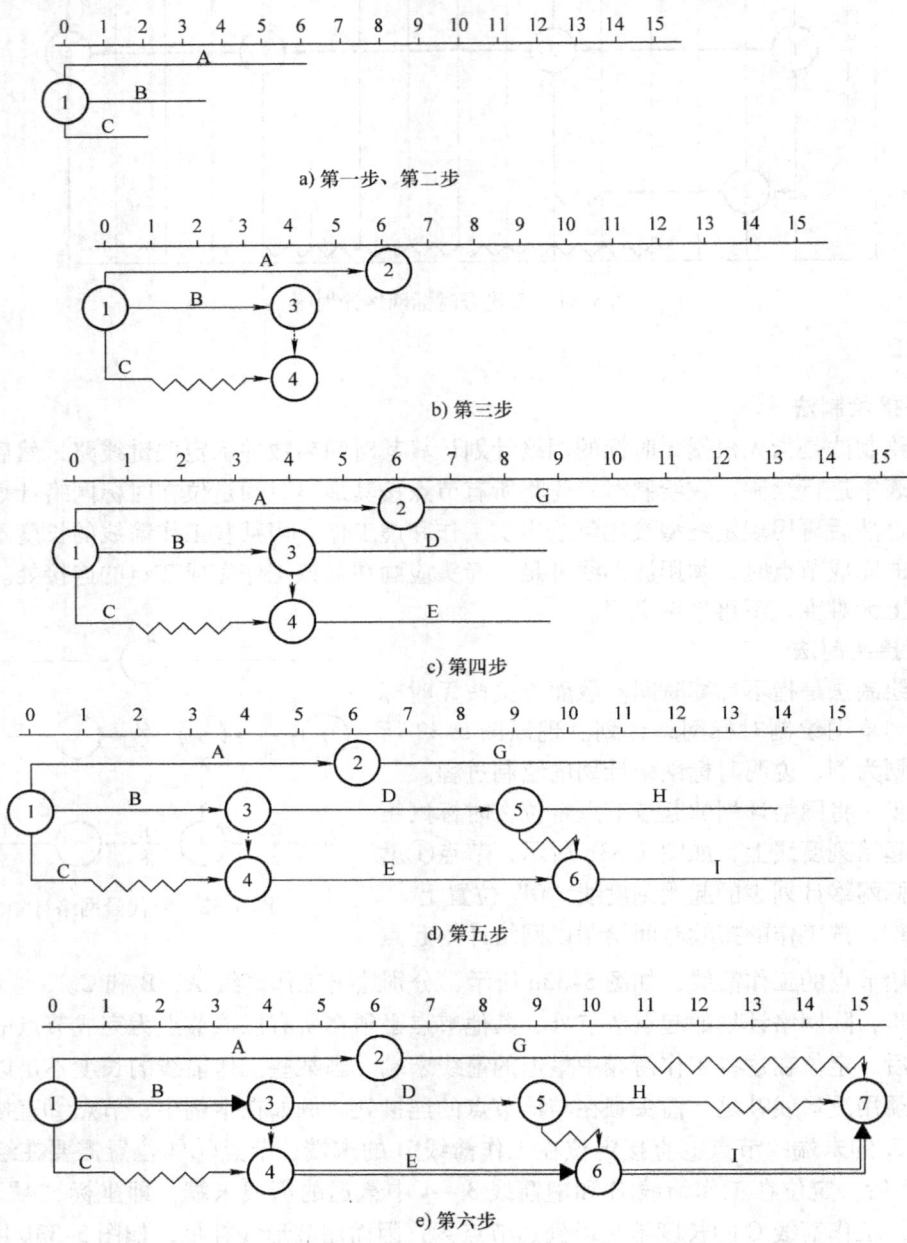

图 5-33 直接绘制法的绘制过程

【例 5-11】 某工程项目非时标网络图已绘制,如图 5-34 所示,采用直接绘制法绘制时标网络图。

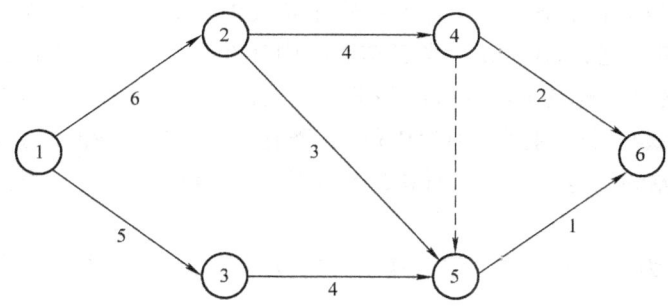

图 5-34 某项目非时标网络图

解：根据绘图规则和方法，采用直接绘制法绘制的时标网络图如图 5-35 所示。

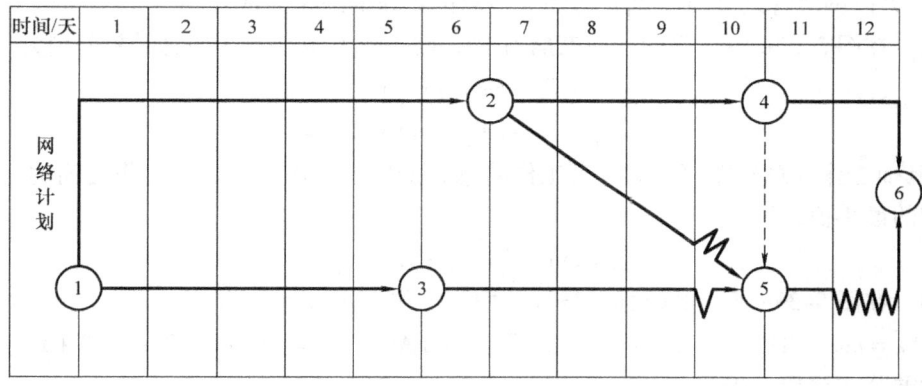

图 5-35 某项目时标网络图

5.3.4.4 时标网络计划中时间参数的判定

1. 关键线路和计算工期的判定

（1）关键线路的判定。时标网络计划中的关键线路可以从网络图的终点节点开始，逆着箭线方向进行判定。凡自始至终不出现波形线的线路即为关键线路。因为不出现波形线，就说明在这条线路上相邻两项工作之间的时间间隔全部为零，也就是在计算工期等于计划工期的前提下，这些工作的总时差和自由时差全部为零。例如在图 5-33e 所示的时标网络计划中，线路①—③—④—⑥—⑦即为关键线路。

（2）计算工期的判定。网络计划的计算工期应等于终点节点所对应的时标值与起点节点所对应的时标值之差。例如，图 5-33e 所示时标网络计划的计算工期为：$T_c = 15 - 0 = 15$。

2. 相邻两项工作之间时间间隔的判定

除以终点节点为完成节点的工作外，工作箭线中还可以波形线的水平投影长度表示本工作与其紧后工作之间的时间间隔。例如，图 5-33e 中，工作 C 和工作 E 之间的时间间隔为 2；工作 D 和工作 I 之间的时间间隔为 1；其他工作之间的时间间隔均为零。

3. 工作六个时间参数的判定

（1）工作最早开始时间和最早完成时间的判定。工作箭线左端节点中心所对应的时标值为该工作的最早开始时间 ES。当工作箭线中不存在波形线时，其右端节点中心所对应的时标值为该工作的最早完成时间 EF；当工作箭线中存在波形线时，工作箭线实线部分右端点所对应的时标值为该工作的最早完成时间 EF。例如，在图 5-33e 所示的时标网络计划中，工作 A 和工作 H 的最早开始时间分别为 0 和 9，而它们的最早完成时间分别为 6 和 12。

（2）工作总时差的判定。工作总时差的判定应从网络计划的终点节点开始，逆着箭线方向依次进行。

1）以终点节点为完成节点的工作，其总时差应等于计划工期与本工作最早完成时间之差，即

$$TF_{i-n} = T_p - EF_{i-n}$$

式中，TF_{i-n} 为以网络计划终点节点 n 为完成节点的工作的总时差；T_p 为网络计划的计划工期；EF_{i-n} 为以网络计划终点节点 n 为完成节点的工作的最早完成时间。

例如，在图 5-33e 中，假设计划工期为 15，则工作 G 和工作 I 的总时差分别为

$$TF_{2-7} = T_p - EF_{2-7} = 15 - 11 = 4$$
$$TF_{6-7} = T_p - EF_{6-7} = 15 - 15 = 0$$

2）其他工作的总时差等于其紧后工作的总时差加本工作与该紧后工作之间的时间间隔所得之和的最小值，即

$$TF_{i-j} = \min \{TF_{j-k} + LAG_{i-j,j-k}\}$$

例如，在图 5-33e 所示的时标网络计划中，工作 D 的总时差为

$$TF_{3-5} = \min \{TF_{5-7} + LAG_{3-5,5-7}, TF_{6-7} + LAG_{3-5,6-7}\} = \min \{3+0, 0+1\} = 1$$

总时差公式推导过程为

$$TF_{i-j} = LF_{i-j} - EF_{i-j} = \min \{TF_{j-k} + ES_{j-k}\} - EF_{i-j}$$
$$= \min \{TF_{j-k} + ES_{j-k} - EF_{i-j}\}$$
$$= \min \{TF_{j-k} + LAG_{i-j,j-k}\}。$$

（3）工作自由时差（*FF*）的判定

1）以终点节点为完成节点的工作，其自由时差等于计划工期与本工作最早完成时间之差，即

$$FF_{i-n} = T_p - EF_{i-n}$$

2）其他工作的自由时差就是该工作箭线中波形线的水平投影长度。但当工作之后只紧接虚工作时，则该工作箭线上一定不存在波形线，而其紧接的虚箭线中波形线水平投影长度的最短者为该工作的自由时差。

例如，在图 5-33e 所示的时标网络计划中，工作 A、工作 B、工作 D 和工作 E 的自由时差均为零，而工作 C 的自由时差为 2。

（4）工作最迟开始时间和最迟完成时间的判定

1）工作的最迟开始时间等于本工作的最早开始时间与其总时差之和，即

$$LS_{i-j} = ES_{i-j} + TF_{i-j}$$

例如，在图 5-33e 中，$LS_{1-2} = ES_{1-2} + TF_{1-2} = 0 + 4 = 4$。

2）工作的最迟完成时间等于本工作的最早完成时间与其总时差之和，即

$$LF_{i-j} = EF_{i-j} + TF_{i-j}$$

例如，在图 5-33e 中，$LF_{1-2} = EF_{1-2} + TF_{1-2} = 6 + 4 = 10$。

根据图 5-33e 所示时标网络计划确定的时间参数应与图 5-23 所示的网络计划时间参数的计算结果完全一致。

4. 计算实例

计算图 5-36 所示时标网络图的各个时间参数。

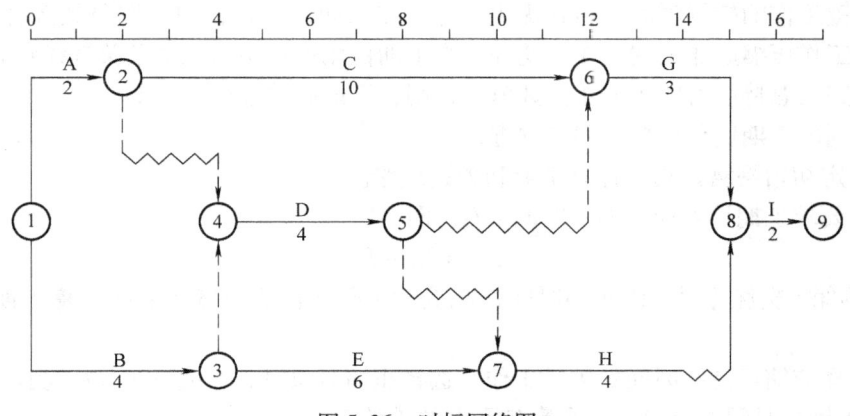

图 5-36 时标网络图

例题解析：

最早开始时间、最早完成时间及时间间隔可直接从网络图中读出。由于 $T_p = T_c$，关键工作的总时差和自由时差均为 0，且 $ES_{i-j} = LS_{i-j}$，$EF_{i-j} = LF_{i-j}$。故本例只计算图 5-36 所示的网络计划中的非关键工作的自由时差、总时差、最迟开始时间和最迟完成时间，计算过程如下。

（1）自由时差

B：$FF_{1-3} = 0$；D：$FF_{4-5} = 2$；
E：$FF_{3-7} = 0$；H：$FF_{7-8} = 1$

（2）工作总时差

H：$TF_{7-8} = 1$；E：$TF_{3-7} = 1$；
D：$TF_{4-5} = 3$；B：$TF_{1-3} = 1$

（3）最迟开始时间

B：$LS_{1-3} = 1$；D：$LS_{4-5} = 7$；
E：$LS_{3-7} = 5$；H：$LS_{7-8} = 11$

（4）最迟完成时间

B：$LF_{1-3} = 5$；D：$LF_{4-5} = 11$；
E：$LF_{3-7} = 11$；H：$LF_{7-8} = 15$

5.3.5 网络计划的优化

网络计划的优化是指在一定约束条件下，按既定目标对网络计划进行不断改进，以寻求满意方案的过程。根据优化目标的不同，网络计划的优化可分为工期优化、费用优化和资源优化三种。
5.3.5.1 工期优化
所谓工期优化，是指网络计划的计算工期不满足要求工期时，通过压缩关键工作的持续时间以满足要求工期的过程。

1. 工期优化的方法

网络计划工期优化的基本方法是在不改变网络计划中各项工作之间逻辑关系的前提下，通过压缩关键工作的持续时间来达到优化目标。在工期优化过程中，按照经济合理的原则，不能将关键工作压缩成非关键工作。此外，当工期优化过程中出现多条关键线路时，必须将各条关键线路的总持续时间压缩相同数值；否则，不能有效地缩短工期。

网络计划的工期优化可按下列步骤进行。

（1）确定初始网络计划的计算工期和关键线路。

（2）按要求工期计算应缩短的时间 ΔT_i，即

$$\Delta T_i = T_{ci} - T_r$$

式中，ΔT_i 为第 i 次优化时应缩短的时间；T_{ci} 为第 i 次优化前网络计划的计算工期；T_r 为要求工期。

（3）选择应缩短持续时间的关键工作。选择压缩对象时宜在关键工作中考虑下列因素。

1）缩短持续时间对质量和安全影响不大的关键工作。

2）有充足备用资源的关键工作。

3）缩短持续时间所需增加的费用最少的关键工作。

（4）压缩选定的关键工作的持续时间，其缩短值的确定必须符合下列两条原则。

1）缩短后工作的持续时间不能小于其最短持续时间。

2）不能将原关键工作的持续时间压缩后使其变成非关键工作。

用公式表示为

$$\Delta t = \min \ \{D_n - D_c, \ TF_{\min}^f, \ \Delta T_i\}$$

式中，Δt 为某关键工作可压缩的时间；D_n 为该工作正常作业时间；D_c 为该工作最短作业时间；$TF_{\min}^f$ 为所有非关键工作总时差的最小值。

（5）重新确定计算工期和关键线路。

（6）当计算工期仍超过要求工期时，则重复上述（2）~（5）步骤，直至计算工期满足要求工期或计算工期已不能再缩短为止。

（7）当所有关键工作的持续时间都已达到其能缩短的极限而寻求不到继续缩短工期的方案，但网络计划的计算工期仍不能满足要求工期时，应对网络计划的原技术方案、组织方案进行调整，或对要求工期重新进行审定。

2. 压缩关键工作持续时间的措施

为压缩工作持续时间，必须采取一定的措施。以建筑工程施工为例，这些措施主要有以下几个。

（1）组织措施。增加工作面，增加劳动力或机械数量，增加工作时间或班次，组织流水作业等。

（2）技术措施。改变施工工艺，采用更先进的施工方法或机械设备，缩短技术间歇时间。

（3）经济措施。实行包干奖励政策，对所采用的技术措施进行经济补偿，提高奖金数额等。

（4）其他配套措施。改善劳动条件，加强协调，加强合同管理和信息管理等。如果这些方法均不能奏效，则应改变要求工期或改变施工方案。

3. 工期优化示例

【例 5-12】 已知某工程双代号网络计划如图 5-37 所示，图中箭线下方括号外数字为工作的正常持续时间，括号内数字为最短持续时间；箭线上方括号内数字为优选系数，该系数综合考虑质量、安全和费用增加情况而确定。选择压缩对象时，应选择优选系数最小的关键工作。若需要同时压缩多个关键工作的持续时间时，则它们的优选系数之和最小者应优先作为压缩对象。现假设要求工期为 15 时间单位，试对其进行工期优化。

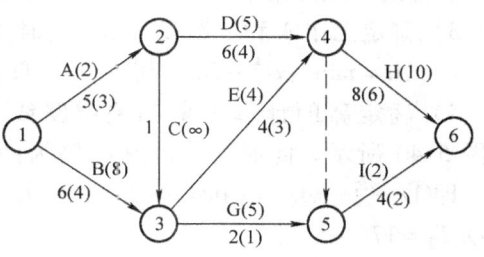

图 5-37 初始网络计划

解：该网络计划的工期优化可按以下步骤进行。

（1）根据各项工作的正常持续时间，用标号法确定网络计划的计算工期和关键线路，如图 5-38 所示。此时关键线路为①—②—④—⑥。$T_C = 19$。

（2）第一次优化

1）需要缩短的时间 $\Delta T_1 = 19 - 15 = 4$。

2）选择压缩对象，由于此时关键工作为工作 A、工作 D 和工作 H，而其中工作 A 的优选系数最小，故应将工作 A 作为优先压缩的对象。

3）确定工作 A 可压缩的时间，$\Delta t = \min \{D_n - D_c, TF_{\min}^f, \Delta T_1\} = \min \{5 - 3, 1, 4\} = 1$。

4）确定新的计算工期和关键线路，如图 5-39 所示。此时，网络计划出现两条关键线路，即①—②—④—⑥和①—③—④—⑥，工期 $T_1 = 18$。

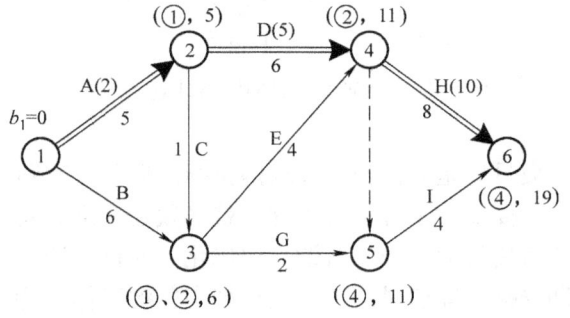

图 5-38 初始网络计划中的关键路线

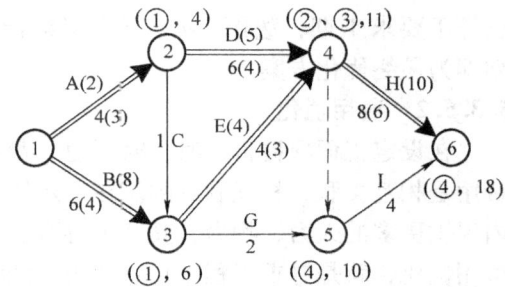

图 5-39 第一次优化后的网络计划

5）由于此时计算工期为 18，仍大于要求工期，故需继续压缩。

（3）第二次优化

1）需要缩短的时间 $\Delta T_2 = 18 - 15 = 3$。

2）选择压缩对象。在图 5-39 所示网络计划中，有以下五个压缩方案。

① 同时压缩工作 A 和工作 B，组合优选系数为 $2 + 8 = 10$。

② 同时压缩工作 A 和工作 E，组合优选系数为 2+4=6。
③ 同时压缩工作 B 和工作 D，组合优选系数为 8+5=13。
④ 同时压缩工作 D 和工作 E，组合优选系数为 5+4=9。
⑤ 单独压缩工作 H，优选系数为 10。
在上述压缩方案中，选择同时压缩工作 A 和工作 E 的方案，即选择方案②。

3）确定工作 A 和工作 E 可压缩的时间

$$\Delta t = \min \{D_n^A - D_C^A, D_n^E - D_C^E, TF_{\min}^f, \Delta T_2\} = \min \{4-3, 4-3, 1, 3\} = 1$$

4）确定新的计算工期和关键路线，如图 5-40 所示。此时，关键路线仍为两条，即①—②—④—⑥和①—③—④—⑥，工期 $T_2 = 17$。

5）由于此时计算工期为 17，仍大于要求工期，故需要继续压缩。

(4) 第三次优化

1）压缩时间：$\Delta T_3 = 17 - 15 = 2$。

2）选择压缩对象。此时，在图 5-40 中关键工作 A 和 E 的持续时间已达最短，不能再压缩，只有两个方案可供选择。

① 同时压缩工作 B 和工作 D，组合优选系数为 8+5=13。
② 压缩工作 H，优选系数为 10。

在上述方案中，选择压缩工作 H。

3）确定工作 H 可压缩的时间

$$\Delta t = \min \{D_n - D_C, TF_{\min}^f, \Delta T_3\}$$
$$= \min \{2, 2, 2\} = 2$$

4）确定新的计算工期和关键线路，如图 5-41 所示。此时，计算工期为 15，已等于要求工期，故图 5-41 所示网络计划即为最终优化方案。

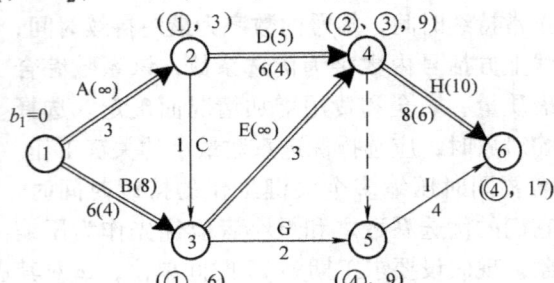

图 5-40 第二次优化后的网络计划

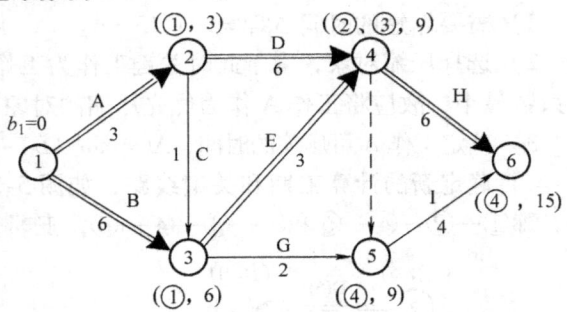

图 5-41 工期优化后的网络计划

5.3.5.2 费用优化

在设定工程项目目标时，时间短、费用低、质量好是人们努力追求的目标。但是时间和费用是相互关联、相互制约的。在一定的条件下，要加快工程项目进度，就必须在一定时间内提供更多的人力、物力，其结果将引起工程项目费用的增加。所谓费用优化，又称工期—费用优化，就是寻求工程项目总费用最低的工期安排，即通过调整进度计划中关键工作的持续时间，以确定工程项目总费用最低的最优进度计划。

工程项目的总费用一般由直接费用和间接费用组成。直接费用（如赶工费等）随工作或活动持续时间的缩短而增加；间接费用（如工程项目管理费等）随工程项目总工期的缩短而减少。由于直接费用随工期缩短而增加，间接费用随工期缩短而减少，故必定有一个总费用最小的最优工期 T_0。上述情况如图 5-42 所示。图中，T_n 为正常工期，等于进度计划优化前的计算工期；T_a 为最短工期；T_0 为优化工期。

费用优化的步骤如下。

（1）按工作的正常持续时间确定计划工期和关键线路。

（2）确定各工作正常作业时间下相应的直接费用，并据此确定工程项目直接费用总额。

（3）计算各项工作或活动的直接费率。直接费率是缩短工作持续时间每一单位时间所需增加的直接费用。工作 $i-j$ 直接费率用 ΔC_{i-j}^{D} 表示，则

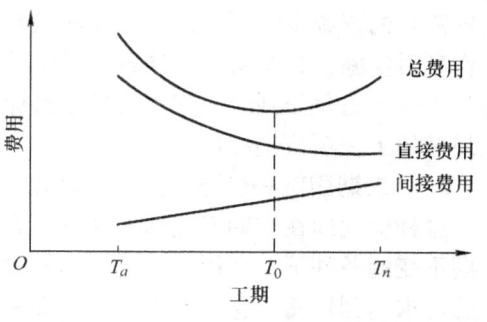

图 5-42　工期—费用曲线

$$\Delta C_{i-j}^{D} = \frac{C_{i-j}^{C} - C_{i-j}^{N}}{D_{i-j}^{N} - D_{i-j}^{C}}$$

式中，D_{i-j}^{N} 为工作 $i-j$ 的正常持续时间；D_{i-j}^{C} 为工作 $i-j$ 的最短持续时间；C_{i-j}^{C} 为工作 $i-j$ 的最短持续时间所需直接费用；C_{i-j}^{N} 为工作 $i-j$ 的正常持续时间所需直接费用。

（4）确定工程项目间接费用的费用率。间接费率用 ΔC^{iD} 表示，其一般根据工程项目实际情况确定。

（5）在工程项目进度计划中找出直接费率最小的一项关键工作（进度计划中只有一条关键线路时）或直接费率之和最小的一组关键工作（进度计划中有多条关键线路时），作为缩短持续时间的对象。

（6）缩短所找出的关键工作的持续时间。其缩短值必须保证该缩短持续时间的工作仍为关键工作，以及缩短后的持续时间不少于最短持续时间的原则。

（7）计算相应的费用变化值。

（8）计算工期的变化将使工程项目的直接费用与间接费用发生的变化，并在此基础上计算总费用，即

$$\begin{aligned} C_{t}^{T} &= C_{t+\Delta T}^{T} + \Delta T \sum \Delta C_{i-j}^{D} - \Delta T \Delta C^{iD} \\ &= C_{t+\Delta T}^{T} + \Delta T \left(\sum \Delta C_{i-j}^{D} - \Delta C^{iD} \right) \end{aligned}$$

式中，C_{t}^{T} 为将工期缩至 t 时的总费用；$C_{t+\Delta T}^{T}$ 为前次的总费用；ΔT 为工期缩短值；ΔC^{iD} 为间接费率；$\sum \Delta C_{i-j}^{D}$ 为直接费率或被压缩工作直接费率之和。

从上式中分析，工期每缩短 ΔT 时间，当 $\sum \Delta C_{i-j}^{D} > \Delta C^{iD}$ 时，总费用增加；当 $\sum \Delta C_{i-j}^{D} < \Delta C^{iD}$ 时，总费用降低；当 $\sum \Delta C_{i-j}^{D} = \Delta C^{iD}$ 时，总费用不变。

（9）重复上述第（5）~（7）步骤直到项目总费用不再降低为止。

通过上述调整过程，最终确定工程项目总费用最低的最优进度计划，但调整后的进度计划首先要满足要求工期。

5.3.5.3　资源优化

工程项目实施中所需的资源是指人力、设备、材料等的总称。资源优化的目的是通过改变工作或活动的开始时间，使资源分布在满足资源限量（每单位时间所能提供的最大资源量）的条件下，达到资源优化配置，降低资源使用成本。资源优化一般分为以下两种情况。

1. "资源有限—工期最短"的优化

这种优化即在满足资源限量的条件下，寻求完成计划的最短工期安排。设备工程项目经常受到外界因素的影响，可能无法在所有时间内获得足够的资源，这将使工程项目在某段时

间内需要的资源量受到限制,即在该段时间内所需资源量大于资源限量,此时不得不将某些工作延后实施,其结果可能导致工期延长。"资源有限—工期最短"的优化就是在延后工作的过程中,力争做到对工程项目进度目标影响最小,最终确定满足资源限量同时使总工期延长最短的工程项目进度计划。

2. "工期固定—资源均衡"的优化

这种优化即在工期不变的条件下,力求资源均衡消耗。优化方法是在工程项目进度目标工期不变的条件下,利用非关键工作的时差,通过改变非关键工作的开始时间,尽可能使资源的需求达到均衡,避免在工程项目实施过程中某段时间内资源需求出现高峰或低谷,最终达到资源优化配置,降低资源使用成本的目标。

通过对进度计划中非关键工作的调整,形成资源需求量偏差最小的最优方案。

5.4 工程项目进度控制

5.4.1 概述

5.4.1.1 工程项目进度控制的概念

工程项目进度控制是指在既定的工期内,编制出最优的进度计划,在执行该计划的过程中,经常检查工程项目实际情况,并将其与计划进度相比较,若出现偏差,便分析产生的原因和对工期的影响程度,制定出必要的调整措施,修改原计划,不断地如此循环,直至工程项目竣工验收。工程项目进度控制应以实现合同约定的交工日期为最终目标。

工程项目进度控制的总目标是确保工程项目的既定目标工期的实现,或者在保证工程项目质量和不因此而增加实际成本的条件下,适当缩短施工工期。工程项目进度控制的总目标应进行层层分解,形成实施进度控制、相互制约的目标体系。

工程项目进度控制的范围可以按时间、项目、涉及单位的覆盖范围划分。工程项目的时间覆盖范围是从项目立项至项目正式动用;工程项目的项目覆盖范围是与项目动用有关的一切子项目(主体工程、附属工程、道路及管线工程);工程项目的涉及单位覆盖范围是设计、材料供应、购配件供应、设备供应、施工安装单位及审批单位。

5.4.1.2 影响工程项目进度的因素

1. 影响工程项目进度的因素分析

由于工程项目具有规模大、工程结构与工艺技术复杂、建设周期长及相关单位多等特点,决定了工程项目进度将受到许多因素的影响。要想有效地控制工程项目进度,就必须对影响进度的有利因素和不利因素进行全面、细致的分析和预测。这样,一方面可以促进对有利因素的充分利用和对不利因素的妥善预防;另一方面也便于事先制定预防措施,事中采取有效对策,事后进行妥善补救,以缩小实际进度与计划进度的偏差,实现对工程项目进度的主动控制和动态控制。

影响工程项目进度的不利因素有很多,如人为因素,技术因素,设备、材料及构配件因素,机具因素,资金因素,水温、地质与气象因素,以及其他自然与社会环境等方面的因素。其中,人为因素是最大的干扰因素。从产生的根源看,有的来源于建设单位及其上级主管部门;有的来源于勘察设计、施工及材料、设备供应单位;有的来源于政府、建设主管部门、有关协作单位和社会;有的来源于各种自然条件;也有的来源于建设监理单位本身。在工程项目建设过程中,常见的影响因素可归纳为如下几个方面。

(1) 业主因素。业主要求改变使用功能而导致设计变更;业主不能及时提供施工场地或场地条件不能满足正常施工需要;未及时向有关部门办理各种相关申请审批手续;业主建设资金不足,不能按时支付工程款。

(2) 勘察设计因素。如勘察资料不准确,特别是地质资料错误或遗漏;设计内容不完善,规范应用不恰当,设计有缺陷或错误;设计对施工的可能性未考虑或考虑不周;施工图样供应不及时、不配套,或出现重大差错等。

(3) 施工技术因素。如施工工艺错误;不合理的施工方案;施工安全措施不当;不可靠技术的应用等。

(4) 自然环境因素。如复杂的工程地质条件;不明的水文气象条件;地下埋藏文物的保护、处理;洪水、地震、台风等不可抗力等。

(5) 社会环境因素。如外单位临时工程施工干扰;节假日交通、市容整顿的限制;临时停水、停电、断路;以及在国外常见的法律及制度变化,经济制裁、战争、骚乱、罢工、企业倒闭等。

(6) 组织管理因素。如向有关部门提出各种申请审批手续的延误;合同签订时遗漏条款、表达失当;计划安排不周密,组织协调不力,导致停工待料、相关作业脱节;领导不力,指挥失当,使参加工程项目建设的各个单位、各个专业、各个施工过程之间交接、配合上发生矛盾等。

(7) 材料、设备因素。如材料、构配件、机具、设备供应环节的差错,品种、规格、质量、数量、时间不能满足工程的需要;特殊材料及新材料的不合理使用;施工设备不配套,选型失当,安装失误,有故障等。

(8) 资金因素。如有关方拖欠资金,资金不到位,资金短缺;汇率浮动和通货膨胀等。

2. 对工程项目进度影响因素进行分析的主要目的

由于工程项目具有规模庞大、技术复杂,涉及的相关单位数量多,建设周期长,因此影响工程项目进度的因素有很多。对影响工程项目进度的因素进行分析的主要目的体现在以下两个方面。

(1) 实现对工程项目进度的主动控制。通过对影响进度因素的分析,在编制或审核工程项目进度时可以充分估计风险,工程项目的进度计划将更加科学、客观、可行,在设备工程实施过程中采取预防措施,使进度管理更具有预见性。

(2) 妥善处理延期事件。在工程项目实施过程中如果发生延期事件,首先要分析原因及影响因素,然后要求有关单位采取措施,客观公正地处理有关单位提出的工期索赔,妥善处理延期事件。

5.4.1.3 进度控制的主要工作任务

业主进度控制的任务是控制整个项目实施阶段的进度,包括控制设计准备阶段的工作进度、设计工作进度、施工进度、物资采购工作进度。

设计方进度控制的任务是依据设计任务委托合同对设计工作进度的要求控制设计工作进度,这是设计方履行合同的义务。另外,设计方应尽可能使设计工作的进度与招标、施工和物资采购等工作进度相协调。在国际上,设计进度计划主要是确定各设计阶段的设计图样

（包括有关的说明）的出图计划，在出图计划中标明每张图样的名称、图样的规格、负责人和出图日期。出图计划是设计方进度控制的依据，也是业主控制设计进度的依据。

施工方进度控制的任务是依据施工任务委托合同对施工进度的要求控制施工进度，这是施工方履行合同的义务。在进度计划编制方面，施工方应视工程项目的特点和施工进度控制的需要，编制深度不同的控制性进度计划和直接指导项目施工的进度计划，以及按不同周期编制的计划，如年度、季度、月度和旬计划等。

供货方进度控制的任务是依据供货合同对供货进度的要求控制供货进度，这是供货方履行合同的义务。供货方进度计划应包括供货的所有环节，如采购、加工制造、运输等。

5.4.1.4 进度控制的措施

工程项目进度控制采取的主要措施有组织措施、技术措施、合同措施和经济措施等。

1. 工程项目进度控制的组织措施

（1）建立进度目标控制体系，明确工程项目组织结构中进度控制人员及其职责分工。

（2）建立工程进度报告制度及进度信息沟通网络。

（3）建立进度计划审核制度和进度计划实施中的检查分析制度。

（4）建立进度协调会议制度，包括协调会议举行的时间、地点、协调会议参加人员等。

（5）建立图样审查、工程变更和设计变更管理制度。

2. 工程项目进度控制的技术措施

（1）审查承包商提交的进度计划，使承包商能在合理状态下施工。

（2）编制进度控制工作细则，指导工程管理人员实施进度控制。

（3）采用网络计划技术及其他科学适用的计划方法，并结合电子计算机的应用，对工程进度实施动态控制。

3. 工程项目进度控制的经济措施

（1）及时办理工程预付款及工程进度款支付手续。

（2）对应急赶工给予优厚的赶工费用。

（3）对工期提前给予奖励。

（4）对工程延误收取误工损失赔偿金。

4. 工程项目进度控制的合同措施

（1）推行 CM 承发包模式，对工程项目实行分段设计、分段发包和分段施工。

（2）加强合同管理，协调合同工期与进度计划之间的关系，保证合同中进度目标的实现。

（3）严格控制合同变更，对各方提出的工程变更和设计变更，监理工程师应严格审查后再补入合同文件中。

（4）加强风险管理，在合同中应充分考虑风险因素及其对进度的影响，以及相应的处理方法。

（5）加强索赔管理，公正地处理索赔。

5.4.2 动态进度控制原理

在工程项目进度计划的实施中，动态进度控制过程如图 5-43 所示。这个过程实际上是一个 PDCA 动态循环过程，即制订进度计划（Plan）—实施（Do）—检查（Check）—纠偏

（Action）。在工程进度计划编制阶段体现了监理工程师对进度计划进行预测的作用，进度计划监测与调整阶段体现监理工程师对进度计划执行的控制作用。

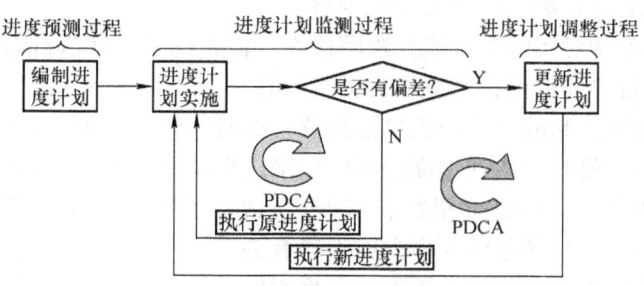

图 5-43　进度控制的动态循环过程

工程项目进度控制的工作内容主要包括项目的进度监测与调整两部分。

1. 进度监测系统

在工程项目进度监测过程中一旦发现实际进度与计划进度不符，即出现进度偏差时，进度控制人员必须认真寻找产生进度偏差的原因，分析进度偏差对后续工作产生的影响，并在必要时采取措施对进度进行调整，以确保进度目标的实现。进度偏差用"Δ"表示，工程项目进度监测过程如图 5-44 所示。

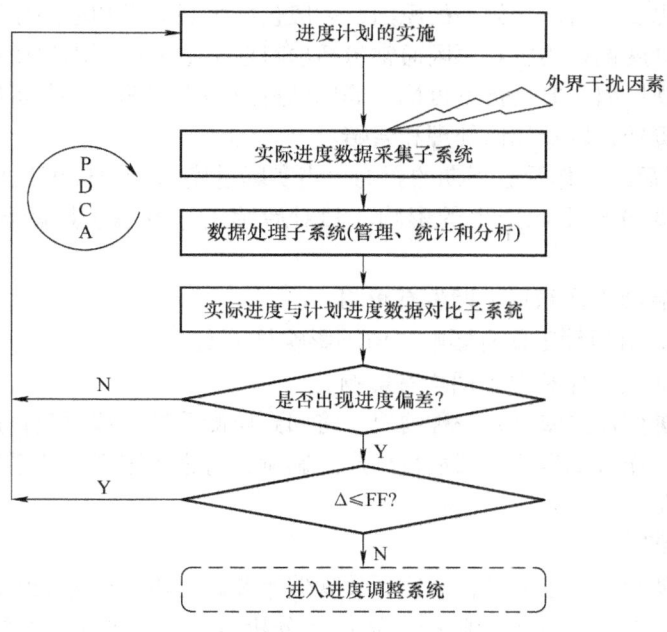

图 5-44　工程项目进度监测过程

2. 工程项目进度监测系统的工作内容

工程项目进度监测系统包括数据采集、数据处理及数据对比分析三个子系统。

（1）实际进度数据采集系统。工程项目实际进度数据采集系统，主要是通过跟踪检查工程项目的实际进展情况，定期收集反映工程项目实际进度的有关数据。数据收集的方法有以下几种。

1）经常地、定期地收集项目进度报表资料。

2）及时在项目现场对实际进度进行跟踪检查，检查进度实际执行情况。

3）定期召开项目协调会议，掌握项目进度动态。

一般情况下，进度控制的效果与收集信息资料的时间间隔有关，如果不能经常地、定期地提供进度信息资料，就难以达到进度控制的效果。根据进度控制的对象，进度控制人员可以进行定期、非定期和实时的进度跟踪和核查。此外，进度检查的时间间隔还与项目的类型、规模、范围的大小、现场条件等多方面因素有关。

工程项目实施单位应建立日报、周报和月报制度，及时掌握工程项目的进度状况。

（2）数据处理子系统。数据处理是指对收集的原始数据进行整理、统计和分析。收集到的有关工程项目进度数据，可能各不相同，如已完成的实物工作量、已完成的标准工时或已完成的投资额等。这些实际进度资料，要进行必要的整理、统计和分析，形成与计划具有可比性的数据资料，以确定工程项目的进度状况。

（3）数据对比分析子系统。实际进度与计划进度的比较方法主要包括横道图比较法、S形曲线比较法、前锋线比较法等。当工程项目实际进度与计划进度产生偏差时，可按下列步骤对偏差的影响程度进行分析，对是否需要调整进度计划做出决策。

1）分析产生进度偏差的原因。将工程项目的实际进度与计划进度进行对比，如果产生了进度偏差，则首先要分析产生偏差的原因，一般包括主观原因和客观原因两类。以工程项目为例，产生项目进度偏差的主观原因通常包括项目业主造成的、承包商造成的、监理工程师造成的等。而客观原因主要是指不可抗力等原因造成的进度偏差。分析原因主要是为了明确造成进度偏差的责任，以及如何处理和索赔。

2）分析偏差对后续工作及总工期的影响。当实际进度与计划进度出现偏差时，在做必要的调整之前，需要分析由此产生的影响。其对后续工作及总工期的影响分为如下三种情况。

① $\Delta \leq FF$，对后续工作和总工期没有影响。

② $FF < \Delta \leq TF$，对后续工作有影响，但不影响总工期。

③ $\Delta > TF$，对后续工作和总工期均有影响。

如果没有产生进度偏差或是第一种情况，将回到监测系统继续对项目进度实施监测。后两种情况会对后续工作或工程项目工期目标产生影响，将进入进度调整系统，也可能会产生工期索赔或费用索赔。

3. 进度调整系统

通过将实际进度与计划进度进行对比，发现偏差并确定需要调整进度计划时，可进入进度调整系统，在对调整进度计划的限制因素进行分析后，做出及时、经济及可行的调整决策，更新进度计划，并再次进入进度监测系统以保证按更新后的进度计划进行。进度调整系统如图 5-45 所示。

4. 进度计划调整方法

应以关键控制点及总工期允许变化的范围作为限制条件，对原进度计划进行调整。在实施调整后的进度计划的过程中，应采取相应的组织、技术、经济和合同措施，协调工程项目有关各方的进度,以保证最终进度目标的实现。

究竟采取何种进度调整方式,这要在对具体实施进度进行分析的基础上方能确定。从实现进度目标来看,可行的调整方案可能有多种,这就存在一个方案优选的问题。归纳起来,进度调整的方式主要有如下两种。

(1) 改变工作间的逻辑关系。这种方式主要是通过改变关键线路上各工作间的先后顺序及逻辑关系来实现缩短工期的目的。比如,将顺序作业改为平行或搭接作业,将平面作业改为立体交叉作业等,可提高工效,缩短工期。采取这种方式进行调整时,由于增加了各工作间的相互搭接时间,因而项目实施中组织难度加大,必须充分做好协调控制工作。

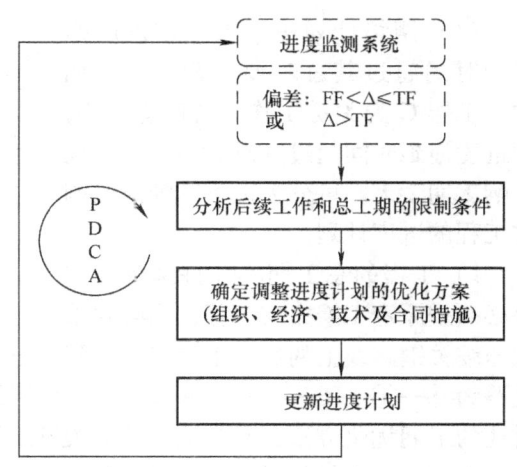

图 5-45　工程项目进度调整系统

(2) 改变关键工作的持续时间。这种方式与前述方式不同,它主要着眼于关键线路上各工作本身的调整,即采取措施缩短关键工作的作业时间以达到缩短工程项目工期的目的。具体措施一般包括在工程项目的关键工作上投入更多的人力、机械、作业时间、资金等资源或采用更先进的技术以提高工效,缩短作业时间在具体调整进度计划时可采取工期优化、费用优化等技术,使调整后的进度计划更加科学合理。

5. 工程项目实施中某项工作进度超前时的计划调整

编制工程项目进度计划主要是为了实现对工程项目时间目标的控制,而进度目标的确定是综合考虑了质量目标、费用目标等最终优化确定的,其最终目的是实现工程项目资源优化配置,进而实现工程项目价值的最大化。如果某项工作的实际进度超前于计划进度,可能会打乱工程项目资源(人、材料、设备、资金等)的合理安排,导致不合理的工期和资源浪费,因此也是一种进度失控。

当发生进度超前的情况时,应具体问题具体分析,综合分析进度超前对后续工作产生的有利和不利影响,并应与工程项目相关各方进行协商,商定合理的进度调整方案,确保顺利实现时间目标和工程项目总目标。

【例 5-13】　如图 5-46 所示的进度计划,在第 5 天进行进度检查时,发现工作 A 已经完成,工作 B 已实施 3 天,工作 C 和工作 D 各已实施 1 天。

根据上述检查结果,工作 B 进度正常;工作 C 延误 2 天,因其为关键工作,故影响工期 2 天;工作 D 延误 2 天,但其有 3 天的总时差,故不会影响工期,但影响到紧后工作 G 按最早开始时间开始。

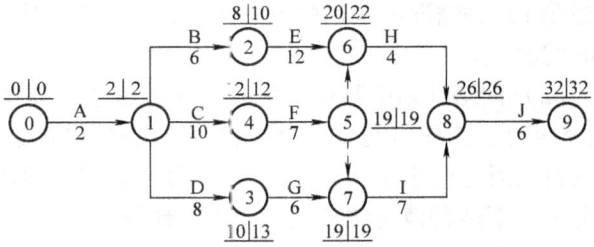

图 5-46　某工程项目进度计划

根据实际延误情况判定,工作 C 需要 12 天完成,工作 D 需要 10 天完成,重新计算网络时间参数,如图 5-47 所示,总工期延误 2 天。

(1) 网络计划中某项工作进度拖延的时间超过其总时差的情况。本例中，工作 C 为关键工作，总时差为 0，其进度拖延时间超过其总时差 2 天，故影响工期 2 天。可分为以下三种情况调整工程的进度计划。

1) 工程的总工期不允许拖延。如果必须按原定工期完成工程，则必须采

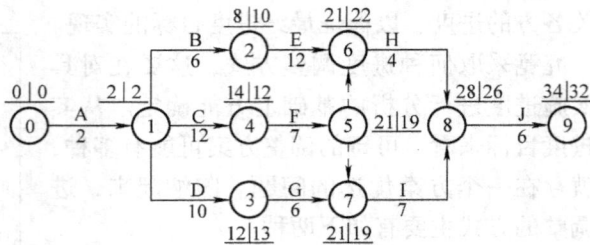

图 5-47 发生时间拖延的工程进度计划

取压缩关键路线上的后续工作持续时间的方法，将延误的 2 天工期抢回来。图 5-47 中关键线路为⓪—①—④—⑤—⑦—⑧—⑨，可压缩的后续关键工作为工作 F、I 和 J。利用上一节讲述的工期优化方法，确定被压缩的关键工作。

本例中，选择将关键工作 I 压缩 2 天，其持续时间变为 5 天，重新计算网络时间参数，此时工程的总工期为 32 天，如图 5-48 所示。

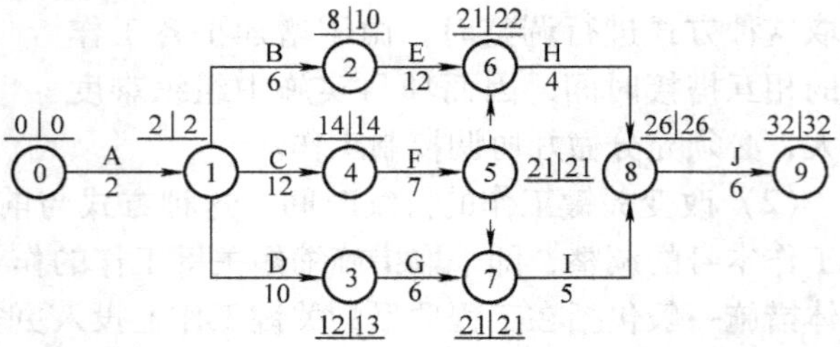

2) 工程的总工期允许拖延。在这种情况下，只需要以实际数据取代原计划数据，重新计算网络时间的参数即可，此时工程的总工期为 34 天，如图 5-49 所示。

3) 工程总工期允许拖延的时间有限。对于图 5-47 所示的网络计划在发生工程拖期后，如果工程总工期允许拖延的时间有限，则当拖延的时间超过该允许拖延的时间时，应进行网络计划的调整。

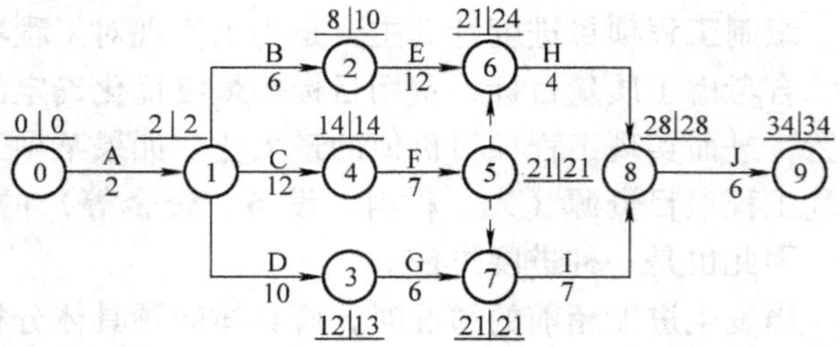

本例中，实际拖延工期 2 天，如果网络计划总工期允许拖延 1 天，则应按

图 5-48 总工期不允许拖延情况下调整后的工程进度计划

图 5-49 总工期允许拖延情况下调整后的工程进度计划

前述第 1) 种情况所采用的方法将工作 I 压缩 1 天，总工期变为 33 天，相应计算出网络计划的时间参数。

(2) 网络计划中某项工作的进度拖延超过其自由时差但小于其总时差的情况。本例中（图 5-47），工作 D 为非关键工作，自由时差为 0，总时差为 3，其进度拖延时间为 2 天，超过其自由时差但小于其总时差，故不影响工期，但影响到后续工作 G 按最早开始时间开始。可分为以下两种情况调整工程的进度计划。

1) 后续工作 G 允许拖延。在这种情况下，只需将工作 D 的持续时间延长至 10 天，重新计算网络计划的时间参数即可。

2) 后续工作 G 允许拖延的时间有限制。本例中，工作 D 拖延 2 天，导致工作 G 的最早开始时间拖后 2 天，如果工作 G 只允许拖延 1 天，则必须将工作 D 的持续时间压缩 1 天，则其持续时间为 9 天。然后再重新计算网络计划的时间参数。

5.4.3 实际进度与计划进度的比较方法

常用的进度比较方法有横道图、S 形曲线、香蕉形曲线、前锋线、列表比较法等。

5.4.3.1 横道图比较法

横道图比较法是指在工程项目实施过程中通过观察、检查、收集到的数据，经加工整理后直接用横道线平行绘于原计划的横道线处，进行实际进度与计划进度的比较方法。采用横道图比较法，可以形象、直观地反映实际进度与计划进度的比较情况。横道图比较法分为匀速进展横道图比较法和非匀速进展横道图比较法。

1. 匀速进展横道图比较法

匀速进展是指工程项目进行中每项作业的进展速度都是匀速的，即在单位时间内完成的任务量是相等的，累计完成的任务量与时间呈直线关系。采用匀速进展横道图比较法的步骤如下。

（1）编制横道图进度计划，在进度计划图上标出检查日期。

（2）将检查收集的实际进度数据按比例用粗实线在计划图中标出。

（3）按以下规则分析比较实际进度与计划进度。

1）如果粗实线右端落在检查日期的左侧，表明实际进度拖后。

2）如果粗实线右端落在检查日期的右侧，表明实际进度超前。

3）如果粗实线右端与检查日期重合，表明实际进度与计划进度一致。

必须指出的是，该方法只适用于工作从开始到完成的整个过程中，其施工速度是不变的，累计完成的任务量与时间成正比。若工作的施工速度是变化的，则不能用这种方法进行工作的实际进度与计划进度的比较。

例如，某工程项目基础工程的计划进度和截至第 9 周末的实际进度如图 5-50 所示，其中虚线条表示该工程计划进度，粗实线表示实际进度。从图中实际进度与计划进度的比较可以看出，到第 9 周末进行实际进度检查时，挖土方和做垫层两项工作已经完成；支模板按计划应该完成，但实际只完成 75%，任务量拖欠 25%；绑扎钢筋按计划应该完成 60%，而实际只完成 20%，任务量拖欠 40%。

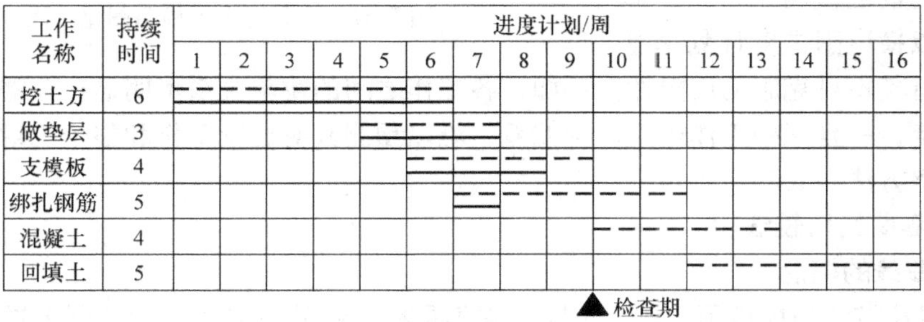

工作名称	持续时间	进度计划/周															
		1	2	3	4	5	6	7	8	9	10	11	12	13	14	15	16
挖土方	6																
做垫层	3																
支模板	4																
绑扎钢筋	5																
混凝土	4																
回填土	5																

▲检查期

图 5-50 匀速进展横道图比较法

2. 非匀速进展横道图比较法

当工作在不同的单位时间内的进展速度不同时，累计完成的任务量与时间的关系不呈直线关系。在这种情况下，按匀速进展横道图比较法绘制的实际进度线，已不能反映实际进度与计划进度。这时,可采用非匀速进展横道图比较法。

非匀速进展横道图比较法是适用于工作的进度按变速进展的情况下,工作的实际进度与计划进度进行比较的一种方法。它是在用与计划进度线不同的线条表示实际进度的同时,标出对应时刻完成任务的百分数,并将其与同时刻计划百分数相比较,以判断工作的实际进度与计划进度之间的关系。

实际工作中,非匀速进展更为普遍,其比较方法的步骤如下。

(1) 编制横道图进度计划。

(2) 在横道线上方标出计划完成任务量累计百分比曲线。

(3) 用粗线标出实际进度,并在粗线下方标出实际完成任务量累计百分比。

(4) 按如下规则分析比较实际进度与计划进度。

1) 如果同一时刻横道线上方累计百分比大于横道线下方累计百分比,表明实际进度拖后,二者之差即为拖欠的任务量。

2) 如果同一时刻横道线上方累计百分比小于横道线下方累计百分比,表明实际进度超前,二者之差即为超前的任务量。

3) 如果同一时刻横道线上方累计百分比等于横道线下方累计百分比,表明实际进度与计划进度一致。

值得指出的是,由于工作的施工速度是变化的,因此横道图中进度横线,不管是计划的还是实际的,都是表示工作的开始时间、持续时间和完成时间,并不表示计划完成量和实际完成量,这两个量分别通过标注在横道线上方和下方的累计百分比数量表示。实际进度的粗实线是从实际工程的开始日期画起,若工作实际施工间断,也可在图中将粗实线做相应的空白处理。

非匀速进展横道图比较法示意如图 5-51 所示。

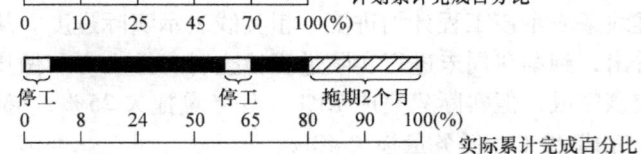

图 5-51 非匀速进展横道图比较法

通过上述可知,横道图比较法具有以下优点:方法简单,形象直观,容易掌握,应用方便,被广泛应用于简单的进度监测工作中。但是,由于它以横道图进度计划为基础,因此带有其不可克服的局限性。例如,各工作之间的逻辑关系不明显;关键工作和关键线路无法确定;一旦某些工作进度产生偏差,难以预测其对后续工作和整个工期的影响,也无法确定调整方法。

5.4.3.2 S 形曲线比较法

1. S 形曲线的概念

S 形曲线比较法与横道图比较法不同,它不是在编制的横道图进度计划上进行实际进度与计划进度的比较,它是以横坐标表示进度时间,纵坐标表示累计完成任务量,而绘制出一条按计划时间累计完成任务量的 S 形曲线。S 形曲线比较法就是将进度计划确定的计划累计完成任务量和实际累计完成任务量分别绘制成 S 形曲线,并通过两者的比较借以判断实际进度与计划进度相比是超前还是滞后,即得出其他各种有关进度信息的进度计划执行情况的检查方法。

从整个工程项目建设进展的全过程看，单位时间内完成的任务量一般都随着时间的递进而呈现出如图 5-52a 所示的分布规律，即工程项目的开工和收尾阶段完成的任务量少而中间阶段完成的任务量多。这样以横坐标表示进度时间，以纵坐标表示累计完成任务量而绘制出来的曲线将是一条 S 形曲线，如图 5-52b 所示。由于其形似英文字母"S"，由此而得名。

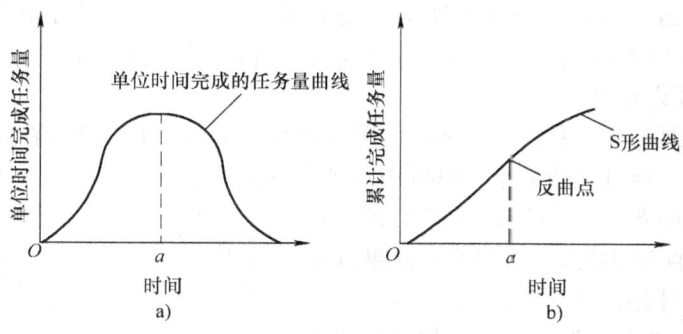

图 5-52 时间与完成任务量关系曲线

2. S 形曲线的绘制方法

（1）确定单位时间内计划完成的任务量 q_i。

（2）计算时间 j 的计划累计完成的任务量，即

$$Q_j = \sum_{i=1}^{j} q_i$$

式中，Q_j 为某时间 j 计划累计完成的任务量；q_i 为单位时间 j 的计划完成任务量。

（3）按各规定时间的 Q_j 值，绘制 S 形曲线。

3. 实际进度与计划进度的比较

同横道图比较法一样，S 形曲线比较法也是在图上进行工程项目实际进度与计划进度的直观比较。在工程项目实施过程中，按照规定时间将检查收集到的实际累计完成任务量绘制在原计划 S 形曲线图上，即可得到实际进度 S 形曲线，如图 5-53 所示。通过比较实际进度 S 形曲线和计划进度 S 形曲线，可以获得如下信息。

（1）工程项目实际进度状况。如果工程实际进展点落在计划 S 形曲线左侧，则表明此时实际进度比计划进度超前，如图 5-53 中的 a 点；如果工程实际进展点落在计划 S 形曲线右侧，则表明此时实际进度拖后，如图 5-53 中的 b 点；如果工程实际进展点正好落在计划 S 形曲线上，则表示此时实际进度与计划进度一致。

（2）工程项目实际进度超前或拖后的时间。在 S 形曲线比较图中可以直接读出实际进度比计划进度超前或拖后的时间，如图 5-53 所

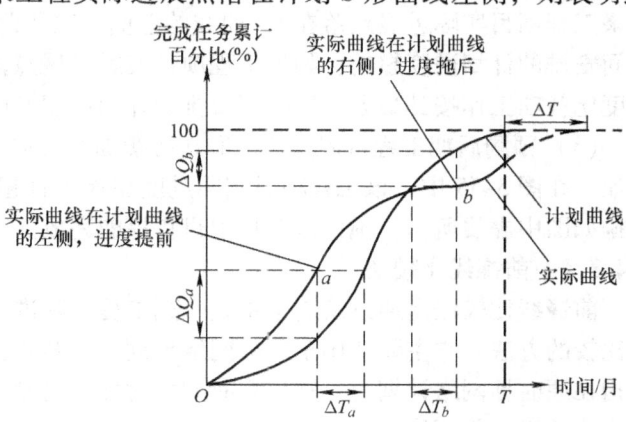

图 5-53 S 形曲线比较法

示，ΔT_a 表示 T_a 时刻实际进度超前的时间；ΔT_b 表示 T_b 时刻实际进度拖后的时间。

(3) 工程项目实际超额或拖欠的任务量。在 S 形曲线比较图中也可以直接读出实际进度比计划进度超额或拖欠的任务量，如图 5-53 所示，ΔQ_a 表示 T_a 时刻超额完成的任务量；ΔQ_b 表示 T_b 时刻拖欠的任务量。

(4) 后期工程进度预测。如果后期工程按原计划速度进行，则可做出后期工程计划 S 形曲线，如图 5-53 中的虚线表示，从而可以确定工期拖延预测值 ΔT。

5.4.3.3 香蕉曲线比较法

香蕉曲线是由两条 S 形曲线组合而成的闭合曲线。由 S 形曲线比较法可知，工程项目累计完成的任务量与计划时间的关系，可以用一条 S 形曲线表示。对于一个工程项目的网络计划来说，如果以其中各项工作的最早开始时间安排进度而绘制 S 形曲线称为 ES 形曲线；如果以其中各项工作的最迟开始时间安排进度而绘制 S 形曲线称为 LS 曲线。两条 S 形曲线具有相同的起点和终点，因此，两条曲线是闭合的。在一般情况下，ES 曲线上的其余各点均落在 LS 曲线的相应点的左侧。由于该闭合曲线形似"香蕉"，故称为香蕉曲线，如图 5-54 所示。下面介绍一下香蕉曲线比较法的作用。

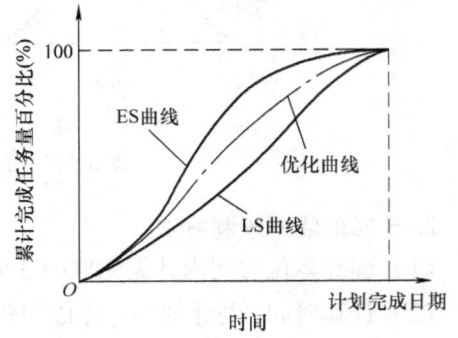

图 5-54 香蕉曲线比较法

香蕉曲线比较法能直观地反映工程项目的实际进展情况，并可以获得比 S 形曲线更多的信息，其主要作用如下。

(1) 合理安排工程项目进度计划。如果工程项目中的各项工作均按其最早开始时间安排进度，将导致工程项目的投资加大；而如果各项工作都按其最迟开始时间安排进度，则一旦受到进度影响因素的干扰，又将导致工期拖延，使工程项目进度风险加大。因此，一个科学合理的进度计划优化曲线应处于香蕉曲线所包络的区域之内，如图 5-54 中的点画线所示。

(2) 定期比较工程项目的实际进度与计划进度。在工程项目的实施过程中，根据每次检查收集到的实际完成任务量，绘制出实际进度 S 形曲线，便可以与计划进度进行比较。工程项目实施进度的理想状态是任一时刻工程项目实际进展点应落在香蕉曲线图的范围之内。如果工程项目实际进展点落在 ES 曲线的左侧，表明此刻实际进度比各项工作按其最早开始时间安排的计划进度超前；如果工程项目实际进展点落在 LS 曲线的右侧，则表明此刻实际进度比各项工作按其最迟开始时间安排的计划进度拖后。

(3) 预测后期工程进展趋势。利用香蕉曲线可以对后期工程项目的进展情况进行预测。例如，在图 5-55 中，该工程项目实际进度在检查日超前。检查日之后的后期工程项目进度安排如图中虚线所示，预计该工程项目将提前完成。

5.4.3.4 前锋线比较法

前锋线比较法是通过绘制某检查时刻工程实际进度前锋线，进行工程实际进度与计划进度比较的方法。它主要适用于时标网络计划，且各项工作是匀速进展的情况。所谓前锋线，是指在原时标网络计划上，从检查时刻的时标点出发，用点画线依次将各项工作实际进展位置点连接而成的折线。

前锋线比较法是根据进度检查日各项工作实际达到的位置所绘制出的进度前锋线，与检查日进行对比,确定实际进度与计划进度的偏差,进而判断该偏差对后续工作及总工期影响程度的一种方法。

采用前锋线比较法进行实际进度与计划进度的比较,其步骤如下。

1. 绘制时标网络计划图

工程项目实际进度前锋线是在时标网络计划图上标示,为清楚起见,可在时标网络计划图的上方和下方各设一时间坐标。

2. 绘制实际进度前锋线

一般从时标网络计划图上方时间坐标的检查日

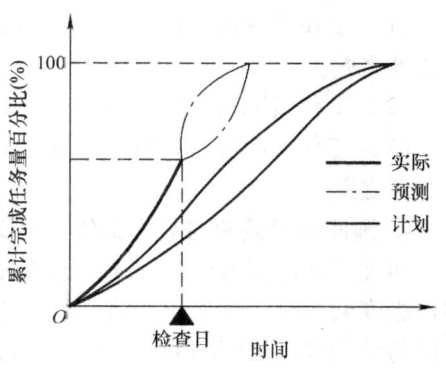

图 5-55 工程进展趋势预测

开始绘制,依次连接相邻工作的实际进展位置点,最后与时标网络计划图下方坐标的检查日相连接。图 5-56 是前锋线比较法的示意图。工作实际进展位置点的标定方法有两种。

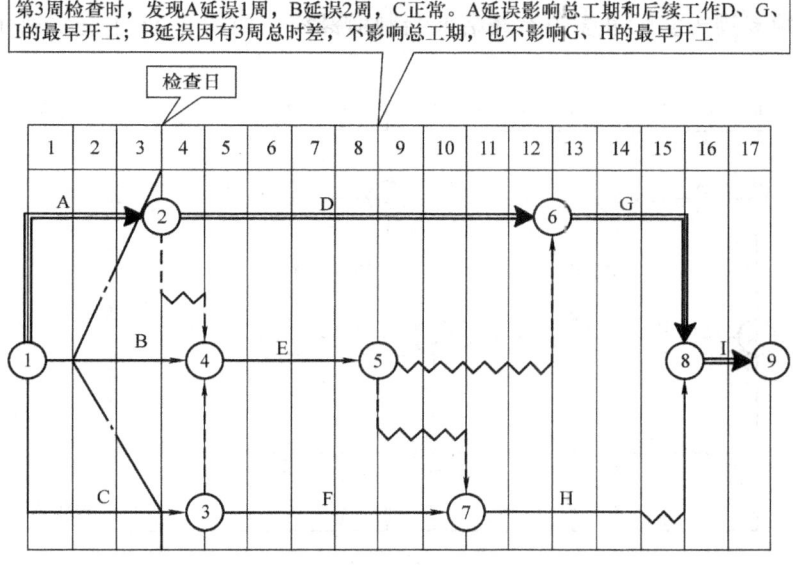

图 5-56 前锋线比较法

(1) 按该工作已完成任务量比例进行标定。假设工程项目中各项工作均为匀速进展,根据实际进度检查时刻该工作已完成任务量占其计划完成任务量的比例,在工作箭线上从左至右按相同的比例标定其实际进展位置点。

(2) 按尚需作业时间进行标定。当某些工作的持续时间难以按实物工程量来计算而只能凭经验估算时,可以先估算出检查时刻到该工作全部完成尚需作业的时间,然后在该工作箭线上从右至左逆向标定其实际进展位置点。

3. 进行实际进度与计划进度的比较

前锋线可以直观地反映出检查日有关工作的实际进度与计划进度之间的关系。对某项工作来说,其实际进度与计划进度之间的关系可能存在以下三种情况。

(1) 工作实际进展位置点落在检查日的左侧,表明该工作实际进度拖后,拖后的时间为二者之差。

(2) 工作实际进展位置点与检查日重合,表明该工作实际进度与计划进度一致。

(3) 工作实际进展位置点落在检查日的右侧,表明该工作实际进度超前,超前的时间为二者之差。

4. 预测进度偏差对后续工作及总工期的影响

通过实际进度与计划进度的比较确定进度偏差后,还可根据工作的自由时差和总时差预测该进度偏差对后续工作及项目总工期的影响。由此可见,前锋线比较法既适用于工作实际进度与计划进度之间的局部比较,又可用来分析和预测工程项目整体的进度状况。

值得注意的是,以上比较是针对匀速进展的工作。对于非匀速进展的工作,比较方法比较复杂,此处不赘述。

【例 5-14】 某工程项目时标网络计划如图 5-57 所示。该计划执行到第 6 周末检查实际进度时,发现工作 A 和 B 已经全部完成,工作 D 和 E 分别完成计划任务量的 20% 和 50%,工作 C 尚需 3 周完成,试用前锋线比较法进行实际进度与计划进度的比较。

解: 根据第 6 周末实际进度的检查结果绘制前锋线,如图 5-57 中虚线所示。通过比较可以看出:

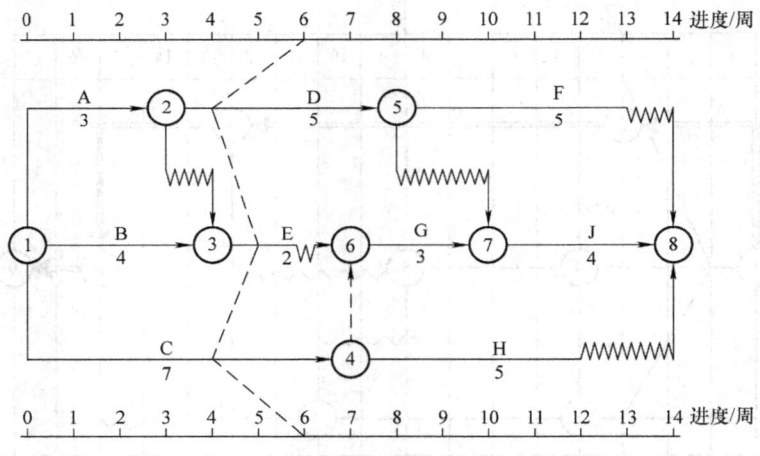

图 5-57 某工程前锋线比较法

(1) 工作 D 实际进度拖后 2 周,将使其后续工作 F 的最早开始时间推迟 2 周,并使总工期延长 1 周。

(2) 工作 E 实际进度拖后 1 周,既不影响总工期,也不影响其后续工作的正常进行。

(3) 工作 C 实际进度拖后 2 周,将使其后续工作 G、H、J 的最早开始时间推迟 2 周。由于工作 G、J 开始时间的推迟,从而使总工期延长 2 周。

综上所述,如果不采取措施加快进度,该工程项目的总工期将延长 2 周。

5.4.3.5 列表比较法

当工程进度计划用非时标网络图表示时,可以采用列表比较法进行实际进度与计划进度的比较。这种方法是记录检查日应该进行的工作名称及其已经作业的时间,然后列表计算有关时间参数,并根据工作总时差进行实际进度与计划进度比较的方法。

采用列表比较法进行实际进度与计划进度的比较，其步骤如下。

（1）对于实际进度检查日应该进行的工作，根据已经作业的时间，确定其尚需的作业时间。

（2）根据原进度计划计算检查日应该进行的工作从检查日到原计划最迟完成时的尚余时间。

（3）计算工作尚有总时差，其值等于工作从检查日到原计划最迟完成时间的尚余时间与该工作尚需作业时间之差。

（4）比较实际进度与计划进度，可能有以下几种情况。

1）如果工作尚有总时差与原有总时差相等，说明该工作实际进度与计划进度一致。

2）如果工作尚有总时差大于原有总时差，说明该工作实际进度超前，超前的时间为二者之差。

3）如果工作尚有总时差小于原有总时差，且仍为非负值，说明该工作实际进度拖后，拖后的时间为二者之差，但不影响总工期。

4）如果工作尚有总时差小于原有总时差，且为负值，说明该工作实际进度拖后，拖后的时间为二者之差，此时工作实际进度偏差将影响总工期。

【例 5-15】 某工程项目进度计划如图 5-57 所示。该计划执行到第 10 周末检查实际进度时，发现工作 A、B、C、D、E 已经全部完成，工作 F 已进行 1 周，工作 G 和 H 均已进行 2 周，试用列表比较法进行实际进度与计划进度的比较。

解： 根据工程项目进度计划及实际进度检查结果，可以计算出检查日应进行工作的尚需作业时间、原有总时差及尚有总时差等，计算结果如表 5-19 所示。通过比较尚有总时差和原有总时差，即可判断目前工程实际进展状况。

表 5-19 工程进度检查比较

工作代号	工作名称	检查计划时尚需作业周数	到计划最迟完成时尚余周数	原有总时差	尚有总时差	情况判断
5—8	F	4	4	1	0	拖后 1 周，但不影响工期
6—7	G	1	0	0	−1	拖后 1 周，影响工期 1 周
4—8	H	3	4	2	1	拖后 1 周，但不影响工期

5.4.4 工程拖期

在工程项目实施过程中，其工期的延长分为工程延误和工程延期两种。虽然它们都是使工期拖期，但由于性质不同，因而业主与承包单位所承担的责任也就有所不同。如果属于工程延误，则由此造成的一切损失由承包单位承担。同时，业主还有权对承包单位施行误期违约罚款。而如果是属于工程延期，则承包单位不仅有权要求延长工期，而且还有权向业主提出索赔费用的要求，以弥补由此造成的额外损失。因此，监理工程师是否将施工过程中工期的延长批准为工期延期，对业主和承包单位都十分重要。

5.4.4.1 工程延期的申报与审批

1. 申报工程延期的条件

由于以下原因导致工程拖期，承包单位有权提出延长工期的申请，监理工程师应按合同规定，批准工程延期。

（1）监理工程师发出工程变更指令而导致工程量增加。

（2）合同所涉及的任何可能造成工程延期的原因，如延期交图、工程暂停、对合格工程的剥离检查及不利的外界条件等。

（3）异常恶劣的气候条件。

（4）由业主造成的任何延误、干扰或障碍，如未及时提供施工场地、未及时付款等。

（5）除承包单位自身以外的其他任何原因。

2. 工程延期的申报与审批程序

工程延期的审批程序如图 5-58 所示。当工程延期事件发生后，承包单位应在合同规定的有效期内以书面形式通知监理工程师（即工程延期意向通知），以便于监理工程师尽早了解所发生的事件，及时做出一些减少延期损失的决定。随后，承包单位应在合同规定的有效期内（或监理工程师可能同意的合理期限内）向监理工程师提交详细的申述报告（延期理由及依据）。监理工程师收到该报告后应及时进行调查核实，准确地确定出工程延期的时间。当延期事件具有持续性，承包单位在合同规定的有效期内不能提交最终详细的申述报告时，应先向监理工程师提交阶段性的详情报告。监理工程师应在调查核实阶段性报告的基础上，尽快做出延长工期的临时决定。临时决定的延期时间不宜太长，一般不超过最终批准的延期时间。

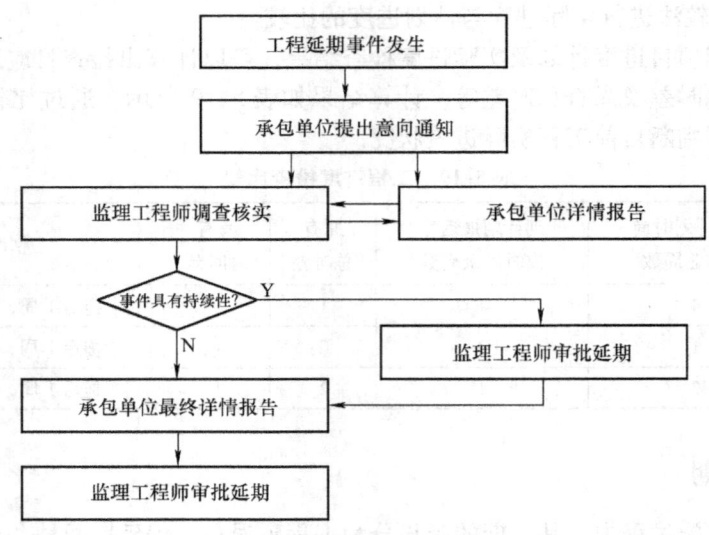

图 5-58　工程延期的审批程序

待延期时间结束后，承包单位应在合同规定的期限内向监理工程师提交最终的详情报告。监理工程师应复查详情报告的全部内容，然后确定该延期事件所需要的延期时间。

如果遇到比较复杂的延期事件，监理工程师可以成立专门小组进行处理。对于一时难以做出结论的延期事件，即使不属于持续性的事件，也可以采用先做出临时延期的决定，然后再做出最后决定的办法。这样既可以保证有充足的时间处理延期事件，又可以避免由于处理不及时而造成损失。

监理工程师在做出临时工程延期批准或最终工程延期批准之前，均应与业主和承包单位进行协商。

3. 监理工程师批准工程延期的原则

监理工程师在审批工程延期时应遵循下列原则。

（1）合同条件。监理工程师批准的工程延期必须符合合同条件。也就是说，导致工期拖延的原因确实属于承包单位自身以外的，否则不能批准为工程延期。这是监理工程师审批工程延期的一条根本原则。

（2）影响工期。延期事件的工程部位，无论其是否处于施工进度计划的关键线路上，只有当所延长的时间超过其相应的总时差而影响到工期时，才能批准工程延期。如果延期事件发生在非关键线路上，且延长的时间并没有超过总时差时，即使符合批准为工程延期的合同条件，也不能批准工程延期。

应当说明，工程项目施工进度计划中的关键线路并非固定不变，它会随着工程项目的进展和情况的变化而转移。监理工程师应以承包单位提交的、经自己审核后的施工进度计划（不断调整后）为依据来决定是否批准工程延期。

（3）实际情况。批准的工程延期必须符合实际情况。为此，承包单位应对延期事件发生后的各类有关细节进行详细记载，并及时向监理工程师提交详细报告。与此同时，监理工程师也应对施工现场进行详细的考察与分析，并做好有关记录，以便为合理确定工程延期时间提供可靠的依据。

【例 5-16】 某工程项目业主与监理单位、施工单位分别签订了监理委托合同和施工合同，合同工期为 18 个月。在工程项目开工前，施工承包单位在合同约定的时间内向监理工程师提交了施工总进度计划，如图 5-59 所示。

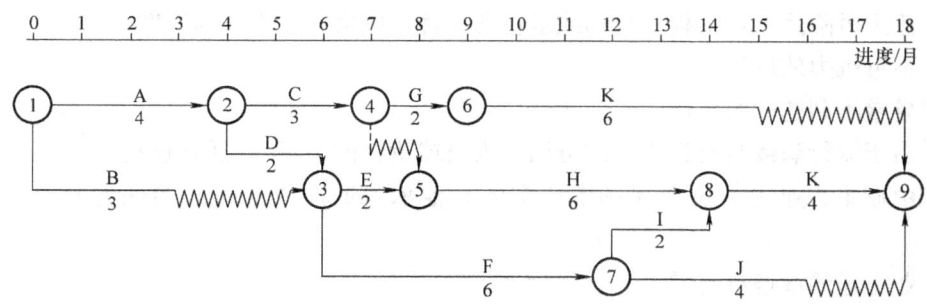

图 5-59 某工程施工总进度计划

该计划经监理工程师批准后开始实施，在施工过程中发生了以下事件。

（1）因业主要求需要修改设计，致使工作 K 停工等待图样 3.5 个月。

（2）部分施工机械由于运输原因未能按时进场，致使工作 H 的实际进度拖后 1 个月。

（3）由于施工工艺不符合施工规范要求，发生质量事故而返工，致使工作 F 的实际进度拖后 2 个月。

承包单位在合同规定的有效期内提出工期延长 3.5 个月的要求，监理工程师应批准工程延期多少时间？为什么？

解：由于工作 H 和工作 F 的实际进度拖后均属于承包单位自身原因，只有工作 K 的拖后可以考虑给予工程延期。从图 5-59 可知，工作 K 原有总时差为 3 个月，该工作停工等待图样 3.5 个月，只影响工期 0.5 个月，故监理工程师应批准工程延期 0.5 个月。

4. 工程延期事件的确定

（1）延期事件合同责任界定。当造成工程拖期的事件发生时，监理工程师应根据上述批准工程延期的原则，首先确定造成工程延期的责任方，在双方均有责任的情况下，确定各方应负的工程延期责任的程度。

在下列情况下，承包商有权获得竣工时间的延长。

1）变更，指监理工程师按照合同规定的变更程序发出变更指示。

2）业主要求中的错误。

3）业主未能在投标书附录中规定的时间内，给予承包商进入和占用现场的所有部分的权利。

4）承包商遇到不可预见的物质条件限制。

5）承包商执行监理工程师的指示，处理现场发现的所有化石、硬币、有价值的物品或文物及具有地质和考古意义的结构物与其他遗迹或物品。

6）承包商按照监理工程师的指示改变合同规定的试验的位置或细节，或进行附加试验，或由于业主应负责的延误。

7）监理工程师指示暂停工程某一部分或全部的施工。

8）由于业主应负责的原因妨碍承包商进行竣工试验。

9）国家的法律改变（包括适用新的法律和废止或修改现有法律），或对此类法律的司法解释有改变。

10）业主风险达到对工程、货物或承包商文件造成损失或损害的程度。

11）不可抗力的后果。

12）异常不利的气候条件。

13）由于流行病或政府行为导致可用的人员或货物的不可预见的短缺。

14）由业主、业主人员或现场中业主的其他承包商造成或引起的任何延误、妨碍或阻碍。

15）业主违约或违反合同。

16）合同中规定的其他任何事件。

5. 竣工时间延长的确定方法

竣工时间延长的确定，一般有如下两种方法。

（1）根据里程碑事件确定。此法是根据受影响的工作对与其相关的、最近的里程碑事件的影响程度，确定竣工时间延长的期限。这是目前国际上批准延期所用的主要方法。

（2）利用承包商提交的、经过监理工程师审核批准的进度计划，确定竣工时间的延长期限。即首先要编制一份各方认可的且经过监理工程师批准的进度计划，一旦发生延期事件，就可以根据延期事件发生的起始时间和合理的结束时间，从进度计划中计算出应给予的延期时间。这里所指的合理结束时间，是指应扣除由于承包商管理不善等原因而造成的延误。

采用第（2）种方法确定延长工期值的难点在于，进度计划是承包商编制的，在一个庞大和复杂的进度计划中，监理工程师不可能在短期内审核并发现进度计划中存在的问题（如工作间逻辑关系的合理性、工作持续时间的合理性等）。这样有可能在无意中将进度延误的风险转移给了业主。因此，通常情况下，业主拒绝采用这种方法确定进度拖延的时间。

在实际工作中，对合理延期时间的计算往往是比较复杂的，可能需要经过多次协商、谈判才能确定最终的延期时间。

5.4.4.2 预防工程延期的措施

发生工程延期，不仅给业主带来损失，而且对承包商来讲也影响工程的进展。因此，各方应尽量减少或避免工程延期的发生。

1. 业主和监理工程师预防工程延期的措施

（1）业主预防工程延期的措施。业主的前期准备工作是否充分，对减少或避免工程延期关系很大。实际上，很多工程延期都是由于业主工作准备不充分而造成的。业主前期准备工作主要包括以下方面。

1）业主应保证其所提供的全部资料的准确性，以保证工程的顺利开始，减少或避免由此引起的工程延期。这是造成工程延期和产生争端的最主要原因。

2）业主应及时办理工程现场所在地的地方或国家政府部门或公共服务机构所要求的全部许可、批准和执照。

3）按合同规定的范围、顺序和时间给予承包商进入和占用现场的权利。

4）协助承包商获得与合同有关的、工程所在国的法律文本，以及协助承包商办理遵守法律法规所需要的各种事宜。

5）及时提供承包商进行单体设备调试、整机调试及各类保证试验所需的操作和维护人员，提供所需的原材料、各类消耗材料及各种工具。

6）做好资金安排，及时向承包商做出支付。如果业主拖延向承包商支付工程款项，承包商有权减缓设备的制造或安装进度，甚至暂停工作，并有获得延长工期的权利。为了减少或避免由于拖延支付而造成的延期，业主应按照承包商资金流动计划，做好付款的准备，保证按照合同规定的时间支付工程款项。

7）业主应保证在现场工作的业主人员和其他承包商与工程承包商通力合作，遵守安全程序和合同中的环境保护规定。

8）严格履行合同规定的其他义务。

（2）监理工程师防止工程延期的措施。为了减少或避免工程延期，监理工程师应做好以下工作。

1）监理工程师应按照合同规定的时间范围，确定合适的开工时间。监理工程师在确定开工时间时，应充分考虑各方的开工准备情况。如能否提供开工所需的设计图样，以及付款方面是否有问题等，并应积极与业主和承包商进行协商，确定开工时间。这对于减少或避免由于业主对上述问题缺乏准备而造成的工程延期，是十分必要的。同时，这种做法营造了一种合作伙伴的氛围，有利于各方的合作和工程进度目标的顺利实现。

2）提醒业主履行职责。在施工过程中，监理工程师应当经常提醒业主履行其合同职责，并指出不履行职责可能导致的后果。要根据承包商的进度计划及实际工程的进展情况，积极建议业主提前做好有关的各项准备工作。如提前一定时间提醒业主向承包商提供实施其工作所需的设计图样，避免或减少由此而可能造成的工程延期。

3）在计划的实施过程中，监理工程师应对承包商的生产进度进行预测，实施跟踪和监测，特别是对关键线路上可能引起进度延期的设备、部组件、工序实施重点监控，以督促承包商严格按计划的要求完成工作，避免进度出现重大的偏差。

4）妥善处理延期事件。当延期事件发生之后，监理工程师应客观地分析造成延期的原因，与每一方进行充分协商，尽量达成协议。如果达不成协议，监理工程师应根据业主和承包商签订的合同和有关情况，做出公平合理的决定。当造成延期的原因属于非承包商责任时，监理工程师应同意立即调整工程进度计划。

2. 承包商防止工程延期的措施

（1）承包商应严格遵守有关的法律法规，及时获得工程所在地国家和地方政府部门所要求的许可、批准、执照等。

（2）承包商应严格遵守合同，对工程进行设计、制造和安装；应按合同规定的时间向业主或监理工程师提交需要批准的承包商文件。

（3）承包合同签订后，承包商应根据合同的要求尽早制订合理、可行的工程设备进度计划，并在合同规定的时间内向监理工程师提交可行的进度计划，供其审核。

（4）提前通知业主应按照合同规定提供图样，并说明如果业主不履行这些职责，将造成进度延误的程度。

（5）协调好相关单位的关系，如设计单位、运输单位、安装调试单位的工作配合，使得计划能顺利进行。

（6）监督进度计划中所列的全部活动的进展状况。

（7）履行合同规定的其他义务。

5.4.4.3 工程延期的处理

如果由于承包单位自身的原因造成工期拖延，而承包单位又未按照监理工程师的指令改变延期状态时，通常可以采用下列手段进行处理。

（1）拒绝签署付款凭证。当承包单位的施工活动不能使监理工程师满意时，监理工程师有权拒绝承包单位的支付申请。因此，当承包单位的施工进度拖后且又不采取积极措施时，监理工程师可以采取拒绝签署付款凭证的手段制约承包单位。

（2）误期损失赔偿。拒绝签署付款凭证一般是监理工程师在施工过程中制约承包单位延误工期的手段，而误期损失赔偿则是当承包单位未能按合同规定的工期完成合同范围内的工作时对其的处罚。如果承包单位未能按合同规定的工期和条件完成整个工程，则应向业主支付投标书附件中规定的金额，作为该项违约的损失赔偿费。

（3）取消承包资格。如果承包单位严重违反合同，又不采取补救措施，则业主为了保证合同工期有权取消其承包资格。例如，承包单位接到监理工程师的开工通知后，无正当理由推迟开工时间，或在施工过程中无任何理由要求延长工期，施工进度缓慢，又无视监理工程师的书面警告等，都有可能受到取消承包资格的处罚。

取消承包资格是对承包单位违约的严厉制裁。因为业主一旦取消了承包单位的承包资格，承包单位不但要被驱逐出施工现场，而且还要承担由此造成的业主的损失费用。这种惩罚措施一般不轻易采用，而且在做出这项决定前，业主必须事先通知承包单位，并要求其在规定的期限内做好辩护准备。

【本章小结】

一个工程项目能否在预定的工期内竣工交付使用，从而保证工程项目按期或提前发挥经济效益和社会效益，是投资者最关心的问题之一，也是项目进度管理工作的重要内容。

工程项目的进度管理是指在全面分析工程项目的各项工作内容、工作程序、持续时间和逻辑关系的基础上编制进度计划，力求拟订的计划具体可行、经济合理，并在计划实施过程中通过采取各种有效措施，为确保预定的进度目标的实现而进行的组织、指挥、协调和控制（包括必要时对计划进行调整）等活动。

网络计划技术是利用网络图表示工程进度计划及各项工作相互关系的方法。网络计划主要由两大部分组成，即网络图和网络参数。网络图是由箭线和节点组成，用来表示工作流程的有向的、有序的网状图形。一个网络图表示一项计划任务。在网络图上加注工作的时间参数等编成的进度计划称为网络计划。网络计划技术不仅是一种科学的计划方法，也是一种科学的动态控制方法，同时也是网络计划对任务的工作进度进行安排和控制，以保证实现预定目标的科学的计划管理技术。

工程项目进度控制是指在执行进度计划的过程中，经常检查施工实际情况，并将其与计划进度相比较，若出现偏差，便分析产生的原因和对工期的影响程度，制定出必要的调整措施，修改原计划，不断地如此循环，直至工程竣工验收。工程项目进度控制应以实现合同约定的交工日期为最终目标。

【复习思考题】

一、单项选择题

1. 当双代号网络计划的计算工期等于计划工期时，对关键工作的错误提法是（   ）。
   A. 关键工作的自由时差为零
   B. 相邻两项关键工作之间的时间间隔为零
   C. 关键工作的持续时间最长
   D. 关键工作的最早开始时间与最迟开始时间相等

2. 已知某工程双代号网络计划的计划工期等于计算工期，且某工作的完成节点为关键节点，则该工作（   ）。
   A. 为关键工作   B. 自由时差等于总时差
   C. 自由时差为零   D. 自由时差小于总时差

3. 工程网络计划费用优化的目的是寻求（   ）。
   A. 资源有限条件下的最短工期安排   B. 工程总费用最低时的工期安排
   C. 满足要求工期的计划安排   D. 资源使用的合理安排

4. 在工程网络计划的执行过程中，如果需要确定某项工作进度偏差影响总工期的时间，应根据（   ）的差值进行确定。
   A. 自由时差与进度偏差   B. 自由时差与总时差
   C. 总时差与进度偏差   D. 时间间隔与进度偏差

5. 利用横道图表示建设工程进度计划的优点是（   ）。
   A. 有利于动态控制   B. 明确反映关键工作

C. 明确反映工作机动时间　　　　　D. 明确反映计算工期

6. 某分部工程双代号网络计划如图 5-60 所示，其关键线路有（　　）条。

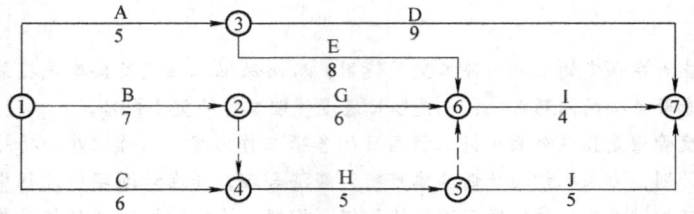

图 5-60　双代号网络计划

A. 1　　　　　　B. 2　　　　　　C. 3　　　　　　D. 4

7. 当工程网络计划的计算工期不等于计划工期时，正确的结论是（　　）。
A. 关键节点最早时间等于最迟时间
B. 关键工作的自由时差为零
C. 关键线路上相邻工作的时间间隔为零
D. 关键工作最早开始时间等于最迟开始时间

8. 已知工程网络计划中某工作的自由时差为 5 天，总时差为 7 天。监理工程师在检查进度时发现只有该工作实际进度拖延，且影响工期 3 天，则该工作实际进度比计划进度拖延（　　）天。

A. 10　　　　　B. 8　　　　　C. 7　　　　　D. 3

9. 在双代号时标网络计划中，虚箭线上波形线的长度表示（　　）。
A. 工作的总时差　　B. 工作的自由时差
C. 工作的持续时间　D. 工作之间的时间间隔

10. 监理工程师控制建设工程进度的组织措施是指（　　）。
A. 编制进度控制工作细则，指导监理人员实施进度控制
B. 建立图样审查、工程变更和设计变更管理制度
C. 推行 CM 承发包模式，对建设工程实行分段发包
D. 采用网络计划技术对建设工程进度实施动态控制

二、多项选择题

1. 某工程单代号网络计划如图 5-61 所示，关键工作有（　　）。

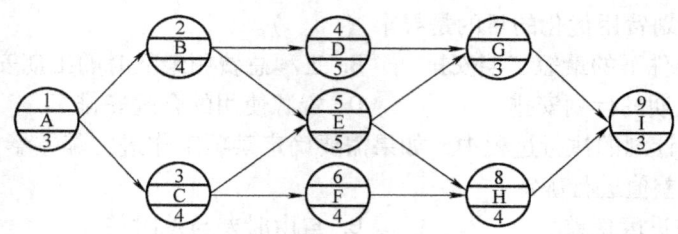

图 5-61　单代号网络计划

A. 工作 B　　　　B. 工作 C　　　　C. 工作 D　　　　D. 工作 F

E. 工作 H

2. 某工程双代号时标网络计划及第 4 周末检查实际进度时前锋线如图 5-62 所示，检查结果表明（   ）。

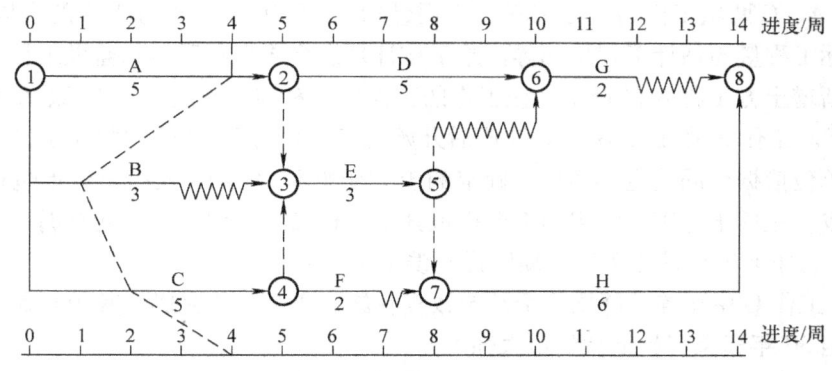

图 5-62　前锋线

A. 工作 B 进度拖后 2 周，但不影响工期
B. 工作 C 进度拖后 2 周，影响工期 1 周
C. 工作 A 按计划进行，不影响总工期
D. 工作 B 的总时差为 4 周，其进度拖后将不影响总工期
E. 工作 C 为关键工作，进度拖后将影响总工期 2 周

3. 监理工程师控制建设工程进度的合同措施包括（   ）。

A. 协调合同工期与进度计划之间的关系
B. 建立进度计划审核制度
C. 推行 CM 承发包模式，分段设计、发包工程
D. 建立设计变更、工程变更管理制度
E. 严格控制工程变更和设计变更

4. 在工程网络计划中，关键线路是指（   ）的线路。

A. 双代号网络计划中无虚箭线
B. 时标网络计划中无波形线
C. 单代号网络计划中相邻工作间时间间隔为零
D. 双代号网络计划中由关键节点组成
E. 单代号网络计划中由关键工作组成

三、案例讨论

案例 1：

某工程项目的施工招标文件中表明该工程采用综合单价计价方式，工期为 15 个月。承包单位投标所报工期为 13 个月。合同总价确定为 8000 万元。合同约定：实际完成工程量超过估计工程量 25% 以上时允许调整单价；拖延工期每天赔偿金为合同总价的 1‰，最高拖延工期赔偿限额为合同总价的 10%；若能提前竣工，每提前 1 天的奖

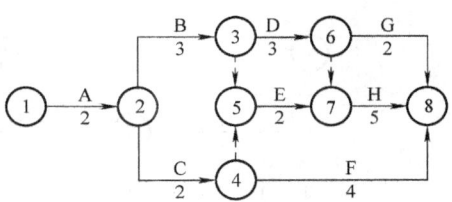

图 5-63　施工进度计划

金按合同总价的 1‰ 计算。

承包单位开工前编制并经总监理工程师认可的施工进度计划如图 5-63 所示。

施工过程中发生了以下四个事件，致使承包单位完成该项目的施工实际用了 15 个月。

事件 1：A、C 两项工作为土方工程，工程量均为 16 万 m^3，土方工程的合同单价为 16 元/m^3。实际工程量与估计工程量相等。施工按计划进行 4 个月后，总监理工程师以设计变更通知发布新增土方工程 N 的指示。该工作的工作性质和施工难度与工作 A、C 相同，工程量为 32 万 m^3。工作 N 在工作 B 和 C 完成后开始施工，且为 H 和 G 的紧前工作。总监理工程师与承包单位依据合同约定协商后，确定的土方变更单价为 14 元/m^3。承包单位按计划用 4 个月完成。三项土方工程均租用 1 台机械开挖，机械租赁费为 1 万元/(月·台)。

事件 2：工作 F 因设计变更等待新图样延误 1 个月。

事件 3：工作 G 由于连续降雨 1 个月导致实际施工 3 个月才完成，其中 0.5 个月的日降雨量超过当地 30 年气象资料记载的最大强度。

事件 4：工作 H 由于分包单位施工的工程质量不合格造成返工，实际 5.5 个月完成。

由于以上事件，承包单位提出以下索赔要求。

（1）顺延工期 6.5 个月。理由是：完成工作 N 4 个月；变更设计图样延误 1 个月；连续降雨属于不利的条件和障碍影响 1 个月；监理工程师未能很好地控制分包单位的施工质量应补偿工期 0.5 个月。

（2）工作 N 的费用补偿 = 16 元/m^3 × 32 万 m^3 = 512 万元。

（3）由于第 5 个月后才能开始工作 N 的施工，要求补偿 5 个月的机械闲置费：5 月 × 1 万元/(月·台) × 1 台 = 5 万元。

问题：

1. 请对以上施工过程中发生的四个事件进行合同责任分析。
2. 根据总监理工程师认可的施工进度计划，应给承包单位顺延的工期是多少？并说明理由。
3. 确定应补偿承包单位的费用，并说明理由。
4. 分析承包单位应获得工期提前奖励还是承担拖延工期违约赔偿责任，并计算其金额。

案例 2：

某设备工程公司承担了设备工程的设计及主要设备安装任务，主要设备由业主提供。该设备工程公司向设备监理机构提交如图 5-64 所示早时标网络计划，该工程合同工期为 16 个月（各工作均匀速进行）。

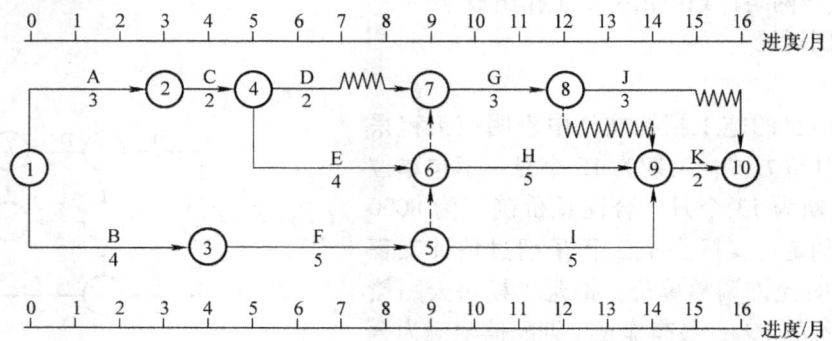

图 5-64　早时标网络计划

问题：
1. 根据图 5-64 写出关键线路。
2. 工作 D 和工作 G 的总时差与自由时差各为多少？
3. 若安装工作 D 与工作 G 均需要使用同一台大型履带式起重机，图 5-64 所示进度计划是否合理？如果合理，说明理由；如果不合理，说明理由并指出应如何调整。
4. 按图 5-64 所示进度计划，设备监理工程师在第 8 月末检查设备工程进度时发现：工作 D 因业主提供设备未到尚未开始安装，工作 E 因安装图样延误实际只完成 2 个月的任务量，工作 F 按计划实施。在时标网络图上画出检查结果进度前锋线，并分析被检查工作的当前进度对后续工作及总工期的影响（写出分析过程）。
5. 第 8 月末，设备工程公司向设备监理工程师提出将合同工期顺延 1 个月的要求，设备监理工程师应知何批复？为什么？

四、简答题
1. 什么是工程项目进度计划？
2. 简述工程项目进度计划的编制程序。
3. 网络计划与横道图计划相比具有哪些主要特点？
4. 简述动态控制的原理。

第 6 章　工程项目投资管理

【学习目标】
(1) 掌握工程项目的投资构成。
(2) 掌握价值工程的原理及分析方法。
(3) 熟悉工程价款变更的确定。
(4) 掌握投资偏差分析方法。

【导入案例】
在美国，1972 年在俄亥俄河大坝枢纽设计中，应用了价值工程，从功能和成本两个方面对大坝、溢洪道等进行了综合分析，采取增加溢洪道闸门高度的方法，使闸门数量由 17 道减少到 12 道，并且改进闸门施工工艺，但大坝的功能和稳定性不受影响，保证具有必需的功能。仅此，大坝建筑投资就节约了 1930 万美元。用在聘请专家等进行价值工程分析的费用，只花费了 1.29 万美元，取得了 1 美元收益接近于 1500 美元的投资效果。

上述案例说明，在工程项目投资管理中，运用价值工程原理可以大大节约工程投资，除了价值工程原理，还有什么方法可以节约工程项目的投资额，工程项目的投资管理中如何制订投资计划，如何进行投资控制等，本章将逐一进行介绍。

6.1　工程项目投资管理概述

6.1.1　相关概念辨析

1. 工程项目投资

工程项目投资（Project Investment）是指某经济实体为获取工程项目将来的收益而垫付资金用于工程项目的经济活动，其所垫付资金就是工程项目投资。一般认为，工程项目投资是指工程项目建设阶段所需要的全部费用总和，也就是工程项目投资为工程项目建设阶段有计划地进行固定资产再生产和形成最低量流动资金的一次费用的总和。工程项目投资是一个从资金形成资产，通过管理资产，提高资产效益，最后资产转为资金的动态增值循环过程，是一个从资金流到物质流，再到资金流的动态过程。

2. 工程项目成本

工程项目成本是指在工程项目实施过程中所发生的全部生产费用的总和，包括消耗的原材料、辅助材料、构配件等费用，周转材料的摊销费或租赁费，施工机械的使用费或租赁费，支付给生产工人的工资、奖金、工资性质的津贴等，以及进行施工组织与管理所发生的全部费用支出。工程项目施工成本由直接成本和间接成本组成。

直接成本（Direct Cost）是指施工过程中耗费的构成工程实体或有助于工程实体形成的

各项费用支出，是可以直接计入工程对象的费用，包括人工费、材料费、施工机械使用费和施工措施费等。

间接成本（Indirect Cost）是指为施工准备、组织和管理施工生产的全部费用的支出，是非直接用于也无法直接计入工程对象，但为进行工程施工所必须发生的费用，包括管理人员工资、办公费、差旅交通费等。

3. 工程项目费用

为了避免提到立场，而是纯粹探讨管理本身的方法，有的人提出"费用"一词，认为费用是一个较中性的词，脱离立场，不过分强调业主或承包商，只是强调完成项目必需的付出。PMBOK 知识体系将"Cost Management"翻译成"费用管理"。

4. 工程项目造价

工程项目造价的直意即为工程项目的建造价格。在市场经济条件下，工程项目造价有以下两种含义。

（1）指建设一项工程预期开支或实际开支的全部固定资产的投资费用。显然，这一含义是从投资者（业主）角度出发的。从这一意义上说，工程项目造价就是工程项目投资，工程项目造价就是工程项目固定资产投资。

（2）指工程项目价格，即为建成一项工程，预计或实际在土地市场、设备市场、技术劳务市场以及承包市场等交易活动中所形成的建筑安装工程的价格和建设工程总价。通常又将工程项目造价认定为工程项目承发包价格。

6.1.2 投资管理的原则与基本内容

工程项目投资管理是指在工程建设的各个阶段，对工程项目费用进行预测、计划、执行、检查、协调、控制等的总称。工程项目投资管理在整个工程项目管理中占有重要地位，对工程项目投资效益有重要影响。

1. 投资管理的基本原则

（1）在保证工程项目功能目标、质量目标和工期目标的前提下，有效进行投资管理。

（2）工程项目的投资管理应该从全生命周期的角度考虑。

（3）工程项目存在不确定性，因此对它的投资管理需要动态跟踪调整。

2. 投资管理的基本内容

（1）对工程项目总投资目标的分析、论证（在可行性研究的基础上，再做详细的分析、论证）。

（2）编制工程项目总投资切块、分解规划，并在工程项目实施过程中控制其执行。在工程项目实施过程中，若有必要，及时提出调整总投资切块、分解规划的建议。

（3）编制工程项目实施各阶段，各年、季、月度资金使用计划，并控制其执行，必要时，对上述计划提出调整建议。

（4）审核工程项目概算、预算、招标控制价和决算。

（5）在工程项目实施过程中，每月进行投资计划值与实际值的比较，并每月、季、年提交各种投资控制报表和报告。

（6）对设计、施工、工艺、材料和设备等多个方面做必要的技术经济比较论证，以挖掘节约投资、提高项目经济效益的潜力。

(7) 审核招投标文件和合同文件中有关投资的条款。
(8) 审核各类工程项目付款单。
(9) 计算、审核各项索赔金额。

6.1.3 工程项目投资原理及内容

所谓工程项目投资控制，就是在投资决策阶段、设计阶段、发包阶段、施工阶段及竣工阶段，把工程项目投资控制在批准的投资限额以内，随时纠正发生的偏差，以保证工程项目投资管理目标的实现，以求在工程项目中能合理使用人力、物力、财力，取得较好的投资效益和社会效益。

1. 投资控制的动态原理

投资控制是工程项目控制的主要内容之一，投资控制原理如图 6-1 所示。这种控制是动态的，并贯穿于工程项目建设的始终。

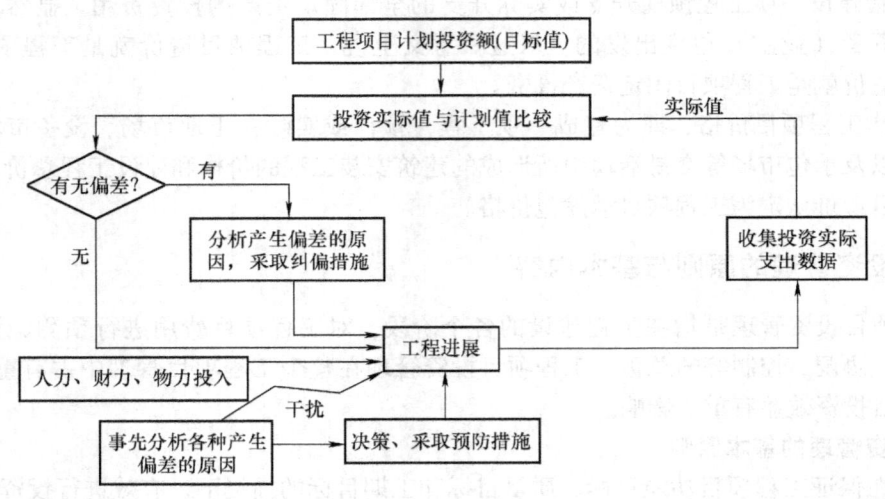

图 6-1 投资控制原理

这个流程应每两周或一个月循环进行，图 6-1 表达的含义如下。

（1）把人力、物力、财力投入到工程项目实施中。

（2）在工程项目进展过程中，必定存在各种各样的干扰，如恶劣天气、设计出图不及时等。

（3）收集实际数据，即对工程项目进展情况进行评估。

（4）把投资目标的计划值与实际值进行比较。

（5）检查实际值与计划值有无偏差。如果没有偏差，则工程项目继续进展，继续投入人力、物力和财力等。如果有偏差，则需要分析产生偏差的原因，采取控制措施。

在这一动态控制过程中，应着重做好以下几项工作。

（1）对计划目标值的论证和分析。实践证明，由于各种主观和客观因素的制约，工程项目规划中的计划目标值有可能是难以实现或不尽合理的，需要在工程项目实施的过程中，或合理调整，或细化和精确化。只有工程项目目标是正确合理的，工程项目控制方能有效。

(2) 及时对工程项目进展做出评估，即收集实际数据。没有实际数据的收集，就无法清楚工程项目的实际进展情况，更不可能判断是否存在偏差。因此，数据的及时、完整和正确是确定偏差的基础。

(3) 进行工程项目计划值与实际值的比较，以判断是否存在偏差。这种比较同样也要求在工程项目规划阶段就应对数据体系进行统一的设计，以保证比较工作的效率和有效性。

(4) 采取控制措施以确保投资控制目标的实现。

2. 投资控制的目标

控制是为确保目标的实现而服务的，一个系统若没有目标，就不需要、也无法进行控制。目标的设置应是很严肃的，应有科学的依据。

工程项目建设过程是一个周期长、投入大的生产过程，建设者在一定时间内占有的经验知识是有限的，不但常常受到科学条件和技术条件的限制，而且也受到客观过程的发展及其表现程度的限制，因而不可能在工程建设伊始，就设置一个科学的、一成不变的投资控制目标，而只能设置一个大致的投资控制目标，这就是投资估算。随着工程项目建设实践、认识、再实践、再认识，投资控制目标一步步清晰、准确，这就是设计概算、施工图预算、承包合同价等，如图6-2所示。也就是说，投资控制目标的设置应是随着工程项目建设实践的不断深入而分阶段设置的。具体来讲，投资估算应是工程项目进行初步设计的投资控制目标；设计概算应是进行技术设计和施工图设计的投资控制目标；施工图预算或建安工程承包合同价则应是施工阶段投资控制的目标。有机联系的各个阶段目标相互制约，相互补充，前者控制后者，后者补充前者，共同组成工程项目投资控制的目标系统。

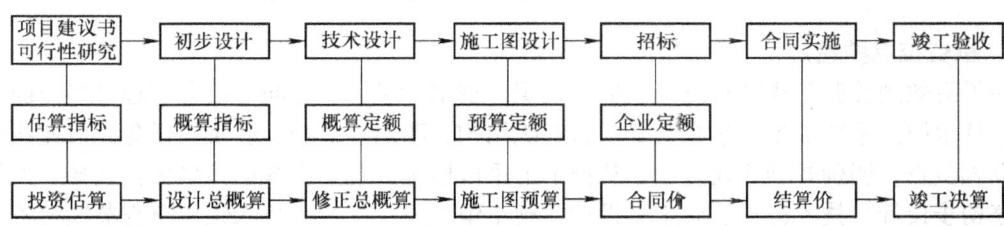

图6-2 工程项目投资确定示意

目标要既有先进性又有实现的可能性，目标水平要能激发执行者的进取心和充分发挥他们的工作能力，挖掘他们的潜力。若目标水平太低，如对工程项目投资高估冒算，则对建造者缺乏激励性，建造者亦没有发挥潜力的余地，目标形同虚设；若水平太高，如在工程项目立项时投资就留有缺口，建造者即使再努力也无法达到，则可能产生灰心情绪，使工程项目投资控制成为一纸空文。

3. 投资控制的重点

投资控制贯穿于工程项目建设的全过程，这一点是毫无疑义的，但是必须重点突出。图6-3是国外描述的工程项目不同阶段影响工程项目投资程度的坐标图，该图与我国情况大致是吻合的。从该图可以看出，影响工程项目投资最大的阶段，是约占工程项目建设周期1/4的技术设计结束前的工作阶段。在初步设计阶段，影响工程项目投资的可能性为75%～95%；在技术设计阶段，影响工程项目投资的可能性为35%～75%；在施工图设计阶段，影响工程项目投资的可能性则为5%～35%。很显然，工程项目投资控制的重点在于施工以前的投资决策和设计阶段，而在工程项目做出投资决策后，投资控制的关键就在于设计。据西方一些国家分析，设计费一般只相当于工程项目全寿命费用的1%以下，但正是这少于1%的费用却基本决定了几乎全部随后的费用。由此可见，设计对整个工程项目的效益是何等重要。这里所说的工程项目全寿命费用包括工程项目建设投资和交付使用后的经常性开支费用（含经营费用、日常维护修理费用、使用期内大修理和局部更新费用）及该工程项目使用期满后的报废拆除费用等。

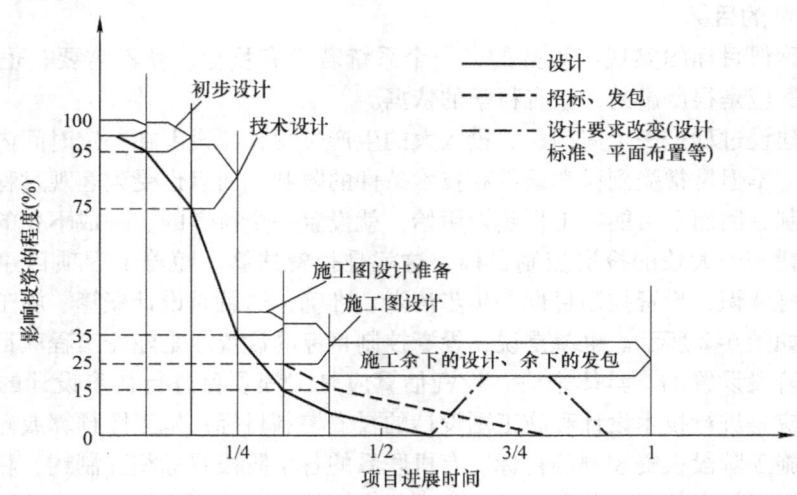

图 6-3 不同阶段影响工程项目投资程度的坐标

4. 投资控制的措施

为了有效地控制工程项目投资，应从组织、技术、经济、合同与信息管理等多方面采取措施。从组织上采取措施，包括明确项目组织结构，明确投资控制者及其任务，以使投资控制有专人负责，明确管理职能分工；从技术上采取措施，包括重视设计多方案选择，严格审查监督初步设计、技术设计、施工图设计、施工组织设计，深入技术领域研究节约投资的可能性；从经济上采取措施，包括动态地比较投资的实际值和计划值，严格审核各项费用支出，采取节约投资的奖励措施等。

由于工程项目的投资主要发生在施工阶段，在这一阶段需要投入大量的人力、物力、财力等，是工程项目建设费用消耗最多的时期，浪费投资的可能性比较大。因此，监理单位应督促承包单位精心地组织施工，挖掘各方面潜力，节约资源消耗，可以收到节约投资的明显效果。参建各方对施工阶段的投资控制应给予足够的重视，仅仅靠控制工程款的支付是不够的，应从组织、经济、技术、合同等多方面采取措施，控制投资。

工程项目监理机构在施工阶段进行投资控制的具体措施如下。

（1）组织措施

1）在工程项目监理机构中落实从投资控制角度进行施工跟踪的人员、任务分工和职能分工。

2）编制本阶段投资控制工作计划和详细的工作流程图。

（2）经济措施

1）编制资金使用计划，确定、分解投资控制目标。对工程项目造价目标进行风险分析，并制定防范性对策。

2）进行工程项目计量。

3）复核工程项目付款账单，签发付款证书。

4）在施工过程中进行投资跟踪控制，定期进行投资实际支出值与计划目标值的比较，发现偏差，分析产生偏差的原因，采取纠偏措施。

5）协商确定工程项目变更的价款，审核竣工结算。

6）对施工过程中的投资支出做好分析与预测，经常或定期向建设单位提交工程项目投资控制及其存在问题的报告。

（3）技术措施

1）对设计变更进行技术经济比较，严格控制设计变更。

2）继续寻找通过设计挖潜节约投资的可能性。

3）审核承包人编制的施工组织设计，对主要施工方案进行技术经济分析。

（4）合同措施

1）做好工程项目施工记录，保存各种文件图样，特别是注有实际施工变更情况的图样，注意积累素材，为正确处理可能发生的索赔提供依据，参与处理索赔事宜。

2）参与合同修改、补充工作，着重考虑它对投资控制的影响。

6.2 工程项目投资构成

6.2.1 工程项目总投资构成

我国现行工程项目总投资构成如图6-4所示。

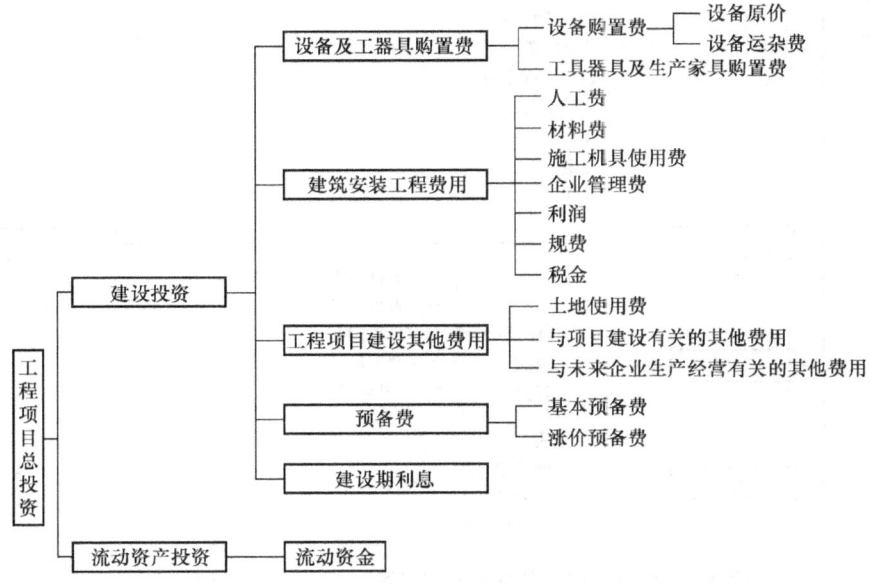

图6-4 我国现行工程项目总投资构成

6.2.2 建筑安装工程费

1. 按费用构成要素划分的建筑安装工程费用项目组成

按照费用构成要素划分,建筑安装工程费由人工费、材料(包含工程设备,下同)费、施工机具使用费、企业管理费、利润、规费和税金组成。其中,人工费、材料费、施工机具使用费、企业管理费和利润包含在分部分项工程费、措施项目费、其他项目费中(图6-5)。

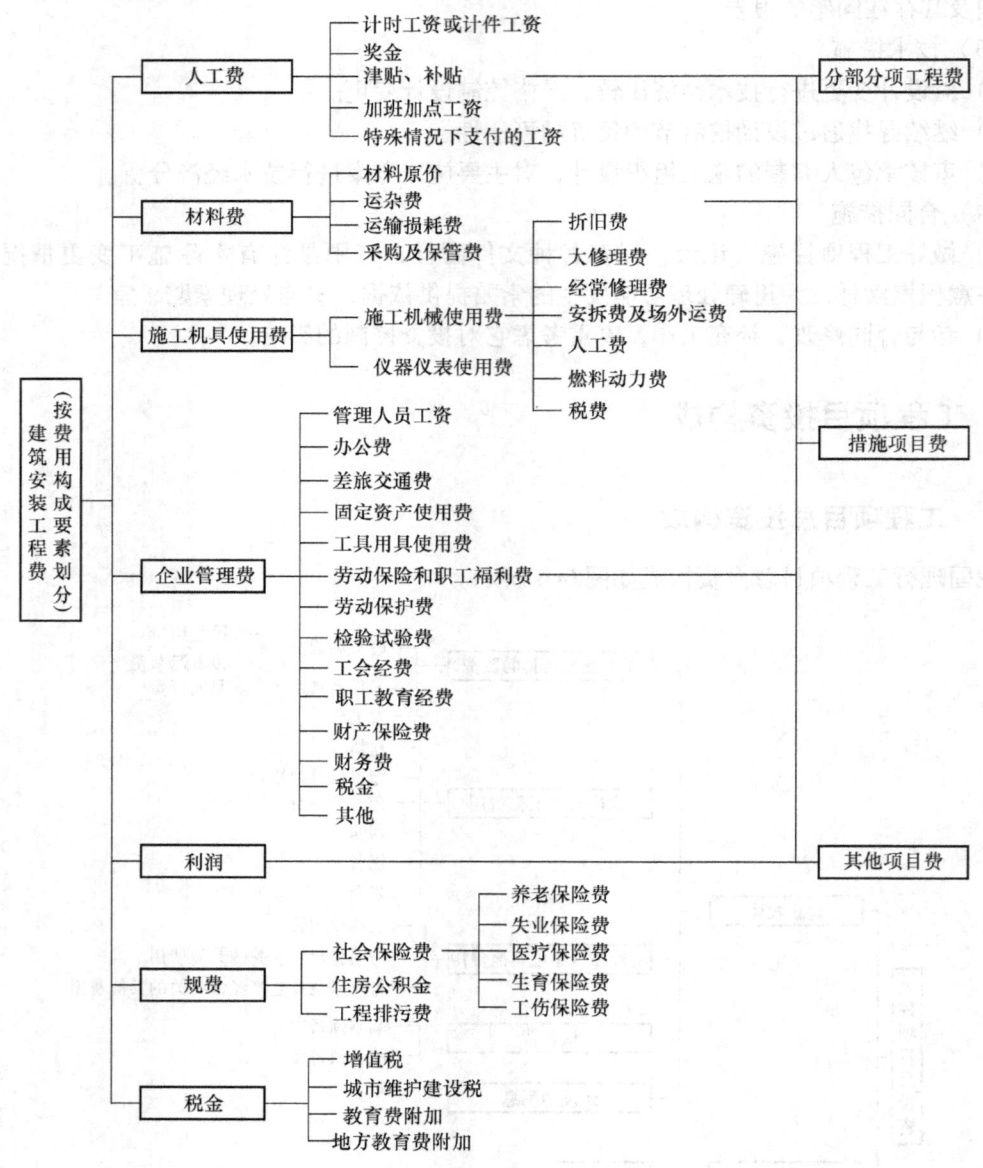

图6-5 按费用构成要素划分的建筑安装工程费用项目组成

(1)人工费:是指按工资总额构成规定,支付给从事建筑安装工程施工的生产工人和附属生产单位工人的各项费用。内容包括以下几个方面。

1）计时工资或计件工资：是指按计时工资标准和工作时间或对已做工作计件单价支付给个人的劳动报酬。

2）奖金：是指对超额劳动和增收节支支付给个人的劳动报酬，如节约奖、劳动竞赛奖等。

3）津贴、补贴：是指为了补偿职工特殊或额外的劳动消耗和因其他特殊原因支付给个人的津贴，以及为了保证职工工资水平不受物价影响支付给个人的物价补贴，如流动施工津贴、特殊地区施工津贴、高温（寒）作业临时津贴、高空津贴等。

4）加班加点工资：是指按规定支付的在法定节假日工作的加班工资和在法定日工作时间外延时工作的加点工资。

5）特殊情况下支付的工资：是指根据国家法律、法规和政策规定，因病、工伤、产假、计划生育假、婚丧假、事假、探亲假、定期休假、停工学习、执行国家或社会义务等原因按计时工资标准或计时工资标准的一定比例支付的工资。

（2）材料费：是指施工过程中耗费的原材料、辅助材料、构配件、零件、半成品或成品、工程设备的费用。内容包括以下几个方面。

1）材料原价：是指材料、工程设备的出厂价格或商家供应价格。

2）运杂费：是指材料、工程设备自来源地运至工地仓库或指定堆放地点所发生的全部费用。

3）运输损耗费：是指材料在运输装卸过程中不可避免的损耗。

4）采购及保管费：是指为组织采购、供应和保管材料、工程设备的过程中所需要的各项费用，包括采购费、仓储费、工地保管费、仓储损耗。

工程设备是指构成或计划构成永久工程一部分的机电设备、金属结构设备、仪器装置及其他类似的设备和装置。

（3）施工机具使用费：是指施工作业所发生的施工机械、仪器仪表使用费或其租赁费。内容包括以下几个方面。

1）施工机械使用费：以施工机械台班耗用量乘以施工机械台班单价表示，施工机械台班单价应由下列七项费用组成。

① 折旧费：是指施工机械在规定的使用年限内，陆续收回其原值的费用。

② 大修理费：是指施工机械按规定的大修理间隔台班进行必要的大修理，以恢复其正常功能所需的费用。

③ 经常修理费：是指施工机械除大修理以外的各级保养和临时故障排除所需的费用，包括为保障机械正常运转所需替换设备与随机配备工具附具的摊销和维护费用，机械运转中日常保养所需润滑与擦拭的材料费用及机械停滞期间的维护和保养费用等。

④ 安拆费及场外运费：安拆费是指施工机械（大型机械除外）在现场进行安装与拆卸所需的人工、材料、机械和试运转费用以及机械辅助设施的折旧、搭设、拆除等费用；场外运费指施工机械整体或分体自停放地点运至施工现场或由一施工地点运至另一施工地点的运输、装卸、辅助材料及架线等费用。

⑤ 人工费：是指机上司机（司炉）和其他操作人员的人工费。

⑥ 燃料动力费：是指施工机械在运转作业中所消耗的各种燃料及水、电等。

⑦ 税费：是指施工机械按照国家规定应缴纳的车船使用税、保险费及年检费等。

2）仪器仪表使用费：是指工程施工所需使用的仪器仪表的摊销及维修费用。

（4）企业管理费：是指建筑安装企业组织施工生产和经营管理所需的费用。内容包括以下几个方面。

1）管理人员工资：是指按规定支付给管理人员的计时工资、奖金、津贴补贴、加班加点工资及特殊情况下支付的工资等。

2）办公费：是指企业管理办公用的文具、纸张、账表、印刷、邮电、书报、办公软件、现场监控、会议、水电、烧水和集体取暖降温（包括现场临时宿舍取暖降温）等费用。

3）差旅交通费：是指职工因公出差、调动工作的差旅费、住勤补助费，市内交通费和误餐补助费。职工探亲路费，劳动力招募费，职工退休、退职一次性路费，工伤人员就医路费，工地转移费以及管理部门使用的交通工具的油料、燃料等费用。

4）固定资产使用费：是指管理和试验部门及附属生产单位使用的属于固定资产的房屋、设备、仪器等的折旧、大修、维修或租赁费。

5）工具用具使用费：是指企业施工生产和管理使用的不属于固定资产的工具、器具、家具、交通工具和检验、试验、测绘、消防用具等的购置、维修和摊销费。

6）劳动保险和职工福利费：是指由企业支付的职工退职金、按规定支付给离休干部的经费，集体福利费、夏季防暑降温、冬季取暖补贴、上下班交通补贴等。

7）劳动保护费：是企业按规定发放的劳动保护用品的支出，如工作服、手套、防暑降温饮料以及在有碍身体健康的环境中施工的保健费用等。

8）检验试验费：是指施工企业按照有关标准规定，对建筑以及材料、构件和建筑安装物进行一般鉴定、检查所发生的费用，包括自设试验室进行试验所耗用的材料等费用。不包括新结构、新材料的试验费，对构件做破坏性试验及其他特殊要求检验试验的费用和建设单位委托检测机构进行检测的费用，对此类检测发生的费用，由建设单位在工程建设其他费用中列支。但对施工企业提供的具有合格证明的材料进行检测其结果不合格的，该检测费用由施工企业支付。

9）工会经费：是指企业按《工会法》规定的全部职工工资总额比例计提的工会经费。

10）职工教育经费：是指按职工工资总额的规定比例计提，企业为职工进行专业技术和职业技能培训，专业技术人员继续教育、职工职业技能鉴定、职业资格认定以及根据需要对职工进行各类文化教育所发生的费用。

11）财产保险费：是指施工管理用财产、车辆等的保险费用。

12）财务费：是指企业为施工生产筹集资金或提供预付款担保、履约担保、职工工资支付担保等所发生的各种费用。

13）税金：是指企业按规定缴纳的房产税、车船使用税、土地使用税、印花税等。

14）其他：包括技术转让费、技术开发费、投标费、业务招待费、绿化费、广告费、公证费、法律顾问费、审计费、咨询费、保险费等。

（5）利润：是指施工企业完成所承包工程项目获得的盈利。

（6）规费：是指按国家法律、法规规定，由省级政府和省级有关权力部门规定必须缴纳或计取的费用。包括以下几种。

1）社会保险费

① 养老保险费：是指企业按照规定标准为职工缴纳的基本养老保险费。

② 失业保险费：是指企业按照规定标准为职工缴纳的失业保险费。
③ 医疗保险费：是指企业按照规定标准为职工缴纳的基本医疗保险费。
④ 生育保险费：是指企业按照规定标准为职工缴纳的生育保险费。
⑤ 工伤保险费：是指企业按照规定标准为职工缴纳的工伤保险费。

2）住房公积金：是指企业按规定标准为职工缴纳的住房公积金。

3）工程排污费：是指按规定缴纳的施工现场工程排污费。

其他应列而未列入的规费，按实际发生计取。

（7）税金：是指国家税法规定的应计入建筑安装工程造价内的增值税、城市维护建设税、教育费附加以及地方教育费附加。

2. 按造价形成划分的建筑安装工程费用项目组成

建筑安装工程费按照工程造价形成由分部分项工程费、措施项目费、其他项目费、规费、税金组成，分部分项工程费、措施项目费、其他项目费包含人工费、材料费、施工机具使用费、企业管理费和利润（图6-6）。

（1）分部分项工程费：是指各专业工程的分部分项工程应予列支的各项费用。

1）专业工程：是指按现行国家计量规范划分的房屋建筑与装饰工程、仿古建筑工程、通用安装工程、市政工程、园林绿化工程、矿山工程、构筑物工程、城市轨道交通工程、爆破工程等各类工程。

2）分部分项工程：是指按现行国家计量规范对各专业工程划分的项目，如房屋建筑与装饰工程划分的土石方工程、地基处理与桩基工程、砌筑工程、钢筋及钢筋混凝土工程等。

各类专业工程的分部分项工程划分见现行国家或行业计量规范。

（2）措施项目费：是指为完成建设工程施工，发生于该工程施工前和施工过程中的技术、生活、安全、环境保护等方面的费用。内容包括以下几个方面。

1）安全文明施工费

① 环境保护费：是指施工现场为达到环保部门要求所需要的各项费用。

② 文明施工费：是指施工现场文明施工所需要的各项费用。

③ 安全施工费：是指施工现场安全施工所需要的各项费用。

④ 临时设施费：是指施工企业为进行工程项目施工所必须搭设的生活和生产用的临时建筑物、构筑物和其他临时设施费用，包括临时设施的搭设、维修、拆除、清理费或摊销费等。

2）夜间施工增加费：是指因夜间施工所发生的夜班补助费、夜间施工降效、夜间施工照明设备摊销及照明用电等费用。

3）二次搬运费：是指因施工场地条件限制而发生的材料、构配件、半成品等一次运输不能到达堆放地点，必须进行二次或多次搬运所发生的费用。

4）冬雨期施工增加费：是指在冬期或雨期施工需增加的临时设施，防滑，排除雨雪、人工及施工机械效率降低等费用。

5）已完工程及设备保护费：是指竣工验收前，对已完工程项目及设备采取的必要保护措施所发生的费用。

6）工程定位复测费：是指工程项目施工过程中进行全部施工测量放线和复测工作的费用。

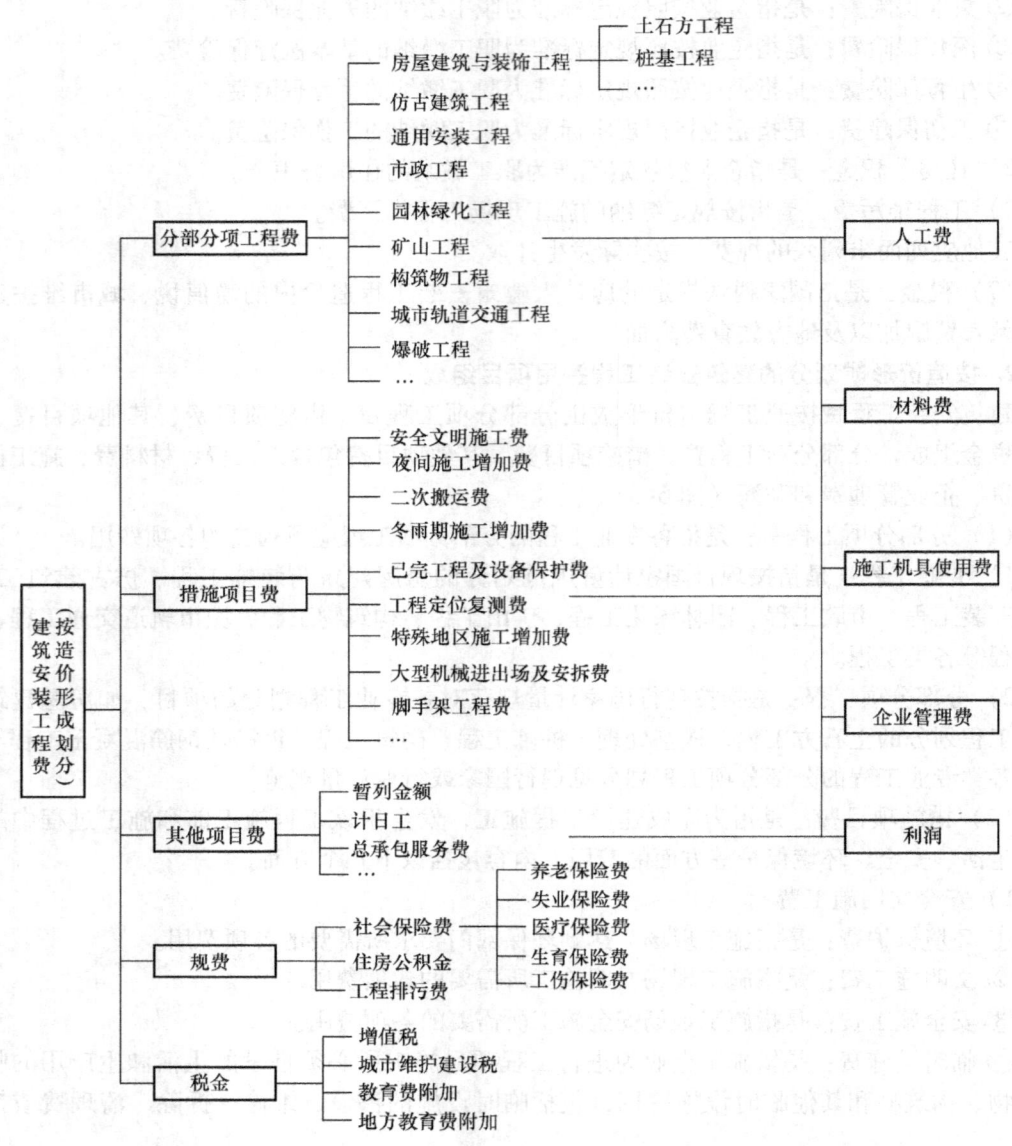

图 6-6 按造价形成划分的建筑安装工程费用项目构成

7）特殊地区施工增加费：是指工程项目在沙漠或其边缘地区、高海拔、高寒、原始森林等特殊地区施工增加的费用。

8）大型机械设备进出场及安拆费：是指机械整体或分体自停放场地运至施工现场或由一个施工地点运至另一个施工地点，所发生的机械进出场运输及转移费用及机械在施工现场进行安装、拆卸所需的人工费、材料费、机械费、试运转费和安装所需的辅助设施的费用。

9）脚手架工程费：是指施工需要的各种脚手架搭、拆、运输费用以及脚手架购置费的摊销（或租赁）费用。

措施项目及其包含的内容详见各类专业工程的现行国家或行业计量规范。

(3) 其他项目费

1) 暂列金额：是指建设单位在工程量清单中暂定并包括在工程项目合同价款中的一笔款项。用于施工合同签订时尚未确定或者不可预见的所需材料、工程设备、服务的采购，施工中可能发生的工程变更、合同约定调整因素出现时的工程价款调整以及发生的索赔、现场签证确认等的费用。

2) 计日工：是指在施工过程中，施工企业完成建设单位提出的施工图样以外的零星项目或工作所需的费用。

3) 总承包服务费：是指总承包人为配合、协调建设单位进行的专业工程项目发包，对建设单位自行采购的材料、工程设备等进行保管以及施工现场管理、竣工资料汇总整理等服务所需的费用。

(4) 规费。定义同按费用构成要素划分的建筑安装工程费用项目组成中的规费。

(5) 税金。定义同按费用构成要素划分的建筑安装工程费用项目组成中的税金。

6.2.3 设备及工器具购置费

设备、工器具购置费用由设备购置费用和工具、器具及生产家具购置费用组成。在工业工程项目中，设备、工器具费用与资本的有机构成相联系，设备、工器具费用占投资费用的比例大小，意味着生产技术的进步和资本有机构成的程度。

1. 设备购置费的组成与计算

设备购置费是指为建设工程购置或自制的达到固定资产标准的设备、工具、器具的费用。所谓固定资产标准，是指使用年限在一年以上，单位价值在国家或各主管部门规定的限额以上。例如，1992 年财政部规定，大、中、小型工业企业固定资产的限额标准分别为 2000 元、1500 元和 1000 元以上。新建项目和扩建项目的新建车间购置或自制的全部设备、工具、器具，不论是否达到固定资产标准，均计入设备、工器具购置费中。设备购置费包括设备原价和设备运杂费，即

$$设备购置费 = 设备原价或进口设备抵岸价 + 设备运杂费 \qquad (6-1)$$

式 (6-1) 中，设备原价是指国产标准设备、非标准设备的原价。设备运杂费是指设备原价中未包括的包装和包装材料费、运输费、装卸费、采购费及仓库保管费、供销部门手续费等。如果设备是由设备成套公司供应的，成套公司的服务费也应计入设备运杂费之中。

(1) 国产标准设备原价。国产标准设备是指按照主管部门颁布的标准图样和技术要求，由设备生产厂批量生产的，符合国家质量检验标准的设备。国产标准设备原价一般是指设备制造厂的交货价，即出厂价。如果设备是由设备成套公司供应的，则以订货合同价为设备原价。有的设备有两种出厂价，即带有备件的出厂价和不带有备件的出厂价。在计算设备原价时，一般按带有备件的出厂价计算。

(2) 国产非标准设备原价。非标准设备是指国家尚无定型标准，各设备生产厂不可能在工艺过程中采用批量生产，只能按一次订货，并根据具体的设备图样制造的设备。非标准设备原价有多种不同的计算方法，如成本计算估价法、系列设备插入估价法、分部组合估价法、定额估价法等。但无论哪种方法都应该使非标准设备计价的准确度接近实际出厂价，并且计算方法要简便。

(3) 进口设备抵岸价的构成及其计算。进口设备抵岸价是指抵达买方边境港口或边境

车站,且交完关税以后的价格。

1) 进口设备的交货方式。进口设备的交货方式可分为内陆交货类、目的地交货类、装运港交货类。

内陆交货类即卖方在出口国内陆的某个地点完成交货任务。在交货地点,卖方及时提交合同规定的货物和有关凭证,并承担交货前的一切费用和风险;买方按时接受货物,交付货款,承担接货后的一切费用和风险,并自行办理出口手续和装运出口。货物的所有权也在交货后由卖方转移给买方。

目的地交货类即卖方要在进口国的港口或内地交货,包括目的港船上交货价、目的港船边交货价(FOS)和目的港码头交货价(关税已付)及完税后交货价(进口国目的地的指定地点)。它们的特点是:买卖双方承担的责任、费用和风险是以目的地约定交货点为分界线,只有当卖方在交货点将货物置于买方控制下才算交货,方能向买方收取货款。这类交货价对卖方来说承担的风险较大,在国际贸易中卖方一般不愿意采用这类交货方式。

装运港交货类即卖方在出口国装运港完成交货任务。主要有装运港船上交货价(FOB),习惯称为离岸价;运费在内价(CFR);运费、保险费在内价(CIF),习惯称为到岸价。它们的特点主要是:卖方按照约定的时间在装运港交货,只要卖方把合同规定的货物装船后提供货运单据便完成交货任务,并可凭单据收回货款。

采用装运港船上交货价(FOB)时卖方的责任是:负责在合同规定的装运港口和规定的期限内,将货物装上买方指定的船只,并及时通知买方;负责货物装船前的一切费用和风险;负责办理出口手续;提供出口国政府或有关方面签发的证件;负责提供有关装运单据。买方的责任是:负责租船或订舱,支付运费,并将船期、船名通知卖方;承担货物装船后的一切费用和风险;负责办理保险及支付保险费,办理在目的港的进口和收货手续;接受卖方提供的有关装运单据,并按合同规定支付货款。

2) 进口设备抵岸价的构成。进口设备如果采用装运港船上交货价(FOB),其抵岸价构成可概括为

$$进口设备抵岸价 = 货价 + 国外运费 + 国外运输保险费 + 银行财务费 + 外贸手续费 + 进口关税 + 增值税 + 消费税 \tag{6-2}$$

① 进口设备的货价,一般可采用下列公式计算

$$货价 = 离岸价(FOB) \times 人民币外汇牌价 \tag{6-3}$$

② 国外运费。我国进口设备大部分采用海洋运输方式,小部分采用铁路运输方式,个别采用航空运输方式。公式为

$$国外运费 = 离岸价 \times 运费率 \tag{6-4}$$

或

$$国外运费 = 运量 \times 单位运价 \tag{6-5}$$

式中,运费率或单位运价参照有关部门或进出口公司的规定。

计算进口设备抵岸价时,再将国外运费换算为人民币。

③ 国外运输保险费。对外贸易货物运输保险是由保险人(保险公司)与被保险人(出口人或进口人)订立保险契约,在被保险人交付议定的保险费后,保险人根据保险契约的规定对货物在运输过程中发生的承保责任范围内的损失给予经济上的补偿。计算公式为

$$国外运输保险费 = \frac{离岸价 + 国际运费}{1 - 国外保险费率} \times 国外保险费率 \qquad (6-6)$$

计算进口设备抵岸价时，再将国外运输保险费换算为人民币。

④ 银行财务费，一般指银行手续费。计算公式为

$$银行财务费 = 离岸价 \times 人民币外汇牌价 \times 银行财务费率 \qquad (6-7)$$

银行财务费率一般为 0.4% ~ 0.5%。

⑤ 外贸手续费：是指按规定的外贸手续费率计取的费用，外贸手续费率一般取 1.5%。计算公式为

$$外贸手续费 = 进口设备到岸价 \times 人民币外汇牌价 \times 外贸手续费率 \qquad (6-8)$$

$$进口设备到岸价(CIF) = 离岸价(FOB) + 国外运费 + 国外运输保险费 \qquad (6-9)$$

⑥ 进口关税。关税是由海关对进出国境的货物和物品征收的一种税，属于流转性课税。计算公式为

$$进口关税 = 到岸价 \times 人民币外汇牌价 \times 进口关税率 \qquad (6-10)$$

⑦ 增值税。增值税是我国政府对从事进口贸易的单位和个人，在进口商品报关进口后征收的税种。我国增值税条例规定，进口应税产品均按组成计税价格，依税率直接计算应纳税额，不扣除任何项目的金额或已纳税额。即

$$进口产品增值税额 = 组成计税价格 \times 增值税率 \qquad (6-11)$$

$$组成计税价格 = 到岸价 \times 人民币外汇牌价 + 进口关税 + 消费税 \qquad (6-12)$$

增值税基本税率为 17%。

⑧ 消费税，对部分进口产品（如轿车等）征收。计算公式为

$$消费税 = \frac{(到岸价 \times 人民币外汇牌价 + 关税)}{1 - 消费税率} \times 消费税率 \qquad (6-13)$$

(4) 设备运杂费

1) 设备运杂费的构成。设备运杂费通常由下列各项构成。

① 国产标准设备由设备制造厂交货地点起至工地仓库（或施工组织设计指定的需要安装设备的堆放地点）止所发生的运费和装卸费。

进口设备则由我国到岸港口、边境车站起至工地仓库（或施工组织设计指定的需要安装设备的堆放地点）止所发生的运费和装卸费。

② 在设备出厂价格中没有包含的设备包装和包装材料器具费；在设备出厂价或进口价设备价格中如已包括了此项费用，则不应重复计算。

③ 供销部门的手续费，按有关部门规定的统一费率计算。

④ 建设单位（或工程承包公司）的采购与仓库保管费。它是指采购、验收、保管和收发设备所发生的各种费用，包括设备采购、保管和管理人员工资、工资附加费、办公费、差旅交通费、设备供应部门办公和仓库所占固定资产使用费、工具用具使用费、劳动保护费、检验试验费等。这些费用可按主管部门规定的采购保管费率计算。

2) 设备运杂费的计算。设备运杂费按设备原价乘以设备运杂费率计算。其计算公式为

$$设备运杂费 = 设备原价 \times 设备运杂费率 \qquad (6-14)$$

式中，设备运杂费率按各部门及省、市等的规定计取。

一般来讲，沿海和交通便利的地区，设备运杂费率相对低一些；内地和交通不很便利的

地区就要相对高一些；偏远省份则要更高一些。对于非标准设备来讲，应尽量就近委托设备制造厂，以大幅度降低设备运杂费。进口设备由于原价较高，国内运距较短，因而运杂费比率应适当降低。

2. 工具、器具及生产家具购置费的组成与计算

工具、器具及生产家具购置费是指新建工程项目或扩建工程项目初步设计规定所必须购置的不够固定资产标准的设备、仪器、工卡模具、器具、生产家具和备品备件的费用。其一般计算公式为

$$\text{工具、器具及生产家具购置费} = \text{设备购置费} \times \text{定额费率} \tag{6-15}$$

6.2.4 工程项目建设其他费用

1. 工程项目建设其他费用

工程项目建设其他费用是指从工程项目筹建到工程项目竣工验收交付使用的整个建设期间，除建筑安装工程费用和设备、工器具购置费以外的，为保证工程建设顺利完成和交付使用后能够正常发挥效用而发生的一些费用。

工程项目建设其他费用，按其内容大体可分为三类：第一类为土地使用费，由于工程项目固定于一定地点与地面相连接，必须占用一定量的土地，也就必然要发生为获得建设用地而支付的费用；第二类是与项目建设有关的费用；第三类是与未来企业生产和经营活动有关的费用。

（1）土地使用费。土地使用费包括的类型有农用土地征用费和取得国有土地使用费。农用土地征用费由土地补偿费、安置补助费、土地投资补偿费、土地管理费、耕地占用税等组成，并按被征用土地的原用途给予补偿。取得国有土地使用费包括：土地使用权出让金、城市建设配套费、拆迁补偿与临时安置补助费等。

（2）与工程项目建设有关的其他费用。与工程项目建设有关的其他费用包括：建设单位开办费、建设单位经费、可行性研究费、研究试验费、勘察设计费、环境影响评价费、劳动安全卫生评价费、临时设施费、工程项目监理费、工程项目保险费、引进技术和进口设备其他费、特殊设备安全监督检验费和市政公用设施费等。

（3）与未来企业生产经营有关的其他费用

1）联合试运转费。联合试运转费是指新建企业或新增加生产工艺过程的扩建企业在竣工验收前，按照设计规定的工程质量标准，进行整个车间的负荷试运转发生的费用支出大于试运转收入的亏损部分。

2）生产准备费。生产准备费是指新建企业或新增生产能力的企业，为保证竣工交付使用进行必要的生产准备所发生的费用。

3）办公和生活家具购置费。办公和生活家具购置费是指为保证新建、改建、扩建工程项目初期正常生产、使用和管理所必须购置的办公和生活家具、用具的费用。

2. 预备费

按我国现行规定，包括基本预备费和涨价预备费。

（1）基本预备费。基本预备费是指在项目实施中可能发生难以预料的支出，需要预先预留的费用，又称不可预见费。主要指设计变更及施工过程中可能增加工程量的费用。计算公式为：

基本预备费 =(设备及工器具购置费 + 建筑安装工程费 + 工程建设其他费用)
× 基本预备费率。 (6-16)

（2）涨价预备费。涨价预备费是指工程项目在建设期内由于价格等变化引起投资增加，需要事先预留的费用。涨价预备费以建筑安装工程费、设备及工器具购置费之和为计算基数。计算公式为：

$$PC = \sum_{t=1}^{n} I_t [(1+f)^t - 1]。 \quad (6\text{-}17)$$

式中，PC 为涨价预备费；I_t 为第 t 年的建筑安装工程费、设备及工器具购置费之和；n 为建设期；f 为建设期价格上涨指数。

3. 建设期利息

建设期利息是指工程项目借款在建设期内发生并计入固定资产的利息。为了简化计算，在编制投资估算时通常假定借款均在每年的年中支用，借款第一年按半年计息，其余各年份按全年计息。计算公式为：

$$各年应计利息 = \left(\frac{年初借款本息累计 + 本年借款额}{2} \right) \times 年利率。 \quad (6\text{-}18)$$

4. 铺底流动资金

铺底流动资金是指生产性建设工程为保证生产和经营正常进行，按规定应列入工程项目总投资的铺底流动资金。一般按流动资金的30%计算。

6.3 工程项目设计阶段的投资管理

6.3.1 设计阶段的划分与目标

设计阶段是决定工程项目使用功能的阶段，也是决定其使用价值的主要阶段，同时是对工程项目费用有重要影响的阶段。这种影响随着设计工作的不断深入而逐渐降低。

设计工作一般可分为初步设计、技术设计和施工图设计等阶段。各阶段设计工作的深度不同，相应费用控制工作的深度和内容也有所不同。一般而言，初步设计着重是对重大技术方案进行技术经济分析；而技术设计和施工图设计，则主要是对比较具体的技术内容进行技术经济分析。在设计阶段的工程项目投资控制工作中，通常要求后一阶段的设计不能推翻前一阶段已确定的主要技术方案，而只能在原来基础上深化。

一个先进的技术方案之所以先进，除了其技术先进的特点之外，常常是因为它具有比其他技术方案更好的经济性。设计阶段投资控制的主要任务，就在于寻找技术与经济两者相结合的最佳点，使所选择的设计方案既具有技术先进性，又具有经济合理性。

6.3.2 设计阶段投资控制的主要措施

1. 限额设计

（1）限额设计基本原理。工程项目限额设计是按照"按费用设计"的理论和方法对工程项目进行的设计。它是设计阶段进行投资控制的一种有效方法。按费用设计（design - to - cost）是国外20世纪70年代发展起来的一种设计思想和方法。按费用设计的主要目的是要设计出具有优良性能，又经济、实用的系统。它强调的是费用应作为与性能、进度同样重要的设计参数。

工程项目限额设计的原理是通过合理确定设计标准、设计规模和设计原则，通过合理确定概预算基础数据，通过层层设计限额，来实现投资限额的控制和管理。限额设计不是一味考虑节约投资，也不是简单地裁减投资，而应该是设计质量的管理目标。它使设计人员由"画了算"转变为"算了画"，可以从根本上解决概算超估算、预算超概算、决算超预算的"三超"现象。

（2）限额设计的过程。工程项目限额设计的全过程实际上是设计阶段投资目标管理的过程，即目标分解与计划、目标实施、目标实施检查、信息反馈的控制循环过程。

（3）限额设计的基本内容

1）提高投资估算的准确性，确定设计限额。

2）初步设计要重视方案选择，在批准的投资限额内，要进一步落实节约投资的措施。若发现重大设计方案或某项费用指标超出批准的投资限额，应及时反映并提出解决问题的办法。

3）把施工图预算严格控制在批准的限额内。必须严格按照批准的初步设计确定的原则、范围、内容、项目和投资额编制预算。

4）加强设计变更管理工作。要建立相应的制度，防止不合理的设计变更造成工程造价的提高。

5）健全和加强设计的经济责任制。要建立设计部门内各专业投资分配考核制度，应在设计开始前，将工程项目投资按专业进行分配，并分段考核。

2. 标准设计

经国家和地方批准的建筑、结构和构件等整套标准技术文件和图样，称为标准设计。各专业设计单位按照本专业需要自行编制的标准设计图纸，称为通用设计。采用标准设计或通用设计，对控制投资有重要意义。标准设计包括的范围如下。

（1）重复建造建筑类型及生产能力相同的企业、单独的房屋和构筑物，都应采用标准设计或通用设计。

（2）对不同用途和要求的建筑物，按照统一的建筑模型、建筑标准、设计规模、技术规定等进行设计。

（3）当整个房屋或构筑物不能定型化时，则应把其中重复出现的部分，如房屋的建筑单元、主要的结构点构造，在构配件标准化基础上定型化。

（4）建筑物和构筑物的柱网、层高及其他构件尺寸的统一化。

（5）建筑物采用的构配件应力求统一化，在基本满足使用要求和修建条件的情况下，尽可能地具有通用互换性。

推广标准设计有益于较大幅度地降低工程费用，具体表现如下。

（1）节省设计费用，大大加快设计速度，缩短设计周期，提高设计质量。

（2）构件预制厂生产标准件，能使工艺定型，容易提高工人技术，且易使生产均衡和提高劳动生产率，以及统一配料、节约材料，有利于构配件生产成本的大幅度降低。

（3）可以使施工准备工作和定制预制件等工作提前，并能大大提高施工速度，既有利于保证工程质量，又能降低建筑安装工程费用。调查材料表明，采用标准构件的工程项目可降低工程造价10%~15%。

(4) 便于贯彻执行各项技术经济政策和各种标准规范及制度。

3. 优化设计方案

对于工程项目来说，设计方案多种多样，只有通过比较各方面才能确定最优的设计方案。优化设计应贯穿工程项目的全过程，设计方案优化的主要目的是论证设计方案技术上是否先进可行、功能上是否满足需要、经济上是否合理、使用上是否安全可靠。优化设计带来的直接效益包括造价的降低、质量的提高、工期的缩短及安全隐患的降低等。

工程项目的参与各方，均有义务提出优化设计建议，项目业主在与设计单位、造价咨询单位、监理单位、招标代理单位、施工单位、设备供应商等签订合同时，要明确优化设计及实施优化设计的激励措施，调动实施优化设计的积极性。例如，南京在长江四桥项目中推出的设计费"奖惩支付"模式，有效调动了设计单位优化方案、降低成本的积极性，使四桥的概算投资较最初方案核减了10多亿元。

多方案的比较和优化要运用价值工程进行经济评估，从中选取技术先进、经济合理的最佳设计方案。经济合理要求工程造价尽量低，而技术先进又有可能造成造价的偏高，要求设计者妥善处理好两者的关系，要在满足使用者要求的情况下尽量降低工程造价。

4. 优选方案设计和工程设计单位，推行设计监理制度

工程项目设计采用招投标制度，将会促进设计人员的竞争意识，提高设计水平和经济核算质量，从而达到优化设计的目的。在设计招标时不能只注意方案招标，而忽略技术设计和施工图设计阶段的招标给工程造价带来的控制问题。另外，我国现行的设计取费依据是按照投资额的百分比来计算的，也就是说造价越高，设计单位的营业收入就越高，这样的取费办法是不合理的，非常不利于设计人员主动地考虑降低造价、节约投资。在设计过程中，如果设计人员能够在满足项目功能的前提下，同时采用新技术和新材料，从而降低了工程的造价，就应该给设计人员一定比例的奖励；对于不合理的设计，设计单位也应承担一定的责任。奖罚分明，利益挂钩，才有利于调动设计人员的积极性，做好设计时的造价控制。

建设监理在控制工程项目造价方面有明显的效果，但在实际工作中，普遍存在重视施工时的监理而忽视设计监理的情况。设计阶段的监理主要是控制工程项目的投资、工期、质量。推行设计监理制度，建立投资控制系统，对设计的全过程实施跟踪检查，可以及时避免设计时出现的失误和缺陷，发挥监理单位作为第三方所起的协调与约束作用，从而优化设计，使限额设计的目标得以实现。

6.3.3 价值工程

6.3.3.1 价值工程的特点及工作程序

1. 价值工程方法及特点

价值工程（Value Engineering，VE）是以提高产品或作业价值为目的，通过有组织的创造性工作，寻求用最低的寿命周期成本，可靠地实现使用者所需功能的一种管理技术。价值工程中所述的"价值"是指作为某种产品（或作业）所具有的功能与获得该功能的全部费用的比值。它不是对象的使用价值，也不是对象的经济价值和交换价值，而是对象的比较价值，是作为评价事物有效程度的一种尺度提出来的。这种关系可用以下公式表示

$$V = \frac{F}{C} \tag{6-19}$$

式中，V 为研究对象的价值；F 为研究对象的功能；C 为研究对象的成本，即寿命周期成本。

由此可见，价值工程涉及价值、功能和寿命周期成本三个基本要素。价值工程具有以下特点。

（1）价值工程的目标是以最低的寿命周期成本，实现产品必须具备的功能，简而言之，就是以提高对象的价值为目标。产品的寿命周期成本由生产成本和使用及维护成本组成。产品的生产成本是指用户购买产品的费用，包括产品的科研、实验、设计、试制、生产、销售等费用及税收和利润等；而产品的使用及维护成本是指用户在使用过程中支付的各种费用的总和，它包括使用过程中的能耗费用、维修费用、人工费用、管理费用等，有时还包括报废拆除所需费用（扣除残值）。

在一定范围内，产品的生产成本和使用及维护成本存在此消彼长的关系。随着产品的功能水平提高，产品的生产成本 C_1 增加，使用及维护成本 C_2 降低；反之，产品的功能水平降低，其生产成本降低，但使用及维护成本会增加。因此，当功能水平逐步提高时，寿命周期成本 $C = C_1 + C_2$，呈马鞍形变化，如图 6-7 所示。寿命周期成本为最小值 $C_{\min}$ 时，所对应的功能水平是从成本考虑的最适宜功能水平。

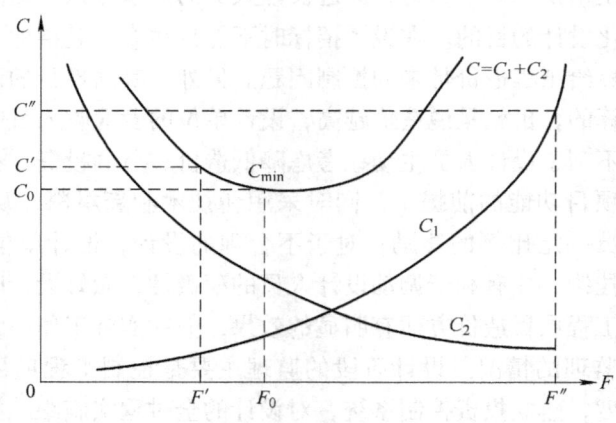

图 6-7　产品功能与成本的关系

从图 6-7 可以看出，在 F' 点，产品功能水平较低，此时虽然生产成本较低，但由于不能满足使用者的基本需要，使用成本较高，因此，寿命周期成本较高；在 F'' 点，虽然使用成本较低，但由于存在着多余的功能，致使生产成本过高；同样，寿命周期成本也较高。只有在 F_0 点，产品功能既能满足用户的需求，又使得寿命周期成本比较低，体现了比较理想的功能与成本之间的关系。

由此可见，工程项目产品的寿命周期成本与其功能是辩证统一的关系。寿命周期成本的降低，不仅关系到生产企业的利益，同时也关系到用户的利益。

（2）价值工程的核心是对产品进行功能分析。价值工程中的功能是指对象能够满足某种要求的一种属性，具体来讲，功能就是效用。如住宅的功能是提供居住空间，建筑物基础的功能是承受荷载，施工机具的作用是有效地完成施工生产任务等。用户向生产企业购买产品，是要求生产企业提供这种产品的功能，而不是产品的具体结构（或零部件）。企业生产的目的，也是通过生产获得用户所期望的功能，而建筑结构等是实现功能的手段。目的是主要的，手段可以广泛地选择。

（3）价值工程将产品价值、功能和成本作为一个整体同时考虑。也就是说，价值工程中对价值、功能、成本的考虑，不是片面和孤立的，而是在确保产品功能的基础上综合考虑生产成本和使用成本，兼顾生产者和用户的利益，从而创造出总体价值最高的产品。

（4）价值工程强调不断改革和创新，开拓新构思和新途径，获得新方案，创造新功能载体，从而简化产品结构，节约原材料，节约能源，绿色环保，提高产品的技术经济效益。因此，开展价值工程，要组织科研、设计、制造、管理、采购、供销、财务等各方面有经验的人员参加，组成一个智力结构合理的集体，发挥各方面、各环节人员的知识、经验和积极性，博采众长地进行产品设计，以达到提高产品价值的目的。

2. 价值工程的工作程序

价值工程的工作程序一般可分为准备、分析、创新和实施与评价四个阶段。其工作步骤实质上就是针对产品功能和成本提出问题、分析问题和解决问题的过程，如表 6-1 所示。

表 6-1 价值工程的工作程序

工作阶段	工作步骤	对应问题
准备阶段	对象选择 组成价值工程工作小组 制订工作计划	（1）价值工作的研究对象是什么 （2）围绕价值工程对象需要做哪些准备工作
分析阶段	收集整理资料 功能定义 功能整理 功能评价	（1）价值工程对象的功能是什么 （2）价值工程对象的成本是什么 （3）价值工程对象的价值是什么
创新阶段	方案创造 方案评价 提案编写	（1）有无其他方法可以实现同样的功能 （2）新方案的成本是什么 （3）新方案能满足要求吗
方案实施与评价阶段	方案审批 方案实施 成果评价	（1）如何保证新方案的实施 （2）价值工程活动的效果如何

6.3.3.2 价值工程的应用

从价值工程方法及其特点可以看出，价值工程方法不是简单的经济评价，也不是降低成本的方法，它是一种在满足功能要求的前提下寻求寿命周期成本最低，即"价值"最高的一种综合管理技术。因此，价值工程应用主要体现在两个方面：一是应用于方案的评价，既可以在多方案中选择价值较高的较优方案，也可以选择价值较低的对象作为改进的对象；二是通过价值工程系统过程活动，寻求提高产品或对象的价值的途径，这也是价值工程应用的重点。总之，在产品形成的各个阶段都可以应用价值工程提高产品的价值。但应注意，在不同的阶段进行价值工程活动，其经济效果的提高幅度却大不相同。对于大型复杂的产品应用价值工程的重点是在产品的研究、设计阶段，产品的设计图样一旦设计完成并投入生产，产品的价值就已基本确定，这时再进行价值工程分析就变得更加复杂。不仅原来的许多工作成果要付之东流，而且改变生产工艺、设备工具等可能会造成很大的浪费，使价值工程活动的技术经济效果大大下降。因此，价值工程活动更侧重产品的研究、设计阶段，以寻求技术突破，取得最佳的综合效果。

从价值工程的工作程序可以看出，价值工程是一个系统过程，本节主要介绍价值工程对象选择的方法、功能评价及新方案创造的方法。

1. 价值工程对象的选择

（1）价值工程对象选择的一般原则。一般来说，选择价值工程的对象需遵循以下原则。

1）从设计方面看，对产品结构复杂、性能和技术指标差距大、体积大、重量大的产品进行价值工程活动，可使产品结构、性能、技术水平得到优化，从而提高产品价值。

2）从生产方面看，对量多面广、关键部件多、工艺复杂、原材料和能源消耗高、废品率高的产品或零部件，特别是对量多、产值比重大的产品，只要成本下降，所取得的经济效果就大。

3）从市场销售方面看，选择用户意见多、系统配套差、维修能力低、竞争力差、利润率低、寿命周期较长、市场上畅销但竞争激烈的产品或零部件；选择新产品、新工艺等。

4）从成本方面看，选择成本高于同类产品、成本比重大的，如材料费、管理费、人工费等。

根据以上原则，对于生产企业，有以下情况之一者，应优先选择为价值工程的对象。

1）结构复杂或落后的产品。

2）制造工序多或制造方法落后及手工劳动较多的产品。

3）原材料种类繁多和互换材料较多的产品。

4）在总体成本中占比重大的产品。

对于由各组成部分组成的产品，应优先选择以下部分作为价值工程的对象。

1）造价高的组成部分。

2）占产品成本比重大的组成部分。

3）数量多的组成部分。

4）体积或重量大的组成部分。

5）加工工序多的组成部分。

6）废品率高和关键的组成部分。

（2）价值工程对象选择的方法。价值工程对象选择往往要兼顾定性分析和定量分析，因此，对象选择的方法有多种，不同方法适用于不同的价值工程对象。应根据具体情况选用适当的方法，以取得较好的效果。常用的方法有以下几种。

1）因素分析法。它又称经验分析法，是指根据价值工程对象选择应考虑的各种因素，凭借分析人员的经验集体研究确定选择对象的一种方法。

因素分析法是一种定性分析方法，依据分析人员经验做出选择，简便易行。特别是在被研究对象彼此相差比较大及时间紧迫的情况下比较适用。在对象选择中还可以将这种方法与其他方法相结合，往往能取得更好的效果。因素分析法的缺点是缺乏定量依据，准确性较差，对象选择的正确与否主要决定于价值工程活动人员的经验及工作态度。为了提高分析的准确程度，可以选择技术水平高、经验丰富、熟悉业务的人员参加，并且要发挥集体智慧，共同确定对象。

2）ABC 分析法。它又称重点选择法或不均匀分布定律法，是指应用数理统计分析的方法来选择对象。这种方法由意大利经济学家帕累托提出，其基本原理为"关键的少数和次要的多数"，抓住关键的少数可以解决问题的大部分。在价值工程中，这种方法的基本思路是：首先将一个产品的各种部件（或企业各种产品）按成本的大小由高到低排列起来，然后绘成费用累计分配图。然后将占总成本 70%～80% 而占零部件总数 10%～20% 的零部件划分为 A 类部件；将占总成本 5%～10% 而占零部件总数 60%～80% 的零部件划分为 C 类；其余为 B 类。其中 A 类零部件是价值工程的主要研究对象。

有些产品不是由各个部件组成，如工程项目等，对这类产品可按费用构成项目分类，如分为管理费、动力费、人工费等，将其中所占比重最大的作为价值工程的重点研究对象。

ABC 分析法以成本比重大的零部件或工序作为研究对象，有利于集中精力重点突破，取得较大效果，同时简便易行，因此，为人们广泛采用。但在实际工作中，有时由于成本分配不合理，造成成本比重不大但用户认为功能重要的对象可能被漏选或排序推后。ABC 分析法的这一缺点可以通过经验分析法、强制确定法等方法修正。

3）强制确定法。这是以功能重要程度作为选择价值工程对象的一种分析方法。具体做法是：先求出分析对象的成本系数、功能系数，然后得出价值系数，以揭示出分析对象的功能与成本之间是否相符。如果不相符，价值低的则被选为价值工程的研究对象。强制确定法的原理应用广泛，价值工程中也可以被运用于功能评价和方案评价。

强制确定法从功能和成本两方面综合考虑，比较适用、简便，不仅能明确揭示出价值工程的研究对象，而且具有数量概念。但这种方法是人为打分，不能准确反映功能差距的大小，只适用于部件间功能差别不太大且比较均匀的对象，而且一次分析的部件数目也不能太多，以不超过 10 个为宜。在零部件很多时，可以先用 ABC 分析法、经验分析法选出重点部件，然后再用强制确定法筛选；也可以用逐层分析法，从部件选起，然后在重点部件中选出重点零件。

4）百分比分析法。这是一种通过分析某种费用或资源对企业的某个技术经济指标的影响程度的大小（百分比）来选择价值工程对象的方法。

2. 价值工程的功能和价值分析

功能分析是价值工程活动的核心，包括功能定义、功能整理、功能计量和功能评价等环节。

（1）功能定义。功能定义就是以简洁的语言对产品的功能加以描述。如在建筑工程中，不论何种形式的基础，其基本功能都是承受并传递给地基。又如，房屋建筑主体结构的基本功能是承受和传递荷载，同时还有美观、分割、维护等功能。功能定义通常采用"动词 + 名词"的形式进行功能描述，如前述的"承受荷载"。通过对功能下定义，可以加深对产品功能的理解，并为以后提出功能代用方案提供依据。

（2）功能整理。在功能定义的基础上需要进行功能整理。功能整理是用系统的观点将已经定义了的功能加以系统化，找出各局部功能相互之间的逻辑关系，并用图表形式表达，以明确产品的功能系统，从而为功能评价和方案构思提供依据。功能整理的结果是形成功能系统图。

功能系统图是按照一定的原则和方式，将定义的功能连接起来，从单个到局部，再从局部到整体而形成的一个完整的功能体系。其一般形式如图 6-8 所示。

在图 6-8 中，从整体功能 F 开始，从左向右逐级展开，在位于不同级的相邻两个功能之间，左边的功能（上级/上位）是右边功能（下级/下位）的目标，而右边的功能（下级/下位）是左边功能（上级/上位）的手段。

（3）功能计量。功能计量是以功能系统图为基础，依据各个功能之间的逻辑关系，以对象整体功能的定量指标为出发点，从左向右地逐级测算、分析，确定出各级功能程度的数量指标，揭示出各级功能领域中有无功能不足或功能过剩，从而为保证必要功能、剔除过剩功能、补足不足功能的后续活动（功能评价、方案创新等）提供定性与定量相结合的依据。

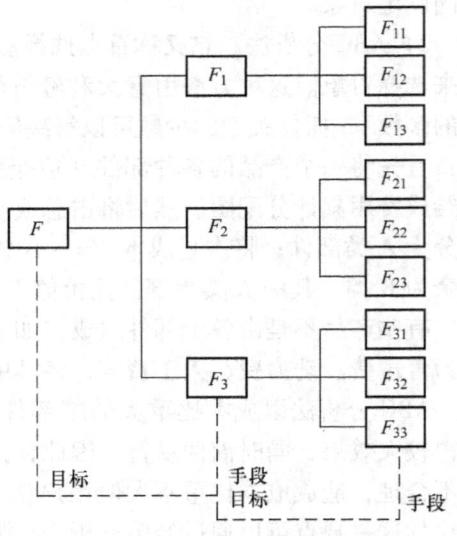

图 6-8　功能系统图

功能的量化方法有很多，如理论计算法、技术测定法、统计分析法、类比类推法、德尔菲法等，可根据具体情况灵活选用。

（4）功能评价。在前述功能定义工作的基础上进行功能评价，即评定功能的价值，是指找出实现功能的最低费用作为功能的目标成本（又称功能评价值），以功能目标成本为基准，通过与功能现实成本的比较，求出两者的比值（功能价值）和两者的差值（改善期望值），然后选择功能价值低、改善期望值大的功能作为价值工程活动的重点对象。功能评价工作可以更准确地选择价值工程的研究对象，同时，制定目标成本，有利于提高价值工程的工作效率。

功能评价的程序如图 6-9 所示。

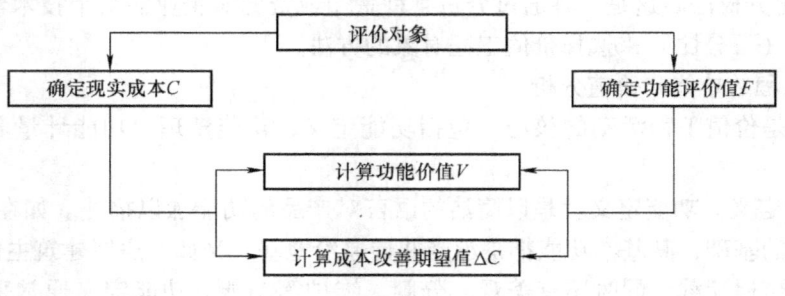

图 6-9　功能评价的程序

1）功能现实成本的计算。功能现实成本的计算与一般的传统成本核算既有相同点，也有不同之处。两者的相同点是指它们在成本费用的构成项目上是完全相同的，如建筑产品成本费用都是由人工费、材料费、施工机具使用费、规费、企业管理费等构成；两者的不同之处在于功能现实成本的计算是以对象的功能为单位，而传统的成本核算以产品或零部件为单位。因此，在计算功能现实成本时，就需要根据传统的成本核算资料，将产品或零部件的现实成本换算成功能的现实成本。

表 6-2 所示即为一项功能由若干零部件组成或一个零部件具有几个功能的情形。由零部件成本可以计算功能成本。

表 6-2 功能现实成本计算表

零部件			功能区或功能领域					
序号	名称	成本/元	F_1	F_2	F_3	F_4	F_5	F_6
1	甲	300	100		100			100
2	乙	500		50	150	200		100
3	丙	60				40		20
4	丁	140	50	40			50	
		C	C_1	C_2	C_3	C_4	C_5	C_6
合计		1000	150	90	250	240	50	220

2) 成本指数的计算。成本指数是指评价对象的现实成本在全部成本中所占的比率。其计算公式如下

$$\text{第} i \text{个评价对象的成本指数} C_I = \frac{\text{第} i \text{个评价对象的现实成本} C_i}{\text{全部成本}} \tag{6-20}$$

3) 功能评价值 F 的计算。对象的功能评价值 F（目标成本），是指可靠地实现用户要求功能的最低成本，它可以理解为企业有把握，或者说应该达到的实现用户要求功能的最低成本。从企业目标的角度来看，功能评价值可以看成是企业预期的、理想的成本目标值。功能评价值一般以货币价值的形式表达。

功能的现实成本较易确定，而功能评价值较难确定。求功能评价值的方法较多，本部分仅介绍功能重要性系数评价法。

功能重要性系数评价法是一种根据功能重要性系数确定功能评价值的方法。这种方法是把功能划分为几个功能区（即子系统），并根据各功能区的重要程度和复杂程度，确定各个功能区在总功能中所占的比重，即功能重要性系数。然后将产品的目标成本按功能重要性系数分配给各功能区作为该功能区的目标成本，即功能评价值。

功能重要性系数又称功能系数或功能指数，是指评价对象（如零部件等）的功能在整体功能中所占的比率。确定功能重要性系数的关键是对功能进行打分，常用的打分方法有强制打分法、多比例评分法、逻辑评分法、环比评分法等。这里主要介绍强制打分法。

强制打分法又称 FD 法，主要包括 0-1 评分法和 0-4 评分法两种方法，它是采用一定的评分规则，采用强制对比打分来评定评价对象的功能重要性。

0-1 评分法是一定数量的专业人员（一般为 5~15 名对产品熟悉的人员）参加功能的评价。首先按照功能重要程度——对比打分，重要的打 1 分，相对不重要的打 0 分，如表 6-3 所示。表 6-3 中，要分析的对象（零部件）自己与自己相比不得分，用"×"表示。最后，根据每个参与人员选择该零部件得到的功能重要性系数 W_i，可以得到该零部件的功能性重要性系数平均值 W，即

$$W = \frac{\sum_{i=1}^{k} W_i}{k} \quad (6-21)$$

式中，k 为参加功能评价的人数。

为了避免不重要的功能得零分，可将各功能累计得分加 1 分进行修正，用修正后的总分分别去除各功能累计得分即得到功能重要性系数。

表 6-3 功能重要性系数计算

零部件	A	B	C	D	E	功能总分	修正得分	功能重要性系数
A	×	1	1	0	1	3	4	0.267
B	0	×	1	0	1	2	3	0.200
C	0	0	×	0	1	1	2	0.133
D	1	1	1	×	1	4	5	0.333
E	0	0	0	0	×	0	1	0.067
合计						10	15	1.000

强制确定打分法适用于被评价对象在功能重要程度上的差异不太大，并且评价对象子功能数目不太多的情况。

以各部件功能得分占总分的比例确定各部件功能评价指数，即

$$\text{第 } i \text{ 个评价对象的功能指数} F_I = \frac{\text{第 } i \text{ 个评价对象的功能得分值} F_i}{\text{全部功能得分值}} \quad (6-22)$$

功能评价指数大，说明功能重要；功能评价指数小，说明功能不太重要。

根据功能重要性系数（功能指数）即可确定功能评价值，作为新产品设计时各功能的评价值或既有产品功能评价值。

新产品设计的情形：一般在产品设计之前，根据市场供需情况、价格、企业利润与成本水平，已初步设计了总的目标成本。因此，在功能重要性系数（功能指数）确定之后，就可将新产品设定的目标成本（如 800 元）按已有的功能重要性系数加以分配计算，求得各个功能区的功能评价值，并将此功能评价值作为功能的目标成本，如表 6-4 所示。

表 6-4 新产品功能评价计算

功能区（1）	功能重要性系数（2）	功能评价值 $F(3) = (2) \times 800$ 元
F_1	0.47	376 元
F_2	0.32	256 元
F_3	0.16	128 元
F_4	0.05	40 元
合计	1.00	800 元

既有产品的改进设计情形：既有产品应以现实成本为基础确定功能评价值，进而确定功能的目标成本。由于既有产品已有现实成本，就没有必要再假定目标成本。但是，既有产品的现实成本原已分配到各功能区中去的比例不一定合理，这就需要根据改进设计中新确定的功能重要性系数，重新分配既有产品的原有成本。通过计算各功能区新分配成本与原分配成

本之间的差异，正确分析和处理这些差异，就能合理确定各功能区的目标功能评价值，即功能区的目标成本。假设既有产品的现实成本为 500 元，计算出功能评价值或目标成本，如表 6-5 所示。

表 6-5　既有产品功能评价值计算

功能区	功能现实成本 C/元 (1)	功能重要性系数 (2)	根据产品现实成本和功能重要性系数重新分配的功能区成本/元 (3) = (2) × 500	功能评价值 F（或目标成本）/元 (4)	成本降低幅度/元 $\Delta C = (C - F)$ (5)
F_1	130	0.47	235	130	—
F_2	200	0.32	160	160	40
F_3	80	0.16	80	80	—
F_4	90	0.05	25	25	65
合计	500	1.00	500	395	105

表 6-5 第（3）栏是把产品的现实成本 $C = 500$ 元，按改进设计方案的新功能重要性系数重新分配给各功能区的结果。此分配结果可能有三种情况。

① 功能区新分配的成本等于现实成本。如 F_3 就属于这种情况。此时应以现实成本作为功能评价值 F。

② 新分配成本小于现实成本。如 F_2 和 F_4 就属于这种情况。此时应以新分配的成本作为功能评价值 F。

③ 新分配的成本大于现实成本。如 F_1 就属于这种情况。为什么会出现这种情况，需进行具体分析。如果是因为功能重要性系数定高了，经过分析后可以将其适当降低。因功能重要性系数确定过高可能会存在多余功能，如果是这样，先调整功能重要性系数，再定功能评价值。如因成本确实投入太少而不能保证必要的功能，可以允许适当提高一些。除此之外，即可用目前成本作为功能评价值 F。

（5）功能价值 V 的计算及分析。通过计算和分析对象的价值 V，可以分析成本功能的合理匹配程度。功能价值 V 的计算方法可分为两大类，即功能成本法和功能指数法。

1）功能成本法。它又称绝对值法，是通过一定的测算方法，测定实现应有功能所必须消耗的最低成本，同时计算为实现应有功能所耗费的现实成本，经过分析、对比，求得对象价值系数和成本降低期望值，确定价值工程的改进对象。其表达式为：

$$\text{第 } i \text{ 个评价对象的价值系数 } V = \frac{\text{第 } i \text{ 个评价对象的功能评价值 } F}{\text{第 } i \text{ 个评价对象的现实成本 } C} \quad (6-23)$$

根据上述计算公式，功能的价值系数计算结果有以下三种情况。

① $V = 1$，即功能评价值等于功能现实成本。这表明评价对象的功能现实成本与实现功能所必需的最低成本大致相当。此时，说明评价对象的价值为最佳，一般无须改进。

② $V < 1$，即功能现实成本大于功能评价值。表明评价对象的现实成本偏高，而功能要求不高。这时，一种可能是由于存在着过剩的功能，另一种可能是功能虽无过剩，但实现功能的条件或方法不佳，以致使实现功能的成本大于功能的实际需要。这两种情况都应列入功能改进的范围，并且以剔除过剩功能及降低现实成本为改进方向，使成本与功能比例趋于合理。

③ $V > 1$，即功能现实成本小于功能评价值，表明该部件功能比较重要，但分配的成本较少。此时，应进行具体分析，功能与成本的分配问题可能已较理想，或者有不必要的功能，或者应该提高成本。

应注意一个情况，即 $V = 0$ 时，要进一步分析。如果是不必要的功能，该部件应取消；但如果是最不重要的必要功能，则要根据实际情况处理。

2）功能指数法，又称相对值法。在功能指数法中，功能的价值用价值指数 V_I 来表示，它是通过评定各对象功能的重要程度，用功能指数来表示其功能程度的大小，然后将评价对象的功能指数与相对应的成本指数进行比较，得出该评价对象的价值指数，从而确定改进对象，并求出该对象的成本改进期望值。其表达式如下：

$$\text{第 } i \text{ 个评价对象的价值指数} V_I = \frac{\text{第 } i \text{ 个评价对象的功能指数} F_I}{\text{第 } i \text{ 个评价对象的成本指数} C_I} \tag{6-24}$$

功能指数法的特点是用归一化数值来表达功能程度的大小，以便使系统内部的功能与成本具有可比性，由于评价对象的功能水平和成本水平都用它们在总体中所占的比率来表示，因此在功能指数法中，价值指数用来作为评定对象功能价值的指标。

价值指数的计算结果有以下三种情况。

① $V_I = 1$，评价对象的功能比重与成本比重大致平衡，合理分配，可以认为功能的现实成本是比较合理的。

② $V_I < 1$，评价对象的成本比重大于其功能比重，表明相对于系统内的其他对象而言，目前所占的成本偏高，从而会导致该对象的功能过剩。应将评价对象列为改进对象，改善方向主要是降低成本。

③ $V_I > 1$，评价对象的成本比重小于其功能比重。出现这种情况的原因可能有三种：第一，由于现实成本偏低，不能满足评价对象实现其应具有的功能的要求，致使对象功能偏低，这种情况应列为改进对象，改善方向是增加成本；第二，对象目前具有的功能已经超过其应该具有的水平，也即存在过剩功能，这种情况也应列为改进对象，改善方向是降低功能水平；第三，对象在技术、经济等方面具有某些特征，在客观上存在着功能很重要而消耗的成本却很少的情况，这种情况一般不列为改进对象。

3. 价值工程新方案创造

方案创造是从提高对象的功能价值出发，在正确的功能分析和评价基础上，针对应改进的具体目标，通过创造性的思维活动，提出能够可靠地实现必要功能的新方案。方案创造是价值工程实现预期目标、最终取得成功的关键一步。前面的工作做得再好，如果不能创造出高价值的创新方案，也就不会产生好的效果。所以，从价值工程技术实践来看，方案创造是决定价值工程成败的关键阶段。

方案创造的理论依据是功能载体具有可替代性。这种功能载体替代的重点应放在以功能新产品替代原有产品和以功能创新的结构替代原有结构方案。而方案创造的过程是思想高度活跃地进行创造性开发的过程。为了引导和启发创造性的思考，比较常用的方法有以下几种。

（1）头脑风暴法（Brain Storming，BS）。头脑风暴法是指自由奔放地思考问题。具体地说，就是由对改进对象有较深了解的人员组成的小集体在非常融洽和不受任何限制的气氛中进行讨论、座谈，打破常规，积极思考，互相启发，集思广益，提出创新方案。这种方法可使获得的方案新颖、全面、富于创造性，并可以防止片面和遗漏。

这种方法以 5~10 人的小型会议的方式进行，会议的主持者应熟悉研究对象，思想活跃，知识面广，善于启发引导，使会议气氛融洽，使与会者广开思路，畅所欲言。会议应按以下原则进行。

1）欢迎畅所欲言，自由地发表意见。
2）希望提出的方案越多越好。
3）对所有提出的方案不加任何评价。
4）要求结合别人的意见提出设想，借题发挥。
5）会议应有记录，以便于整理研究。

（2）哥顿（Gordon）法。这是美国人歌顿在 1964 年提出的方法。这个方法也是在会议上提出方案，但究竟研究什么问题，目的是什么，只有会议的主持人知道，以免其他人受约束。例如，想要研究试制一种新型剪板机，主持会议者请大家就如何把东西切断和分离提出方案。当会议进行到一定时机，再宣布会议的具体要求，在此联想的基础上研究和提出各种新的具体方案。这种方法的指导思想是把要研究的问题适当抽象，以利于开拓思路。在研究到新方案时，会议主持人开始并不全部摊开要解决的问题，而是只对大家做一番抽象笼统的介绍，要求大家提出各种设想，以激发出有价值的创新方案。这种方法要求会议主持人机智灵活、提问得当。提问太具体，容易限制思路；提问太抽象，则方案可能离题太远。

（3）专家意见法。这种方法又称德尔菲（Delphi）法，是由组织者将研究对象的问题和要求，函寄给若干有关专家，使他们在互不商量的情况下提出各种建议和设想，专家返回设想意见，经整理分析后，归纳出若干较合理的方案和建议，再函寄给有关专家征求意见，再回收整理，如此经过几次反复后，专家意见趋向一致，从而最后确定出新的功能实现方案。这种方法的特点是专家们彼此不见面，研究问题时间充裕，可以无顾虑、不受约束地从各种角度提出意见和方案。缺点是花费时间较长，缺乏面对面的交谈和商议。

（4）专家检查法。这个方法不是靠大家想办法，而由三管设计的工程师做出设计，提出完成所需要功能的办法和生产工艺，然后请各方面的专家（材料、生产工艺、工艺装备、成本管理、采购等方面）审查。这种方法由熟悉的人进行审查，提高了效率。

6.4 工程项目招投标阶段的投资管理

6.4.1 招标控制价的编制

工程项目招标是招标人选择工程承包商、确定工程合同价格的过程。招标人在组织工程招标的过程中，最重要的工作是编制招标文件和确定合同价格。为了合理确定合同价格，招标人可以确定某个价格作为评标的依据，并组织工程项目招标。

按照我国现行规定，工程量清单计价已成为招标中的主要计价方式，按工程量清单计价方式编制的招标控制价将逐渐取代传统的标底，从而起到杜绝围标、串标，有效控制工程项目投资的作用。

6.4.1.1 工程量清单概述

1. 工程量清单

工程量清单是载明工程项目中分部分项工程项目、措施项目、其他项目的名称和相应数量及规费、税金项目等内容的明细清单。工程量清单分为以下两类。

（1）招标工程量清单。招标人依据国家标准、招标文件、设计文件及施工现场实际情况编制的，随招标文件发布供投标报价的工程量清单，包括其说明和表格。

（2）已标价工程量清单。构成合同文件组成部分的投标文件中已标明价格，经算术性错误修正（如有）且承包人已确认的工程量清单，包括其说明和表格。

2. 工程量清单的主要作用

（1）在招投标阶段，招标工程量清单为投标人的投标竞争提供了一个平等和共同的基础。工程量清单将要求投标人完成的工程项目及其相应工程实体数量全部列出，为投标人提供拟建工程项目的基本内容、实体数量和质量要求等信息。这使所有投标人所掌握的信息相同，受到的待遇是客观、公正和公平的。

（2）工程量清单是工程项目计价的依据。在招标投标过程中，招标人根据工程量清单编制招标工程的招标控制价；投标人按照工程量清单所表述的内容，依据企业定额计算投标价格，自主填报工程量清单所列项目的单价与合价。

（3）工程量清单是工程付款和结算的依据。发包人根据承包人是否完成工程量清单规定的内容，以投标时在工程量清单中所报的单价作为支付工程进度款和进行结算的依据。

（4）工程量清单是调整工程量、进行工程索赔的依据。在发生工程变更、索赔、增加新的工程项目等情况时，可以选用或者参照工程量清单中的分部分项工程或计价项目与合同单价来确定变更工程项目或索赔工程项目的单价和相关费用。

3. 工程量清单的适用范围

（1）工程量清单适用于工程项目发承包及实施阶段的计价活动，包括工程量清单的编制、招标控制价的编制、投标报价的编制、工程合同价款的约定、工程施工过程中计量与合同价款的支付、索赔与现场签证、竣工结算的办理和合同价款争议的解决以及工程造价鉴定等活动。

（2）现行计价规范规定，使用国有资金投资的发承包工程项目，必须采用工程量清单计价。

（3）对于非国有资金投资的工程项目，是否采用工程量清单方式计价由项目业主自主确定。当确定采用工程量清单计价时，则按现行计价规范规定执行；对于不采用工程量清单计价的工程项目，除不执行工程量清单计价的专门性规定外，仍应执行现行计价规范规定的工程价款调整、工程计量和价款支付、索赔与现场签证、竣工结算以及工程造价争议处理等条文。

6.4.1.2 工程量清单编制

工程量清单应由具有编制能力的招标人或受其委托、具有相应资质的工程造价咨询人编制。采用工程量清单方式招标，招标工程量清单必须作为招标文件的组成部分，其准确性和完整性由招标人负责。

工程量清单由分部分项工程量清单、措施项目清单、其他项目清单、规费项目清单、税金项目清单组成。

工程量清单编制的依据有：①现行计价规范和相关工程的国家计量规范；②国家或省级、行业建设主管部门颁发的计价定额和办法；③工程项目设计文件及相关资料；④与工程项目有关的标准、规范、技术资料；⑤拟定的招标文件；⑥施工现场情况、地勘水文资料、工程特点及常规施工方案；⑦其他相关资料。

1. 分部分项工程项目清单

分部分项工程项目清单为不可调整的闭口清单。在投标阶段，投标人对招标文件提供的分部分项工程项目清单必须逐一计价，对清单所列内容不允许进行任何更改变动。投标人如果认为清单内容有不妥或遗漏，只能通过质疑的方式由清单编制人做统一的修改更正。清单编制人应将修正后的工程量清单发往所有投标人。

分部分项工程量清单应按《建设工程工程量清单计价规范》的规定，确定项目编码、项目名称、项目特征、计量单位，并按不同专业工程量计量规范给出的工程量计算规则，进行工程量的计算。

2. 措施项目清单编制

措施项目清单为可调整清单，投标人对招标文件中所列项目，可根据企业自身特点做适当的变更增减。投标人要对工程项目可能发生的措施项目和措施费用做通盘考虑，清单一经报出，即被认为是包括了所有应该发生的措施项目的全部费用。如果报出的清单中没有列项，且施工中又必须发生的项目，业主有权认为其已经综合在分部分项工程量清单的综合单价中，将来措施项目发生时投标人不得以任何借口提出索赔与调整。

现行计价规范中，将措施项目分为能计量的和不能计量的两类。

对能计量的措施项目（即单价措施项目），同分部分项工程量一样，编制措施项目清单时应列出项目编码、项目名称、项目特征、计量单位，并按现行计量规范规定，采用对应的工程量计算规则计算其工程量。

对不能计量的措施项目（即总价措施项目），措施项目清单中仅列出了项目编码、项目名称，但未列出项目特征、计量单位的项目，在编制措施项目清单时，应按现行计量规范附录（措施项目）的规定执行。

由于工程项目建设施工的特点和承包人组织施工生产的施工装备水平、施工方案及其管理水平的差异，同一工程、不同的承包人组织施工采用的施工措施并不完全一致，因此，措施项目清单应根据拟建工程和承包人的实际情况列项。

3. 其他项目清单编制

其他项目清单是指因招标人的特殊要求而发生的与拟建工程项目有关的其他费用项目和相应数量的清单。其他项目清单应根据拟建工程项目的具体情况列项。

（1）暂列金额。暂列金额是招标人暂定并包括在合同中的一笔款项。中标人只有按照合同约定程序，实际发生了暂列金额所包含的工作，才能将其纳入合同结算价款中。扣除实际发生金额后的暂列金额余额仍属于招标人所有。

（2）暂估价。暂估价包括材料暂估价、工程设备暂估价和专业工程暂估价。暂估价中的材料、工程设备暂估单价应根据工程造价信息或参照市场价格估算，列出明细表；专业工程暂估价应分不同专业，按有关计价规定估算，列出明细表。

一般而言，为方便合同管理和计价，需要纳入分部分项工程量清单项目综合单价中的暂估价则最好只是材料、工程设备费，以方便投标人组价。对专业工程暂估价一般应是综合暂估价，应当包括除规费、税金以外的管理费、利润等。

（3）计日工。计日工是为了解决现场发生的零星工作的计价而设立的。计日工对完成零星工作所消耗的人工工时、材料数量、施工机械台班进行计量，并按照计日工表中填报的适用项目的单价进行计价支付。

计日工适用的零星工作一般是指合同约定之外的或者因变更而产生的、工程量清单中没有相应项目的额外工作,尤其是那些时间不允许事先商定价格的额外工作。为了获得合理的计日工单价,在计日工表中一定要尽可能把项目列全,并给出一个比较贴近实际的暂定数量。

(4) 总承包服务费。总承包服务费是为了解决招标人在法律、法规允许的条件下进行专业工程发包及自行采购供应材料、设备时,要求总承包人对发包的专业工程提供协调和配合服务(如分包人使用总包人的脚手架、水电接驳等);对供应的材料、设备提供收、发和保管服务及对施工现场进行统一管理;对竣工资料进行统一汇总整理等发生并向总承包人支付的费用。招标人应当预计该项费用并按投标人的投标报价向投标人支付该项费用。

4. 规费项目清单编制

规费是指按国家法律、法规规定,由省级政府和省级有关权力部门规定必须缴纳或计取的费用。

5. 税金项目清单编制

目前国家税法规定应计入建筑安装工程造价内的税种。如果国家税法发生变化或地方政府及税务部门依据职权对税种进行了调整,应对税金项目清单进行相应调整。

6.4.1.3 工程量清单计价方法

工程量清单计价是按照工程造价的构成分别计算各类费用,再经过汇总而得。计算方法公式为:

$$\text{分部分项工程费} = \sum \text{分部分项工程量} \times \text{分部分项工程综合单价} \quad (6\text{-}25)$$

$$\text{措施项目费} = \sum \text{措施项目工程量} \times \text{措施项目综合单价} + \sum \text{单项措施费} \quad (6\text{-}26)$$

$$\text{单位工程造价} = \text{分部分项工程费} + \text{措施项目费} + \text{其他项目费} + \text{规费} + \text{税金} \quad (6\text{-}27)$$

$$\text{单项工程造价} = \sum \text{单位工程造价} \quad (6\text{-}28)$$

$$\text{建设项目造价} = \sum \text{单项工程造价} \quad (6\text{-}29)$$

6.4.1.4 招标控制价及确定方法

招标控制价是招标人根据国家或省级、行业建设主管部门颁发的有关计价依据和办法,以及拟定的招标文件和招标工程量清单,结合工程具体情况编制的招标工程的最高投标限价。

1. 招标控制价的编制原则

《建设工程工程量清单计价规范》GB 50500—2013 规定,国有资金投资的工程项目招标,招标人必须编制招标控制价。招标控制价应由具有编制能力的招标人或受其委托具有相应资质的工程造价咨询人编制和复核。工程造价咨询人接受招标人委托编制招标控制价,不得再就同一工程接受投标人委托编制投标报价。

2. 招标控制价的编制方法

(1) 招标控制价的编制流程如图 6-10 所示。

(2) 各项费用及税金的确定方法

1) 分部分项工程费的确定。分部分项工程费由各分项工程的综合单价与对应的工程量(清单所列工程量)相乘后汇总而得。

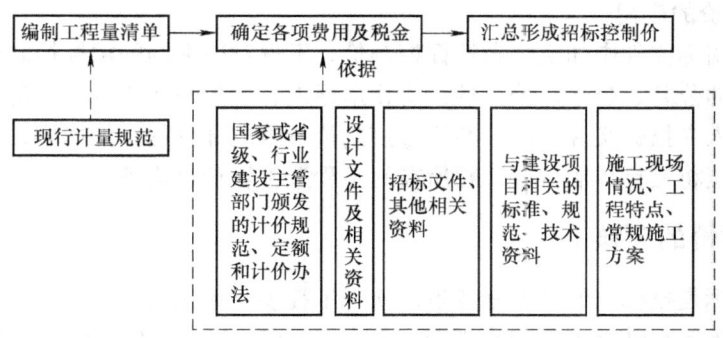

图6-10 招标控制价的编制流程

综合单价应根据拟定的招标文件和招标工程量清单项目中的特征描述及有关要求确定，综合单价还应包括招标文件中划分的应由投标人承担的风险范围及其费用。工程量按国家有关行政主管部门颁布的不同专业的工程量计算规范确定。

如招标文件提供了暂估单价材料的，按暂估的单价计入综合单价。

2）措施项目费的确定。措施项目应按招标文件中提供的措施项目清单确定，措施项目采用分部分项工程综合单价形式进行计价的工程量，应按措施项目清单中的工程量确定综合单价；以"项"为单位的方式计价的，价格包括除规费、税金以外的全部费用。措施项目费中的安全文明施工费应当按照国家或省级、行业建设主管部门的规定标准计价。

3）其他项目费的确定

① 暂列金额。该项金额应按招标工程量清单中列出的金额填写。

② 暂估价。暂估价中的材料、工程设备单价、控制价应按招标工程量清单列出的单价计入综合单价。暂估价中专业工程金额应按招标工程量清单中列出的金额填写。

③ 计日工。编制招标控制价时，对计日工中的人工单价和施工机械台班单价应按省级、行业建设主管部门或其授权的工程造价管理机构公布的单价计算；材料应按工程造价管理机构发布的工程造价信息中的材料单价计算，工程造价信息未发布材料单价的，其价格应按市场调查确定的单价计算。

④ 总承包服务费。编制招标控制价时，总承包服务费应按照省级或行业建设主管部门的规定计算，或参考相关规范计算。在现行计价规范条文的说明中，总承包服务费的参考值如下。

当招标人仅要求总包人对其发包的专业工程进行现场协调和统一管理、对竣工资料进行统一汇总整理等服务时，总包服务费按发包的专业工程估算造价的1.5%左右计算。

当招标人要求总包人对其发包的专业工程既进行总承包管理和协调，又要求提供相应配合服务时，总承包服务费根据招标文件列出的配合服务内容，按发包的专业工程估算造价的3%~5%计算。

招标人自行供应材料、设备的，按招标人供应材料、设备价值的1%计算。暂列金额、暂估价如招标工程量清单未列出金额或单价时，编制招标控制价时必须明确。

4）规费和税金的确定。规费和税金应按国家或省级、行业建设主管部门规定的标准计算。

3. 招标控制价的应用

招标人应在招标文件中如实公布招标控制价，不得对所编制的招标控制价进行上浮或下调。为体现招标的公开、公平、公正性，防止招标人有意抬高或压低工程造价，给投标人以错误信息，招标人在招标文件中应公布招标控制价各组成部分的详细内容，不得只公布招标控制价总价，并应将招标控制价报工程所在地工程造价管理机构备查。

6.4.2 投标报价的审核

工程项目投标是投标人通过投标竞争，获得工程项目承包权的一种方法。投标价是投标人投标时，响应招标文件要求所报出的对已标价工程量清单（或项目涉及的工作内容）汇总后标明的总价。它是投标人对拟建工程项目的期望价格。

招标人必须熟悉投标人投标报价的流程、方法和可能采取的投标策略，才能提高投标价格的审核质量，选择到一个报价合理、实力雄厚的承包商。在工程项目实施阶段，监理工程师也应该了解承包商综合单价的确定方法，以便在进行工程项目变更和工程项目索赔处理时，合理确定合同中无价格参考依据的项目的价格（或单价）。

6.4.2.1 投标价格的编制

1. 编制原则

（1）投标价格应由投标人或受其委托具有相应资质的工程造价咨询人编制。

（2）投标人应依据行业部门的相关规定自主确定投标报价。

（3）执行工程量清单招标的，投标人必须按招标工程量清单填报价格。项目编码、项目名称、项目特征、计量单位、工程量必须与招标工程量清单一致。

（4）投标人的投标报价不得低于工程项目成本。

（5）投标人的投标报价高于招标控制价的应予废标。

2. 编制流程

投标价格的编制流程如图6-11所示。由图可知，投标价格的编制流程虽与招标控制价格有相似之处，但却复杂一些，其关键问题是要合理地确定各项目的综合单价。投标报价既要保证没有遗漏的项目与费用，又要使其具有竞争性。

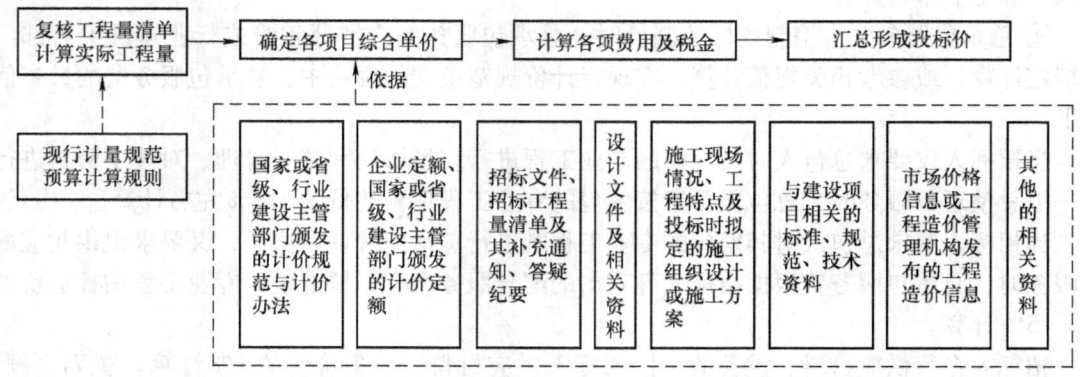

图6-11 投标报价的编制流程

6.4.2.2 投标报价审核方法

投标人编制投标价格，可采用工料单价法或综合单价法，编制方法选用取决于招标文件规定的合同形式。当拟建工程项目采用总价合同形式时，投标人应按规定对整个工程项目涉及的工作内容做出总报价。当拟建工程项目采用单价合同形式时，投标人关键是要正确估算出各分部分项工程项目的综合单价。

1. 投标报价的审核内容

（1）分部分项工程和措施项目报价的审核

1）分部分项工程和措施项目中的综合单价审核

① 综合单价的确定依据。投标人投标报价时应依据招标工程量清单项目的特征描述确定清单项目的综合单价。在招投标过程中，当出现招标工程量清单特征描述与设计图样不符时，投标人应以招标工程量清单的项目特征描述为准，确定投标报价的综合单价。若在施工中施工图样或设计变更导致项目特征与招标工程量清单项目特征描述不一致时，发承包双方应按实际施工的项目特征依据合同约定重新确定综合单价。

② 材料、工程设备暂估价。招标工程量清单中提供了暂估单价的材料、工程设备，按暂估的单价计入综合单价。

③ 风险费用。招标文件中要求投标人承担的风险内容和范围，投标人应将其考虑到综合单价中。在施工过程中，当出现的风险内容及其范围（幅度）在招标文件规定的范围内时，合同价款不做调整。

2）措施项目中的总价项目的报价审核。招标人提出的措施项目清单是根据一般情况确定的，由于各投标人拥有的施工装备、技术水平和采用的施工方法有所差异，投标人投标时应根据自身编制的投标施工组织设计（或施工方案）确定措施项目及报价，投标人根据投标施工组织设计（或施工方案）调整和确定的措施项目应通过评标委员会的评审。措施项目中的安全文明施工费应按照国家或省级、行业建设主管部门的规定计算，不作为竞争性费用。

（2）其他项目费的审核

1）暂列金额应按照招标工程量清单中列出的金额填写，不得变动。

2）暂估价不得变动和更改。暂估价中的材料、工程设备必须按照暂估单价计入综合单价；专业工程暂估价必须按照招标工程量清单中列出的金额填写。

3）计日工应按照招标工程量清单列出的项目和估算的数量，自主确定综合单价并计算计日工金额。

4）总承包服务费应根据招标工程量列出的专业工程暂估价内容和供应材料、设备情况，按照招标人提出的协调、配合与服务要求和施工现场管理需要自主确定。

（3）规费和税金的审核。规费和税金必须按国家或省级、行业建设主管部门的规定计算，不得作为竞争性费用。

2. 投标报价审核要点

（1）招标工程量清单与计价表中列明的所有需要填写单价和合价的项目，投标人均应填写且只允许有一个报价。未填写单价和合价的项目，视为此项费用已包含在已标价工程量清单中其他项目的单价和合价之中。当竣工结算时，此项目不得重新组价予以调整。

（2）投标总价应与分部分项工程费、措施项目费、其他项目费和规费、税金的合计金额一致。即投标人在进行工程量清单招标的投标报价时，不能进行投标总价优惠（或降价、让利），投标人对投标报价的任何优惠（如降价、让利）均应反映在相应清单项目的综合单价中。

6.4.3 合同价款的约定

合同价款的一般约定包括以下几点内容。

（1）实行招标的工程合同价款应在中标通知书发出之日起30日内，由承发包双方依据招标文件和中标人的投标文件在书面合同中约定。

合同约定不得违背招标、投标文件中关于工期、造价、质量等方面的实质性内容。招、投标文件中不一致的地方应以投标文件为准。

（2）不实行招标的工程合同价款，应在承发包双方认可的工程价款基础上，由承发包双方在书面合同中约定。

（3）实行工程量清单计价的工程，应采用单价合同；建设规模小，技术难度较低，工期较短，且施工图设计已审查批准的工程项目可采用总价合同；紧急抢险、救灾及施工技术特别复杂的工程可采用成本加酬金合同。

6.5 工程项目施工阶段的投资管理

6.5.1 资金使用计划的编制

投资控制的目的是确保投资目标的实现。因此，监理工程师必须编制资金使用计划，合理地确定投资控制目标值，包括工程项目投资的总目标值、分目标值、各详细目标值。如果没有明确的投资控制目标，就无法进行项目投资实际支出值与目标值的比较，不能进行比较也就不能找出偏差，不知道偏差程度，就会使控制措施缺乏针对性。在确定投资控制目标时，应有科学的依据。如果投资目标值与人工单价、材料预算价格、设备价格及各项有关费用和各种取费标准不相适应，那么投资控制目标便没有实现的可能，则控制也是徒劳的。

由于人们对客观事物的认识有个过程，也由于人们在一定时间内所拥有的经验和知识有限，因此对工程项目的投资控制目标应辩证地对待，既要维护投资控制目标的严肃性，也要允许对脱离实际的既定投资控制目标进行必要的调整，调整并不意味着可以随意改变项目投资目标值，而必须按照有关的规定和程序进行。

6.5.1.1 投资目标的分解

编制资金使用计划过程中最重要的步骤，就是工程项目投资目标的分解。根据投资控制目标和要求的不同，投资目标的分解可以分为按投资构成、按子项目、按时间进度分解三种类型。

1. 按投资构成分解的资金使用计划

工程项目的投资主要分为建筑安装工程投资、设备及工器具购置投资及工程建设其他投资。由于建筑工程和安装工程在性质上存在着较大差异，投资的计算方法和标准也不尽相同，因此在实际操作中往往将建筑工程投资和安装工程投资分解开来。这样，工程项目投资的总目标就可以按图6-12分解。

图 6-12 中的建筑工程投资、安装工程投资、设备购置投资等可以进一步分解。另外，在按项目投资构成分解时，可以根据以往的经验和建立的数据库来确定适当的比例。必要时也可以做一些适当的调整。例如，如果估计所购置的设备大多包括安装费，则可将安装工程投资和设备购置投资作为一个整体来确定它们所占的比例，然后再根据具体情况决定细分或不细分。按投资构成来分解的方法比较适合于有大量经验数据的工程项目。

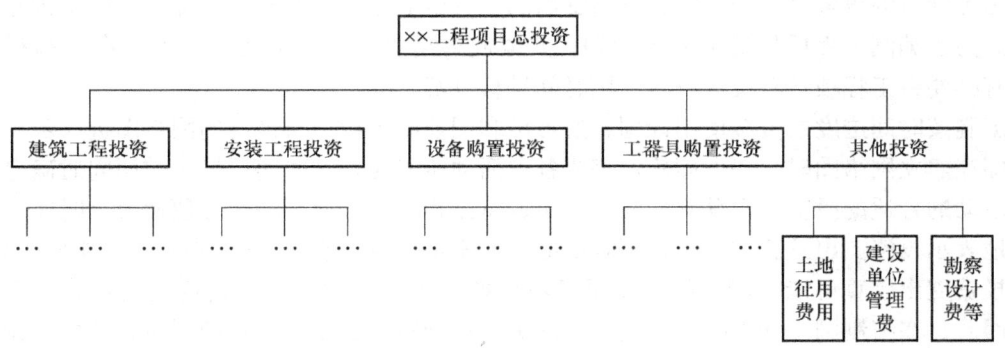

图 6-12　按投资构成分解工程项目投资总目标

2. 按子项目分解的资金使用计划

大中型工程项目通常是由若干单项工程构成的，而每个单项工程包括了多个单位工程，每个单位工程又是由若干个分部分项工程构成的，因此，首先要把项目总投资分解到单项工程和单位工程中，如图 6-13 所示。

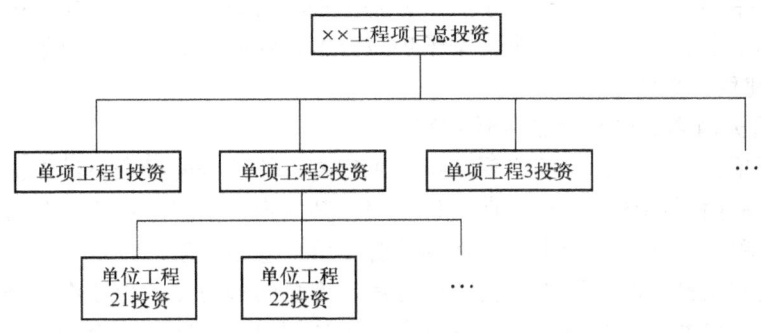

图 6-13　按子项目分解工程项目投资总目标

一般来说，由于概算和预算大都是按照单项工程和单位工程来编制的，所以将项目总投资分解到各单项工程和单位工程是比较容易的。需要注意的是，按照这种方法分解工程项目总投资，不能只是分解建筑工程投资、安装工程投资和设备工器具购置投资，还应该分解项目的其他投资。但项目其他投资所包含的内容既与具体单项工程或单位工程直接有关，也与整个项目建设有关，因此，必须采取适当的方法将项目其他投资合理分解到各个单项工程和单位工程中。最常用的也是最简单的方法，就是按照单项工程的建筑安装工程投资和设备工器具购置投资之和的比例分摊。但其结果可能与实际支出的投资相差甚远。因此，实践中一般应对工程项目的其他投资的具体内容进行分析，将其中确实与各单项工程和单位工程有关的投资分离出来,按照一定比例分解到相应的工程内容上。其他与整个项目有关的投资则不分解到各单项工程和单位工程上。

另外,对各单位工程的建筑安装工程投资还需要进一步分解,在施工阶段一般可分解到分部分项工程上。

3. 按时间进度分解的资金使用计划

工程项目的投资总是分阶段、分期支出的,资金应用是否合理与资金的时间安排有密切关系。为了编制工程项目资金使用计划,并据此筹措资金,尽可能减少资金占用和利息支出,有必要将工程项目总投资按其使用时间进行分解。

编制按时间进度的资金使用计划,通常可利用控制工程项目进度的网络图进一步扩充而得。即在建立网络图时,一方面确定完成各项活动所需花费的时间,另一方面同时确定完成这一活动的合适的投资支出预算。在实践中,将工程项目分解为既能方便地表示时间,又能方便地表示投资支出预算的工作是不容易的,通常如果项目分解程度对时间控制合适的话,则对投资支出预算可能分配过细,以至于不可能对每项活动确定其投资支出预算;反之亦然。因此,在编制网络计划时应在充分考虑进度控制对项目划分要求的同时,还要考虑确定投资支出预算对项目划分的要求,做到二者兼顾。

以上三种编制资金使用计划的方法并不是相互独立的。在实践中,往往是将这几种方法结合起来使用,从而达到扬长避短的效果。例如,将按子项目分解工程项目总投资与按投资构成分解工程项目总投资两种方法相结合,横向按子项目分解,纵向按投资构成分解,或相反。这种分解方法有助于检查各单项工程和单位工程投资构成是否完整,有无重复计算或缺项;同时还有助于检查各项具体的投资支出的对象是否明确或落实,并且可以从数字上校核分解的结果有无错误。或者还可将按子项目分解工程项目总投资目标与按时间进度分解工程项目总投资目标结合起来,一般是纵向按子项目分解,横向按时间进度分解。

6.5.1.2 资金使用计划的形式

1. 按子项目分解得到的资金使用计划表

在完成工程项目投资目标分解之后,接下来就要具体地分配投资,编制工程项目分项的投资支出计划,从而得到详细的资金使用计划表。其内容一般包括:①工程分项编码;②工程内容;③计量单位;④工程数量;⑤计划综合单价;⑥本分项总计。

在编制投资支出计划时,要在项目总的方面考虑总的预备费,也要在主要的工程分项中安排适当的不可预见费,避免在具体编制资金使用计划时,可能发现个别单位工程或工程量表中某项内容的工程量计算有较大出入,使原来的投资预算失实,并在项目实施过程中对其尽可能地采取一些措施。

2. 时间—投资累计曲线

通过对工程项目投资目标按时间进行分解,在网络计划基础上,可获得项目进度计划的横道图,并在此基础上编制资金使用计划。其表示方式有两种:一种是在总体控制时标网络图上表示,如图6-14所示;另一种是利用时间—投资曲线(S形曲线)表示,如图6-15所示。

时间—投资累计曲线的绘制步骤如下。

(1) 确定工程项目进度计划,编制进度计划的横道图。

(2) 根据每单位时间内完成的实物工程量或投入的人力、物力和财力,计算单位时间(月或旬)的投资,在时标网络图上按时间编制投资支出计划,如图6-14所示。

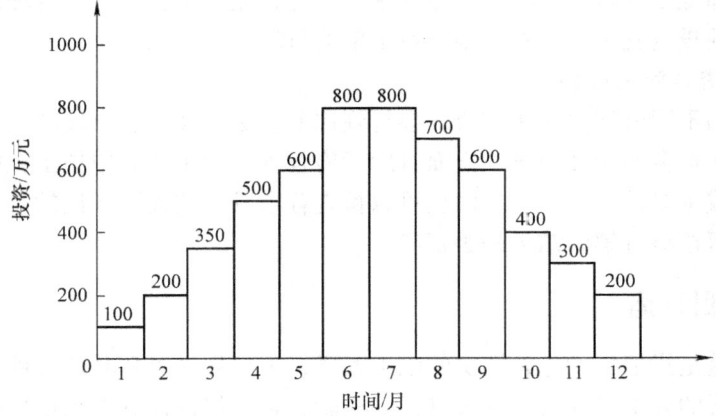

图 6-14 时标网络图上按月编制的资金使用计划

（3）计算规定时间 t 内计划累计完成的投资额。其计算方法为：各单位时间计划完成的投资额累加求和，即

$$Q_t = \sum_{n=1}^{t} q_n \tag{6-30}$$

式中，Q_t 为某时间 t 内计划累计完成投资额；q_n 为单位时间 n 的计划完成投资额；t 为某规定计划时刻。

（4）按各规定时间的 Q_t 值，绘制 S 形曲线，如图 6-15 所示。

每一条 S 形曲线都对应某一特定的工程进度计划。因为在进度计划的非关键路线中存在许多有时差的工序或工作，因此 S 形曲线（时间—投资曲线）必然包括在由全部工作都按最早开始时间开始和全部工作都按最迟必须开始时间开始的曲线所组成的"香蕉图"内。发包人可根据编制的投资支出预算合理安排资金，同时发包人也可以根据筹措的建设资金来调整 S 形曲线，即通过调整非关键路线上的工序项目的最早或最迟开工时间，力争将实际的投资支出控制在计划的范围内。

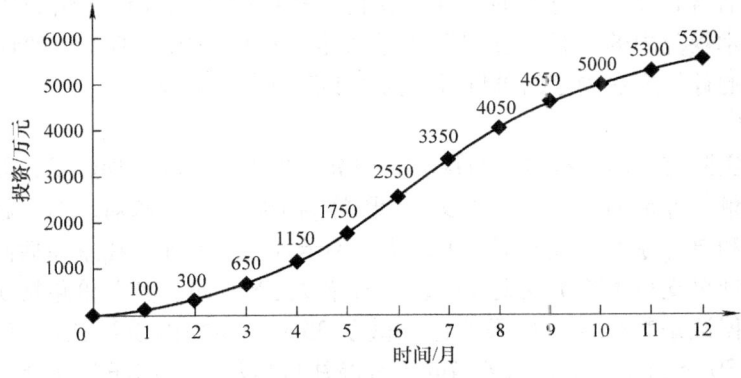

图 6-15 时间—投资累计曲线（S 形曲线）

一般而言，所有工作都按最迟开始时间开始，对节约发包人的建设资金贷款利息是有利

的，但同时，也降低了项目按期竣工的保证率。因此，监理工程师必须合理地确定投资支出计划，达到既节约投资支出，又能控制项目工期的目的。

3. 综合分解资金使用计划表

将投资目标的不同分解方法相结合，会得到比前者更为详尽、有效的综合分解资金使用计划表。综合分解资金使用计划表一方面有助于检查各单项工程和单位工程的投资构成是否合理，有无缺陷或重复计算；另一方面也可以检查各项具体的投资支出的对象是否明确和是否可以落实，并可校核分解的结果是否正确。

6.5.2 工程项目计量

工程项目计量是指根据发包人提供的施工图样、工程量清单和其他文件，工程项目监理机构对承包人申报的合格工程的工程量进行的核验，它不仅是控制工程项目投资支出的关键环节，同时也是约束承包人履行合同义务，强化承包人合同意识的手段。工程量的正确计量是发包人向承包人支付工程进度款的前提和依据，必须按照相关工程现行国家计量规范规定的工程量计算规则计算。工程项目计量可选择按月或按工程形象进度分段计量，具体计量周期在合同中约定。因承包人原因造成的超出合同工程范围施工或返工的工程量，发包人不予计量。成本加酬金合同参照单价合同计量。

6.5.2.1 工程项目计量的依据

计量依据一般有质量合格证书、工程量清单前言、技术规范中的"计量支付"条款和设计图样。也就是说，计量时必须以这些资料为依据。

1. 质量合格证书

对于承包人已完成的工程项目，并不是全部进行计量，而只是质量达到合同标准的已完工程才予以计量。所以，工程项目计量必须与质量监理紧密配合，经过专业工程师检验，工程项目质量达到合同规定的标准后，由专业工程师签署报验申请表（质量合格证书），只有质量合格的工程项目才予以计量。所以说，质量监理是计量监理的基础，计量又是质量监理的保障，通过计量支付，强化承包人的质量意识。

2. 工程量清单前言和技术规范中的"计量支付"条款

工程量清单前言和技术规范中的"计量支付"条款是确定计量方法的依据。因为工程量清单前言和技术规范中的"计量支付"条款规定了清单中每一项工程的计量方法，同时还规定了按规定的计量方法确定的单价所包括的工作内容和范围。

3. 设计图样

单价合同以实际完成的工程量进行结算，但被工程师计量的工程数量，并不一定是承包人实际施工的数量。计量的几何尺寸要以设计图样为依据，工程师对承包人超出设计图样要求增加的工程量和自身原因造成返工的工程量，不予计量。例如，在京津塘高速公路施工监理中，灌注桩的计量支付条款中规定按照设计图样以延米计量，其单价包括所有材料及施工的各项费用，根据该条款规定，如果承包人做了 35 m，而桩的设计长度 30 m，则只计量 30 m，发包人按 30 m 付款，承包人多做的 5 m 灌注桩所消耗的钢筋及混凝土材料，发包人不予补偿。

6.5.2.2 单价合同的计量

工程量必须以承包人完成合同工程应予计量的工程量确定。施工中进行工程量计量时，当发现招标工程量清单中出现缺项、工程量偏差，或因工程变更引起工程量增减时，应按承包人在履行合同义务中实际完成的工程量计量。

1. 计量程序

关于单价合同的计量程序，《建设工程施工合同（示范文本）》GF—2013—0201 中约定内容如下。

（1）承包人应于每月 25 日向监理人报送上月 20 日至当月 19 日已完成的工程量报告，并附具进度付款申请单、已完成工程量报表和有关资料。

（2）监理人应在收到承包人提交的工程量报告后 7 天内完成对承包人提交的工程量报表的审核并报送发包人，以确定当月实际完成的工程量。监理人对工程量有异议的，有权要求承包人进行共同复核或抽样复测。承包人应协助监理人进行复核或抽样复测，并按监理人要求提供补充计量资料。承包人未按监理人要求参加复核或抽样复测的，监理人复核或修正的工程量视为承包人实际完成的工程量。

（3）监理人未在收到承包人提交的工程量报表后的 7 天内完成审核的，承包人报送的工程量报告中的工程量视为承包人实际完成的工程量，据此计算工程价款。

同时《建设工程工程量清单计价规范》GB 50500—2013 还有如下规定。

（1）发包人认为需要进行现场计量核实时，应在计量前 24h 通知承包人，承包人应为计量提供便利条件并派人参加。双方均同意核实结果时，则双方应在上述记录上签字确认。承包人收到通知后不派人参加计量，视为认可发包人的计量核实结果。发包人不按照约定时间通知承包人，致使承包人未能派人参加计量的，计量核实结果无效。

（2）当承包人认为发包人核实后的计量结果有误时，应在收到计量结果通知后的 7 天内向发包人提出书面意见，并附上其认为正确的计量结果和详细的计算资料。发包人收到书面意见后，应在 7 天内对承包人的计量结果进行复核后通知承包人。承包人对复核计量结果仍有异议的，按照合同约定的争议解决办法处理。

（3）承包人完成已标价工程量清单中每个项目的工程量并经发包人核实无误后，发承包人应对每个项目的历次计量报表进行汇总，以核实最终结算的工程量，并应在汇总表上签字确认。

2. 工程项目计量的方法

监理人一般只对以下三方面的工程项目进行计量：①工程量清单中的全部项目；②合同文件中规定的项目；③工程变更项目。一般可按照以下方法进行计量。

（1）均摊法。所谓均摊法，就是对清单中某些项目的合同价款，按合同工期平均计量。例如，为监理人提供宿舍，保养测量设备，保养气象记录设备，维护工地清洁和整洁等。这些项目都有一个共同的特点，即每月均有发生，所以可以采用均摊法进行计量支付。例如，保养气象记录设备，每月发生的费用是相同的，如本项合同款额为 2000 元，合同工期为 20 个月，则每月计量、支付的款额为：2000 元/20 月＝100 元/月。

（2）凭据法。所谓凭据法，就是按照承包人提供的凭据进行计量支付。如建筑工程险保险费、第三方责任险保险费、履约保证金等项目，一般按凭据法进行计量支付。

（3）估价法。所谓估价法，就是按合同文件的规定，根据监理人估算的已完成的工程价值支付。如为监理人提供办公设施和生活设施，为监理人提供用车，为监理人提供测量设备、天气记录设备、通信设备等项目。这类清单项目往往要购买几种仪器设备，当承包人对于某一项清单项目中规定购买的仪器设备不能一次购进时，则需采用估价法进行计量支付。其计量过程如下。

1）按照市场的物价情况，对清单中规定购置的仪器设备分别进行估价。

2）按下式计量支付金额

$$F = A\frac{B}{D} \tag{6-31}$$

式中，F 为计算支付的金额；A 为清单所列该项的合同金额；B 为该项实际完成的金额（按估算价格计算）；D 为该项全部仪器设备的总估算价格。

从上式可知：①该项实际完成金额 B 必须按估算各种设备的价格计算，它与承包人购进的价格无关。②估算的总价与合同工程量清单的款额无关。

当然，估价的款额与最终支付的款额无关，最终支付的款额是合同清单中的款额。

（4）断面法。断面法主要用于取土坑或填筑路堤土方的计量。对于填筑土方工程，一般规定计量的体积为原地面线与设计断面所构成的体积。采用这种方法计量，在开工前承包人需测绘出原地形的断面，并需经工程师检查，作为计量的依据。

（5）图纸法。在工程量清单中，许多项目都采取按照设计图样所示的尺寸进行计量，如混凝土构筑物的体积、钻孔桩的桩长等。

（6）分解计量法。所谓分解计量法，就是将一个项目根据工序或部位分解为若干子项，对完成的各子项进行计量支付。这种计量方法主要是为了解决一些包干项目或较大的工程项目的支付时间过长，影响承包人的资金流动等问题。

6.5.3 工程项目价款调整

工程项目建设周期长，在整个建设周期内会受到多种因素的影响，所有涉及合同价款调整、变动的因素主要包括五大类：一是法规变化类（法律法规变化）；二是工程变更类（工程变更、项目特征不符、工程量清单缺项、工程量偏差、计日工）；三是物价变化类（物价变化、暂估价）；四是工程索赔类（不可抗力、提前竣工、索赔等）；五是其他类（现场签证等）。

6.5.3.1 合同价款调整的程序

合同价款调整应按照以下程序进行。

（1）出现合同价款调增事项（不含工程量偏差、计日工、现场签证、施工索赔）后的 14 天内，承包人应向发包人提交合同价款调增报告并附上相关资料；承包人在 14 天内未提交合同价款调增报告的，应视为承包人对该事项不存在调整价款请求。

（2）出现合同价款调减事项（不含工程量偏差、施工索赔）后的 14 天内，发包人应向承包人提交合同价款调减报告并附相关资料；发包人在 14 天内未提交合同价款调减报告的，应视为发包人对该事项不存在调整价款请求。

（3）发（承）包人应在收到承（发）包人合同价款调增（减）报告及相关资料之日起 14 天内对其核实，予以确认的应书面通知承（发）包人。当有疑问时，应向承（发）包人提出协商意见。发（承）包人在收到合同价款调增（减）报告之日起 14 天内未确认也未提出协商意见的，视为承（发）包人提交的合同价款调增（减）报告已被发（承）包人认可。发（承）包人提出协商意见的，承（发）包人应在收到协商意见后的 14 天内对其核实，予以确认的应书面通知发（承）包人。承（发）包人在收到发（承）包人的协商意见后14天内既不确认也未提出不同意见的，视为发（承）包人提出的意见已被承（发）包人认可。

如果发包人与承包人对合同价款调整的不同意见不能达成一致，只要对承发包双方履约不产生实质性影响，双方应继续履行合同义务，直到其按照合同约定的争议解决方式得到处理。关于合同价款调整后的支付原则，《建设工程工程量清单计价规范》GB 50500—2013 做了如下规定：经发承包双方确认调整的合同价款，作为追加（减）合同价款，与工程进度款或结算款同期支付。

6.5.3.2　合同价款应当调整的事项

以下事项发生，发承包双方应当按照合同约定调整合同价款：①法律法规变化；②项目特征不符；③工程量清单缺项；④工程量偏差；⑤计日工；⑥物价变化；⑦暂估价；⑧不可抗力；⑨提前竣工（赶工补偿）；⑩暂列金额。

1. 法律法规变化

施工合同履行过程中经常出现法律法规变化引起的合同价格调整问题。

招标工程项目以投标截止日前28天，非招标工程项目以合同签订前28天为基准日，其后因国家的法律、法规、规章和政策发生变化引起工程项目造价增减变化的，发承包双方应当按照省级或行业建设主管部门或其授权的工程造价管理机构据此发布的规定调整合同价款。

但因承包人原因导致工期延误的，按上述规定的调整时间，在合同工程原定竣工时间之后，合同价款调增的不予调整，合同价款调减的予以调整。

此外，如果承发包双方在商议有关合同价格和工期调整时无法达成一致的，2013年版施工合同条件在处理该问题时，借鉴了FIDIC合同与《标准施工招标文件》（2007年）的做法，即双方可以在合同中约定由总监理工程师承担商定与确定的组织和实施责任。

2. 项目特征不符

《建设工程工程量清单计价规范》GB 50500—2013 中规定如下。

（1）发包人在招标工程量清单中对项目特征的描述，应被认为是准确和全面的，并且与实际施工要求相符合。承包人应按照发包人提供的招标工程量清单，根据其工程项目特征描述的内容及有关要求实施合同工程，直到项目被改变为止。

（2）承包人应按照发包人提供的设计图样实施工程项目合同，若在合同履行期间出现设计图样（含设计变更）与招标工程量清单任一项目的特征描述不符，且该变化引起该项目的工程造价增减变化的，应按照实际施工的项目特征，按规范中工程变更相关条款的规定重新确定相应工程量清单项目的综合单价，并调整合同价款。

其中第一条规定了工程项目特征描述的要求。工程项目特征是构成清单项目价值的本质特征，单价的高低与其必然有联系。因此，发包人在招标工程量清单中对工程项目特征的描述应被认为是准确和全面的，并且与实际工程施工要求相符合；否则，承包人无法报价。而当项目特征变化后，发承包双方应按实际施工的项目特征重新确定综合单价。

例如，招标时，某现浇混凝土构件项目特征描述中描述混凝土强度等级为C25，但施工图样本来就标明（或在施工过程中发包人变更）混凝土强度等级为C30，很显然，这时应该重新确定综合单价，因为C25与C30的混凝土其价值是不一样的。

3. 工程量清单缺项

施工过程中，工程量清单项目的增减变化必然带来合同价款的增减变化。而导致工程量清单缺项的原因，一是设计变更；二是施工条件改变；三是工程量清单编制错误。

《建设工程工程量清单计价规范》GB 50500—2013 对这部分的规定如下。

（1）合同履行期间，由于招标工程量清单中缺项，新增分部分项工程量清单项目的，应按照规范中工程变更相关条款确定单价，并调整合同价款。

（2）新增分部分项工程量清单项目后，引起措施项目发生变化的，应按照规范中工程变更相关规定，在承包人提交的实施方案被发包人批准后调整合同价款。

（3）由于招标工程量清单中措施项目缺项，承包人应将新增措施项目实施方案提交发包人批准后，按照规范相关规定调整合同价款。

4. 工程量偏差

施工过程中，由于施工条件、地质水文、工程变更等变化及招标工程量清单编制人专业水平的差异，往往在合同履行期间应予计量的工程量与招标工程量清单出现偏差，工程量偏差过大，对综合成本的分摊带来影响，如突然增加过多，仍然按原综合单价计价，对发包人不公平；而突然减少过多，仍然按原综合单价计价，对承包人不公平。并且有经验的承包人可能乘机进行不平衡报价。因此，为维护合同的公平，应当对工程量偏差带来的合同价款调整做出规定。

《建设工程工程量清单计价规范》GB 50500—2013 对这部分的规定如下。

合同履行期间，当予以计算的实际工程量与招标工程量清单出现偏差，且符合下述两条规定的，发承包双方应调整合同价款。

（1）对于任一招标工程量清单项目，如果因工程量偏差和工程变更等原因导致工程量偏差超过 15% 时，可进行调整。当工程量增加 15% 以上时，增加部分的工程量的综合单价应予调低；当工程量减少 15% 以上时，减少后剩余部分的工程量的综合单价应予调高。

（2）如果工程量出现超过 15% 的变化，且该变化引起相关措施项目相应发生变化时，按系数或单一总价方式计价的，工程量增加的措施项目费调增，工程量减少的措施项目费调减。

上述规定中，工程量偏差超过 15% 时的调整方法可参照如下公式。

（1）当 $Q_1 > 1.15 Q_0$ 时

$$S = 1.15 Q_0 P_0 + (Q_1 - 1.15 Q_0) P_1 \tag{6-32}$$

（2）当 $Q_1 < 0.85 Q_0$ 时

$$S = Q_1 P_1 \tag{6-33}$$

式中，S 为调整后的某一分部分项工程费结算价；Q_1 为最终完成的工程量；Q_0 为招标工程量清单列出的工程量；P_1 为按照最终完成工程量重新调整后的综合单价；P_0 为承包人在工程量清单中填报的综合单价。

采用上述两式的关键是确定新的综合单价，即 P_1。确定的方法有两种，一是承发包双方协商确定，二是与招标控制价相联系，当工程量偏差项目出现承包人在工程量清单中填报的综合单价与发包人招标控制价相应清单项目的综合单价偏差超过 15% 时，工程量偏差项目综合单价的调整可参考以下公式。

（1）当 $P_0 < P_2 (1 - L)(1 - 15\%)$ 时，该类项目的综合单价为

P_1 按照 $P_2(1-L)(1-15\%)$ 调整 (6-34)

(2) $P_0 > P_2(1+15\%)$ 时，该类项目的综合单价为

P_1 按照 $P_2(1+15\%)$ 调整 (6-35)

(3) 当 $P_0 > P_2(1-L)(1-15\%)$ 或 $P_0 < P_2(1+15\%)$ 时，可不予调整。

式中，P_0 为承包人在工程量清单中填报的综合单价；P_2 为发包人在招标控制价相应项目的综合单价；L 为计价规范中定义的承包人报价浮动率。

5. 计日工

计日工是指在施工过程中，承包人完成发包人提出的工程项目合同范围以外的零星工程或工作，按合同中约定的单价计价的一种方式。发包人通知承包人以计日工方式实施的零星工作，承包人应予执行。

采用计日工计价的任何一项变更工作，在该项变更的实施过程中，承包人应按合同约定提交下列报表和有关凭证送发包人复核。

(1) 工作名称、内容和数量。
(2) 投入该工作所有人员的姓名、工种、级别和耗用工时。
(3) 投入该工作的材料名称、类别和数量。
(4) 投入该工作的施工设备型号、台数和耗用台时。
(5) 发包人要求提交的其他资料和凭证。

此外，《建设工程工程量清单计价规范》GB 50500—2013 对计日工生效计价的原则做了以下规定：任一计日工项目持续进行时，承包人应在该项工作实施结束后的 24h 内向发包人提交有计日工记录汇总的现场签证报告一式三份。发包人在收到承包人提交现场签证报告后的 2 天内予以确认，并将其中一份返还给承包人，作为计日工计价和支付的依据。发包人逾期未确认也未提出修改意见的，应视为承包人提交的现场签证报告已被发包人认可。

每个支付期末，承包人应按照规范中进度款的相关条款规定向发包人提交本期间所有计日工记录的签证汇总表，以说明本期间自己认为有权得到的计日工金额，调整合同价款，列入进度款支付。

6. 物价变化

施工合同履行时间往往较长，合同履行过程中经常出现人工、材料、工程设备和机械台班等市场价格起伏引起价格波动的现象，该种变化一般会造成承包人施工成本的增加或减少，进而影响到合同价格调整，最终影响到合同当事人的权益。因此，为解决由于市场价格波动引起合同履行的风险问题，《建设工程施工合同（示范文本）》GF—2013—0201 中引入了适度风险适度调价的制度，亦称之为合理调价制度，其法律基础是合同风险的公平合理分担原则。

合同履行期间，因人工、材料、工程设备、机械台班价格波动影响合同价款时应根据合同约定的方法（如价格指数调整法或造价信息差额调整法）计算调整合同价款。承包人采购材料和工程设备的，应在合同中约定主要材料、工程设备价格变化的范围或幅度，如没有约定，则材料、工程设备单价变化超过 5% 时，超过部分的价格应按照价格指数调整法或造价信息差额调整法计算调整材料、工程设备费。

发生合同工程工期延误的，应按照下列规定确定合同履行期应予调整的价格：①因非承包人原因导致工期延误的，计划进度日期后续工程的价格，应采用计划进度日期与实际进度

日期两者的较高者;②因承包人原因导致工期延误的,则计划进度日期后续工程的价格,采用计划进度日期与实际进度日期两者的较低者。

发包人供应材料和工程设备的,不适用上述规定,应由发包人按照实际变化调整,列入合同工程的工程造价内。

如前所述,物价变化引起合同价款调整的方法有价格指数调整法和造价信息差额调整法,对此,《建设工程工程量清单计价规范》GB 50500—2013 中有如下规定。

(1) 采用价格指数进行价格调整。

1) 价格调整公式。因人工、材料和工程设备等价格波动影响合同价格时,根据投标函附录中的价格指数和权重表约定的数据,按以下公式计算差额并调整合同价款

$$\Delta P = P_0 \left[A + \left(B_1 \frac{F_{t1}}{F_{01}} + B_2 \frac{F_{t2}}{F_{02}} + B_3 \frac{F_{t3}}{F_{03}} + \cdots + B_n \frac{F_{tn}}{F_{0n}} \right) - 1 \right] \quad (6\text{-}36)$$

式中,ΔP 为需调整的价格差额;P_0 为约定的付款证书中承包人应得到的已完成工程量的金额。此项金额应不包括价格调整、不计质量保证金的扣留和支付、预付款支付和扣回,约定的变更及其他金额已按现行价格计价的,也不计在内;A 为定制权重(即不调整部分权重);B_1,B_2,B_3,$\cdots$,B_n 为各可调因子的变值权重(即可调部分的权重),为各可调因子在签约合同价中所占的比例;F_{t1},F_{t2},F_{t3},$\cdots$,F_{tn} 为各可调因子的现行价格指数,指约定的付款证书相关周期最后一天的前 42 天的各可调因子的价格指数;F_{01},F_{02},F_{03},$\cdots$,F_{0n} 为各可调因子的基本价格指数,指基准日期的各可调因子的价格指数。

以上价格调整公式中的各可调因子、定值和变值权重,以及基本价格指数及其来源在投标函附录价格指数和权重表中约定。价格指数应首先采用工程造价管理机构提供的价格指数,缺乏上述价格指数时,可采用工程造价管理机构提供的价格代替。

2) 暂时确定调整差额。在计算调整差额时得不到现行价格指数的,可暂用上一次价格指数计算,并在以后的付款中再按实际价格指数进行调整。

3) 权重的调整。约定的变更导致原定合同中的权重不合理时,由承包人和发包人协商后进行调整。

4) 因承包人原因工期延误后的价格调整。由于承包人原因未在约定的工期内竣工的,则对原约定竣工日期后继续施工的工程,在使用价格调整公式时,应采用原约定竣工日期与实际竣工日期的两个价格指数中较低的一个作为现行价格指数。

(2) 采用造价信息进行价格调整。合同履行期间,因人工、材料、工程设备和机械台班价格波动影响合同价格时,人工、机械使用费按照国家或省、自治区、直辖市建设行政管理部门、行业建设管理部门或其授权的工程造价管理机构发布的人工、机械使用费系数进行调整;需要进行价格调整的材料,其单价和采购数量应由发包人审批,发包人确认需调整的材料单价及数量,作为调整合同价格的依据。

1) 人工单价发生变化时,发承包双方应按省级或行业建设主管部门或其授权的工程造价管理机构发布的人工成本文件调整合同价款。

2) 材料、工程设备价格变化的价款调整依据发包人提供的主要材料和工程设备一览表,发承包双方约定的风险范围按以下规定进行。

① 承包人投标报价中材料单价低于基准单价:施工期间材料单价涨幅以基准单价为基础超过合同约定的风险幅度值时,或材料单价跌幅以投标报价为基础超过合同约定的风险幅

度值时，其超过部分按实调整。

② 承包人投标报价中材料单价高于基准单价：施工期间材料单价跌幅以基准单价为基础超过合同约定的风险幅度值时，或材料单价涨幅以投标报价为基础超过合同约定的风险幅度值时，其超过部分按实调整。

③ 承包人投标报价中材料单价等于基准单价：施工期间材料单价涨幅、跌幅以基准单价为基础超过合同约定的风险幅度值时，其超过部分按实调整。

④ 承包人应在采购材料前将采购数量和新的材料单价报发包人核对，确认用于本合同工程时，发包人应确认采购材料的数量和单价。发包人在收到承包人报送的确认资料后3个工作日内不予答复的视为已经认可，作为调整合同价款的依据。如果承包人未报送发包人核对即自行采购材料，再报发包人确认调整合同价款的，如发包人不同意，则不做调整。

前述基准价格是指由发包人在招标文件或专用合同条款中给定的材料、工程设备的价格，该价格原则上应当按照省级或行业建设主管部门或其授权的工程造价管理机构发布的信息价编制。

3）施工机械台班单价或施工机械使用费发生变化超过省级或行业建设主管部门或其授权的工程造价管理机构规定的范围时，按其规定调整合同价款。

7. 暂估价

暂估价是指招标人在工程量清单中提供的用于支付必然发生但暂时不能确定价格的材料、工程设备的单价及专业工程的金额。

发包人在招标工程量清单中给定暂估价的材料、工程设备属于依法必须招标的，由发承包双方以招标的方式选择供应商，确定价格，并以此为依据取代暂估价，调整合同价款。实践中，恰当的做法是仍由总承包中标人作为招标人，采购合同应由总承包人签订。

发包人在招标工程量清单中给定暂估价的材料、工程设备不属于依法必须招标的，由承包人按照合同约定采购，经发包人确认后以此为依据取代暂估价，调整合同价款。

发包人在工程量清单中给定暂估价的专业工程不属于依法必须招标的，应按照工程变更价款的确定方法确定专业工程价款，并以此为依据取代专业工程暂估价，调整合同价款。

发包人在招标工程量清单中给定暂估价的专业工程属于依法必须招标的，应由发承包双方依法组织招标选择专业分包人，并接受有管辖权的工程项目招标投标管理机构的监督，还应符合下列要求。

（1）除合同另有约定外，承包人不参加投标的专业工程发包招标，应由承包人作为招标人，但拟定的招标文件、评标工作、评标结果应报送发包人批准。与组织招标工作有关的费用应当被认为已经包括在承包人的签约合同价（投标总报价）中。

（2）承包人参加投标的专业工程发包招标，应由发包人作为招标人，与组织招标工作有关的费用由发包人承担。同等条件下，应优先选择承包人中标。

（3）应以专业工程发包中标价为依据取代专业工程暂估价，并调整合同价款。

总承包招标时，专业工程设计深度往往不够，一般需要交由专业设计人员设计。出于提高可建造性考虑，国际上一般由专业承包人员负责设计，以纳入其专业技能和专业施工经验。这类专业工程交由专业分包人完成是国际工程的良好实践，目前在我国工程项目领域也已经比较普遍。公开透明合理地确定这类暂估价的实际开支金额的最佳途径就是通过总承包人与工程项目招标人共同组织的招标。

例如，某工程招标，将现浇混凝土构件钢筋作为暂估价，为 4000 元/t，工程实施后，根据市场价格变动，将各规格现浇钢筋加权平均认定为 4295 元/t，此时，应在综合单价中以 4295 元取代 4000 元。

暂估材料或工程设备的单价确定后，在综合单价中只应取代原暂估单价，不应再在综合单价中涉及企业管理费或利润等其他费用的变动。

8. 不可抗力

根据《中华人民共和国合同法》第一百一十七条第二款规定："本法所称不可抗力，是指不能预见、不能避免并不能克服的客观情况。"

因不可抗力事件导致的人员伤亡、财产损失及其费用增加，发承包双方应按以下原则分别承担并调整合同价款和工期。

（1）合同工程项目本身的损害、因工程项目损害导致第三方人员伤亡和财产损失及运至施工场地用于施工的材料和待安装的设备的损害，由发包人承担。

（2）发包人、承包人人员伤亡由其所在单位负责，并承担相应费用。

（3）承包人的施工机械设备损坏及停工损失，应由承包人承担。

（4）停工期间，承包人应发包人要求留在施工场地的必要的管理人员及保卫人员的费用应由发包人承担。

（5）工程项目所需清理、修复费用，应由发包人承担。

不可抗力解除后复工的，若不能按期竣工，应合理延长工期。发包人要求赶工的，赶工费用应由发包人承担。

9. 提前竣工（赶工补偿）

为了保证工程项目质量，承包人除了根据标准规范、施工图样进行施工外，还应当按照科学合理的施工组织设计，按部就班地进行施工作业。因为有些施工流程必须有一定的时间间隔，例如，现浇混凝土必须有一定时间的养护才能进行下一个工序，刷油漆必须等上道工序所刮泥子干燥后方可进行等。所以，《建设工程质量管理条例》第十条规定："建设工程发包单位不得迫使承包方以低于成本的价格竞标，不得任意压缩合理工期。"据此，《建设工程工程量清单计价规范》GB 50500—2013 做了以下规定。

（1）工程项目发包时，招标人应当依据相关工程项目的工期定额合理计算工期，压缩的工期天数不得超过定额工期的 20%，将其量化。超过者，应在招标文件中明示增加的赶工费用。

（2）工程项目实施过程中，发包人要求合同工程项目提前竣工的，应征得承包人同意后与承包人商定采取加快工程项目进度的措施，并应修订合同工程项目进度计划。发包人应承担承包人由此增加的提前竣工（赶工补偿）费用。

（3）发承包双方应在合同中约定提前竣工每日历天应补偿的额度，此项费用应作为增加合同价款列入竣工结算文件中，应与结算款一并支付。

赶工费用主要包括：①人工费的增加，如新增加投入人工的报酬、不经济使用人工的补贴等；②材料费的增加，如可能造成不经济使用材料而损耗过大，材料提前交货可能增加的费用、材料运输费的增加等；③机械费的增加，如可能增加机械设备投入，不经济地使用机械等。

10. 暂列金额

暂列金额是指招标人在工程量清单中暂定并包括在合同价款中的一笔款项。用于工程项目合同签订时尚未确定或者不可预见的所需材料、工程设备、服务的采购，施工中可能发生的工程变更、合同约定调整因素出现时的合同价款调整及发生的索赔、现场签证确认等的费用。

已签约合同价中的暂列金额由发包人掌握使用，发包人按照合同的规定做出支付后，如有剩余，则暂列金额余额归发包人所有。

6.5.4 工程项目变更价款的确定

在工程项目的实施过程中，由于多方面的情况变更，经常出现工程量变化、施工进度变化，以及发包方与承包方在执行合同中的争执等许多问题。这些问题的产生，一方面是由于勘察设计工作不细，以致在施工过程中发现许多招标文件中没有考虑或估算不准确的工程量，因而不得不改变施工项目或增减工程量；另一方面是由于发生不可预见的事件，如自然或社会原因引起的停工或工期拖延等。由于工程变更所引起的工程量的变化、承包人的索赔等，都有可能使工程项目投资超出原来的预算投资，监理工程师必须严格予以控制，密切注意其对未完工程项目投资支出的影响及对工期的影响。

6.5.4.1 工程项目变更处理程序

承包人提出工程项目变更的情形包括：一是图样出现错、漏、碰、缺等缺陷无法施工；二是图样不便施工，变更后更经济、方便；三是采用新材料、新产品、新工艺、新技术的需要；四是承包人考虑自身利益，为费用索赔提出工程变更。项目监理机构可按下列程序处理承包人提出的工程变更。

（1）总监理工程师组织专业监理工程师审查承包人提出的工程项目变更申请，提出审查意见。对涉及工程项目设计文件修改的变更，应由发包人转交原设计单位修改工程项目设计文件。必要时，项目监理机构应建议发包人组织设计、施工等单位召开论证工程项目设计文件修改方案的专题会议。

（2）总监理工程师组织专业监理工程师对工程项目变更费用及工期影响做出评估。

（3）总监理工程师组织发包人、承包人等共同协商确定工程项目变更费用及工期变化，会签工程变更单。

（4）项目监理机构根据批准的工程项目变更文件督促承包人实施工程项目变更。

除承包人提出的工程项目变更外，发包人可能由于局部调整使用功能，也可能是方案阶段考虑不周而提出工程项目变更。项目监理机构应对发包人要求的工程变更可能造成的设计修改、工程暂停、返工损失、增加工程项目造价等进行全面评估，为发包人正确决策提供依据，避免反复和不必要的浪费。

此外，《建设工程工程量清单计价规范》GB 50500—2013 还规定了因非承包人原因删减合同工作的补偿要求：如果发包人提出的工程变更，因非承包人原因删减了合同中的某项原定工作或工程，致使承包人发生的费用或（和）得到的收益不能被包括在其他已支付或应支付的项目中，也未被包含在任何替代的工作或工程中，则承包人有权提出并得到合理的费用及利润补偿。

6.5.4.2 工程项目变更价款的确定方法
1. 已标价工程量清单项目或其工程数量发生变化的调整办法

《建设工程工程量清单计价规范》GB 50500—2013 规定，工程变更引起已标价工程量清单项目或其工程数量发生变化，应按照下列规定调整。

（1）已标价工程量清单中有适用于变更工程项目的，采用该项目的单价；但当工程变更导致该清单项目的工程数量发生变化，且工程量偏差超过15%时，调整的原则为：当工程量增加15%以上时，其增加部分的工程量的综合单价应予调低；当工程量减少15%以上时，减少后剩余部分的工程量的综合单价应予调高。

（2）已标价工程量清单中没有适用但有类似于变更工程项目的，可在合理范围内参照类似项目的单价。

（3）已标价工程量清单中没有适用也没有类似于变更工程项目的，由承包人根据变更工程资料、计量规则和计价办法、工程项目造价管理机构发布的信息价格和承包人报价浮动率提出变更工程项目的单价，报发包人确认后调整。承包人报价浮动率可按下列公式计算。

① 招标工程项目中

$$承包人报价浮动率 L = \frac{1 - 中标价}{招标控制价} \times 100\% \qquad (6-37)$$

② 非招标工程项目中

$$承包人报价浮动率 L = \frac{1 - 报价值}{施工图预算} \times 100\% \qquad (6-38)$$

（4）已标价工程量清单中没有适用也没有类似于变更工程项目，且工程项目造价管理机构发布的信息价格缺价的，由承包人根据变更工程资料、计量规则、计价办法和通过市场调查等取得有合法依据的市场价格提出变更工程项目的单价，报发包人确认后调整。

2. 措施项目费的调整

工程项目变更引起施工方案改变并使措施项目发生变化时，承包人提出调整措施项目费的，应事先将拟实施的方案提交发包人确认，并应详细说明与原方案措施项目相比的变化情况。拟实施的方案经发承包双方确认后执行，并应按照下列规定调整措施项目费。

（1）安全文明施工费按照实际发生变化的措施项目调整，不得浮动。

（2）采用单价计算的措施项目费，按照实际发生变化的措施项目及前述已标价工程量清单项目的规定确定单价。

（3）按总价（或系数）计算的措施项目费，按照实际发生变化的措施项目调整，但应考虑承包人报价浮动因素，即调整金额按照实际调整金额乘以根据式（6-37）或式（6-38）得出的承包人报价浮动率计算。

如果承包人未事先将拟实施的方案提交给发包人确认，则视为工程项目变更不引起措施项目费的调整或承包人放弃调整措施项目费的权利。

3. 工程项目变更价款调整方法的应用

（1）直接采用适用的项目单价的前提是其采用的材料、施工工艺和方法相同，也不因此增加关键线路上工程的施工时间。例如，某工程项目施工过程中，由于设计变更，新增加轻质材料隔墙 1200 m²，已标价工程量清单中有此轻质材料隔墙项目综合单价，且新增部分工程量在15%以内，就应直接采用该项目综合单价。

（2）采用适用的项目单价的前提是其采用的材料、施工工艺和方法基本类似，不增加关键线路上工程项目的施工时间，可仅就其变更后的差异部分，参考类似的项目单价由承发包双方协商新的项目单价。例如，某工程现浇混凝土梁为 C25，施工过程中设计调整为 C30，此时，可仅将 C30 混凝土价格替换 C25 混凝土价格，其余不变，组成新的综合单价。

（3）无法找到适用和类似的项目单价，工程项目造价管理机构也没有发布此类信息价格，由发承包双方协商确定。

6.5.5 合同价款期中支付

期中支付的合同价款包括预付款、安全文明施工费和进度款。监理工程师应做好合同价款期中支付工作。

6.5.5.1 预付款

工程项目预付款是工程项目施工合同订立后由发包人按照合同约定，在正式开工前预先支付给承包人的工程款。它是施工准备和所需要材料、结构件等流动资金的主要来源。工程项目是否实行预付款，取决于工程性质、承包工程量的大小及发包人在招标文件中的规定。工程项目实行预付款的，发包人应按照合同约定支付工程项目预付款，承包人应将预付款专用于合同工程。支付的工程项目预付款，按照合同约定在工程项目进度款中抵扣。

1. 预付款的支付

（1）预付款的额度。包工包料工程的预付款的支付比例不得低于签约合同价（扣除暂列金额）的 10%，不宜高于签约合同价（扣除暂列金额）的 30%。对重大工程项目，按年度工程项目计划逐年预付。实行工程量清单计价的工程项目，实体性消耗和非实体性消耗部分应在合同中分别约定预付款比例（或金额）。

（2）预付款的支付时间。承包人应在签订合同或向发包人提供与预付款等额的预付款保函后向发包人提交预付款支付申请。发包人应在收到支付申请的 7 天内进行核实后向承包人发出预付款支付证书，并在签发支付证书后的 7 天内向承包人支付预付款。发包人没有按合同约定按时支付预付款的，承包人可催告发包人支付；发包人在预付款期满后的 7 天内仍未支付的，承包人可在付款期满后的第 8 天起暂停施工。发包人应承担由此增加的费用和延误的工期，并应向承包人支付合理利润。

2. 预付款的扣回

发包人拨付给承包人的工程项目预付款属于预支的性质。随着工程项目进度的推进，拨付的工程项目进度款数额不断增加，工程项目所需主要材料、构件的储备逐步减少，原已支付的预付款应以抵扣的方式从工程项目进度款中予以陆续扣回。预付款应从每一个支付期应支付给承包人的工程项目进度款中扣回，直到扣回的金额达到合同约定的预付款金额为止。承包人的预付款保函的担保金额根据预付款扣回的数额相应递减，但在预付款全部扣回之前一直保持有效。发包人应在预付款扣完后的 14 天内将预付款保函退还给承包人。

预付的工程款必须在合同中约定扣回方式，常用的扣回方式有以下几种。

（1）在承包人完成金额累计达到合同总价一定比例（双方合同约定）后，采用等比率或等额扣款的方式分期抵扣。也可针对工程项目实际情况具体处理，如有些工程项目工期较短、造价较低，就无须分期扣还；有些工期较长，如跨年度工程项目，其预付款的占用时间很长，根据需要可以少扣或不扣。

（2）从未完施工工程项目尚需的主要材料及构件的价值相当于工程项目预付款数额时

起扣，从每次中间结算工程项目价款中，按材料及构件比重抵扣工程项目预付款，至竣工之前全部扣清。其基本计算公式如下。

① 起扣点的计算公式

$$T = P - \frac{M}{N} \quad (6-39)$$

式中，T 为起扣点，即工程项目预付款开始扣回的累计已完工程价值；P 为承包工程项目合同总额；M 为工程项目预付款数额；N 为主要材料及构件所占比重。

② 第一次扣还工程项目预付款数额的计算公式

$$a_1 = (\sum_{i=1}^{n} T_i - T)N \quad (6-40)$$

式中，a_1 为第一次扣还工程项目预付款数额；$\sum_{i=1}^{n} T_i$ 为累计已完工程价值。

③ 第二次及以后各次扣还工程预付款数额的计算公式

$$a_i = T_i \times N \quad (6-41)$$

式中，a_i 为第 i 次扣还工程项目预付款数额（$i > 1$）；T_i 为第 i 次扣还工程项目预付款时，当期结算的已完工程价值。

6.5.5.2 安全文明施工费

财政部、国家安全生产监督管理总局印发的《企业安全生产费用提取和使用管理办法》（财企〔2012〕16号）第十九条对企业安全费用的使用范围做了规定，建设工程施工阶段的安全文明施工费包括的内容和使用范围应符合此规定。

鉴于安全文明施工的措施具有前瞻性，必须在施工前予以保证。因此，发包人应在工程项目开工后的28天内预付不低于当年施工进度计划的安全文明施工费总额的60%，其余部分按照提前安排的原则进行分解，与进度款同期支付。发包人没有按时支付安全文明施工费的，承包人可催告发包人支付；发包人在付款期满后的7天内仍未支付的，若发生安全事故，发包人应承担相应责任。

承包人对安全文明施工费应专款专用，在财务账目中单独列项备查，不得挪作他用，否则发包人有权要求其限期改正；逾期未改正的，造成的损失和延误的工期由承包人承担。

6.5.5.3 进度款

工程项目合同是先由承包人完成工程项目，后由发包人支付合同价款的特殊承揽合同，由于工程项目具有投资大、施工期长等特点，合同价款的履行顺序主要通过"阶段小结、最终结清"来实现。当承包人完成了一定阶段的工程量后，发包人就应该按合同约定履行支付工程进度款的义务。

发承包双方应按照合同约定的时间、程序和方法，根据工程计量结果，办理期中价款结算，支付进度款。进度款支付周期，应与合同约定的工程计量周期一致。其中，工程量的正确计量是发包人向承包人支付进度款的前提和依据。计量和付款周期可采用分段或按月结算的方式，按照财政部、原建设部印发的《建设工程价款结算暂行办法》（财建〔2004〕369号）的规定进行。

（1）按月结算与支付，即实行按月支付进度款，竣工后结算的办法。合同工期在两个年度以上的工程，在年终进行工程盘点，办理年度结算。

（2）分段结算与支付，即当年开工、当年不能竣工的工程按照工程形象进度，划分不同阶段，支付工程进度款。

当采用分段结算方式时，应在合同中约定具体的工程分段划分方法，付款周期应与计量周期一致。

《建设工程工程量清单计价规范》规定：已标价工程量清单中的单价项目，承包人应按工程计量确认的工程量与综合单价计算；如综合单价发生调整的，以发承包双方确认调整的综合单价计算进度款。已标价工程量清单中的总价项目，承包人应按合同中约定的进度款支付分解，分别列入进度款支付申请中的安全文明施工费和本周期应支付的总价项目的金额中。发包人提供的材料金额，应按照发包人签约提供的单价和数量从进度款支付中扣除，列入本周期应扣减的金额中。进度款的支付比例按照合同约定，按期中结算价款总额计，不低于60%，不高于90%。

发包人应在收到承包人进度款支付申请后的14天内根据计量结果和合同约定对申请内容予以核实，确认后向承包人出具进度款支付证书。若发承包双方对有的清单项目的计量结果出现争议，发包人应对无争议部分的工程计量结果向承包人出具进度款支付证书。发包人应在签发进度款支付证书后的14天内，按照支付证书列明的金额向承包人支付进度款。若发包人逾期未签发进度款支付证书，则视为承包人提交的进度款支付申请已被发包人认可，承包人可向发包人发出催告付款的通知。发包人应在收到通知后的14天内，按照承包人支付申请的金额向承包人支付进度款。发包人未按规定支付进度款的，承包人可催告发包人支付，并有权获得延迟支付的利息；发包人在付款期满后的7天内仍未支付的，承包人可在付款期满后的第8天起暂停施工。发包人应承担由此增加的费用和延误的工期，向承包人支付合理利润，并应承担违约责任。发现已签发的任何支付证书有错、漏或重复的数额，发包人有权予以修正，承包人也有权提出修正申请。经发承包双方复核同意修正的，应在本次到期的进度款中支付或扣除。

6.6 投资偏差分析

在确定了投资控制目标之后，为了有效地进行投资控制，监理工程师就必须定期进行投资计划值与实际值的比较，当实际值偏离计划值时，分析产生偏差的原因，采取适当的纠偏措施，以使投资超支尽可能小。

6.6.1 偏差分析方法

投资偏差分析的方法很多，这里着重介绍挣值法。

挣值法（Earned Value Management，EVM）作为一项先进的项目管理技术，最初是美国国防部于1967年首次确立的。到目前为止国际上先进的咨询公司已普遍采用挣值法进行工程项目的投资、进度综合分析控制。其基本参数有三项，即已完工作预算投资、计划工作预算投资和已完工作实际投资。

6.6.1.1 挣值法的三个基本参数

1. 已完工作预算投资

已完工作预算投资（Budgeted Cost for Work Performed，BCWP），是指在某一时间已经

完成的工作（或部分工作），以批准认可的预算为标准所需要的资金总额，由于发包人正是根据这个值为承包人完成的工作量支付相应的投资，也就是承包人获得（挣得）的金额，故称挣值。其计算公式为

$$已完工作预算投资（BCWP）=已完成工作量×预算单价 \quad (6-42)$$

2. 计划工作预算投资

计划工作预算投资（Budgeted Cost for Work Scheduled, BCWS），即根据进度计划，在某一时刻应当完成的工作（或部分工作），以预算为标准所需要的资金总额。一般来说，除非合同有变更，BCWS 在工程实施过程中应保持不变。其计算公式为

$$计划工作预算投资（BCWS）=计划工作量×预算单价 \quad (6-43)$$

3. 已完工作实际投资

已完工作实际投资（Actual Cost for Work Performed, ACWP），即到某一时刻为止，已完成的工作（或部分工作）所实际花费的总金额。其计算公式为

$$已完工作实际投资（ACWP）=已完成工作量×实际单价 \quad (6-44)$$

6.6.1.2 挣值法的四个评价指标

在以上三个基本参数的基础上，可以确定挣值法的四个评价指标，它们都是时间的函数。

1. 投资偏差

投资偏差（Cost Variance, CV）就是将 BCWP 与 ACWP 比较，其计算公式为

$$投资偏差（CV）=已完工作预算投资（BCWP）-已完工作实际投资（ACWP) \quad (6-45)$$

负值 CV 意味着完成工作的投资多于计划。即当投资偏差 CV 为负值时，表示项目运行超出预算投资；当投资偏差 CV 为正值时，表示项目运行节支，实际投资没有超出预算投资。

2. 进度偏差

进度偏差（Schedule Variance, SV）就是将 BCWP 与 BCWS 比较，其计算公式为

$$进度偏差（SV）=已完工作预算投资（BCWP）-计划工作预算投资（BCWS） \quad (6-46)$$

负值意味着与计划对比，完成的工作少于计划的工作。即当进度偏差 SV 为负值时，表示进度延误，实际进度落后于计划进度；当进度偏差 SV 为正值时，表示进度提前，实际进度快于计划进度。

3. 投资绩效指数

投资绩效指数（Cost Performance Index, CPI）的计算公式为

$$投资绩效指数（CPI）=\frac{已完工作预算投资（BCWP）}{已完工作实际投资（ACWP）} \quad (6-47)$$

当投资绩效指数（CPI）<1 时，表示投资超支，即实际投资高于预算投资。
当投资绩效指数（CPI）>1 时，表示投资节支，即实际投资低于预算投资。

【例 6-1】 某工程项目施工至 2015 年 9 月月底，经统计分析得：已完工作预算投资为 38 000 元，已完工作实际投资为 48 000 元，计划工作预算投资为 42 000 元。

问题：该工程项目此时的投资绩效指数为多少？

解：已知 BCWS = 42 000 元，BCWP = 38 000 元，ACWP = 48 000 元，则 CPI = $\dfrac{BCWP}{ACWP}$ =

38 000/48 000 = 0.79

即每 1.00 元的花费实际只做了价值为 0.79 元的工作，即投资超支，实际投资高于预算投资。

4. 进度绩效指数

进度绩效指数（Schedule Performance Index，SPI）的计算公式为

$$\text{进度绩效指数(SPI)} = \frac{\text{已完工作预算投资(BCWP)}}{\text{计划工作预算投资(BCWS)}} \quad (6-48)$$

当进度绩效指数（SPI）<1 时，表示进度延误，即实际进度比计划进度拖后。

当进度绩效指数（SPI）>1 时，表示进度提前，即实际进度比计划进度快。

【**例 6-2**】 某工程项目施工至 2015 年 9 月月底，经统计分析得：已完工作预算投资为 38 000 元，已完工作实际投资为 48 000 元，计划工作预算投资为 42 000 元。

问题：该工程项目此时的进度绩效指数为多少？

解：已知 BCWS = 42 000 元，BCWP = 38 000 元，ACWP = 48 000 元，则

$$\text{SPI} = \frac{\text{BCWP}}{\text{BCWS}} = 38\ 000/42\ 000 = 0.90$$

即每 1.00 元计划做的工作价值取得了 0.90 元的已完工作的价值，即进度延误，实际进度比计划进度拖后。

投资（进度）偏差反映的是绝对偏差，结果很直观，有助于投资管理人员了解项目投资出现偏差的绝对数额，并依此采取一定措施，制订或调整投资支出计划和资金筹措计划。但是，绝对偏差有其不容忽视的局限性。如同样是 10 万元的投资偏差，对于总投资 1000 万元的项目和总投资 1 亿元的项目而言，其严重性显然是不同的。因此，投资（进度）偏差仅适合于对同一项目做偏差分析。投资（进度）绩效指数反映的是相对偏差，它不受项目层次的限制，也不受项目实施时间的限制，因而在同一项目和不同项目比较中均可采用。

在项目的投资、进度综合控制中引入挣值法，可以克服过去进度、投资分开控制的缺点，即当我们发现投资超支时，很难立即知道是由于投资超出预算，还是由于进度提前。相反，当我们发现投资低于预算时，也很难立即知道是由于投资节省，还是由于进度拖延。引入挣值法即可定量地判断进度、投资的执行效果。

6.6.1.3 偏差分析的表达方法

在项目实施过程中，以上三个参数可以形成三条曲线，即计划工作预算投资（BCWS）、已完工作预算投资（BCWP）、已完工作实际投资（ACWP）曲线，如图 6-16 所示。

图 6-16 中，CV = BCWP − ACWP，由于两项参数均以已完工作为计算基准，所以两项参数之差反映项目进展的投资偏差。SV = BCWP − BCWS，由于两项参数均以预算值（计划值）作为计算基准，所以两者之差反映项目进展的进度偏差。

采用挣值法进行投资、进度综合控制，还可以根据当前的进度、投资偏差情况，通过原因分析，对趋势进行预测，预测项目结束时的进度、投资情况。在图 6-16 中：

BAC（Budget At Completion）——项目完工预算，指编制计划时预计的项目完工投资。

EAC（Estimate At Completion）——预测的项目完工估算，指计划执行过程中根据当前的进度、投资偏差情况预测的项目完工总投资。

VAC（Variance At Completion）——预测项目完工时的投资偏差。

$$\text{VAC} = \text{BAC} - \text{EAC} \quad (6-49)$$

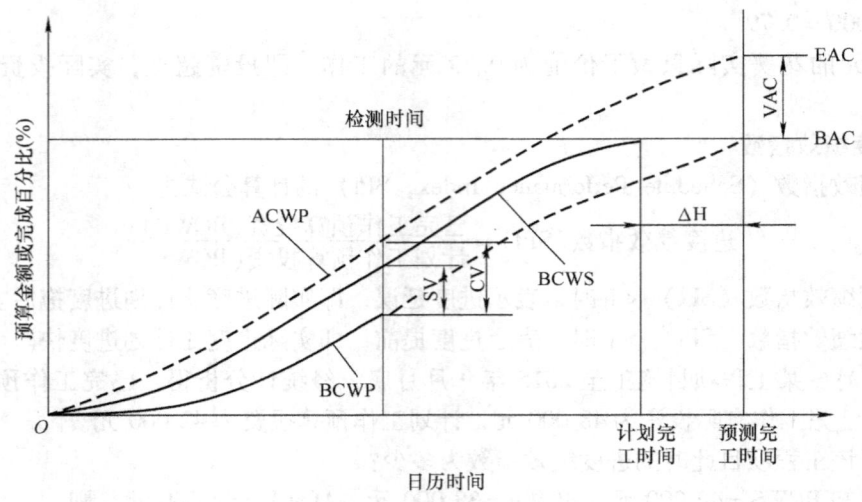

图 6-16 挣值法评价曲线

【例 6-3】 某工程项目完工预算为 80 000 元，施工至某月月底的投资绩效指数为 0.79，则在该时间节点下该工程项目预测的完工投资为多少？

解：EAC 的一种估算方法为

$$EAC = \frac{BAC}{CPI}$$

将 BAC = 80 000 元，CPI = 0.79 代入得

$$EAC = \frac{80\ 000}{0.79} 元 = 101\ 265\ 元$$

$$VAC = BAC - EAC = 80\ 000\ 元 - 101\ 265\ 元 = -21\ 265\ 元$$

即该时间节点下预测的完工投资为 101 265 元，根据当前的绩效，项目将超计划预算 21 265 元。

6.6.2 偏差原因分析

偏差分析的一个重要目的就是要找出引起偏差的原因，从而有可能采取有针对性的措施，减少或避免相同原因的再次发生。在进行偏差原因分析时，首先应当将已经导致和可能导致偏差的各种原因逐一列举出来。导致不同工程项目产生投资偏差的原因具有一定共性，因而，可以通过对已建工程项目产生投资偏差的原因进行归纳、总结，为该工程项目采用预防措施提供依据。

一般来说，产生投资偏差的原因如图 6-17 所示。

6.6.3 纠偏措施

1. 修改投资计划

修改投资计划就是对用于管理项目的投资文件进行修正，如调整设计概算、变更合同价格等，必要时，必须通知工程项目的利益相关者。

2. 采取纠偏措施

对偏差原因进行分析的目的是有针对性地采取纠偏措施，从而实现投资的动态控制和主

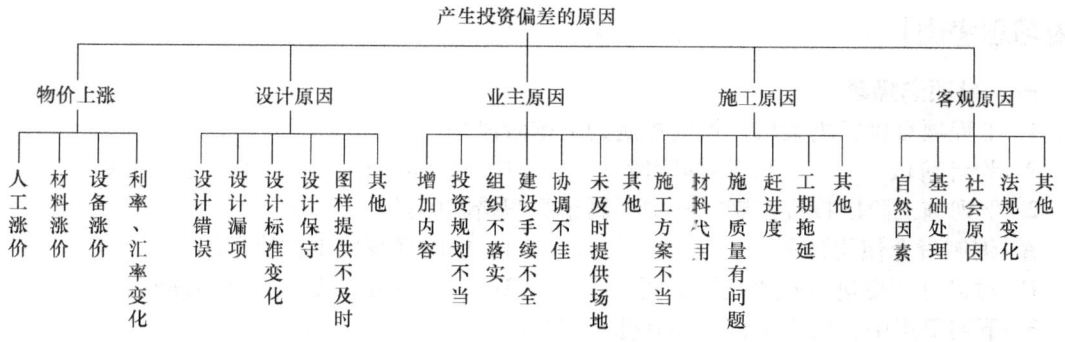

图 6-17　产生投资偏差的原因

动控制。纠偏首先要确定纠偏的主要对象,如上面介绍的偏差原因,有些是无法避免和控制的,如客观原因,充其量只能对其中少数原因做到防患于未然,力求减少该原因所产生的经济损失。对于施工原因所导致的经济损失通常是由承包人自己承担的,从投资控制的角度只能加强合同的管理,避免被承包人索赔。所以,这些偏差原因都不是纠偏的主要对象。纠偏的主要对象是发包人原因和设计原因造成的投资偏差。在确定了纠偏的主要对象之后,就需要采取有针对性的纠偏措施。纠偏可采用组织措施、经济措施、技术措施和合同措施等。例如,寻找新的、更好更省的、效率更高的设计方案;购买部分产品,而不是采用完全由自己生产的产品;重新选择供应商,但会产生供应风险,选择需要时间;改变实施过程;变更工程范围;索赔等。

3. 按照完成情况估计完成项目所需的总投资(EAC)

按照完成情况估计目前实施情况下完成项目所需的总投资(EAC),有以下三种情况。

(1) EAC = 实际支出 + 按照实施情况对剩余预算所做的修改。这种方法通常用于当前的变化可以反映未来的变化时。

(2) EAC = 实际支出 + 对未来所有剩余工作的新的估计。这种方法通常用于当过去的执行情况显示了所有的估计假设条件基本失效的情况下或者由于条件的改变造成原有的假设不再适用。

(3) EAC = 实际支出 + 剩余的预算。适用于现在的变化仅是一种特殊情况,项目经理认为未来的实施不会发生类似的变化。

4. 整理纠偏资料,吸取教训

找出产生偏差的原因后,连同所选择的纠偏措施及从投资控制中吸取的其他方面的教训等都要形成文字材料,作为本工程项目或者其他工程项目的历史资料,以供参考。

【本章小结】

工程项目投资是指某经济实体为获取工程项目将来的收益而垫付资金用于工程项目的经济活动。从项目实施的阶段来看,投资管理分为设计阶段、招投标阶段和施工阶段的投资管理。设计阶段主要是利用价值工程、标准化设计等方式进行设计方案的优化;招投标阶段要进行招标控制价的编制和投标报价的审核;施工阶段要注意工程项目质量和合同价款的支付。在进行管理的过程中,通过投资偏差分析来分析产生偏差的原因,采取适当的纠偏措施,使投资控制在适当的范围内。

【复习思考题】

一、单项选择题

1. 工程项目投资决策后，投资控制的关键阶段是（　　）。
   A. 设计阶段　　　B. 招标阶段　　　C. 施工阶段　　　D. 竣工阶段
2. 下列施工阶段投资控制措施中，属于组织措施的是（　　）。
   A. 编制资金使用计划　　　　　　　B. 编制详细的工作流程图
   C. 对设计变更进行技术经济分析　　D. 对投资支出做好分析与预测
3. 下列费用中，属于工程建设其他费用的是（　　）。
   A. 设备及工器具购置费　　　　　　B. 建设期利息
   C. 基本预备费　　　　　　　　　　D. 勘察设计费
4. 对招标文件提供的清单，投标人必须逐一计价且对所列内容不允许有任何更改变动的是（　　）。
   A. 分部分项工程量清单　　　　　　B. 措施项目清单
   C. 其他项目清单　　　　　　　　　D. 零星工作项目表
5. 某工程原定 2016 年 9 月 20 日竣工，因承包人原因，致使工程延至 2016 年 10 月 20 日竣工。但在 2016 年 10 月因法规的变化导致工程造价增加 120 万元，工程合同价款应（　　）。
   A. 调增 60 万元　　B. 调增 90 万元　　C. 调增 120 万元　　D. 不予调整
6. 某工程施工至 2013 年 12 月底，经分析，已完成工作预算投资为 100 万元，已完成工作实际投资为 115 万元，计划工程预算投资为 110 万元，则该工程的进度偏差为（　　）。
   A. 超前 15 万元　　B. 延误 15 万元　　C. 超前 10 万元　　D. 延误 10 万元

二、多项选择题

1. 建筑安装工程费中的安全文明施工费包括（　　）。
   A. 环境保护费
   B. 冬雨期施工增加费
   C. 临时设施费
   D. 夜间施工增加费
   E. 特殊地区施工增加费
2. 强制确定法可用于价值工程活动中的（　　）。
   A. 对象选择　　B. 功能评价　　C. 功能定义　　D. 方案创新　　E. 方案评价
3. 根据《建设工程工程量清单计价规范》，其他项目清单内容包括（　　）。
   A. 规费　　B. 暂列金额　　C. 暂估价　　D. 计日工　　E. 总承包服务费

三、案例讨论

案例 1：

某工程项目有 A、B、C 三个设计方案，有关专家决定从四个功能（分别为 F_1、F_2、F_3、F_4）对不同方案进行评价，并得到以下结论：A、B、C 三个方案中 F_1 的优劣顺序依次为 B、A、C，F_2 的优劣顺序依次为 A、C、B，F_3 的优劣顺序依次为 C、B、A，F_4 的优劣顺序依次为 A、B、C。经进一步研究，专家确定三个方案各功能的评价计分标准均为：最优者得 3 分，居中者得 2 分，最差者得 1 分。

据估算，A、B、C 三个方案的造价分别为 8500 万元、7600 万元、6900 万元。

问题：

将 A、B、C 三个方案各功能的得分填入表 6-6 中。

若四个功能之间的重要性关系排序为 $F_2 > F_1 > F_4 > F_3$，采用 0-1 评分法确定各功能的权重，并将计算结果填入表 6-7 中。

已知 A、B 两方案的价值指数分别为 1.127、0.961，在 0-1 评分法的基础上列式计算 C 方案的价值指数，并根据价值指数的大小选择最佳设计方案。

若四个功能之间的重要性关系为：F_1 与 F_2 同等重要，F_1 相对 F_4 较重要，F_2 相对 F_3 很重要。采用 0-4 评分法确定各功能的权重，并将计算结果填入表 6-8 中。

以上计算结果保留 3 位小数。

表 6-6 各功能得分

方案＼功能得分	A	B	C
F_1			
F_2			
F_3			
F_4			

表 6-7 计算结果

功能	F_1	F_2	F_3	F_4	得分	修正得分	权重
F_1							
F_2							
F_3							
F_4							
合计							

表 6-8 计算结果

功能	F_1	F_2	F_3	F_4	得分	权重
F_1						
F_2						
F_3						
F_4						
合计						

案例 2：

某快速干道工程项目，开、竣工时间分别为当年 4 月 1 日、9 月 30 日。业主根据该工程项目的特点及项目构成情况，将工程项目分为三个标段。其中第Ⅲ标段造价为 4150 万元，第Ⅲ标段中的预制构件由甲方提供（直接委托构件厂生产）。

第Ⅲ标段施工单位为 C 公司，业主与 C 公司在施工合同中约定如下。

（1）开工前业主应向C公司支付合同价25%的预付款，预付款从第3个月开始等额扣还，4个月扣完。

（2）业主根据C公司完成的工程量（经工程师签认后）按月支付工程项目款，保留金额为合同总额的5%。保留金按每月产值的10%扣除，直至扣完为止。

（3）工程师签发的月付款凭证最低金额为300万元。

第Ⅲ标段各月完成产值如表6-9所示。

表6-9　各月完成产值　　　　　　　　　　（单位：万元）

月份	4	5	6	7	8	9
C公司	480	685	560	430	620	580
构件厂			275	340	180	

问题：

支付给C公司的工程项目预付款是多少？工程师在第4个月、第6个月、第7个月、第8个月月底分别给C公司实际签发的付款凭证金额是多少？

案例3：

某工程项目的早时标网络计划如图6-18所示。工程项目进展到第5个月、第10个月月底时，分别检查了工程项目进度，相应地绘制了两条实际进度前锋线（图6-18中的点画线）。

图6-18a中，每根箭线上方的数值为该项工作每月的预算费用；图6-18b中，（1）表示数据为该工程项目计划工作预算费用累计值，（2）表示该工程项目已完工作实际费用累计值。

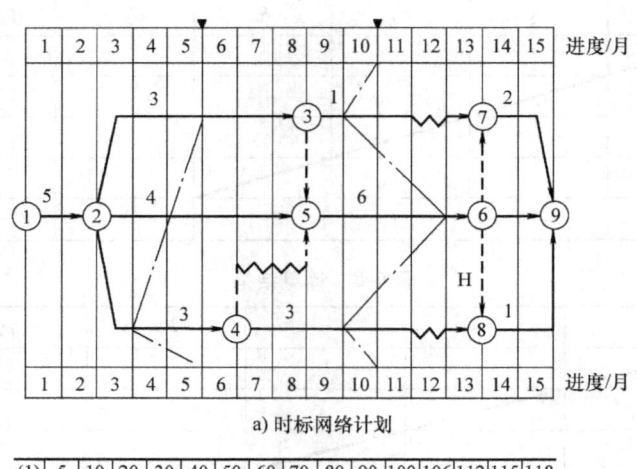

图6-18　某工程项目时标网络计划和费用数据

问题：

（1）简要说出计划工作预算费用的计算步骤。

（2）分析第5个月、第10个月月底的偏差。

第 7 章　工程项目质量管理

【学习目标】
　　(1) 了解工程项目质量管理的相关概念及内容。
　　(2) 掌握质量计划、质量控制的内容和方法。
　　(3) 熟悉实施质量保证的内容。
　　(4) 熟悉工程项目各阶段质量控制工作的程序、制度,掌握施工过程中质量控制工作的内容和方法。
　　(5) 了解工程项目质量缺陷的成因及事故处理方法。

【导入案例】
　　新华网 2007 年 8 月 14 日报道：8 月 13 日 16 时 45 分许，湖南省湘西土家族苗族自治州凤凰县沱江堤溪大桥发生坍塌事故，造成人员严重伤亡。而按照计划，半个月后该桥将举行竣工通车典礼。经过搜寻、核查确认，共有 64 名作业人员在事故中死亡，另有 22 人受伤，有 88 人生还，直接经济损失 3974.7 万元。

　　沱江堤溪大桥为凤凰县至贵州铜仁大兴机场二级公路的公路桥梁，系湘西土家族苗族自治州重点建设项目。此桥桥身设计长 328m，跨度为 4 孔，每孔 65m，高 42m，计划投资 1200 万元。坍塌的沱江堤溪大桥是一座四孔石拱桥，属省道二级公路桥，由湖南省华罡交通设计院设计、湖南路桥建设集团公司施工。

　　现场目击者告诉记者，坍塌的桥墩几乎看不到钢筋。对此，上海交通大学教授分析，只要设计精确，全部采用石头虽然从理论上讲是可以的，但如果石拱桥里有钢筋连接就能大大提高抗拉性，否则只要拱部的任一部分坍塌，整个拱部的平衡将会被打破而导致整体性的坍塌。湖南省凤凰沱江堤溪大桥坍塌事故调查，初步断定因地质勘探有误，沱江大桥基础下存在较大溶洞，致使石拱桥出现位移，这是造成"8·13"事故的一个重要原因。从直接原因来讲，主要是大桥的主拱圈的建筑材料没有满足规范和设计的要求，而且在施工过程中，工序的要求也不合理。一位工程师曾受邀担任凤凰沱江大桥监理工程师，但在桥梁施工过程中，这名监理工程师发觉该桥存在严重问题，于是选择中途退出。而据媒体披露，沱江大桥桥梁开工后，确实停过三次工，原因是桥墩曾出现过下沉，但工程并没因此中断。一位资深桥梁专家接受记者采访时表示，石拱桥的致命伤是不能承受水平推力，所以关键问题在于石拱桥混凝土的强度是否达标，是否出现水平变形。从披露的情况推断，大桥出现过基础下沉，应是石拱桥的致命伤，且施工方未采取补救措施，致使桥体扭动而重心移动，产生多米诺骨牌式破坏。

　　从这个案例可以看出，工程项目的质量受到设计、施工技术水平、材料质量等多方面因素的影响，因此，要做好项目的质量管理，需要考虑诸多方面的因素。

7.1 质量管理概述

7.1.1 工程项目质量

质量是指一组固有特性满足要求的程度。"固有特性"包括了明示的和隐含的特性，明示的特性一般以书面阐明或明确向顾客指出，隐含的特性是指惯例或一般做法。"满足要求"是指满足顾客和相关方的要求，包括法律法规及标准规范的要求。

工程项目质量是指工程项目满足相关标准规定和合同约定要求的程度，包括其在安全、使用功能及其在耐久性能、节能与环境保护等方面所有的明示和隐含的固有特性。

工程项目作为一种特殊的产品，除具有一般产品共有的质量特性外，还具有特定的内涵。工程项目质量的特性主要表现在以下七个方面。

（1）适用性，即功能，是指工程项目满足使用目的的各种性能。包括：理化性能，如尺寸、规格、保温、隔声等物理性能，耐腐蚀、防火、防风化、防尘等化学性能；结构性能，指地基基础牢固程度，结构的足够强度、刚度和稳定性；使用性能，如民用住宅工程要能使居住者安居，工业厂房要能满足生产活动需要，道路、桥梁、铁路、航道要能通达便捷等，工程项目的组成部件、配件、水、暖、电、卫器具、设备也要能满足其使用功能；外观性能，指建筑物的造型、布置、室内装饰效果、色彩等美观大方、协调等。

（2）耐久性，即寿命，是指工程项目在规定的条件下，满足规定功能要求使用的年限，也就是工程竣工后的合理使用寿命期。由于建筑物本身结构类型不同、质量要求不同、施工方法不同、使用性能不同的个性特点，目前国家对工程项目的合理使用寿命期还缺乏统一规定，仅在少数技术标准中提出了明确要求。如民用建筑主体结构耐用年限分为四级（15～30 年、30～50 年、50～100 年、100 年以上），公路工程设计寿命一般按等级控制在 10～20 年。对工程组成部件（如塑料管道、屋面防水、卫生洁具、电梯等）也视生产厂家设计的产品性质及工程的合理使用寿命期而规定不同的耐用年限。

（3）安全性，是指工程项目建成后在使用过程中保证结构安全、保证人身和环境免受危害的程度。工程项目产品的结构安全度、抗震、耐火及防火能力，抗辐射、抗核污染、抗冲击波等能力是否能达到特定的要求，都是安全性的重要标志。工程交付使用之后，必须保证人身财产、工程整体都有能免遭工程结构破坏及外来危害的伤害。工程组成部件，如阳台栏杆、楼梯扶手、电器产品漏电保护、电梯及各类设备等，也要保证使用者的安全。

（4）可靠性，是指工程项目在规定的时间和规定的条件下完成规定功能的能力。工程项目不仅要求在竣工验收时要达到规定的指标，而且在一定的使用时期内要保持应有的正常功能。如工程上的防洪与抗震能力、防水隔热、恒温恒湿措施、工业生产用的管道防"跑、冒、滴、漏"等，都属可靠性的质量范畴。

（5）经济性，是指工程项目从规划、勘察、设计、施工到整个产品使用寿命周期内的成本和消耗的费用。工程经济性具体表现为设计成本、施工成本、使用成本三者之和。包括从征地、拆迁、勘察、设计、采购（材料、设备）、施工、配套设施等建设全过程的总投资和工程使用阶段的能耗、水耗、维护、保养乃至改建更新的使用维修费用。通过分析比较，判断工程是否符合经济性要求。

(6) 节能性，是指工程项目在设计与建造过程及使用过程中满足节能减排、降低能耗的标准和有关要求的程度。

(7) 与环境的协调性，是指工程项目与其周围生态环境协调，与所在地区经济环境协调及周围已建工程协调，以适应可持续发展的要求。

上述七个方面的质量特性彼此之间是相互依存的。总体而言，适用、耐久、安全、可靠、经济、节能与环境适应性，都是必须达到的基本要求，缺一不可。但是对于不同门类、不同专业的工程，可根据其所处的特定地域环境条件、技术经济条件的差异有不同的侧重面。

7.1.2 工程项目质量形成过程与影响因素

1. 工程项目建设阶段对质量形成的作用与影响

工程项目建设的不同阶段，对工程项目质量的形成有着不同的作用和影响。

(1) 工程项目可行性研究。工程项目可行性研究是在工程项目建议书和项目策划的基础上，运用经济学原理对投资项目的有关技术、经济、社会、环境及所有方面进行调查研究，对各种可能的拟建方案和建成投产后的经济效益、社会效益和环境效益等进行技术经济分析、预测和论证，确定工程项目建设的可行性。在可行的情况下，通过多方案比较从中选择出最佳建设方案，作为工程项目决策和设计的依据。在此过程中，需要确定工程项目的质量要求，并与投资目标相协调。因此，工程项目的可行性研究直接影响工程项目的决策质量和设计质量。

(2) 工程项目决策。工程项目决策阶段是通过工程项目可行性研究和项目评估，对工程项目的建设方案做出决策，使工程项目的建设充分反映业主的意愿，并与地区环境相适应，做到投资、质量、进度三者协调统一。所以，工程项目决策阶段对工程质量的影响主要是确定工程项目应达到的质量目标和水平。

(3) 工程项目勘察、设计。工程项目的地质勘察是为建设场地的选择和工程的设计与施工提供地质资料依据。而工程设计是根据工程项目总体需求（包括已确定的质量目标和水平）和地质勘察报告，对工程的外形和内在的实体进行筹划、研究、构思、设计和描绘，形成设计说明书和图样等相关文件，使得质量目标和水平具体化，为施工提供直接依据。

工程设计质量是决定工程项目质量的关键环节。工程项目采用什么样的平面布置和空间形式，选用什么样的结构类型，使用什么样的材料、构配件及设备等，都直接关系到工程项目主体结构的安全可靠，关系到建设投资的综合功能是否充分体现规划意图。设计的严密性、合理性也决定了工程建设的成败，是工程项目的安全、适用、经济与环境保护等措施得以实现的保证。

(4) 工程项目施工。工程项目施工是指按照设计图样和相关文件的要求，在建设场地上将设计意图付诸实现的测量、作业、检验，形成工程实体建成最终产品的活动。任何优秀的设计成果，只有通过施工才能变为现实。因此，工程施工活动决定了设计意图能否体现，直接关系到工程的安全可靠、使用功能的保证，以及外表观感能否体现建筑设计的艺术水平。在一定程度上，工程施工是形成实体质量的决定性环节。

(5) 工程项目竣工验收。工程项目竣工验收就是对工程施工质量通过检查评定、试车运转，考核施工质量是否达到设计要求，是否符合决策阶段确定的质量目标和水平，并通过验收确保工程项目质量。因此,工程项目竣工验收的目的是保证最终产品的质量。

2. 影响工程项目质量的因素

影响工程项目质量的因素很多,但归纳起来主要有五个方面,即人(Man)、材料(Material)、机械(Machine)、方法(Method)和环境(Environment),简称4M1E。

(1)人员素质。人是生产经营活动的主体,也是工程项目建设的决策者、管理者、操作者,工程项目建设的规划、决策、勘察、设计、施工与竣工验收等全过程,都是通过人的工作来完成的。人员的素质,即人的文化水平、技术水平、决策能力、管理能力、组织能力、作业能力、控制能力、身体素质及职业道德等,都将直接或间接地对规划、决策、勘察、设计和施工的质量产生影响,而规划是否合理,决策是否正确,设计是否符合所需要的质量功能,施工能否满足合同、规范、技术标准的需要等,都将对工程质量产生不同程度的影响。人员素质是影响工程质量的一个重要因素。因此,各行业实行资质管理和各类专业从业人员持证上岗制度是保证人员素质的重要管理措施。

(2)工程项目材料。工程项目材料是指构成工程实体的各类建筑材料、构配件、半成品等,它是工程项目建设的物质条件,是工程质量的基础。工程材料选用是否合理、产品是否合格、材质是否经过检验、保管使用是否得当等,都将直接影响工程项目的结构刚度和强度,影响工程外表及观感,影响工程的使用功能,影响工程的使用安全。

(3)机械设备。机械设备可分为两类:一类是指组成工程实体及配套的工艺设备和各类机具,如电梯、泵机、通风设备等,它们构成了建筑设备安装工程或工业设备安装工程,形成完整的使用功能。另一类是指施工过程中使用的各类机具设备,包括大型垂直与横向运输设备、各类操作工具、各种施工安全设施、各类测量仪器和计量器具等,简称施工机具设备,它们是施工生产的手段。施工机具设备对工程质量也有重要的影响。工程项目所用的机具设备,其产品质量优劣直接影响工程使用功能质量。施工机具设备的类型是否符合工程施工特点,性能能否先进稳定,操作是否方便安全等,都将会影响工程项目的质量。

(4)方法。方法是指工艺方法、操作方法和施工方案。在工程项目施工中,施工方案是否合理,施工工艺是否先进,施工操作是否正确,都将对工程质量产生重大的影响。采用新技术、新工艺、新方法,不断提高工艺技术水平,是保证工程项目质量稳定提高的重要因素。

(5)环境条件。环境条件是指对工程项目质量特性起重要作用的环境因素,包括工程项目技术环境,如工程地质、水文、气象等;工程项目作业环境,如施工环境作业面大小、防护设施、通风照明和通信条件等;工程项目管理环境,主要是指工程项目实施的合同环境与管理关系的确定,组织体制及管理制度等;周边环境,如工程项目邻近的地下管线、建(构)筑物等。环境条件往往对工程项目质量产生特定的影响,加强环境管理,改进作业条件,把握好技术环境,辅以必要的措施,是控制环境对质量影响的重要保证。

7.1.3 工程项目质量的特点

工程项目质量的特点是由工程项目本身和建设生产的特点决定的。工程项目(产品)及其生产的特点:一是产品的固定性,生产的流动性;二是产品多样性,生产的单件性;三是产品形体庞大、高投入、生产周期长、具有风险性;四是产品的社会性,生产的外部约束性。正是由于上述工程项目的特点而形成了工程项目质量本身的以下特点。

1. 影响工程项目质量的因素多

由于工程项目建设周期长，必然要受到多种因素的影响。如决策、设计、材料、机具设备、施工方法和工艺、技术措施、管理、人员素质、工期、造价等诸多因素，均会直接或间接地影响工程项目质量。

2. 工程项目质量的波动大

工程项目产品及其生产的特点不像一般工业产品那样，有固定的生产流水线、规范化的生产工艺和完善的检测技术及稳定的生产环境，因此，工程项目质量不像工厂化生产那样容易控制。同时，由于影响工程项目质量的因素多，其中任一因素发生变动，都会使工程质量产生波动。

3. 工程项目质量具有隐蔽性

在工程项目建设过程中，由于分项工程交接多，中间产品多和隐蔽工程多，因此，质量存在隐蔽性。若在施工中不及时进行质量检查，工程隐蔽后，就只能检查表面，很难发现内在的质量问题。因此，只有严格控制每道工序和中间产品的质量，才能保证最终产品的质量。

4. 工程项目质量的终检具有局限性

工程项目建成后不可能像一般工业产品那样依靠终检来判断产品质量，或将产品拆卸来检查其内在质量，或对不合格品进行更换。如果在工程项目完工后再来检查，只能局限于对表面的检验，很难正确判断其质量好坏。因此，工程项目质量评定和检查，必须贯穿于工程项目建设的全过程，以彻底消除质量隐患。

5. 工程项目质量评价方法具有特殊性

工程项目质量的检查评定及验收是按检验批、分项工程、分部工程、单位工程进行的。检验批的质量是分项工程乃至整个工程项目质量检验的基础，检验批质量合格与否主要取决于对主控工程项目和一般工程项目抽检的结果。工程项目质量是在施工单位按合格质量标准自行检查评定的基础上，由监理工程师（或建设单位项目负责人）组织有关人员进行检验确认验收。因此，工程项目质量的检查评定具有与一般工业产品质量评价方法不同的特殊性。

6. 工程项目质量要求的外延性

工程项目质量不仅要满足顾客和用户的需要，更要考虑社会的需要。质量的受益者不仅是用户和顾客，还包括业主、员工、供方和社会。以我国建成的第一条通往西藏的铁路工程项目为例，应考虑的除了旅客的狭义需要外，更要考虑整体工程项目的安全性、环保性、生态性与资源保护等诸多方面的社会要求。

7.2 工程项目质量管理

7.2.1 概述

1. 一般的质量管理

质量管理是指在质量方面指挥和控制组织的协调活动。在质量方面的指挥和控制活动，通常包括制定质量方针和质量目标以及通过质量策划、质量保证、质量控制和质量改进来实现质量目标的过程。该定义表明，质量管理是一个组织围绕着使产品质量不断更新的质量要求而开展的策划、组织、计划、实施、检查和监督、改进等所有管理活动的总和。

2. 工程项目质量管理的定义

工程项目质量管理是指围绕工程项目质量所进行的指挥、协调和控制等活动。进行工程项目质量管理的目的是保障工程项目的产出物能够满足项目业主/客户及项目各方面相关利益者的需要所开展的对于工程项目产出物的质量和工程项目工作质量的全面管理工作，并确保工程项目按规定的要求圆满实现，它包括使工程项目所有的功能活动能够按照原有的质量及目标要求得以实施。工程项目的质量管理是一个系统工程，在实施过程中，应创造必要的资源条件，使之与工程项目质量要求相适应。工程项目各参与方都必须保证其工作质量，做到工作流程程序化、标准化和规范化，围绕一个共同的目标——实现工程项目管理的最佳化，开展质量管理工作。

根据工程项目质量管理的定义，可以做出如下归纳：①工程项目质量管理的客体是工程项目；②工程项目质量管理的主体是工程项目的各相关方；③工程项目质量管理的宗旨是实现工程项目的质量目标，并使工程项目的相关方都满意；④工程项目质量管理的主要活动包括工程项目质量策划、质量控制、质量保证和质量改进。

3. 工程项目质量管理的特点

（1）质量管理模式的一次性。由于工程项目具有唯一性的特点，因此，工程项目质量管理也没有通用的模式，而要根据每个项目自身的特点和环境，建立自己的质量管理体系。

（2）质量控制主体的多元性。工程项目建设实施主体多，各主体一般隶属于各自的法人组织，服从各自的质量管理体系。只有通过合同、程序和团队文化建设等手段，建立统一的质量管理体系，并在实施过程中保持其有效性，才能保证工程项目的整体质量。

（3）质量管理任务的艰巨性。工程项目建设周期长，环节多，影响因素复杂；工程项目建设过程中工种多、工序多，而且各工种的标准化、系列化程度不同；工程项目投资大，质量事故影响大；建设实施为多主体的临时团队，员工流动性大；加上工程项目质量具有一定的潜隐性，任何环节的质量缺陷，都可能在投产使用后酿成事故。因此，如何根据工程项目的质量总目标，应对上述复杂的情况，满足工程项目最终使用者和相关方的质量要求，是一项艰巨的任务。

4. 工程项目质量控制主体

工程项目质量控制贯穿于工程项目实施的全过程，其侧重点是按照既定目标、准则、程序，使产品和过程的实施保持受控状态，防止不合格的发生，持续稳定地生产合格品。

工程项目质量控制按其实施主体不同，分为自控主体和监控主体。前者是指直接从事质量职能的活动者，后者是指对他人质量能力和效果的监控者，主要包括以下四个方面。

（1）政府的工程项目质量控制。政府属于监控主体，它主要是以法律法规为依据，通过抓工程报建、施工图设计文件审查、施工许可、材料和设备准用、工程质量监督、工程竣工验收备案等主要环节实施监控。

（2）建设单位的工程项目质量控制。建设单位属于监控主体，工程质量控制按工程质量形成过程，建设单位的质量控制包括建设全过程各阶段。

1）决策阶段的质量控制。主要是通过工程项目的可行性研究，选择最佳建设方案，使工程项目的质量要求符合业主的意图，并与投资目标相协调，与所在地区环境相协调。

2）工程勘察设计阶段的质量控制。主要是要选择好勘察设计单位，要保证工程设计符合决策阶段确定的质量要求，保证设计符合有关技术规范和标准的规定，要保证设计文件、图样符合现场和施工的实际条件，其深度能满足施工的需要。

3）工程施工阶段的质量控制。一是择优选择能保证工程质量的施工单位，二是择优选择服务质量好的监理单位，委托其严格监督施工单位按设计图样进行施工，并形成符合合同文件规定质量要求的最终建设产品。

（3）工程监理单位的质量控制。工程监理单位属于监控主体，主要是受建设单位的委托，根据法律法规、工程建设标准、勘察设计文件及合同，制订和实施相应的监理措施，采用旁站、巡视、平行检验和检查验收等方式，代表建设单位在施工阶段对工程项目质量进行监督和控制，以满足建设单位对工程项目质量的要求。

（4）勘察设计单位的质量控制。勘察设计单位属于自控主体，它是以法律、法规及合同为依据，对勘察设计的整个过程进行控制，包括工作质量和成果文件质量的控制，确保提交的勘察设计文件所包含的功能和使用价值满足建设单位工程建造的要求。

（5）施工单位的质量控制。施工单位属于自控主体，它是以工程合同、设计图样和技术规范为依据，对施工准备阶段、施工阶段、竣工验收交付阶段等施工全过程的工作质量和工程质量进行控制，以达到施工合同文件规定的质量要求。

7.2.2 工程项目参建各方的质量责任

在工程项目建设中，参与工程项目建设的各方，应根据《建设工程质量管理条例》及合同、协议和有关文件的规定承担相应的质量责任。

1. 建设单位的质量责任

（1）建设单位要根据工程项目特点和技术要求，按有关规定选择相应资质等级的勘察、设计单位和施工单位，在合同中必须有质量条款，明确质量责任，并真实、准确、齐全地提供与工程项目有关的原始资料。凡法律法规规定工程项目勘察、设计、施工、监理及工程建设有关重要设备材料采购实行招标的，必须实行招标，依法确定程序和方法，择优选定中标者。不得将应由一个承包单位完成的工程项目肢解成若干部分发包给几个承包单位；不得迫使承包方以低于成本的价格竞标；不得任意压缩合理工期；不得明示或暗示设计单位或施工单位违反建设强制性标准降低工程项目质量。建设单位应对其自行选择的设计、施工单位发生的质量问题承担相应责任。

（2）建设单位应根据工程项目特点，配备相应的质量管理人员。对国家规定强制实行监理的工程项目，必须委托有相应资质等级的工程监理单位进行监理。建设单位应与工程监理单位签订监理合同，明确双方的责任和义务。

（3）建设单位在工程项目开工前，负责办理有关施工图设计文件审查、工程施工许可证和工程质量监督手续，组织设计和施工单位认真进行设计交底；在工程项目施工中，应按国家现行有关工程建设法规、技术标准及合同规定，对工程项目质量进行检查，涉及建筑主体和承重结构变动的装修工程，建设单位应在施工前委托原设计单位或者相应资质等级的设计单位提出设计方案，经原审查机构审批后方可施工。工程项目竣工后，应及时组织设计、施工、工程监理等有关单位进行施工验收，未经验收备案或验收备案不合格的，不得交付使用。

（4）建设单位按合同的约定负责采购供应的建筑材料、建筑构配件和设备，应符合设计文件和合同要求，对发生的质量问题，应承担相应的责任。

2. 勘察、设计单位的质量责任

（1）勘察、设计单位必须在其资质等级许可的范围内承揽相应的勘察设计任务，不得承揽超越其资质等级许可范围以外的任务，不得将承揽工程转包或违法分包，也不得以任何形式用其他单位的名义承揽业务或允许其他单位或个人以本单位的名义承揽业务。

（2）勘察、设计单位必须按照国家现行的有关规定、工程建设强制性标准和合同要求进行勘察、设计工作，并对所编制的勘察、设计文件的质量负责。

勘察单位提供的地质、测量、水文等勘察成果文件应当符合国家规定的勘察深度要求，必须真实、准确。勘察单位应参与施工验收，及时解决工程设计和施工中与勘察工作有关的问题；参与工程项目质量事故的分析，对因勘察原因造成的质量事故提出相应的技术处理方案。勘察单位的法定代表人、项目负责人、审核人、审定人等相应人员，应在勘察文件上签字或盖章，并对勘察质量负责。勘察单位的法定代表人对本企业的勘察质量全面负责，项目负责人对项目勘察文件负主要质量责任，项目审核人、审定人对其审核、审定项目的勘察文件负审核、审定的质量责任。

设计单位提供的设计文件应当符合国家规定的设计深度要求，注明工程合理使用年限。设计文件中选用的材料、构配件和设备，应当注明规格、型号、性能等技术指标，其质量必须符合国家规定的标准。除有特殊要求的建筑材料、专用设备、工艺生产线外，不得指定生产厂、供应商。设计单位应就审查合格的施工图文件向施工单位做出详细说明，解决施工中对设计提出的问题，负责设计变更。参与工程质量事故分析，并对因设计造成的质量事故提出相应的技术处理方案。

3. 施工单位的质量责任

（1）施工单位必须在其资质等级许可的范围内承揽相应的施工任务，不得承揽超越其资质等级业务范围以外的任务，不得将承接的工程项目转包或违法分包，也不得以任何形式用其他施工单位的名义承揽工程或允许其他单位或个人以本单位的名义承揽工程项目。

（2）施工单位对所承包的工程项目的施工质量负责。应当建立健全质量管理体系，落实质量责任制，确定工程项目的项目经理、技术负责人和施工管理负责人。实行总承包的工程，总承包单位应对全部工程项目质量负责。工程项目勘察、设计、施工、设备采购的一项或多项实行总承包的，总承包单位应对其承包的工程项目或采购的设备的质量负责；实行总分包的工程，分包单位应按照分包合同约定对其分包工程的质量向总承包单位负责，总承包单位对分包工程的质量承担连带责任。

（3）施工单位必须按照工程设计图样和施工技术规范标准组织施工。未经设计单位同意，不得擅自修改工程设计。在施工中，必须按照工程设计要求、施工技术规范标准和合同约定，对建筑材料、构配件、设备和商品混凝土进行检验；不得偷工减料，不使用不符合设计和强制性标准要求的产品，不使用未经检验和试验或检验和试验不合格的产品。

工程项目总承包是指从事工程总承包的企业受建设单位委托，按照合同约定对工程项目的勘察、设计、采购、施工、试运行（竣工验收）等实行全过程或若干阶段的承包。设计采购施工总承包是指工程总承包企业按照合同约定，承担工程项目的设计、采购、施工等工作。

工程项目总承包企业按照合同约定承包内容（设计、采购、施工）对工程项目的（设计、材料及设备采购、施工）质量向建设单位负责。工程总承包企业可依法将所承包工程中的部分工作发包给具有相应资质的分包企业，分包企业按照分包合同的约定对总承包企业负责。

4. 工程监理单位的质量责任

（1）工程监理单位应按其资质等级许可的范围承担工程监理业务，不得超越本单位资质等级许可的范围或以其他工程监理单位的名义承担工程监理业务，不得转让工程监理业务，不允许其他单位或个人以本单位的名义承担工程监理业务。

（2）工程监理单位应依照法律、法规及有关技术标准、设计文件和工程项目承包合同，与建设单位签订监理合同，代表建设单位对工程质量实施监理，并对工程质量承担监理责任。监理责任主要有违法责任和违约责任两个方面。如果工程监理单位故意弄虚作假，降低工程质量标准，造成质量事故的，要承担法律责任。如果工程监理单位与施工承包单位串通，牟取非法利益，给建设单位造成损失的，应当与施工承包单位承担连带赔偿责任。如果监理单位在责任期内不按照监理合同约定履行监理职责，给建设单位或其他单位造成损失的，属违约责任，应当按监理合同约定向建设单位赔偿。

5. 工程材料、构配件及设备生产或供应单位的质量责任

工程材料、构配件及设备生产或供应单位对其生产或供应的产品质量负责。生产厂或供应商必须具备相应的生产条件、技术装备和质量管理体系，所生产或供应的工程材料、构配件及设备的质量应符合国家和行业现行的技术规定的合格标准和设计要求，并与说明书和包装上的质量标准相符，且应有相应的产品检验合格证，设备应有详细的使用说明等。

7.2.3 质量管理专家及其理论

有许多专家对质量管理的发展做出了贡献，其中最具影响力的有 W. 爱德华兹·戴明、朱兰和克劳士比。

1. 戴明

W. 爱德华兹·戴明（W. Edwards Deming）博士 1900 年出生于美国爱荷华州，小时家境贫寒，少年时代一直在打工。1921 年从怀俄明大学毕业，1925 年从科罗拉多大学取得数学和物理学硕士，1928 年取得耶鲁大学物理学博士学位。

戴明博士主要因其对日本有关质量控制方面的研究工作及提出著名的戴明循环——PDCA 循环而闻名。第二次世界大战后，戴明博士应日本政府的邀请，到日本帮助其提高生产率和质量。戴明作为一个统计学家和纽约大学的前教授，他告诉日本人，高质量意味着更高的生产率和更低的成本。20 世纪 80 年代，看到日本人获得的巨大成功，美国企业争先恐后地应用戴明技术，帮助自己的工厂建立质量改进计划。为表彰他对日本企业改进质量的贡献，日本为此专门设立了戴明奖。

PDCA 循环的核心是质量改进。PDCA 循环是质量管理的基本方法，它不是运行一次就结束，而是周而复始地进行，一个循环完了，解决了一部分问题，可能有其他的问题尚未解决，或者又出现了新的问题，再进行下一次循环。PDCA 的含义如下。

P（Plan）——计划。某人有个改进产品或过程的构思，这是第"零"阶段，接着是第一步骤，计划如何测试、比较或试验，这是整个循环的基础。仓促的开始，会导致效率低下、费用偏高，甚至完全失败。

D（Do）——执行。依据第一步骤所做的计划，进行比较试验。

C（Check）——检查。研究结果是否与预期相符？如果不是，问题何在？

A（Action）——处理。进行改进，或者放弃，或者在不同的环境条件、不同的原料、不同的人员情况下，再重复这个循环。

图 7-1 表明了 PDCA 循环的过程。PDCA 是循环的结构，即大环套小环；PDCA 循环的功能，是通过一次次的循环，将质量管理活动推向一个新的高度，使工程项目管理的质量不断得到改进和提高。

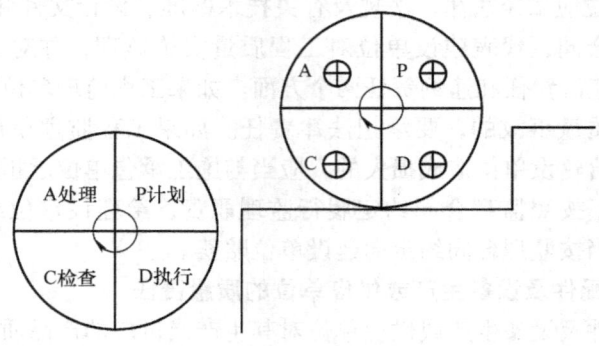

图 7-1 PDCA 循环运行示意

2. 朱兰

约瑟夫 M. 朱兰（Joseph M. Juran）1904 年出生于罗马尼亚，在美国明尼苏达的乡间长大，后就读于明尼苏达大学的电气工程专业，毕业后到西方电气公司就职。第二次世界大战后到纽约大学任教。朱兰博士像戴明一样，帮助日本制造商协会提高了它们的生产率，后来他同样为美国公司所知晓。1974 年，他撰写了《质量控制手册》的第 1 版，书中强调了高层管理对连续的产品质量提高的重要性。1999 年，94 岁高龄的朱兰出版了这本著名手册的第 15 版。他开发了"朱兰三部曲"即质量规划、质量控制和质量改进，为奠定著名的质量管理理论基础和基本方法做出了卓越的贡献。

朱兰提出了质量改进的 10 个步骤：①建立对改进需要和改进机会的认识；②设置改进目标；③组织达到目标；④提供培训；⑤开展工程项目以解决问题；⑥报道改进；⑦给予认可；⑧传达结果；⑨保持成绩；⑩每年通过对公司的过程改进来保持其持续发展。

3. 克劳士比

克劳士比（Philip B. Crosby）1926 年出生于西弗吉尼亚的惠灵市，从俄亥俄州立医学院毕业，第二次世界大战期间曾成为战地医生。因其著作《质量免费》而广为人知。他强调组织应向"零缺陷"努力，他认为低劣质量的成本应当包括"第一次没有把事情做对"所导致的所有成本，如废料、返工、失去的劳动时间和机器时间、顾客不好的印象和失去的销售额、担保成本等。1961 年，潘兴导弹在前六次成功发射的基础上开始第七次发射，在导弹的第二节点火以后，引爆了第一节的射程安全包，导弹发射失败。作为潘兴导弹项目的质量经理，在对事故的反思中，克劳士比注意到在将导弹送到卡纳维拉尔角去发射前，通常会出现 10 个左右的小缺陷，并由此认识到问题的原因在于质量管理中的概念，并由此提出了

"第一次就将事情做好"和"零缺陷"的概念。克劳士比提出:"出错数是人们置某一特定事件之重要性的函数,人们对一种行为的关心超过另一种,所以人们学着接受这样一个现实:在一些事情上,人们愿意接受不完美的情况,而在另一些事情上,缺陷数必须为零。"克劳士比的理论一出现,既获得了美国政府和国防部的重视,但也受到一些质量管理界的非议。这是由于克洛士比的理论触动了统计过程控制技术的根基,对于大量的重复性连续过程,"每一次都做好"的要求比"第一次就做好"的要求困难得多,甚至是不现实的。但是对于工程项目这种一次性过程,则需要采用克劳士比的"第一次就做好"和"零缺陷"的概念。

7.2.4 质量管理体系标准

7.2.4.1 ISO 质量管理体系的内涵和构成

1. 质量管理体系的内涵

质量管理体系是组织内部建立的、为实现质量目标所必需的、系统的质量管理模式,是组织的一项战略决策。它将资源与过程结合,以过程管理方法进行系统管理,根据企业特点选用若干体系要素加以组合。一般由与管理活动、资源提供、产品实现及测量、分析与改进活动相关的过程组成,可以理解为涵盖了从确定顾客需求、设计研制、生产、检验、销售、交付之前全过程的策划、实施、监控、纠正与改进活动的要求。一般以文件化的方式,成为组织内部质量管理工作的要求。

针对质量管理体系的要求,质量管理体系国际标准化组织(ISO)的质量管理和质量保证技术委员会制定了 ISO 9000 族系列标准,以适用于不同类型、产品、规模与性质的组织。该系列标准由若干相互关联或补充的单个标准组成,其中为大家所熟知的是 ISO 9001《质量管理体系 要求》,它提出的要求是对产品要求的补充,经过了数次改版。

2. 2015 版 ISO 9000 族标准的构成

我国根据国际标准化组织(ISO)的系列标准发布了与之相应的系列标准。2015 版 ISO 9000 族标准包括:四个核心标准、一个支持性标准、若干个技术报告和宣传性小册子,如表 7-1 所示。

表 7-1 2015 版 ISO 9000 族标准

GB/T 19000—2015 idt ISO 9000:2015	质量管理体系 基础和术语
GB/T 19001—2015 idt ISO 9001:2015	质量管理体系 要求
GB/T 19004—2011 idt ISO 9004:2009	质量管理体系 业绩改进指南
GB/T 19011—2013 idt ISO 19011:2013	管理体系审核指南

(1) GB/T 19000—2015 idt ISO 9000:2015《质量管理体系 基础和术语》。该标准起着奠定理论基础、统一术语概念和明确指导思想的作用,具有很重要的地位。

标准给出了与质量管理体系有关的 13 类 138 个术语,用较通俗的语言阐明了质量管理领域所用术语的概念,它统一了各国的标准使用者对标准内容的理解,为理解 ISO 9000 族标准奠定了基础。

(2) GB/T 19001—2015 idt ISO 9001:2015《质量管理体系 要求》。该标准规定了质量管理体系的要求,取代了 2008 版 ISO 9001、ISO 9002 和 ISO 9003 三个质量保证模式标

准，成为用于审核和第三方认证的唯一标准。

标准可用于组织证实其有能力稳定地提供满足顾客要求和适用法律法规要求的产品，也可用于组织通过质量管理体系的有效应用，包括持续改进质量管理体系过程有效应用，以及保证符合顾客和适用法律法规的要求，实现增强顾客满意的目标。

标准可用于内部和外部（第二方或第三方）评价组织提供满足组织自身要求、顾客要求、法律法规要求的产品的能力。

（3）GB/T 19004—2011 idt ISO 9004：2009《质量管理体系 业绩改进指南》。该标准提供了超出 GB/T 19001 标准要求的指南，它不是 GB/T 19001 标准的实施指南，充分考虑了提高质量管理体系的有效性和效率，进而考虑开发改进组织绩效的潜能。

标准对组织改进其质量管理体系总体绩效提供了指导和帮助，是指南性质的标准，标准不能用于认证、审核、法规或合同的目的。

标准应用了"以过程为基础的质量管理体系模式"的结构，鼓励组织在建立、实施和改进质量管理体系及提高其有效性和效率时，采用"过程方法"，通过满足相关要求提高相关方的满意程度。

标准给出了"自我评定指南"和"持续改进的过程"两个附录，用于帮助组织评价质量管理体系的有效性和效率及成熟水平，通过给出的持续改进方法寻找改进的机会，以提高组织的整体绩效，从而使所有相关方满意。

（4）GB/T 19011—2013 idt ISO 19011：2013《管理体系审核指南》。该标准是 ISO/TC 176 和 ISO/TC 207（环境管理技术委员会）联合制定的有关审核方面的指南标准，遵循了"不同管理体系可以共同管理和审核"的原则。

标准兼容了质量管理体系审核和环境管理体系审核的特点，为审核原则、审核方案的管理、质量管理体系审核和环境管理体系审核的实施提供了指南，也对评价质量和环境管理体系审核员的能力提供了指南。

标准适用于需要实施质量或环境管理体系内部或外部审核或需要管理审核方案的所有组织，原则上可适用于其他领域的审核。

7.2.4.2 ISO 质量管理体系的质量管理原则及特征

1. 质量管理原则

为了确保质量目标的实现，ISO 质量管理体系明确了以下七项质量管理原则。

（1）以顾客为关注焦点。组织依存于其顾客，因此，组织应理解顾客当前和未来的需求，满足顾客要求并争取超越顾客期望。就是一切要以顾客为中心，没有了顾客，产品销售不出去，市场自然也就没有了。所以，无论什么样的组织，都要满足顾客的需求，顾客的需求是第一位的。要满足顾客需求，首先就要了解顾客的需求。这里说的需求，包含顾客明示的和隐含的需求。明示的需求就是顾客明确提出来的对产品或服务的要求，隐含的需求或者说是顾客的期望，是指顾客没有明示但是必须要遵守的，如法律法规的要求，还有产品相关标准的要求。作为一个组织，还应该了解顾客和市场的反馈信息，并把它转化为质量要求，采取有效措施来实现这些要求。想顾客所想，这样才能做到超越顾客期望。此外要注意到，随着时间的推移，经济和技术的发展，顾客的需求也会发生相应的变化。所以，组织必须对顾客进行动态跟踪，及时地掌握顾客需求的变化，不断地进行质量等方面的改进，争取同步地满足顾客的需求与期望。

（2）领导作用。领导者建立组织统一的宗旨和方向，他们应当创造并保持能使员工充分参与实现组织目标的内部环境。作为组织的最高管理层和决策层，领导者在一个组织的质量管理活动中起着关键的作用。领导者要制定适宜的质量方针和质量目标，同时还要创造一个良好的组织内部环境，激励员工积极地工作，充分参与质量管理，为实现质量方针和质量目标做出应有的贡献。领导的作用，应确保关注顾客要求，确保建立和实施一个有效的质量管理体系，确保提供相应的资源，并随时将组织运行的结果与目标进行比较，根据情况决定实现质量方针、目标的措施，决定持续改进的措施。在领导作风上还要做到透明、务实和以身作则。

（3）全员参与。各级人员都是组织之本，只有他们的充分参与，才能使他们的才干为组织带来收益。全体员工是每个组织的基础，组织的质量管理不仅需要最高管理者的正确领导，还有赖于全员的参与。质量管理应以人为本。组织的质量管理是通过组织内部各级各类人员参与生产经营的各项质量活动来加以实施的，只有不断提高员工的素质，让他们参与质量管理，才能实现组织的质量方针和目标，并带来最大收益。所以，要对员工进行质量意识、职业道德、以顾客为中心的意识和敬业精神的教育，还要激发员工的积极性和责任感。

（4）过程方法。将活动和相关的资源作为过程进行管理，可以更高效地得到预期的结果。"过程"在标准中的定义是，一组将输入转化为输出的相互关联或相互作用的活动。一个过程的输入通常是其他过程的输出，过程应该是组织为了增值通常对过程进行策划并使其在受控条件下运行。图7-2是ISO 9001标准中所提出的以过程为基础的质量体系模式的图解，给出了组织进行质量管理的循环过程。

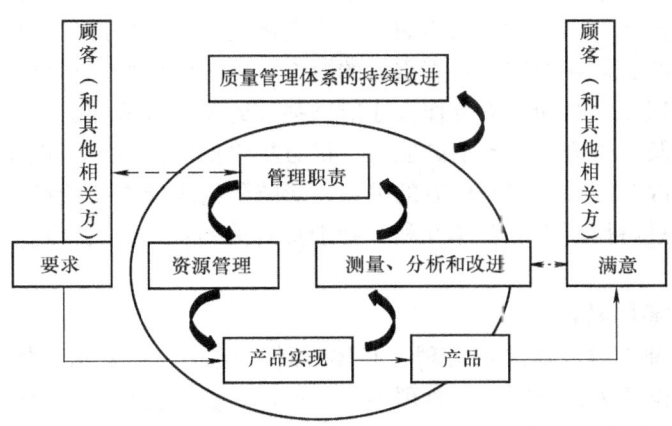

图7-2 以过程为基础的质量管理体系模式

任何质量工作都是通过具体的过程来完成的。为了更高效地得到期望的结果，必须识别并管理质量工作中有关的过程。过程活动的输入是资源，输出是产品及过程的结果。因此，应对活动和相关的资源认真管理。该要点的基本内容如下。

1）过程是利用资源将输入转化为输出的活动体系。任何接受输入并将其转化为输出的活动可看作过程，过程作为一种对资源的利用活动，必然是一种将输入转化为输出的活动体系。

2）识别和管理组织内大量相互关联的过程。组织要识别出组织活动中与质量管理有关的各个过程，明确各个过程之间的相互联系，然后对这些过程进行衔接、协调和管理。特别是过程的接口，需进行系统的识别和管理。因为接口往往是容易出现问题的地方，这就要求组织对不同过程之间的接口进行识别并加以管理。

3）识别产品实现主要过程、支持过程、过程网络。要明确产品实现所必须进行的主要活动过程及其支持过程，明确产品实现的整个过程网络，对其进行管理以保证产品质量的实现。

4）确定过程的职责、权限和相互关系。在质量管理工作中，要确定各个过程的职责、权限和它们之间的相互关系，这样才能顺利地进行质量管理。

（5）改进。改进总体业绩应当是组织的一个永恒目标。任何事物都是不断发展变化的，都有一个逐步完善和不断适应更新的过程，质量管理也是一样，持续改进是组织的一个永恒目标。在质量管理体系中，改进是指产品质量、过程及体系有效性和效率的提高。持续改进包括：了解现状；建立目标；寻找、评价和实施解决办法；测量、验证和分析结果，把更改纳入文件等活动，最终形成一个PDCA循环，并使这个循环不断地运行，使得组织能够持续改进。

（6）询证决策。有效决策建立在数据和信息分析的基础上。决策是通过调查研究和分析，确定质量目标并提出实现目标的方案，对可供选择的方案进行优选做出抉择的过程。正确有效的决策依赖于科学的决策方法，更依赖于符合客观事实的数据和信息。

（7）关系管理。组织与供方是相互依存的，互利的关系可增强双方创造价值的能力。通常情况下，一个组织不可能单独完成由最初的原材料开始加工直至形成最终顾客使用的产品这一过程，一个产品的形成往往是由多个组织分工协作来完成的。任何一个组织都有其供应方或合作关系的伙伴，供应方作为组织的重要资源之一，其提供的原材料、半成品、零部件或服务的好坏对产品最终的质量有着重要的影响。组织的市场份额也对供应方的利益有着切身的影响，只有当双方共同努力合作，才能增强彼此创造价值的能力，双方通过互利共赢的关系，增强组织及其供方创造价值的能力。供方提供的产品将对组织向顾客提供满意的产品产生重要影响，因此，处理好与供方的关系，影响到组织能否持续稳定地提供顾客满意的产品。对供方不能只讲控制不讲合作互利，特别是对关键供方，更要建立互利关系，这对组织和供方都有利。

2. 质量管理体系的特征

（1）符合性。要有效开展质量管理，必须设计、建立、实施和保持质量管理体系。组织的最高管理者依据相关标准对质量管理体系的设计、建立应符合行业特点、组织规模、人员素质和能力，同时还要考虑到产品和过程的复杂性、过程的相互作用情况、顾客的特点等。

（2）系统性。质量管理体系是由相互关联和相互作用的子系统组成的复合系统，包括以下几方面。

1）组织结构——合理的组织机构和明确的职责、权限及其协调的关系。

2）程序——规定到位的形成文件的程序和作业指导书，是过程运行和进行活动的依据。

3）过程——质量管理体系的有效实施，是通过其过程的有效运行来实现的。

4）资源——必需、充分且适宜的资源包括人员、材料、设备、设施、能源、资金、技术、方法等。

（3）全面有效性。质量管理体系的运行应是全面有效的，既能满足组织内部质量管理的要求，又能满足组织与顾客的合同要求，还能满足第二方认定、第三方认证和注册的要求。

（4）预防性。质量管理体系应能采用适当的预防措施，有一定的预防重要质量问题发生的能力。

（5）动态性。组织应综合考虑利益、成本和风险，通过质量管理体系持续有效地运行和动态管理使其最佳化。最高管理者定期批准进行内部质量管理体系审核，定期进行管理评审，以改进质量管理体系；还要支持质量职能部门（含现场）采用纠正措施和预防措施改进过程，从而完善体系。

（6）持续受控。质量管理体系应保持过程及活动持续受控。

7.2.5　工程项目质量管理中应注意的问题

工程项目投资耗费大量的人工、材料、能源，投资者希望工程项目在预定时间内能充分发挥经济效益和社会效益。工程项目还会因质量、安全等问题影响国计民生和社会的安定，我国各个企业都十分重视工程项目的质量管理。在实际的工程项目管理工作中有以下几个方面的问题值得注意。

（1）受到客观条件的限制，工程项目管理不是追求最高的质量和最完美的工程，而是追求符合预定目标的、符合合同要求的工程。工程项目质量是项目管理人员按照工程项目在当前经济、技术、组织条件下，以及对未来一定时间内经济、技术、组织条件的预测所提出的工程使用功能的要求来确定项目目标系统，并为实现目标系统进行设计的。它一般是经过工期、费用优化后确定的，符合工程项目的整体效益目标。如果追求高质量就会损害其他两个目标，而最终会损害工程效益。在我国工程项目管理实践中，业主常常不在事前进行调查研究，深思熟虑，经常在实施后提出这样或那样的设计变更，这是令工程项目管理人员颇为头疼的事。

对于工程项目管理人员来说，其目标就是在符合工程项目功能、工期和费用要求的情况下，尽可能地追求高质量，并一次成功，通过有效的项目管理来减少损失和失误。

（2）工程项目的管理质量就是工程项目过程管理质量。由国际标准化组织所颁布的 ISO 10006 是参考美国项目管理学会（PMI）的《项目管理知识体系（PMBOK）》编制的，它专门用于保障和提高工程项目质量管理的标准。ISO 10006 标准的主要内容是有关项目管理过程的质量及其管理问题，整个标准的内容包括：战略过程、组织的特征过程、与资源有关的过程、与范围有关的过程、与时间有关的过程、与成本有关的过程、与沟通有关的过程、与风险有关的过程、与采购有关的过程、与人力资源有关的过程。这些过程的质量与工程项目最终产品的质量密切相关。

（3）要减少重复的质量管理工作。在工程项目管理网络和工程项目管理组织中，通过工程项目组织设计，使参加工程项目的组织及其各部门、施工队、个人都处于不同的组织层次，有不同的责任和义务，各负其责。操作人员负责实际操作质量；中间管理人员负责监控，检查发现操作质量问题，并提出各种可行的解决方案，最终向上报告；项目经理负责全面的协调，划分操作人员的工作界面，对实际质量问题的解决做出决策，并向企业决策层、业主或项目组织者、监理工程师报告；业主及其管理人员或监理工程师负责重大质量问题的监控与处理。他们的质量管理工作相互衔接，但不应重复。如果各层管理人员不放心其他人员的工作和工作能力，越俎代庖，不但事倍功半，而且容易引起秩序的混乱、时间的延长和信息的泛滥，甚至因此导致更多的质量问题，增加工程项目管理成本。

（4）质量管理是一项综合性的管理工作，除了工程项目的各个工程以外，还需要有良好的社会质量环境和质量管理的素质基础。

1）企业的基础管理工作，如标准化工作、质量管理教育、员工的质量意识和信息工作等。

2）企业、项目管理人员、操作人员的文化与专业素质、技术水平和职业道德。

3）整个社会的价值观念、国民素质。一个浮躁、急功近利、不讲信用的社会是不可能产生高质量的工程项目的。

（5）注意工程项目合同对质量管理的作用

1）合同中对质量要求的说明文件，如图样、规范和工作量表等应正确、清楚、详细、没有矛盾，应给各方面一个清晰的质量目标，应有定量化的、可执行的、可检查的指标，防止质量问题引起争执。

2）在合同中应规定承包商的质量责任，划分界限，赋予项目组织者（如监理工程师）绝对的质量检查权，并定义检查方法、手段和检查结果的处理方式。

3）在合同中定义材料设备的采购、图样设计、工艺使用的认可和批准制度，即采购前先送样品认可，图样使用前批准。

4）招标过程中要审查承包商参加项目的工作人员情况。在合同中定义对承包商雇员的要求，赋予项目组织者可撤换不合格工作人员的权力。

5）在合同中对分包做严格的定义，以防肢解工程，承包商转包或变相转包工程。

（6）工程项目质量管理的技术性很强，需运用许多质量管理工具，但它又不等同于技术工作。质量控制应着眼于质量控制程序的建立，质量、工期、成本目标的平衡与协调，质量保证体系的建立，以及工作监督、检查、跟踪、诊断的程序和管理制度，以减少技术工作的错误和不完备性，保证技术工作的有效性。

（7）质量控制的目标不是发现质量问题，而是应尽可能地避免质量问题的发生。

（8）注意吸收过去同类工程项目的成功经验和反面教训。

7.3 工程项目质量管理的主要工作

7.3.1 质量计划

7.3.1.1 质量计划的概念

质量计划是"质量管理的一部分，致力于制定质量目标并规定必要的运行过程和相关资源以实现质量目标。"这里的质量计划是一个动词，也就是质量规划的一个过程，有些文献中也将其翻译成质量策划。

美国质量管理专家朱兰将质量管理划分为三个过程：质量计划、质量控制和质量改进，简称为朱兰三部曲。

PMBOK 指南对质量计划的定义是：质量计划是指识别项目及其可交付成果的质量要求或标准，并书面描述项目将如何证明符合质量要求的过程。它是实施规划过程组和制订工程项目计划期间的若干关键过程之一，因此应与其他项目规划过程结合进行。例如，为了达到已确认的质量标准，对工程项目所做变更可能要求对成本或进度进行调整，或者所要求的工程项目质量可能需要对某项已确认的问题做详细的风险分析。

7.3.1.2 质量计划编制的依据及其内容

质量计划的目的主要是确保实现工程项目的质量目标。它要按照质量目标，确定与工程项目相关的质量标准，并决定如何满足这些标准。

1. 质量计划编制的依据

（1）质量方针。它是对工程项目的质量目标所做出的一个指导性文件。项目经理部应制定自己的质量方针，它应符合业主（投资者）的要求，并使大家达成共识。

（2）工程项目范围描述。它主要说明业主（或投资者）的需求及工程项目的主要要求和目标、工程的总体范围和工程项目的主要阶段。它是工程项目质量计划确定的主要依据和基础。

（3）工程项目说明。在工程项目范围描述中有工程项目最终可交付成果的总体描述，这里指的是对其技术性的描述。

（4）标准和规则。包括工程项目涉及的专业领域的特殊标准和规则、更加详细的技术要求和其他内容。

（5）其他影响因素，如实施策略、总体的实施安排、采购计划和分包计划等。

2. 质量计划的内容

质量计划应明确指出所开展的质量活动，并直接指出或间接指出（通过相应程序或其他文件）如何实施所要求的活动，其内容如下。

（1）需达到的质量目标，包括工程项目总质量目标和具体目标。

（2）质量管理工作流程，可以用流程图等形式展示过程的各项活动。

（3）在工程项目的各个不同阶段，职责、权限和资源的具体分配。

（4）工程项目实施中需采用的具体的书面程序和指导书。

（5）有关阶段适用的试验、检查、检验和评审大纲。

（6）达到质量目标的测量方法。

（7）随工程项目的进展而修改和完善质量计划的程序。

（8）为达到工程项目质量目标必须采取的其他措施，如更新检验技术、研究新的工艺方法和设备、用户的监督和验证等。

以上这些内容可能包含在不同的质量计划文件之中。

7.3.1.3 工程项目质量计划编制的要求

工程项目的质量计划应由项目经理主持编制。质量计划作为对外质量保证和对内质量控制的依据文件，应体现工程项目从分项工程、分部工程到单位工程的系统控制过程，同时也要体现从资源投入到完成工程项目质量最终检验和试验的全过程控制。工程项目质量计划编制的要求主要包括以下几个方面。

（1）质量目标。质量目标一般由企业技术负责人和项目经理部管理层经认真分析工程项目特点、项目经理部情况及企业生产经营总目标后决定。其基本要求是工程项目竣工交付业主（用户）使用时，质量要达到合同范围内的全部工程的所有使用功能符合设计（或更改）图样要求；检验批、分项、分部、单位工程质量达到施工质量验收统一标准，合格率为100％。

（2）管理职责。工程项目质量计划应规定项目经理部管理人员和操作人员的岗位职责。项目经理是工程项目实施的最高负责人，对工程符合设计（或更改）、质量验收标准、各阶段按期交工负责，以保证整个工程项目质量符合合同要求。项目经理可委托项目质量副经理（或技术负责人）负责工程项目质量计划和质量文件的实施及日常质量管理工作。项目生产副经理要对工程项目施工进度负责，调配人力、物力保证按图样和规范施工，协调同业主（用户）、分包商的关系，负责审核结果、整改措施和质量纠正措施的实施。

施工队长、工长、测量员、试验员和计量员在项目质量副经理的直接指导下，负责所管部位和分项施工全过程的质量，使其符合图样和规范要求，有更改的符合更改要求，有特殊规定的要符合特殊要求。

材料员和机械员对进场的材料、构件、机械设备进行质量验收，以及退货和索赔，对业主或分包商提供的物资和机械设备要按合同规定进行验收。

（3）资源提供。工程项目质量计划要规定项目经理部管理人员和操作人员的岗位任职标准及考核认定方法；规定施工项目人员流动的管理程序；规定施工项目人员进场培训的内容、考核和记录；规定新技术、新结构、新材料、新设备的操作方法和操作人员的培训内容；规定施工项目所需的临时设施、支持性服务手段、施工设备和通信设施；规定为保证施工环境提供所需要的其他资源等。

（4）工程项目实现过程的策划。工程项目质量计划中要规定施工组织设计或专项项目质量、计划的编制要点与接口关系；规定重要施工过程技术交底的质量策划要求；规定新技术、新材料、新结构、新设备的策划要求；规定重要过程验收的准则或技艺评定方法。

（5）材料、机械设备、劳务和试验等采购过程的控制。工程项目的质量计划对施工工程项目所需的材料、设备等要规定供方产品标准及质量管理体系的要求、采购的法规要求，有可追溯性要求时，要明确其记录、标志的主要方法等。

（6）产品标识和可追溯性控制。隐蔽工程、分部分项工程的验收、特殊要求的工程等必须做可追溯性记录，工程项目的质量计划要对其可追溯性的范围、程序、标识、所需记录，以及如何控制和分发这些记录等内容做出规定。重要材料（如钢材、构件等）和重要施工设备的运作必须具有可追溯性。

坐标控制点、标高控制点、编号、沉降观察点、安全标志和标牌等是工程项目的重要标识记录，质量计划要对这些标识的准确性控制措施和记录等内容做出详细规定。

（7）施工工艺过程的控制。工程项目的质量计划要对工程从合同签订到交付全过程的控制方法做出相应的规定。具体包括工程项目的各种进度计划的过程识别和管理规定；工程项目实施全过程各阶段的控制方案、措施和特殊要求；工程项目实施过程需用的程序文件和作业指导书；隐蔽工程和特殊工程进行控制、检查、鉴定验收、中间交付的方法，以及人员上岗条件和要求等；工程项目实施过程需使用的主要施工机械设备、工具的技术条件和工作条件、运行方案等。

（8）搬运、存储、包装、成品保护和交付过程的控制。工程项目的质量计划要对搬运、存储、包装、成品保护和交付过程的控制方法做出相应的规定。具体包括工程项目实施过程所形成的分项、分部、单位工程的半成品和成品保护方案,以及措施和交接方式等内容的规定;工程中间交付和竣工交付工程的收尾、维护、验收,以及后续工作处理的方案、措施、方法的规定;材料、构件和机械设备的运输、装卸、存收的控制方案与措施的规定等。

(9)检验、试验和测量过程及设备的控制。工程项目的质量计划要对工程项目上所进行和使用的所有检验、试验、测量和计量过程,以及设备的控制和管理制度等做出相应的规定。

(10)不合格品的控制。工程项目的质量计划要编制作业、分项、分部工程不合格品出现的补救方案和预防措施,规定合格品与不合格品之间的标识,并制定隔离措施。

7.3.1.4 质量计划编制的方法

PMBOK 推荐了几种质量计划工具,它们是:成本效益分析、基准对照、试验设计、质量成本及其他质量计划工具。这些工具中任何一种均不能直接支持质量计划的全过程,但可以支持质量计划的不同阶段。

1. 成本效益分析

成本、质量与收益这三者之间既相互依存又相互矛盾。工程项目相关方的经济效益与很多因素有关,但工程项目质量是组织创造利润的前提与基础,一个不顾工程项目质量的组织是很难取得好的经济效益的。正如美国著名的质量管理专家朱兰所说的"提高经济效益的巨大潜力隐藏在产品的质量中",这种理念已被世界很多成功的企业所证实。人们通常会认为,提高质量必然会增加成本,减少收益。而且,过高地追求质量,会导致成本的过度增加,从而降低利润。但如果为了增加利润而过度压缩成本,使工程项目质量低劣,又会给工程项目相关方、顾客和社会带来巨大的损失,如信誉的降低、顾客满意度下降、对顾客的伤害和财产损失及对社会造成的公害和污染等。在制订工程项目的质量计划时必须考虑这些问题。

所谓成本效益分析也叫质量经济分析,就是通过对工程项目质量与投入、产出之间关系的分析,探求最适宜的质量水平,使工程项目、工程项目相关方和社会的效益达到最佳。适宜的质量水平,就是用合适的成本追求合适的质量,既要防止出现质量事故,又要防止追求质量过剩。质量管理就是要获得质量和成本的平衡。

最佳的质量水平可以通过质量与成本、价格的关系来确定。如图 7-3 所示,其中质量—成本曲线表示的是质量和成本的关系,质量—价格曲线表示的是质量和价格的关系。

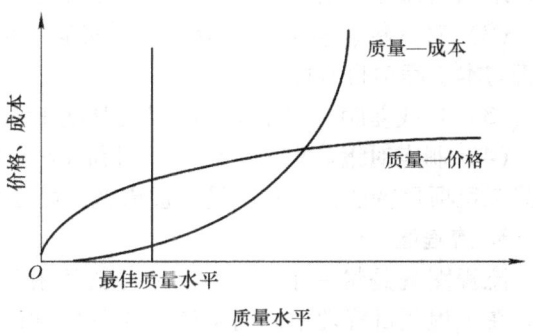

图 7-3 质量—成本、质量—价格曲线

从图 7-3 中可以看出,质量水平越低,成本越低,相应的价格也越低;质量水平越高,成本越高,价格也提升。但两条曲线的发展趋势是不同的。随着质量的提高,成本增加的幅度加大,表现为质量—成本曲线随着质量的提高越来越陡,呈加速上升的态势;而随着质量的提高,价格的增加越来越慢,表现为质量—价格曲线逐渐趋于平缓,也就是呈减速上升的态势。这是因为,质量水平高到一定程度以后,再提高质量,会出现过剩质量，而这些消费者并不需要，因此，销售价格并不能随着质量的提高而获得相应的提高。

从质量—成本曲线中可以看出，最适宜的质量水平应该是两条曲线的最大距离处，在这一点上，价格与成本的差额最大，也就是利润最大，对企业而言是最佳的质量点。

对一般的产品而言，上述的质量—成本曲线和质量—价格曲线经常是统计的结果，对于一次性的工程项目来说，却往往是估计的结果。这一点在确定工程项目质量计划时要格外注意。

2. 基准对照

基准对照是指通过将工程项目的实际做法或计划做法与其他工程项目的做法进行对照，产生改进的方法，或者提供一套度量绩效的标准。其他工程项目既可以在组织内部实施，也可以在组织外部实施；既可以在同一应用领域，也可以在不同应用领域。

基准管理法是施乐公司的总裁柯恩斯（David T. Kearns）在1982年领导施乐实现"公司复兴"时摸索出来的一套行之有效的管理办法。这种方法的原型是施乐所倡导的"质量领导"。基准比较管理是一种非常有效的质量计划方法，施乐公司在施行这种方法的10年时间里取得了巨大的成绩，投资回报率从1987年的9%增加到1990年的14.6%，收入和利润也有很大增长，公司的竞争力得到明显的加强，1989年施乐荣获"美国国家质量奖"。

基准比较管理被认为是美国20世纪80年代最重要的质量改善运动之一，并被列为"美国国家品质奖"审核的一项关键内容。美国的生产力与质量中心（APQC）给出了正式定义"基准管理是一个系统的、持续性的评估过程，通过不断地将企业流程与世界上居领先地位的企业相比较，以获得帮助企业改善经营绩效的信息。"此时，基准管理已经被作为一项规范的管理方式。很多世界500强的知名企业在日常管理活动中都应用了基准管理的方法。

基准比较管理的思想用于工程项目质量计划，就是以优秀工程项目为标准或参照，对其进行资料收集、分析、比较、跟踪学习等一系列规范化的程序，将工程项目的计划做法与基准进行定量化评价和比较，分析这些基准工程项目达到优秀质量绩效的原因，并在此基础上选取改进本工程项目质量绩效的最佳策略。实施这一方法的主要步骤如下。

（1）了解信息，收集资料。为了树立基准，首先应找到基准，这里的基准工程项目可以是组织内部的，也可以在其外部，可以是同一应用领域的，也可以是不同应用领域的。

（2）对资料、信息进行分析。对资料、信息等进行分析，是为了确定问题的关键点，是否与本工程项目有可比之处。

（3）寻找差距。将本工程项目与基准工程项目进行比较，确定存在的差距。

（4）制定对策。根据差距的原因和大小，制定相应的对策，以提高工程项目质量水平，改善工程项目特征，完善质量管理措施，最终实现优良项目的目标。

3. 流程图

流程图就是将一个工程项目各个过程和工序的步骤用图的形式表示出来的一种图示技术。在工程项目管理中，通常被用来分析和确定工程项目实施过程，尤其是质量的形成过程。通过对工程项目的每一个过程中各个步骤之间关系的研究，找出可能产生故障的潜在原因，在进行工程项目质量计划时着重对这些环节进行研究和分析，事先制订方案，以避免质量缺陷或事故的发生。因此，流程图是一种重要的工程项目质量计划工具。

流程图应使用标准或公认的图形符号及结构来绘制。常用的符号及示例如表7-2所示。

表 7-2　流程图常用符号及示例

符号	含义	示例
⬭	表示过程的开始或结束	基础工程施工开始
▭	表示一项活动，活动的名称标于其中	立模
◇	表示判断，是过程的分歧点，即决策点	检验？
→	表示一个活动到另一个活动的进展	立模 → 绑扎钢筋
▱	文件符号，表示过程的有关文件	检验报告

流程图主要有系统流程图和原因结果图两类。

系统流程图是将一个过程或者工程项目中的基本步骤用图的形式表示出来，主要用于说明系统各要素之间存在的相关关系。利用系统流程图可以明确质量管理过程中各项活动、各个环节之间的关系。通过流程图可以帮助工程项目组提出解决所遇质量问题的相关方法。图 7-4 是一个新产品开发工程项目的系统开发流程图。

原因结果图主要用来分析和说明各种因素和原因如何导致或产生各种潜在的问题和后果。

4. 试验设计

试验设计法是一种计划安排的分析技术方法，它有助于识别在多种变量中何种变量对工程项目成果的影响最大，从而找出工程项目质量的关键因素以用于指导工程项目质量计划的编制。这种方法最广泛的应用范畴是用于寻找解决工程项目质量问题的措施与方法。

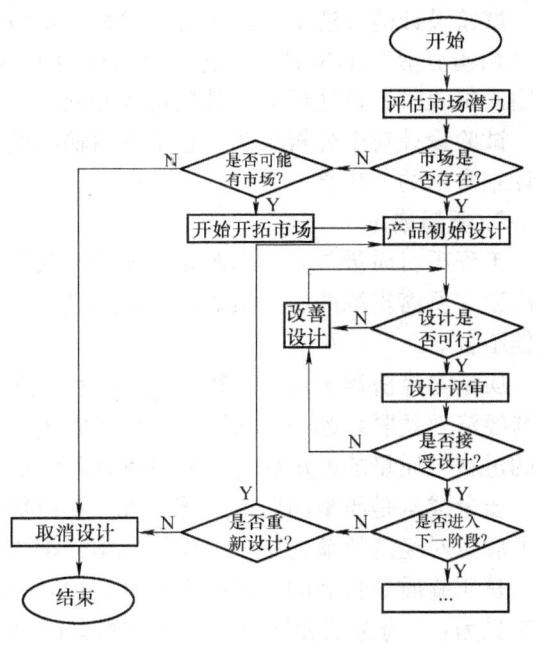

图 7-4　新产品开发工程项目的系统流程图

在一般工程项目的实施和科研活动中，为保证质量和降低成本，经常会遇到如何选择最优方案的问题。例如，怎样选择合适的配方，合理的工艺参数，最佳的生产条件，以及怎样安排核查方案能做到最节省成本。采用传统的试验方法，要在产品质量几个影响因素变量中找出最佳的组合方式，通常要进行上千次的试验，使得试验很昂贵。因此，如何通过优秀的试验设计，减少试验的次数，但又能准确地找出影响产品质量的因素，在提高产品质量的同时降低成本成了大家关注的问题。

20世纪20年代英国数学家费希尔（R. A. Fisher）结合农业试验提出方差分析与试验设计等理论，为近代数理统计学奠定了基础，也为解决试验次数和结果之间的矛盾提供了方法。费希尔提出对试验方案进行合理的安排，使试验数据有合理的数学模型，以减少随机误差的影响，从而提高试验结论的精度和可靠度。

试验设计最重要的特征是，它提供了一个统计框架，可以系统地改变所有重要因素，而不是每次只改变一个重要因素。通过对试验数据的分析，可以得出产品或过程的最优状态，着重指明结果的影响因素并揭示各因素之间的交互作用和协同作用关系。试验设计主要用于产品或服务问题。例如，汽车设计者可能希望确定悬架与轮胎的哪种配合方式将以合理的成本得到最称心如意的驾驶特性。同时试验设计也可以用于诸如成本和进度计划平衡的工程项目管理问题的解决过程。例如，在某工程项目中，使用资深工程师要比使用初级工程师所花费的成本多，但是资深工程师却能在较短时间内完成所承担的任务，能够保证工程项目的时间进度，这样可以最终为工程项目节约成本。在这种情况下，可以进行试验设计，根据资深工程师和初级工程师的不同组合计算各自的工程项目成本和工期，以便最终确定最佳的工程师组合方案。

试验设计的方法很多，正交试验是应用最多的试验设计方法。它是通过利用正交表来安排"均衡分散"的试验，以达到通过较少的试验次数，找到最优方案的目的，在研究处理多因素试验时，正交试验有其独特的好处。

试验设计对于分析辩明对整个项目输出结果最有影响的因素是很有效的，是工程项目质量计划常用的方法之一。

5. 质量成本

工程项目质量与其成本既相互矛盾，又相互统一，因此，在确定工程项目目标、质量管理流程和所需资源的质量策划时，必须进行质量成本分析，以使工程项目的质量与成本达到最佳组合。

质量与经济密不可分，20世纪50年代费根堡姆提出了质量成本的概念，首次把质量成本与经济效益联系起来，实际上，质量管理学科的产生和发展的过程就是不断为经济发展服务的过程。质量的经济研究是质量管理科学的一个重要组成部分。

质量成本是质量问题的经济表现，它以货币的形式从经济角度反映质量问题，同时也反映了质量对经济效益的影响。质量成本是把质量投入与质量损失联系起来考虑质量问题的方法，是实施质量管理的一种有效工具。1951年，朱兰博士在《质量控制手册》中将质量成本定义为："为保证和提高产品质量而支付的一切费用，以及因未得到既定质量水平而造成的一切损失之和。"质量成本是指将产品质量保持在规定的水平上所需的费用，包括预防成本、鉴定成本、内部损失成本和外部损失成本。1983年，费根堡姆在他的第3版《全面质量管理》专著中，又把质量成本作为全面质量管理原则40条重要内容之一，并指出质量成本是衡量和优化全面质量管理活动的一种手段。

（1）预防成本。预防成本是为保证和控制产品质量而开展的质量管理活动所发生的费用。主要包括以下几个方面：①质量计划工作费用：是指为制定质量政策、进行质量策划、制定质量目标及质量管理计划、质量改进计划等活动所发生的费用；②新技术、新工艺开发费用：是指为保证和提高工程项目质量而开发的新技术、新工艺等所需要的研制、开发、评审等费用；③工序能力控制及研究费用：是指为达到符合性能质量，对工序能力进行调查研究及保持工序能力而采取措施所发生的费用；④质量审核费用：是指对质量体系、工序质量和供应单位质量审核所支付的一切费用；⑤质量信息费用：是指对有关质量信息的收集、分析、归纳及为质量故障早期预报所发生的费用；⑥质量管理培训费用：是指以达到质量要求或改进工程项目质量为目的，而对工程项目相关人员进行培训所发生的费用；⑦质量管理活动费用：是指对质量管理工作组织、协调和为了调动人们重视质量管理的积极性发生的费用，包括QC小组活动、质量宣传奖励费用及专职质量管理人员工资等；⑧征求用户意见回访费用：是指征求用户对工程项目质量的反映及定期质量访问、对用户的技术指导、上门服务所发生的一切费用。

（2）鉴定成本。鉴定成本是为评定是否符合质量要求而进行的试验、检验和检查的费用。主要包括以下几个方面：①原材料检验费用：是指对供应单位所供应的原材料、配套件的进厂（场）检验所发生的一切费用，包括抽样鉴定、驻厂检验和对配套件的质量监督与鉴定等费用；②工序检验费用：是指在工程项目实施过程中，对工序质量进行的监督、检查等所发生的费用；③产品检验费用：是指对所完成的工程项目成果鉴别是否符合质量要求进行的检验和试验所发生的费用；④检验设备使用费：是指对项目质量进行检测或试验所需设备的折旧费及为使计量器具、仪器仪表和检测设备保持良好状态所发生的维修鉴定费用。

（3）内部损失成本。内部损失成本是指在工程项目交接前由于自身的缺陷而造成的损失及处理故障所发生的费用之和，主要包括以下几个方面：①报废损失：是因为成品、半成品、在制品达不到质量要求且无法修复或在经济上不值得修复所造成报废而损失的费用，以及外购件、原材料在采购、运输、仓储等过程中因质量问题所损失的费用；②返修损失：是指为修复不合格品使之达到规定的质量标准所发生的费用；③停工损失：是指由于各种质量缺陷而引起的设备停工、人员窝工等所发生的损失费用；④故障分析处理费用：是指由于处理内部工程项目质量事故或故障而发生的费用，如重复检验、试验等所支付的费用；⑤降级损失：是指因工程项目质量达不到规定的质量等级而降级所损失的费用。

（4）外部损失成本。外部损失成本是指工程项目交付后因不满足规定的质量要求而发生的各种费用。主要包括以下几个方面：①诉讼费：是指调查、收集、整理及判定由于质量缺陷而造成的用户合理申诉而发生的一切损失费用；②退货损失：是指由于工程项目质量缺陷造成用户退货、换货而支付的一切费用；③保修费用：是指在工程项目保修期间或根据合同对用户提供维修服务所发生的一切费用；④折价损失：是指由于工程项目质量低于标准，经与用户协商同意折价所造成的损失；⑤索赔费：是因为工程项目质量未满足合同要求，对用户提出的申诉进行赔偿、处理所支付的费用。

在质量管理工作中，一个最基本的问题是使质量和成本达到一个最佳平衡。由于工程项目的类型、相关方等方面的状况不同，很难确定一个都适用的最佳标准。一般来说，上述四种质量成本与质量水平之间是存在一定的联系的。工程项目的质量水平越高，工程项目的预防和鉴定成本等就越高；而随着工程项目质量的提高，工程项目的内部和外部损失成本会下降。因此，应存在一个最佳区域和最佳质量点，在这一质量水平上，质量成本最低。

根据质量与成本的关系，质量被分成三个区域，即改进区、适用区和至善区，如图7-5所示。在质量改进区损失成本占质量成本总额的70%，预防成本则低于总额的10%，此时应改进质量，采取预防措施，加强检验工作，以降低质量成本。在至善区，损失成本占质量成本总额的40%，鉴定成本占总额的50%以上，此时，应降低质量标准中过严的部分，提高检查试验、抽样检验工作的效率，以降低质量成本。在适用区，损失成本占总额的50%，预防成本占成本总额的10%，此时，可以寻找一个最佳质量点作为工程项目质量计划中的质量水平目标。

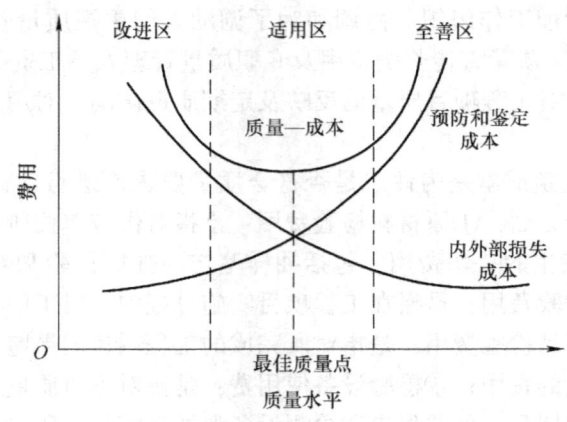

图7-5 质量成本

进行质量成本分析的步骤是：首先，进行质量成本数据的收集。以统计、调查资料为主，以会计资料为辅，可以从现有账户中直接收集，也可经对账户进行分析收集，还可以从原始凭证、原始记录中收集。其次，进行质量成本数据整理。质量成本数据可以按成本类型、责任部门、成本项目、时间进行归纳和整理。再次，进行质量成本核算。以工程项目作为质量成本的核算单位。为保证此项工作的准确性，应加强原始凭证管理等基础工作。最后，对核算出来的质量成本数据进行分析，以寻求最佳质量成本。

调查资料显示，质量成本占产品总成本的比重根据企业的管理水平和产品的不同，一般为1%~10%，而工程项目质量成本占整个项目成本的比重就非常有限了，因此，要通过降低工程项目的质量成本从而降低工程项目的总成本来提高工程项目的经济效益，作用不大。但进行质量成本统计核算工作，可以暴露工程项目质量和管理中存在的问题和薄弱环节，以便采取措施改进，这也是进行质量成本分析的重要意义所在。

6. 其他质量计划工具

通常，也使用其他质量计划工具，帮助更好地界定情况并有助于更有效地规划质量管理活动。这些工具包括集思广益、关系图、名义组技术、模块图和优先排序矩阵等。

7.3.2 质量保证

7.3.2.1 质量保证的概念

根据中华人民共和国国家标准《质量管理体系 基础和术语》（GB/T 19000—2015），质量保证是质量管理的一部分，致力于提供质量要求会得到满足的信任。由该定义可知，"质量保证"是一个专用名词，具有特殊的含义，与一般概念"保证质量"有较大区别。保证满足质量要求是质量控制的任务，就工程项目而言，用户不提质量保证的要求，工程项目实施者仍应进行质量控制，以保证工程项目的质量满足用户的要求。用户是否提出质量保证要求，这对工程项目实施者来说是有区别的。用户不提质量保证要求，工程项目实施者在工程项目进行过程中如何进行质量控制就不需让用户知道，用户与工程项目实施者之间只是提出质量要求与提供工程项目验收这样一种交往关系。如果工程项目较简单，其性能完全可以由最终检验来反映，则用户只需把住"检验"关，就能得到满意的工程项目成果，而不需知道工程项目实施者是如何操作的。但是，随着技术的发展，工程项目越来越复杂，对其质量要求也越来越高，工程项目的有些性能已不能通过检验来鉴定。就这些工程项目来说，用户为了确信工程项目实施者所完成的工程项目达到了所规定的质量要求，就要求工程项目实施者证明工程项目设计和实施等各个环节的主要质量活动确实做得很好，且能提供合格工程项目的证据，这就是用户提出的"质量保证要求"。针对用户提出的质量保证要求，工程项目实施者应开展外部质量保证活动，对用户提出的设计和工程项目实施等全过程中的某些环节的活动提供必要的证据，以使用户放心。

　　质量保证的内涵已不是单纯地为了保证质量。保证质量是质量控制的任务，而"质量保证"则是以保证质量为基础，进一步引申到提供"信任"这一基本目的。要使用户能"信任"，工程项目实施者应加强质量管理，完善质量体系，对工程项目有一套完善的质量控制方案和办法，并认真贯彻执行，对实施过程和成果进行分阶段验证，以确保其有效性。在此基础上，工程项目实施者应有计划、有步骤地采取各种活动和措施，使用户能了解其实力、业绩、管理水平和技术水平，以及工程项目在设计、实施各阶段主要质量控制活动和内部质量保证活动的有效性，使对方建立信心，相信完成的工程项目能达到所规定的质量要求。所以，质量保证的主要工作是促进完善质量控制，以便准备好证据，并根据对方的要求有计划、有步骤地开展提供证据的活动。美国质量管理专家朱兰在《质量计划与分析》一书中指出，"保证"一词的含义非常类似于"保险"一词。保证和保险都是试图得到某种保护以避免灾祸，而进行少量的投资。就保险来说，这种保护是在万一出现了灾害或事故之后，能得到一笔损失赔偿费。而就保证而言，这种保护反映为所得到的信息。这种信息为下述两种信息之一。

　　（1）使对方确信万无一失。例如，工程项目满足用户要求，过程正在正常进行，工艺规程正被遵循等。

　　（2）向对方提供并非一切如意和某种故障可能正在酝酿之中的早期报警。通过这种早期报警，对方可以预先采取措施，以防止故障或事故的发生。

　　可见，质量保证的作用是从外部向质量控制系统施加压力，促使其更有效地运行，并向对方提供信息，以便及时采取改进措施，将问题在早期加以解决，避免更大的经济损失。

　　内部质量保证是为使企业领导"确信"本企业完成的工程项目能满足质量要求所开展的一系列活动。企业领导对工程项目质量负全责，一旦出现质量事故，就要承担法律和经济责任。而工程项目的一系列质量活动是由项目经理部或项目团队进行的，虽然项目团队明确了职责分工，也有相应的质量控制方法和程序，但是是否严格按程序进行，这些方法和程序是否确实有效，企业领导需要组织一部分独立的人员（国外称质量保证人员）对直接影响项目质量的主要质量活动实施监督、验证和质量审核活动（内部质量保证活动），以便及时发现质量控制中的薄弱环节，提出改进措施，促使质量控制能更有效地实施，从而使领导"放心"。所以，内部质量保证是企业领导的一种管理手段。正如朱兰所指出的那样，"质量保证"概念与财政保证概念极相似。财务状况确实可信，是通过"独立"的审计，核定以下事实来保证的。

（1）良好的会计制度（相当于质量控制程序），若能无误，财务报告（相当于质量活动的成果）就能正确地反映公司的财政情况（相当于满足质量要求）。

（2）这种制度正在得到有效的贯彻执行。

7.3.2.2 质量保证的依据

（1）工程项目质量计划。

（2）工程项目实际质量的度量结果。对工程项目各项活动质量的测量、测试，这种实际质量的度量结果应与质量标准进行对比分析，以便更好地控制质量。

（3）工程项目质量的工作说明。工程项目质量的工作说明是指对工程项目质量管理具体工作的说明，以及对工程项目质量保证与控制方法的说明。

7.3.2.3 质量保证的方法——质量审核

质量审核是确定质量活动和有关结果是否符合计划的安排，以及这些安排是否有效地实施并适合于达到预定目标的、系统的、独立的检查。

质量审核是一个大的概念，它包括质量管理体系审核、产品质量审核、过程质量审核、服务质量审核和内部质量审核（内部质量管理体系审核、内部产品质量审核、内部过程质量审核）等内容。

（1）质量管理体系审核。质量管理体系审核是确定质量管理体系及其各要素活动和有关结果是否符合有关标准和文件，质量管理体系文件中的各项规定是否得到有效的贯彻并适合于达到质量目标的系统的、独立的审查。

质量管理体系审核的特点，就其审核的内容来说是其"符合性""有效性""适合性"，就审核的方式来说是其"系统性"和"独立性"。

质量管理体系的审核可以分为文件审核和现场审核两个阶段。在文件审核阶段，主要对质量管理体系文件，如质量手册和各种体系程序文件是否符合特定标准或合同要求进行审核。这种审核有时也称为符合性审核。在现场审核阶段，要对实际的质量管理体系活动是否与质量保证标准、质量手册或程序文件的规定相一致进行审核，以及对是否得到有效的实施进行审核。这就是"有效性"的含义。

"系统性"的含义就是审核工作要求正规化，有程序可遵循。为了求得审核的客观性和公正性，对审核样本的选定、客观依据的收集、市场结论的得出等都要有一套行之有效的程序和方法，这些已成为一套正规的国际通行做法。

"独立性"的含义就是进行质量管理体系审核的审核员应独立于被审核的部门或组织之外，即审核应由与被审对象无直接责任关系的人员进行。

（2）产品质量审核。产品质量审核就是抽取已经验收合格的产品，进行定量（或定性）检查，分析其符合规定质量特性的程度。

产品质量审核的目的是通过对产品的客观评价获得出厂产品的质量信息，以确定产品的质量水平。产品审核的结果可作为质量管理体系是否有效、过程是否处于受控状态的验证。产品审核的依据是产品的标准或技术规范。产品质量审核应由具有资格并经组织管理者授权的内部审核员进行。

（3）过程质量审核。过程质量审核是通过对过程的检查、分析，评价过程质量控制的正确性、有效性的活动。

过程质量的审核对象包括所有过程，既可以是一个大过程，也可以是一个大过程中的子过程。如果审核对象是一个具体工序，此时也可称为工序质量审核。

（4）内部质量审核（包括内部质量管理体系审核、内部产品质量审核、内部过程质量审核）。内部质量审核是供方组织（项目组织）的自我审核，也称为第一方审核；第二方审核是指顾客对供方的审核；第三方审核是指具有第三方性质的认证机构对申请认证的组织进行的审核。第二方、第三方审核又称为外部质量审核。

内部质量管理体系审核的目的是评价质量管理体系的符合性、有效性，依据是质量手册及其程序文件，采用现场评审方法，审核结果是使质量管理体系要素得到改进，执行者是内审员。

内部质量审核应有计划、有系统地进行。一般在每年适当时间要制订全年审核计划，内部质量审核可以集中一段时间进行，也可以逐要素、逐部门分别进行。战略管理体系建立运行初期审核次数多些，当体系结构有重大变化或发生重大不合格时，要及时审核。

7.3.2.4 质量保证的结果——质量改进与提高

当实施质量管理体系时，项目经理应确保质量管理体系能推动和促进持续的质量改进。项目经理通过总结经验不断地寻求改进质量的机会。

7.3.3 质量控制

质量控制是质量管理的一部分，致力于满足质量要求。质量控制的目标就是确保工程项目质量能满足有关方面提出的质量要求（如适用性、可靠性、安全性等）。质量控制的范围涉及工程项目质量形成全过程的各个环节。工程项目质量受到质量环各阶段质量活动的直接影响，任一环节的工作没有做好，都会使工程项目质量受到损害而不能满足质量要求。质量环的各阶段是由工程项目的特性所决定的，根据工程项目形成的工作流程，由掌握了必需的技术和技能的人员进行一系列有计划、有组织的活动，使质量要求转化为满足质量要求的项目或产品，并完好地交付给用户，还应根据工程项目的具体情况进行用后服务，这是一个完整的质量循环。为了保证工程项目质量，这些技术计划必须在受控状态下进行。

质量控制的工作内容包括了作业技术和活动，即包括专业技术和管理技术两方面。质量控制应贯彻预防为主与检验把关相结合的原则，在工程项目形成的每一个阶段和环节，即质量环的每一个阶段，都应对影响其工作质量的人、机、料、法、环（4M1E）因素进行控制，并对质量活动的成果进行分阶段验证，以便及时发现问题，查明原因，采取措施，防止类似问题重复发生，并使问题在早期得到解决，减少经济损失。为使每项质量活动都能有效，质量控制对干什么、为何干、如何干、由谁干、何时干、何地干等问题应做出规定，并对实际质量活动进行监控。工程项目的进行是一个动态过程，所以，围绕工程项目的质量控制也具有动态性。为了掌握工程项目随着时间的变化而变化的状态，应采用动态控制的方法和技术进行质量控制工作。

7.3.3.1 工程项目质量控制的特点

工程项目不同于一般产品，对于工程项目的质量控制也不同于一般产品的质量控制。其主要特点如下。

（1）影响质量的因素多。工程项目的进行是动态的，影响工程项目质量的因素也是动态的。在工程项目的不同阶段、不同环节、不同过程，影响因素也不尽相同；这些因素有些是可知的，有些是不可预见的；有些因素对工程项目质量的影响程度较小，有些对工程项目质量的影响程度较大，有些对工程项目质量的影响则可能是致命的。所有这些，都给工程项目的质量控制造成了难度。所以，加强对影响质量因素的管理和控制是工程项目质量控制的一项重要内容。

（2）质量控制的阶段性。工程项目需经历不同的阶段，各阶段的工作内容和工作结果都不相同，所以每阶段的质量控制内容和控制重点也不相同。

（3）易产生质量变异。质量变异就是工程项目质量数据的不一致性。产生这种变异的原因有两种，即偶然因素和系统因素。偶然因素是随机发生的、客观存在的，是正常的；系统因素是人为的、异常的。偶然因素造成的变异称为偶然变异，这种变异对工程项目质量的影响较小，是经常发生的，也是难以避免、难以识别、难以消除的；系统因素造成的变异称为系统变异，这类变异对工程项目质量的影响较大，易识别，通过采取措施可以避免，也可以消除。由于工程项目的特殊性，在工程项目进行过程中，易产生这两类变异，所以在工程项目的质量控制中，应采取相应的方法和手段对质量变异加以识别与控制。

（4）易产生判断错误。在工程项目质量控制中，经常需要根据质量数据对工程项目实施的过程或结果进行判断。由于工程项目的复杂性、不确定性，造成质量数据的采集、处理和判断的复杂性，所以往往会对工程项目的质量状况做出错误判断。例如，将合格判为不合格，或将不合格判为合格；将稳定判为不稳定，或将不稳定判为稳定；将正常判为不正常，或将不正常判为正常。这就需要在工程项目的质量控制中，采用更加科学、更加可靠的方法，尽量减少判断错误。

（5）工程项目一般不能解体、拆卸。已加工完成的产品可以解体、拆卸，对某些零部件可进行检查。但工程项目一般做不到这一点。例如，对于已建成的楼房，就难以检查其地基的质量；对于已浇筑完成的混凝土构筑物，就难以检查其中的钢筋质量。所以，工程项目的质量控制应更加注重工程项目的进展过程，注重阶段结果的检验和记录。

（6）工程项目质量受费用和工期的制约。工程项目的质量不是独立存在的，它受费用和工期的制约。在对工程项目进行质量控制的同时，必须考虑其对费用和工期的影响，同样应考虑费用和工期对质量的制约，使项目的质量、费用和工期都能实现预期目标。

7.3.3.2 工程项目质量控制的步骤

就工程项目质量控制的过程而言，质量控制就是监控工程项目的实施状态，将实际状态与事先制定的质量标准做比较，分析存在的偏差和产生偏差的原因，并采取相应对策。这是一个循环往复的过程，对任一控制对象的控制一般都按这一过程进行。该控制过程主要包括以下步骤。

（1）选择控制对象。工程项目进展的不同时期、不同阶段，质量控制的对象和重点也不相同，这需要在工程项目实施过程中加以识别和选择。质量控制的对象可以是某个因素、某个环节、某项工作或工序、某项阶段成果等一切与工程项目质量有关的要素。

（2）为控制对象确定标准或目标。

（3）制订实施计划，确定保证措施。

（4）按计划执行。

（5）跟踪观测、检查。

（6）发现、分析偏差。

（7）根据偏差采取对策。

上述步骤可归纳为四个阶段：计划（Plan）、执行（Do）、检查（Check）和处理（Action）。在工程项目质量控制中，这四个阶段循环往复，形成 PDCA 循环。

计划阶段的主要工作任务是确定质量目标、活动计划和管理工程项目的具体实施措施。本阶段的具体工作是分析现状，找出质量问题和控制对象；分析产生质量问题的原因和影响因素，从各种原因和因素中确定影响质量的主要原因或影响因素；针对质量问题和影响质量的主要因素制订改善质量的措施与实施计划，并预计效果。在制订计划时，要反复分析思考，明确回答以下问题。

（1）为什么要提出该计划并采取这些措施？为什么要做如此改进？采取措施的原因是什么？

（2）改进后要达到什么目的？有何效果？

（3）改进措施在何处（哪道工序、哪个环节、哪个过程）执行？

（4）计划和措施在何时执行和完成？

（5）计划由谁执行？

（6）用什么方法完成？

实施阶段的主要工作任务是根据计划阶段制定的计划措施，组织贯彻执行。本阶段要做好计划措施的交底和组织落实、技术落实和物资落实。

检查阶段的主要工作任务是检查实际执行情况，并将实施效果与预期目标对比，进一步找出存在的问题。

处理阶段的主要工作任务是对检查的结果进行总结和处理。其具体工作包括总结经验，纳入标准，即通过对实施情况的检查，明确有效的措施，制定相应的工作文件、工艺规程、作业标准和各种质量管理的规章制度，总结好的经验，防止问题再次发生。

将遗留问题转入下一个控制循环。通过检查，找出效果仍不显著或效果仍不符合要求的措施，作为遗留问题，进入下一个循环，为下一期计划提供数据资料和依据。

7.3.3.3　工程项目质量控制的方法

对工程项目质量进行控制的工具和方法主要有统计调查表法、因果分析图、直方图、帕累托图、散点图、趋势图、控制图、流程图、统计抽样、检查和缺陷修理审查。

1. 统计调查表法

统计调查表法又称为检查表或者数据分析方法等，是主要用来系统地收集资料和积累数据，确认事实并对数据进行粗略整理和分析的统计图表。质量控制活动在大多数情况下运用数据分析法来对缺陷做出统计归纳和初步的分析。表 7-3 是一个关于工程项目质量控制的数据表的示例。

表 7-3　数据表示例

阶段 缺陷	需求阶段	设计阶段	实现阶段	测试阶段	交付后	合计
需求缺陷	20	2	0	2	1	25
设计缺陷		15	5	12	2	34
实现缺陷			137	56	13	206
合计	20	17	142	70	16	265

2. 因果图

因果分析图也称鱼刺图或石川图，是日本的质量专家石川馨于 1943 年首次应用的，用于寻找产生某种质量问题的原因。因果分析图通过若干带箭头的线，将质量特性与质量因素之间的关系表示出来，而且通过箭线的大小将众多的原因进行分类、分层，确定影响过程或特性的主要原因及其子原因，最终明确问题与原因之间的关系。因大小箭线最终组成的形状像鱼刺，故因果分析图有时也被称为鱼刺图。一般的因果分析图如图 7-6 所示。

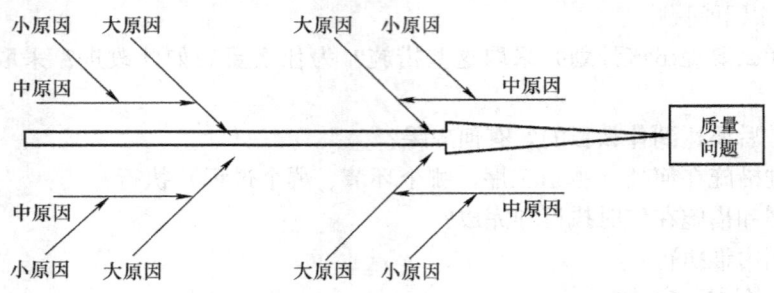

图 7-6　因果分析图

在应用上述因果分析图时，通常将问题或原因标在鱼头处，在鱼骨上分别标注各项产生问题的原因。通常造成质量问题的原因主要有五个方面：人、机器、原材料、方法和环境，即 4M1E 因素，所以一般可先将五个因素作为最早的表示质量问题的原因标在箭线上，然后把各种原因逐步分解，直到能够找到消除问题的原因为止。一般在应用因果图时可遵循下面的步骤。

（1）确认和指定问题的范围，即确定将要检查哪一质量特性。此阶段可以利用排列图来确定问题。

（2）确定目标。每一个参与构建因果图的相关人员都要清楚此阶段将要达到什么样的质量目标。

（3）构建因果图。先将选定的质量问题画在鱼头的位置，再画左边的鱼骨，然后依次按原因的大小分层次画鱼刺（箭头），直到最终原因为止。此时对工程项目组成人员来说是激励他们参与问题解决的良好实践机会。

（4）对所画的图进行检查，有特殊情况要加以标注。

（5）思考并设计解决方案。对所画出的因果图进行分析，找到解决问题的办法。

图 7-7 是用因果图解决质量管理中某个问题的例子。

根据上述分析结果，工程项目管理部门可以采取相应的对策加以解决，对策如表 7-4 所示。

3. 直方图

直方图是将收集到的质量数据按照一定的要求加以整理和分层，然后再进行频数统计，并绘制成由若干直方图组成的质量分布图。直方图是一个坐标图，横坐标表示质量特性（如尺寸、强度），纵坐标表示频数和频率，每个直方底边长度即产品质量特性的取值范围，直方块的高度即落在这个质量特性值范围内的产品有多少。直方图可描述质量频数分布范围和特征。绘制直方图的步骤如下。

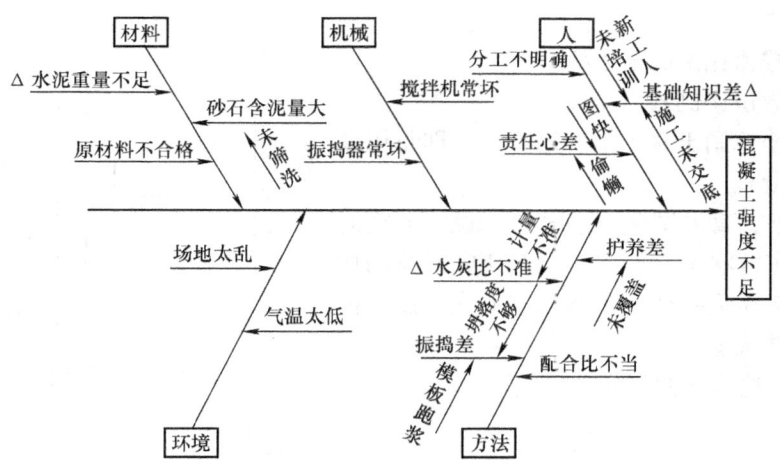

图 7-7 混凝土强度不足的因果分析图

表 7-4 针对混凝土强度不足问题的对策

项目	序号	产生问题的原因	采取的对策	执行人	完成时间
人	1	分工不明确	根据个人特长,确定每项作业的负责人及各操作人员职责,挂牌出示		
	2	基础知识差	组织学习操作规程,搞好技术交底		
方法	3	配合比不当	根据数理统计结果,按施工实际水平进行配比计算,进行试验		
	4	水灰比不准	制作水箱 现浇时每半天测砂石含水率一次 现浇时控制坍落度		
	5	计量不准	矫正磅秤,安装水表		
材料	6	水泥重量不足	进行水泥重量统计		
	7	原材料不合格	对砂、石、水泥进行各项指标试验		
	8	砂石含泥量大	冲洗		
机械	9	振捣器常坏	使用前检修 施工时配备电工 备用振捣器、铁插杆		
	10	搅拌机常坏	使用前检修 施工时配备检修工		
环境	11	场地太乱	认真清理,搞好平面布置,现场实行分片制		
	12	气温太低	准备覆盖材料,养护落实到人		

(1) 收集数据。
(2) 确定数据的极差(最大值-最小值)。
(3) 确定所画直方图的组数(一般为 6~12 个),并以此组数去除极差,得出每组的宽度——数据范围。

(4) 按数据值比例画横坐标。

(5) 按频数值比例画纵坐标。

(6) 按纵坐标画出每个矩形的高度，即每组数据的频数（数量）。

一般情况下，直方图呈正态分布，说明研究对象的质量处于正常状态；否则，说明研究对象的质量有问题。图 7-8 是一个呈正态分布的直方图，说明项目处于正常状态。

图 7-9 是一些直方图异常的示例。

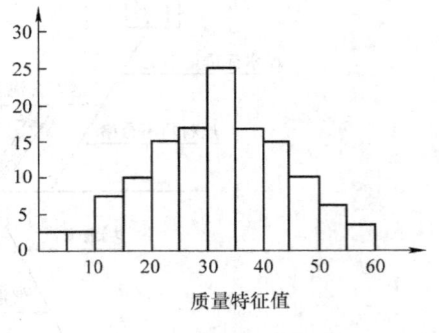

图 7-8　直方图示例

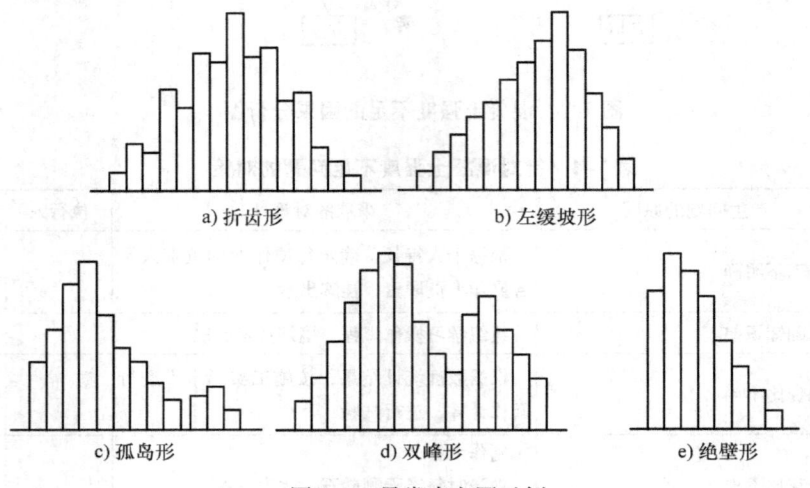

图 7-9　异常直方图示例

4. 帕累托图

帕累托（Pareto）图又称排列图或 ABC 图，它是一种表明"重要的少数和次要的多数"关系的一种统计图表，也是质量控制中经常使用的一种方法。帕累托图将有关质量问题的要素进行分类，从而找出"重要的少数"（A 类）和"次要的多数"（C 类），以便对这些要素采取 ABC 分类管理的方法。这种图一般有两条纵轴，左边的表示频数（n），右边的表示频率（f），二者是等高的。图中横轴以均匀等分的宽度表示质量要素（或质量影响因素），需要标明序号和要素名。图中按质量要素等分宽度，沿纵轴画出表示各要素的频数和频率的矩形图。累计各矩形代表的频数和频率，得到排列图，并从中找出"重要的少数"和"次要的多数"，划分出 ABC 三类要素，以便对工程项目质量实现 ABC 分类控制。图 7-10 是一个混凝土构件

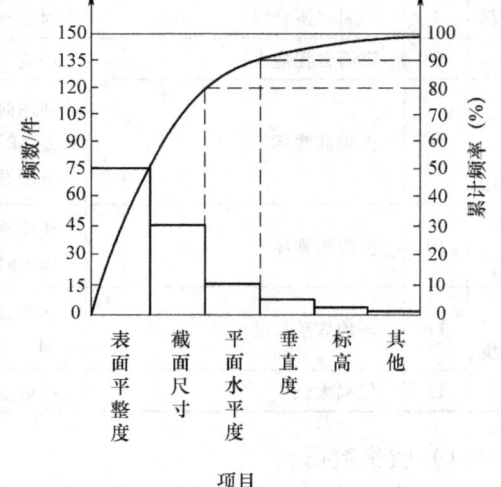

图 7-10　混凝土构件尺寸不合格排列图

尺寸不合格的排列图。

根据帕累托图分析出来的影响质量的主次因素进行改进，要将精力放在主要因素上，也就是 A 类因素上，图 7-11 是一个根据帕累托分析采取纠正措施前后对比效果的示例。

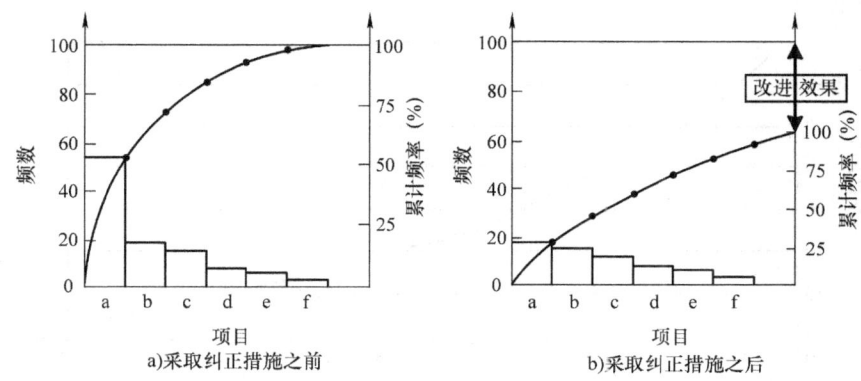

图 7-11　根据帕累托分析采取纠正措施前后对比效果示例

5. 散点图

散点图用来明确两个变量之间的相互关系。它可以用于寻找问题潜在的根本原因，确定某一原因和结果之间的关系。绘制散点图的步骤如下。

（1）收集研究对象的两组相关的对应数据。
（2）建立直角坐标系。
（3）找出两组数据的最大值和最小值以确定坐标轴的大约长度。
（4）描出成对（x, y）的数据点，形成散点图。
（5）研究点子云（散点图）的形态，找出相关关系的类型和程度。

图 7-12 就是一些常见的表明两个变量之间关系的散点图。

6. 趋势图

趋势图是一种表示测量值和时间序列关系的图，主要用于观察数据和时间之间是否存在某种规律。例如，反映出一种周期性，或者单向变化趋势等。它是一种线性图形，按照数据发生的先后顺序将数据以圆点形式绘制成图形。趋势图可以反映一个过程在一定时间段的趋势、一定时间段的偏差情况及过程的改进或恶化。趋势分析即是借助趋势图来进行的。趋势分析是指根据过去的结果用数学工具预测未来的成果。趋势分析往往用于监测以下方面。

（1）技术绩效。多少错误或缺陷已被确认，其中多少尚未纠正。
（2）成本与进度绩效。每个时期有多少活动在活动完成时出现了明显偏差。

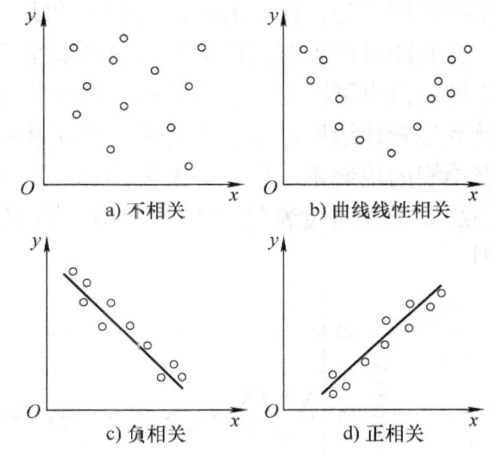

图 7-12　散点图示例

图 7-13 就是一个趋势图的示例。该趋势图表明该产品测试发现的缺陷数越来越少，产品质量趋于好转。

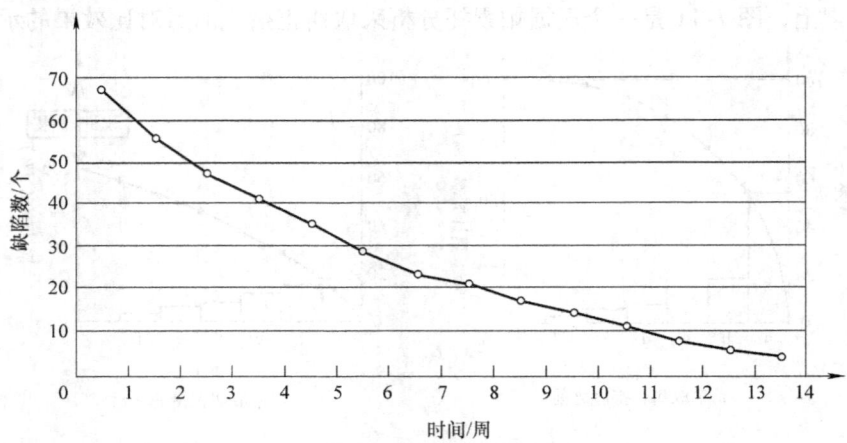

图 7-13　产品测试发现的缺陷数趋势

7. 控制图

控制图建立在数理统计基础上，是用来区分由异常（系统性）因素引起的质量波动或者由过程固有的偶然性因素引起的随机波动的一种工具。如果导致偏差产生的原因是随机因素的话，其结果就呈正态分布。控制图利用过程的有效数据建立控制界限，如果这一过程不受异常（系统性）因素的影响，继续观测到的数据将不会超出这一界限。控制上限和控制下限一般都设定在 $\pm 3\sigma$ 的位置。

控制图可用于项目生命周期过程，也适用于产品生命周期过程。在项目中使用控制图的例子是，确定成本偏差或进度偏差是否在可接受标准的范围之内（$\pm 10\%$）。在产品中使用控制图的例子是，评定测试期间发现的缺陷量按照组织的质量标准是否可以被接受或认可。

控制图可用于监测任何类型的结果变量。虽然控制图经常用于追踪重复性活动，如批量加工件，但也可以用于监测成本与进度偏差、范围变更的大小和频度、项目文档中的错误，以及其他管理结果，帮助确定项目管理过程是否处于正常控制范围之内。图 7-14 是根据某数据绘制的控制图。图中 $\overline{X}$ 是均值，UCL 为控制上限，LCL 为控制下限，CL 为中心线。中心线标志着质量特性值分布的中心位置，上下控制界限标志着质量特性值允许波动的范围。

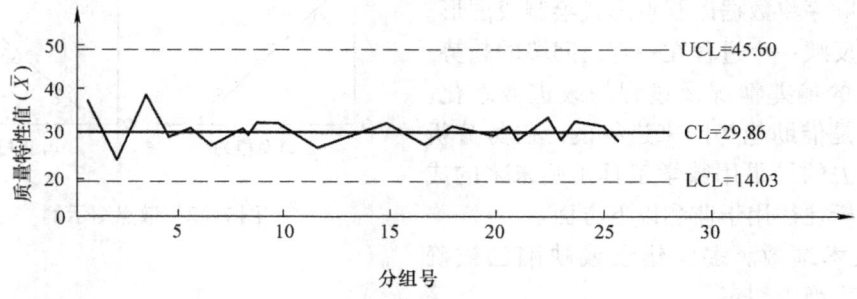

图 7-14　根据某数据绘制的控制图

控制图的制作步骤一般如下。

(1) 按时间顺序抽取子样品。
(2) 计算中心线和控制线。
(3) 按时间顺序将测量到的数据用点描在图上。
(4) 根据图来判断质量状况。

控制图的观察与分析。控制图上主要观察两种典型状态：受控状态和失控状态。受控状态就是过程中只有正常原因影响的状态，当点位于界限内时，质量处于正常状态，过程处于控制之中。失控状态就是过程中有异常原因引起的状态。一般判断为两种情况，当点落到了界限外或符合"7 点法则"则表示过程失去了控制，就意味着存在非随机因素。"7 点法则"是指连续的 7 个测量点都在平均值的一侧，或者都上升或者都下降，那么过程处于失控状态。

图 7-15 是控制图异常的示例。

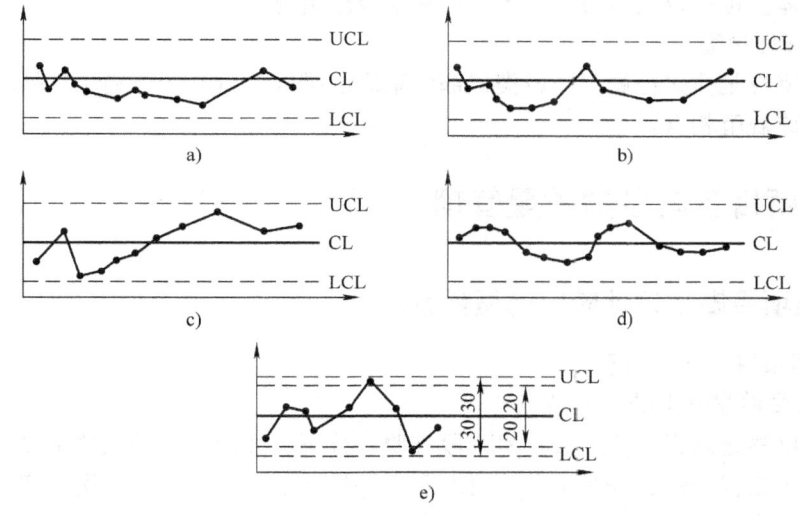

图 7-15 控制图异常的示例

8. 流程图

流程图用于帮助分析问题发生的缘由。它以图形的形式展示一个过程，可以使用多种格式，但所有过程流程图都具有几项基本要素，即活动、决策点和过程顺序。它表明一个系统的各种要素之间的交互关系。图 7-16 是一个流程图示例。流程图可协助项目团队预期将在何时、何地会发生质量问题，因此有助于应对方法的制定。

9. 统计抽样

统计抽样是指从感兴趣的群体中选取一部分进行检查（如从总数为 75 张的工程图样目录中随机选取 10 张）。适当的抽样往往可以降低质量控制成本。统计抽样已经形成了规模可观的知识体系。在某些应用领域，项目管理团队有必要熟悉多种不同的抽样技术。

10. 检查

检查是指检查产品，确认是否符合标准。一般而言，一项检查的结果包括测量结果。可在任一层级上进行检查，例如，可检查单项活动的结果，也可检查项目的最终产品。检查有各种不同的名称，如审查、产品审查、审计和实地察看等。在某些应用领域，这些术语的含

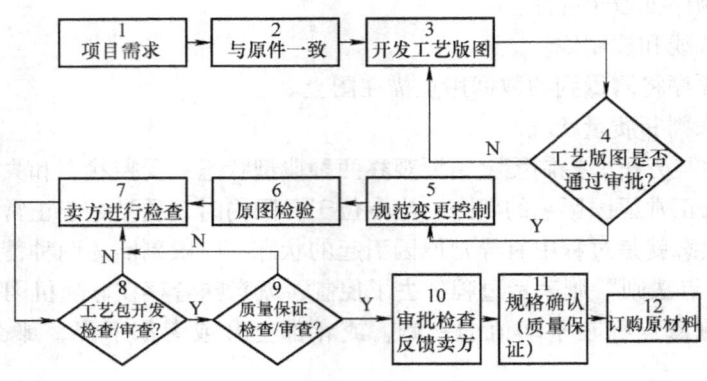

图 7-16 流程图示例

义较窄，较具体。也可以通过检查技术验证缺陷修理情况。

11. 缺陷修理审查

缺陷修理审查是质量控制部门或类似部门采取的措施，目的在于确保产品缺陷得以修理并使之与要求或规范相符。

7.4 工程项目各阶段的质量管理

7.4.1 工程项目勘察设计阶段的质量管理

7.4.1.1 工程项目勘察质量管理

1. 工程项目勘察管理的工作特点

工程项目勘察是勘察单位通过技术手段查明、分析、评价建设场地的水文、地质、地理环境特征和岩土工程条件，编制工程项目勘察文件的活动。工程项目勘察管理服务是指工程监理单位根据建设单位的要求对于工程项目勘察活动的管理。

工程项目建设由于专业门类不同，勘察工作本身差异很大。例如，大城市一般基础设施建设条件较好，长期积累的水文地质资料较多，建设场地集中，勘察工作量不大。但对于高速公路、铁路等项目，现场条件艰苦，工作量大，勘察工作必须与设计工作紧密结合，勘察设计工作的准确性决定了工程造价，在很大程度上决定着项目的可行性和成败。对于不同的专业门类，勘察管理服务的要求也不同。

2. 工程项目勘察阶段的划分

工程项目勘察工作一般分三个阶段，即可行性研究勘察、初步勘察、详细勘察。对工程地质条件复杂或有特殊施工要求的重要工程项目，应进行施工勘察。各勘察阶段的工作要求如下。

（1）可行性研究勘察，又称选址勘察，其目的是要通过收集、分析已有资料，进行现场踏勘。必要时，进行工程地质测绘和少量勘探工作，对拟选场址的稳定性和适宜性做出岩土工程评价，进行技术经济论证和方案比较，满足确定场地方案的要求。

（2）初步勘察是指在可行性研究勘察的基础上，对场地内建筑地段的稳定性做出岩土工程评价，并为确定建筑总平面布置、主要建筑物地基基础方案及对不良地质现象的防治工作方案进行论证，满足初步设计或扩大初步设计的要求。

（3）详细勘察应对地基基础进行处理与加固，对不良地质现象的防治工程进行岩土工程计算与评价，满足施工图设计的要求。

3. 工程监理单位勘察质量管理的主要工作

（1）协助建设单位编制工程勘察任务书和选择工程勘察单位，并协助签订工程勘察合同。

（2）审查勘察单位提交的勘察方案，提出审查意见，并报建设单位。变更勘察方案时，应按原程序重新审查。

（3）检查勘察现场及室内试验主要岗位操作人员的资格、所使用设备、仪器计量的检定情况。

（4）检查勘察单位执行勘察方案的情况，对重要点位的勘探与测试应进行现场检查。

（5）审查勘察单位提交的勘察成果报告，必要时对于各阶段的勘察成果报告组织专家论证或专家审查，并向建设单位提交勘察成果评估报告，同时应参与勘察成果验收。经验收合格后勘察成果报告才能正式使用。

勘察成果评估报告应包括下列内容：勘察工作概况；勘察报告编制深度，与勘察标准的符合情况；勘察任务书的完成情况；存在问题及建议；评估结论。

4. 工程项目勘察成果的审查要点

监理工程师对勘察成果的审核与评定是勘察阶段质量控制最重要的工作。审核与评定包括程序性审查和技术性审查。

程序性审查包括：工程项目勘察资料、图表、报告等文件要依据工程类别按有关规定执行各级审核、审批程序，并由负责人签字；工程项目勘察成果应齐全、可靠，满足国家有关法律法规及技术标准和合同规定的要求；工程项目勘察成果必须严格按照质量管理有关程序进行检查和验收，质量合格方能提供使用。对工程项目勘察成果的检查验收和质量评定应当执行国家、行业和地方有关工程项目勘察成果检查验收评定的规定。

技术性审查包括：报告中不仅要提出勘察场地的工程地质条件和存在的地质问题，更重要的是结合工程设计、施工条件，以及地基处理、开挖、支护、降水等工程的具体要求，进行技术论证和评价，提出岩土工程问题及解决问题的决策性具体建议，并提出基础、边坡等工程的设计准则和岩土工程施工的指导性意见，为设计、施工提供依据，服务于工程项目建设全过程。另外，应针对不同勘察阶段，对工程项目勘察报告的内容和深度进行检查，看其是否满足勘察任务书和相应设计阶段的要求。例如，在可行性研究勘察阶段，要得到建筑场地选址的可行性分析报告，对拟建场地的稳定性和适宜性做出评价；在初步勘察阶段，要注明地层、构造、岩土物理力学性质、地下水埋藏条件及冻结深度，描绘出场地不良地质现象的成因、分布，对场地稳定性的影响及其发展趋势，对抗震设防烈度等于或大于7度的场地，应判定场地和地基的地震效应；在详细勘察阶段，要提供满足设计、施工所需的岩土技术参数，确定地基承载力，预测地基沉降及其均匀性，并且提出地基和基础设计方案建议。

7.4.1.2 工程项目设计质量管理

工程项目设计是指根据建设单位的要求，对工程项目所需的技术、经济、资源、环境等条件进行综合分析、论证，编制工程项目设计文件的活动，一般分为方案设计、初步设计、施工图设计三个阶段。

工程设计管理服务是指监理单位根据建设单位的委托,组成设计管理咨询专家团队,通过对设计全过程的管理,在设计环节上满足对工程项目质量、进度、投资控制的需要,满足建设单位对工程项目功能和品质的要求。

1. 工程项目设计质量管理的依据

(1) 有关工程项目建设及质量管理方面的法律、法规,城市规划,国家规定的工程项目勘察、设计深度要求。铁路、交通、水利等专业工程项目,还应当依据专业规划的要求。

(2) 有关工程项目建设的技术标准,如勘察和设计的工程建设强制性标准规范及规程、设计参数、定额、指标等。

(3) 项目批准文件,如项目可行性研究报告、项目评估报告及选址报告。

(4) 体现建设单位建设意图的设计规划大纲、纲要和合同文件。

(5) 反映工程项目建设过程中和建成后所需要的有关技术、资源、经济、社会协作等方面的协议、数据和资料。

2. 工程项目设计质量管理的主要工作内容

(1) 设计单位的选择。设计单位可以通过招投标、设计方案竞赛、建设单位直接委托等方式选择。组织设计招标是用竞争机制优选设计方案和设计单位。采用公开招标方式的,招标人应当按国家规定发布招标公告;采用邀请招标方式的,招标人应当向三个以上设计单位发出招标邀请书。

设计招标的目的是选择最适合项目需要的设计单位,设计单位的社会信誉、所选派的主要设计人员的能力和业绩等是主要的考察内容。

(2) 起草设计任务书。设计任务书是设计依据之一,是建设单位意图的体现。现实情况基本是设计单位写一个设计任务书,请建设单位修改后,作为正式的设计任务书使用,有的甚至不编写设计任务书。起草设计任务书的过程,是各方就工程项目的功能、标准、区域划分、特殊要求等涉及工程项目的具体事宜不断沟通和深化交流,最终达成一致并形成文字资料的过程,这对于建设单位意图的把握非常重要,可以互相启发,互相提醒,使设计工作少走弯路。

(3) 起草设计合同。设计质量目标主要通过工程项目描述和设计合同反映出来,设计描述和设计合同综合起来,确立设计的内容、深度、依据和质量标准。设计质量目标要尽量避免出现语义模糊和矛盾。设计合同应重点注意写明设计进度要求、主要设计人员、优化设计要求、限额设计要求、施工现场配合及专业深化图配合等内容。

(4) 分阶段设计审查。由建设单位组织有关专家或机构进行工程项目设计评审,目的是控制设计成果质量,优化工程设计,提高效益。设计评审包括设计方案评审、初步设计评审和施工图设计评审各阶段的内容。

1) 设计方案评审

① 总体方案评审。重点审核设计依据、设计规模、产品方案、工艺流程、项目组成及布局、设备配套、占地面积、建筑面积、建筑造型、协作条件、环保设施、防震防灾、建设期限、投资概算等的可靠性、合理性、经济性、先进性和协调性。

② 专业设计方案评审。重点审核专业设计方案的设计参数、设计标准、设备选型和结构造型、功能和使用价值等。

③ 设计方案审核。要结合投资概算资料进行技术经济比较和多方案论证,确保工程质

量、投资和进度目标的实现。

2)初步设计成果评审。依据建设单位提出的工程设计委托任务和设计原则,逐条对照,审核设计是否均已满足要求。审核设计工程项目的完整性,工程项目是否齐全、有无遗漏项;设计基础资料可靠性,以及设计标准、装备标准是否符合预定要求;重点审查总平面布置、工艺流程、施工进度能否实现;总平面布置是否充分考虑方向、风向、采光、通风等要素;设计方案是否全面,经济评价是否合理。

3)施工图设计评审。施工图设计评审的内容包括:对工程项目对象的尺寸、布置、选材、构造、相互关系、施工及安装质量要求的详细设计图和说明,这也是设计阶段质量控制的一个重点。评审的重点是:使用功能是否满足质量目标和标准,设计文件是否齐全、完整,设计深度是否符合规定。

① 总体审核。首先审核施工图样的完整性及各级的签字盖章。其次要重点审核工艺和总图布置的合理性,工程项目是否齐全,有无遗漏项,总图在平面和空间布置上是否有交叉和矛盾;工艺流程及装置、设备是否满足标准、规程、规范等的要求。

② 设计总说明审查。重点审查所采用的设计依据、参数、标准是否满足质量要求,各项工程做法是否合理,选用设备、材料等是否先进、合理,采用的技术标准是否满足工程项目的需要。

③ 施工设计图审查。重点审查施工图是否符合现行标准、规程、规范、规定的要求;设计图样是否符合现场和施工的实际条件,深度是否达到施工和安装的要求,是否达到工程项目质量的标准;选型、选材、造型、尺寸、节点等设计图样是否满足质量要求。

④ 审查施工图预算和总投资预算。审查预算编制是否符合预算编制要求,工程量计算是否正确,定额标准是否合理,各项收费是否符合规定,总投资预算是否在总概算控制范围内。

⑤ 审查其他要求。审核是否符合勘察提供的建设条件,是否满足环境保护措施,是否满足施工安全、卫生、劳动保护的要求。

4)审查设计单位提交的设计成果,并提出评估报告。评估报告应包括下列主要内容:①设计工作概况;②设计深度与设计标准的符合情况;③设计任务书的完成情况;④有关部门审查意见的落实情况;⑤存在的问题及建议。

(5)审查备案。审查设计单位提出的新材料、新工艺、新技术、新设备在相关部门的备案情况,必要时应协助建设单位组织专家评审。

(6)深化设计的协调管理。对于专业性较强或有行业专门资质要求的项目,目前的通行做法是委托专业设计单位,或由具有专业设计资质的施工单位出具深化设计图样,由设计单位统一会签,以确认深化设计符合总体设计要求,并对相关的配套专业能否满足深化图样的要求予以确认。设计管理对于总体设计单位和深化图样设计单位的横向管理很重要。

设计质量横向控制的一项重要措施是建立联席会议制度。所谓联席会议,是指各专业设计人员全部出席会议,共同研究和探讨设计过程中出现的矛盾,集思广益,提出对矛盾的解决方法,根据项目的具体特性和处于主导地位的专业要求进行综合分析,使矛盾得到合理的处理。联席会议可以定期召开,如每周一次,也可根据设计进展情况不定期召开。

设计质量横向控制的另一重要措施是明确各专业互提要求。各专业互相提供资料,是进行正常建筑设计工作的客观要求,只有各专业设计配合协调,避免出现相互碰壁的问题,才能保证设计质量。

7.4.2 工程项目施工阶段的质量管理

7.4.2.1 工程项目施工质量控制的依据和工作程序

工程项目施工质量控制是项目监理机构工作的主要内容。项目监理机构应基于施工质量控制的依据和工作程序，抓好施工质量控制工作。施工阶段的质量控制应重点做好图样会审与设计交底、施工组织设计的审查、施工方案的审查和现场施工准备质量控制等工作。项目监理机构的质量控制包括审查、巡视、监理指令、旁站、见证取样、验收与平行检验、工程变更的控制和质量记录资料的管理等。

1. 工程项目施工质量控制的依据

项目监理机构施工质量控制的依据，大体上有以下四类。

（1）工程合同文件。工程项目监理合同、建设单位与其他相关单位签订的合同，包括与施工单位签订的施工合同，与材料设备供应单位签订的材料设备采购合同等。项目监理机构既要履行工程项目监理合同条款，又要监督施工单位、材料设备供应单位履行有关工程项目质量合同条款。因此，项目监理机构监理人员应熟悉这些相应条款，据以进行质量控制。

（2）工程勘察设计文件。工程勘察包括工程测量、工程地质和水文地质勘察等内容，工程勘察成果文件为工程项目选址、工程设计和施工提供科学可靠的依据，也是项目监理机构审批工程施工组织设计或施工方案、工程地基基础验收等工程质量控制的重要依据。经过批准的设计图样和技术说明书等设计文件，是质量控制的重要依据。施工图审查报告与审查批准书、施工过程中设计单位出具的工程变更设计都属于设计文件的范畴，是项目监理机构进行质量控制的重要依据。

（3）有关质量管理方面的法律法规、部门规章与规范性文件

1）法律：《中华人民共和国建筑法》《中华人民共和国刑法》《中华人民共和国防震减灾法》《中华人民共和国节约能源法》《中华人民共和国消防法》等。

2）行政法规：《建设工程质量管理条例》《民用建筑节能条例》等。

3）部门规章：《建筑工程施工许可管理办法》《实施工程建设强制性标准监督规定》《房屋建筑和市政基础设施工程质量监督管理规定》等。

4）规范性文件：《房屋建筑工程施工旁站监理管理办法（试行）》《建设工程质量责任主体和有关机构不良记录管理办法（试行）》，关于《建设行政主管部门对工程监理企业履行质量责任加强监督》的若干意见等。国家发改委颁发的规范性文件——关于《加强重大工程安全质量保障措施》的通知等。

此外，其他各行业如交通、能源、水利、冶金、化工等和省、市、自治区的有关主管部门，也均根据本行业及地方的特点，制定和颁发了有关的法规性文件。

（4）质量标准与技术规范（规程）。质量标准与技术规范（规程）是针对不同的行业、不同的质量控制对象而制定的，包括各种有关的标准、规范或规程。根据适用性，标准分为国家标准、行业标准、地方标准和企业标准。它们是建立和维护正常的生产和工作秩序应遵守的准则，也是衡量工程、设备和材料质量的尺度。对于国内工程，国家标准是必须执行与遵守的最低要求，行业标准、地方标准和企业标准的要求不能低于国家标准的要求。企业标准是企业生产与工作的要求与规定，适用于企业的内部管理。

在工程项目国家标准与行业标准中，有些条文用粗体字表达，它们被称为工程项目建设强制性标准（条文），是指直接涉及工程项目质量、安全、卫生及环境保护等方面的工程项目建设标准强制性条文。国家规定，在中华人民共和国境内从事新建、扩建、改建等工程项目建设活动，必须执行工程建设强制性标准。工程项目质量监督机构对工程项目施工、监理、验收等执行强制性标准的情况实施监督，项目监理机构在质量控制中不得违反工程项目建设标准强制性条文的规定。《实施工程建设强制性标准监督规定》第十九条规定：工程监理单位违反强制性标准，将不合格的工程项目及建筑材料、建筑构配件和设备按照合格签字的，责令改正，处50万元以上100万元以下的罚款，降低资质等级或者吊销资质证书；有违法所得的，予以没收；造成损失的，承担连带赔偿责任。

项目监理机构在质量控制中，依据的质量标准与技术规范（规程）主要有以下几类。

1）工程项目施工质量验收标准。这类标准主要是由国家或部门统一制定的，用以作为检验和验收工程项目质量水平所依据的技术法规性文件。例如，《建筑工程施工质量验收统一标准》（GB 50300—2013）、《混凝土结构工程施工质量验收规范》（GB 50204—2015）、《建筑装饰装修工程质量验收规范》（GB 50210—2011）等。对于其他行业如水利、电力、交通等工程项目的质量验收，也有与之类似的相应的质量验收标准。

2）有关工程材料、半成品和构配件质量控制方面的专门技术法规性依据。

① 有关材料及其制品质量的技术标准。诸如水泥、木材及其制品、钢材、砌块、石材、石灰、砂、玻璃、陶瓷及其制品；涂料、保温及吸声材料、防水材料、塑料制品；建筑五金、电缆电线、绝缘材料及其他材料或制品的质量标准。

② 有关材料或半成品等的取样、试验等方面的技术标准或规程。例如，木材的物理力学性能试验方法，钢材的力学性能及工艺试验取样法，水泥安定性检验方法等。

③ 有关材料验收、包装、标志方面的技术标准和规定。例如，型钢的验收、包装、标志及质量证明书的一般规定；钢管验收、包装、标志及质量证明书的一般规定等。

3）控制施工作业活动质量的技术规程。如电焊操作规程、砌体操作规程、混凝土施工操作规程等。它们是为了保证施工作业活动质量在作业过程中应遵照执行的技术规程。

凡采用新工艺、新技术、新材料的工程，事先应进行试验，并应有权威性技术部门的技术鉴定书及有关的质量数据、指标，在此基础上制定相应的质量标准和施工工艺规程，以此作为判断与控制质量的依据。如果拟采用的新工艺、新技术、新材料不符合现行强制性标准规定的，应当由拟采用单位提请建设单位组织专题技术论证，报批准标准的建设行政主管部门或者国务院有关主管部门审定。

2. 工程项目施工质量控制的工作程序

在施工阶段中，项目监理机构要进行全过程的监督、检查与控制，不仅涉及最终产品的检查、验收，而且涉及施工过程的各环节及中间产品的监督、检查与验收。

在工程项目开始前，施工单位应做好施工准备工作，待开工条件具备时，应向项目监理机构报送工程项目开工报审表及相关资料。专业监理工程师重点审查施工单位的施工组织设计是否已由总监理工程师签认，是否已建立相应的现场质量、安全生产管理体系，管理及施工人员是否已到位，主要施工机械是否已具备使用条件，主要工程材料是否已落实到位。设计交底和图样会审是否已完成；进场道路及水、电、通信等是否已满足开工要求。审查合格后，则由总监理工程师签署审核意见，并报建设单位批准后，总监理工程师签发开工令；否则，施工单位应进一步做好施工准备，待条件具备时，再次报送工程开工报审表。

在施工过程中，专业监理工程师应督促施工单位加强内部质量管理，严格质量控制。施工作业过程均应按规定工艺和技术要求进行。在每道工序完成后，施工单位应进行自检，只有上一道工序被确认质量合格后，方能准许下道工序施工。当隐蔽工程、检验批、分项工程完成后，施工单位应自检合格，填写相应的隐蔽工程或检验批或分项工程报审、报验表，并附有相应工序和部位的工程质量检查记录，报送项目监理机构。经专业监理工程师现场检查及对相关资料审核后，符合要求予以签认；反之，则应令施工单位进行整改或返工处理。

施工单位按照施工进度计划完成分部工程施工，且分部工程所包含的分项工程全部检验合格后，应填写相应分部工程报验表，并附有分部工程质量控制资料，报送项目监理机构验收。由总监理工程师组织相关人员对分部工程进行验收，并签署验收意见。

按照单位工程施工总进度计划，施工单位已完成施工合同所约定的所有工程量，并完成自检工作，工程验收资料已整理完毕，应填报单位工程竣工验收报审表，报送项目监理机构进行竣工验收。总监理工程师组织专业监理工程师进行竣工预验收，并签署验收意见。

在施工质量验收过程中，涉及结构安全的试块、试件及有关材料，应按规定进行见证取样检测；对涉及结构安全和使用功能的重要分部工程，应进行抽样检测，承担见证取样检测及有关结构安全检测的单位应具有相应资质。

7.4.2.2 工程项目施工准备阶段的质量控制

1. 图样会审与设计交底

（1）图样会审。图样会审是指建设单位、监理单位、施工单位等相关单位，在收到施工图审查机构审查合格的施工图设计文件后，在设计交底前进行的全面细致的熟悉和审查施工图样的活动。监理人员应熟悉工程设计文件，并应参加建设单位主持的图样会审会议，建设单位应及时主持召开图样会审会议，组织项目监理机构、施工单位等相关人员进行图样会审，并整理成会审问题清单，由建设单位在设计交底前约定的时间内提交给设计单位。图样会审由施工单位整理会议纪要，与会各方会签。

总监理工程师组织监理人员熟悉工程设计文件是项目监理机构实施事前质量控制的一项重要工作。其目的包括：一是通过熟悉工程设计文件，了解设计意图和工程设计特点、工程关键部位的质量要求；二是发现图样差错，将图样中的质量隐患消灭在萌芽之中。监理人员应重点熟悉以下工作：设计的主导思想与设计构思，采用的设计规范、各专业设计说明等，工程设计文件对主要工程材料、构配件和设备的要求，对所采用的新材料、新工艺、新技术、新设备的要求，对施工技术的要求以及涉及工程质量、施工安全等应特别注意的事项。

（2）设计交底。设计交底是指设计单位交付工程设计文件后，按法律规定的义务就工程设计文件的内容向建设单位、施工单位和监理单位做出详细的说明。帮助施工单位和监理单位正确贯彻设计意图，加深对设计文件的特点、难点、疑点的理解，掌握关键工程部位的质量要求，以确保工程质量。设计交底的主要内容一般包括：施工图设计文件总体介绍，设计的意图说明，特殊的工艺要求，建筑、结构、工艺、设备等各专业在施工中的难点、疑点和容易发生的问题说明，以及对施工单位、监理单位、建设单位等对设计图样疑问的解释等。

工程项目开工前，建设单位应组织并主持召开工程设计技术交底会。先由设计单位进行设计交底，后转入图样会审问题解释，设计单位对图样会审问题清单予以解答。通过建设单位、设计单位、监理单位、施工单位及其他有关单位研究协商,确定图样存在的各种技术问题的解决方案。设计交底会议纪要由设计单位整理,与会各方会签。

2. 施工组织设计审查

施工组织设计是指导施工单位进行施工的实施性文件。项目监理机构应审查施工单位报审的施工组织设计,符合要求时,应由总监理工程师签认后报建设单位。项目监理机构应要求施工单位按已批准的施工组织设计组织施工。施工组织设计需要调整时,项目监理机构应按程序重新审查。

(1) 施工组织设计审查的基本内容与程序要求

1) 审查的基本内容。施工组织设计审查应包括下列基本内容:①编审程序应符合相关规定;②施工进度、施工方案及工程质量保证措施应符合施工合同要求;③资金、劳动力、材料、设备等资源供应计划应满足工程施工需要;④安全技术措施应符合工程建设强制性标准;⑤施工总平面布置应科学合理。

2) 审查的程序要求。施工组织设计的报审应遵循下列程序及要求:①施工单位编制的施工组织设计经施工单位技术负责人审核签认后,与施工组织设计报审表一并报送项目监理机构;②总监理工程师应及时组织专业监理工程师进行审查,需要修改的,由总监理工程师签发书面意见退回修改,符合要求的,由总监理工程师签认;③已签认的施工组织设计由项目监理机构报送建设单位;④施工组织设计在实施过程中,施工单位如需做较大的变更,应经总监理工程师审查同意。

(2) 施工组织设计审查质量控制要点

1) 受理施工组织设计。施工组织设计的审查必须是在施工单位编审手续齐全(即有编制人、施工单位技术负责人的签名和施工单位公章)的基础上,由施工单位填写施工组织设计报审表,并按合同约定的时间报送项目监理机构。

2) 总监理工程师应在约定的时间内,组织各专业监理工程师进行审查,专业监理工程师在报审表上签署审查意见后,总监理工程师审核批准。需要施工单位修改施工组织设计时,由总监理工程师在报审表上签署意见,发回施工单位修改。施工单位修改后重新报审,总监理工程师应组织审查。

施工组织设计应符合国家的技术政策,充分考虑施工合同约定的条件、施工现场条件及法律法规的要求;施工组织设计应针对工程的特点、难点及施工条件,具有可操作性,质量措施切实能保证实现工程质量目标,采用的技术方案和措施先进、适用、成熟。

3) 项目监理机构宜将审查施工单位施工组织设计的情况,特别是要求发回修改的情况及时向建设单位通报,应将已审定的施工组织设计及时报送建设单位。涉及增加工程措施费的项目,必须与建设单位协商,并征得建设单位的同意。

4) 经审查批准的施工组织设计,施工单位应认真贯彻实施,不得擅自改动。若需进行实质性的调整、补充或变动,应报项目监理机构审查同意。如果施工单位擅自改动,监理机构应及时发出监理通知单,要求按程序报审。

3. 施工方案审查

总监理工程师应组织专业监理工程师审查施工单位报审的施工方案,符合要求后应予以签认。施工方案审查应包括的基本内容有:①编审程序应符合相关规定;②工程质量保证措施应符合有关标准。

（1）程序性审查。应重点审查施工方案的编制人、审批人是否符合有关权限规定的要求。根据相关规定，通常情况下，施工方案应由项目技术负责人组织编制，并经施工单位技术负责人审批签字后提交项目监理机构。项目监理机构在审批施工方案时，应检查施工单位的内部审批程序是否完善、签章是否齐全，重点核对审批人是否为施工单位技术负责人。

（2）内容性审查。应重点审查施工方案是否具有针对性、指导性、可操作性；现场施工管理机构是否建立了完善的质量保证体系，是否明确工程质量要求及目标，是否健全了质量保证体系组织机构及岗位职责，是否配备了相应的质量管理人员，是否建立了各项质量管理制度和质量管理程序等；施工质量保证措施是否符合现行的规范、标准等，特别是与工程项目建设强制性标准的符合性。

（3）审查的主要依据。主要依据为：工程项目施工合同文件及工程项目监理合同，经批准的工程项目文件和设计文件，相关法律、法规、规范、规程、标准图集等，以及其他工程基础资料、工程场地周边环境（含管线）资料等。

4. 现场施工准备质量控制

（1）施工现场质量管理检查。工程项目开工前，项目监理机构应审查施工单位现场的质量管理组织机构、管理制度及专职管理人员和特种作业人员的资格，主要内容包括：①项目部质量管理体系；②现场质量责任制；③主要专业工种操作岗位证书；④分包单位管理制度；⑤图样会审记录；⑥地质勘察资料；⑦施工技术标准；⑧施工组织设计编制及审批；⑨物资采购管理制度；⑩施工设施和机械设备管理制度；⑪计量设备配备；⑫检测试验管理制度；⑬工程项目质量检查验收制度等。

（2）分包单位资质的审核确认。分包工程开工前，项目监理机构应审核施工单位报送的分包单位资格报审表及有关资料，专业监理工程师进行审核并提出审查意见，符合要求后，应由总监理工程师审批并签署意见。分包单位资格审核应包括的基本内容为：①营业执照、企业资质等级证书；②安全生产许可文件；③类似工程业绩；④专职管理人员和特种作业人员的资格。

专业监理工程师应在约定的时间内，对施工单位所报资料的完整性、真实性和有效性进行审查。在审查过程中需与建设单位进行有效沟通，必要时会同建设单位对施工单位选定的分包单位的情况进行实地考察和调查，核实施工单位申报材料与实际情况是否相符。

总监理工程师对报审资料进行审核，在报审表上签署书面意见前需征求建设单位意见。如分包单位的资质材料不符合要求，施工单位应根据总监理工程师的审核意见，或重新报审，或另外选择分包单位再报审。

（3）查验施工控制测量成果。专业监理工程师应检查、复核施工单位报送的施工控制测量成果及保护措施，签署意见，并应对施工单位在施工过程中报送的施工测量放线成果进行查验。

项目监理机构收到施工单位报送的施工控制测量成果报验表后，由专业监理工程师审查。专业监理工程师应审查施工单位的测量依据、测量人员资格和测量成果是否符合规范及标准要求，符合要求的，予以签认。

专业监理工程师应检查、复核施工单位测量人员的资格证书和测量设备检定证书。根据相关规定，从事工程测量的技术人员应取得合法有效的相关资格证书，用于测量的仪器和设备也应具备有效的检定证书。专业监理工程师应按照相应测量标准的要求对施工平面控制网、高程控制网和临时水准点的测量成果及控制桩的保护措施进行检查、复核。

(4) 施工试验室的检查。专业监理工程师应检查施工单位为本工程提供服务的试验室（包括施工单位自有试验室或委托的试验室）。试验室的检查应包括下列内容：①试验室的资质等级及试验范围；②法定计量部门对试验设备出具的计量检定证明；③试验室管理制度；④试验人员资格证书。

项目监理机构收到施工单位报送的试验室报审表及有关资料后，总监理工程师应组织专业监理工程师对施工试验室进行审查。专业监理工程师在熟悉本工程的试验项目及其要求后对施工试验室进行审查。

另外，施工单位还有一些用于现场计量的设备，包括施工中使用的衡器、量具、计量装置等。施工单位应按有关规定定期对计量设备进行检查、检定，确保计量设备的精确性和可靠性。专业监理工程师应审查施工单位定期提交影响工程质量的计量设备的检查和检定报告。

(5) 工程材料、构配件、设备的质量控制。项目监理机构收到施工单位报送的工程材料、构配件、设备报审表后，应审查施工单位报送的用于工程项目的材料、构配件、设备的质量证明文件，并应按有关规定、工程项目监理合同约定，对用于工程项目的材料进行见证取样。用于工程项目的材料、构配件、设备的质量证明文件包括出厂合格证、质量检验报告、性能检测报告及施工单位的质量抽检报告等。对于工程项目设备，应同时附有设备出厂合格证、技术说明书、质量检验证明、有关图样、配件清单及技术资料等。对已进场经检验不合格的工程材料、构配件、设备，应要求施工单位限期将其撤出施工现场。

(6) 工程开工条件审查与开工令的签发。总监理工程师应组织专业监理工程师审查施工单位报送的工程开工报审表及相关资料，同时具备下列条件时，应由总监理工程师签署审查意见，并应报建设单位批准后，总监理工程师签发工程开工令。

1) 设计交底和图样会审已完成。

2) 施工组织设计已由总监理工程师签认。

3) 施工单位现场质量、安全生产管理体系已建立，管理及施工人员已到位，施工机械具备使用条件，主要工程材料已落实。

4) 进场道路及水、电、通信等已满足开工要求。

总监理工程师应在开工日期7天前向施工单位发出工程开工令。工期自总监理工程师发出的工程开工令中载明的开工日期起计算。总监理工程师应组织专业监理工程师审查施工单位报送的开工报审表及相关资料，并对开工应具备的条件进行逐项审查，全部符合要求时签署审查意见，报建设单位得到批准后，再由总监理工程师签发工程开工令。施工单位应在开工日期后尽快施工。

7.4.2.3 工程项目施工过程质量控制

1. 巡视

巡视是项目监理机构对施工现场进行的定期或不定期的检查活动，是项目监理机构对工程实施监理的方式之一。

项目监理机构应安排监理人员对工程施工质量进行巡视。巡视应包括下列主要内容。

(1) 施工单位是否按工程设计文件、工程建设标准和批准的施工组织设计、（专项）施工方案施工。施工单位必须按照工程设计图样和施工技术标准施工，不得擅自修改工程设计，不得偷工减料。

（2）使用的工程材料、构配件和设备是否合格。应检查施工单位使用的工程原材料、构配件和设备是否合格。不得在工程中使用不合格的原材料、构配件和设备，只有经过复试检测合格的原材料、构配件和设备才能够用于工程。

（3）施工现场管理人员，特别是施工质量管理人员是否到位。应对其是否到位及履职情况做好检查和记录。

（4）特种作业人员是否持证上岗。应对施工单位特种作业人员是否持证上岗进行检查。根据《建筑施工特种作业人员管理规定》，对于建筑电工、建筑架子工、建筑起重信号司索工、建筑起重机械驾驶员、建筑起重机械安装拆卸工、高处作业吊篮安装拆卸工、焊接切割操作工及经省级以上人民政府建设主管部门认定的其他特种作业人员，必须持施工特种作业人员操作证上岗。

2. 旁站

旁站是指项目监理机构对工程的关键部位或关键工序的施工质量进行的监督活动。

项目监理机构应根据工程特点和施工单位报送的施工组织设计，将影响工程主体结构安全的、完工后无法检测其质量的或返工会造成较大损失的部位及其施工过程作为旁站的关键部位、关键工序，安排监理人员进行旁站，并应及时记录旁站情况。

（1）旁站工作程序

1）开工前，项目监理机构应根据工程特点和施工单位报送的施工组织设计，确定旁站的关键部位、关键工序，并书面通知施工单位。

2）施工单位对需要实施旁站的关键部位、关键工序在施工前书面通知项目监理机构。

3）接到施工单位书面通知后，项目监理机构应安排旁站人员实施旁站。

（2）旁站工作要点

1）旁站人员的主要职责

① 检查施工单位现场质检人员到岗、特殊工种人员持证上岗及施工机械、建筑材料准备情况。

② 在现场监督关键部位、关键工序的施工执行施工方案及工程建设强制性标准情况。

③ 核查进场建筑材料、构配件、设备和商品混凝土的质量检验报告等，并可在现场监督施工单位进行检验或者委托具有资格的第三方进行复验。

④ 做好旁站记录，保存旁站原始资料。

2）对施工中出现的偏差及时纠正，保证施工质量。发现施工单位有违反工程建设强制性标准行为的，应责令施工单位立即整改；发现其施工活动已经或者可能危及工程质量的，应当及时向专业监理工程师或总监理工程师报告，由总监理工程师下达工程暂停令，指令施工单位整改。

3）对需要旁站的关键部位、关键工序的施工，凡没有实施旁站监理或者没有旁站记录的，专业监理工程师或总监理工程师不得在相应文件上签字。工程竣工验收后，项目监理机构应将旁站记录存档备查。

4）旁站记录内容应真实、准确，并与监理日志相吻合。对旁站的关键部位、关键工序，应按照时间或工序形成完整的记录，必要时可进行拍照或摄像，记录当时的施工过程。

3. 见证取样与平行检验

（1）见证取样。见证取样是指项目监理机构对施工单位进行的涉及结构安全的试块、试件及工程材料现场取样、封样、送检工作的监督活动。见证取样的工作程序如下。

1）工程项目施工前，由施工单位和项目监理机构共同对见证取样的检测机构进行考察确定。对于施工单位提出的试验室，专业监理工程师要进行实地考察。试验室一般是和施工单位没有行政隶属关系的第三方。试验室要具有相应的资质，经国家或地方计量、试验主管部门认证，试验项目满足工程需要，试验室出具的报告对外具有法定效果。

2）项目监理机构要将选定的试验室报送负责本项目的质量监督机构备案并得到认可，同时要将项目监理机构中负责见证取样的专业监理工程师在该质量监督机构备案。

3）施工单位应按照规定制订检测试验计划，配备取样人员负责施工现场的取样工作，并将检测试验计划报送项目监理机构。

4）施工单位在对进场材料、试块、试件、钢筋接头等实施见证取样前要通知负责见证取样的专业监理工程师，在该专业监理工程师现场监督下，施工单位按相关规范的要求，完成材料、试块、试件等的取样过程。

5）完成取样后，施工单位取样人员应在试样或其包装上做出标识、封志。标识和封志应标明工程名称、取样部位、取样日期、样品名称和样品数量等信息，并由见证取样的专业监理工程师和施工单位取样人员签字。如钢筋样品、钢筋接头贴上专用加封标志，然后送往试验室。

（2）平行检验。平行检验是指项目监理机构在施工单位自检的同时，按有关规定、工程项目监理合同约定对同一检验项目进行的检测试验活动。项目监理机构应根据工程特点、专业要求，以及工程项目监理合同约定，对施工质量进行平行检验。

平行检验的项目、数量、频率和费用等应符合工程项目监理合同的约定。对平行检验不合格的施工质量，项目监理机构应签发监理通知单，要求施工单位在指定的时间内整改并重新报验。

4. 监理通知单、工程暂停令、工程复工令的签发

（1）监理通知单的签发。在工程质量控制方面，项目监理机构发现施工存在质量问题的，或施工单位采用不适当的施工工艺，或施工不当，造成工程质量不合格的，应及时签发监理通知单，要求施工单位整改。监理通知单由专业监理工程师或总监理工程师签发。

项目监理机构签发监理通知单时，应要求施工单位在发文本上签字，并注明签收时间。

施工单位应按监理通知单的要求进行整改。整改完毕后，向项目监理机构提交监理通知回复单。项目监理机构应根据施工单位报送的监理通知回复单对整改情况进行复查，并提出复查意见。

（2）工程暂停令的签发。监理人员发现可能造成质量事故的重大隐患或已发生质量事故的，总监理工程师应签发工程暂停令。

项目监理机构发现下列情形之一时，总监理工程师应及时签发工程暂停令。

1）建设单位要求暂停施工且工程需要暂停施工的。

2）施工单位未经批准擅自施工或拒绝项目监理机构管理的。

3）施工单位未按审查通过的工程设计文件施工的。

4）施工单位违反工程建设强制性标准的。

5) 施工存在重大质量、安全事故隐患或发生质量、安全事故的。

对于建设单位要求停工的，总监理工程师经过独立判断，认为有必要暂停施工的，可签发工程暂停令；认为没有必要暂停施工的，不应签发工程暂停令。施工单位拒绝执行项目监理机构的要求和指令时，总监理工程师应视情况签发工程暂停令。对于施工单位未经批准擅自施工或分别出现上述3）、4）、5）三种情况时，总监理工程师应签发工程暂停令。总监理工程师在签发工程暂停令时，可根据停工原因的影响范围和影响程度，确定停工范围。

总监理工程师签发工程暂停令，应事先征得建设单位同意。在紧急情况下，未能事先征得建设单位同意的，应在事后及时向建设单位书面报告。施工单位未按要求停工，项目监理机构应及时报告建设单位，必要时应向有关主管部门报送监理报告。

暂停施工事件发生时，项目监理机构应如实记录所发生的情况。对于建设单位要求停工且工程需要暂停施工的，应重点记录施工单位人工、设备在现场的数量和状态；对于因施工单位原因暂停施工的，应记录直接导致停工发生的原因。

(3) 工程复工令的签发。因建设单位原因或非施工单位原因引起工程暂停的，在具备复工条件时，应及时签发工程复工令，指令施工单位复工。

1) 审核工程复工报审表。因施工单位原因引起工程暂停的，施工单位在复工前应向项目监理机构提交工程复工报审表申请复工。工程复工报审时，应附有能够证明已具备复工条件的相关文件资料，包括相关检查记录、有针对性的整改措施及其落实情况、会议纪要、影像资料等。当导致暂停的原因是危及结构安全或使用功能时，整改完成后，应有建设单位、设计单位、监理单位各方共同认可的整改完成文件，其中涉及工程项目鉴定的文件必须由有资质的检测单位出具。

对需要返工处理或加固补强的质量缺陷，项目监理机构应要求施工单位报送经设计等相关单位认可的处理方案，并应对质量缺陷的处理过程进行跟踪检查，同时应对处理结果进行验收。

对需要返工处理或加固补强的质量事故，项目监理机构应要求施工单位报送质量事故调查报告和经设计等相关单位认可的处理方案，并对质量事故的处理过程进行跟踪检查，对处理结果进行验收。项目监理机构应及时向建设单位提交质量事故书面报告，并应将完整的质量事故处理记录整理归档。

2) 签发工程复工令。项目监理机构收到施工单位报送的工程复工报审表及有关材料后，应对施工单位的整改过程、结果进行检查、验收，符合要求的，总监理工程师应及时签署审批意见，并报建设单位批准后签发工程复工令，施工单位接到工程复工令后组织复工。施工单位未提出工程复工申请的，总监理工程师应根据工程实际情况指令施工单位恢复施工。

7.4.3 设备采购与制造安装阶段的质量管理

7.4.3.1 设备采购质量控制

设备可采取市场采购、向制造厂商订购或招标采购等方式进行采购，采购过程中的质量控制主要是采购方案的审查及其工作计划中质量要求的确定。

1. 市场采购设备质量控制

市场采购方式主要用于标准设备的采购。

(1) 设备采购方案。设备由建设单位直接采购的，项目监理机构要协助编制设备采购方案；由总承包单位或设备安装单位采购的，项目监理机构要对总承包单位或安装单位编制的采购方案进行审查。

1）设备采购方案的编制。设备采购方案要根据工程项目的总体计划和相关设计文件的要求编制，使采购的设备符合设计文件要求。采购方案要明确设备采购的原则、范围和内容、程序、方式和方法，包括采购设备的类型、数量、质量要求、技术参数、供货周期要求、价格控制要求等因素。设备采购方案最终应获得建设单位的批准。

2）设备采购的范围和内容。根据设计文件，对需采购的设备编制拟采购设备表，以及相应的备品配件表，包括名称、型号、规格、数量、主要技术参数、要求交货期，以及这些设备相应的图样、数据表、技术规格、说明书、其他技术附件等。

（2）市场采购设备的质量控制要点

1）为使采购的设备满足要求，负责设备采购质量控制的监理人员应熟悉和掌握设计文件中设备的各项要求、技术说明和规范标准。这些要求、说明和标准包括采购设备的名称、型号、规格、数量、技术性能，适用的制造和安装验收标准，要求的交货时间及交货方式与地点，以及其他技术参数、经济指标等各种资料和数据，并对存在的问题通过建设单位向设计单位提出意见和建议。

2）应了解和把握总承包单位或设备安装单位负责设备采购人员的技术能力情况，这些人员应具备设备的专业知识，了解设备的技术要求、市场供货情况，熟悉合同条件及采购程序。

3）总承包单位或安装单位负责采购的设备，采购前应向项目监理机构提交设备采购方案，按程序审查同意后方可实施。对设备采购方案的审查，重点应包括以下内容：采购的基本原则、范围和内容，依据的图样、规范和标准、质量标准、检查及验收程序，质量文件要求，以及保证设备质量的具体措施等。

2. 向制造厂商订购设备质量控制

选择一个合格的供货厂商，是向制造厂商订购设备质量控制工作的首要环节。为此，设备订购前应做好厂商的初选入围与实地考察。

（1）合格供货厂商的初选入围。按照建设单位、监理单位或设备招标代理单位规定的评审内容，在各同类厂商中进行横向比较，以确定备选厂商。在评审过程中，对于以往的工程项目中有业务来往且实践表明能充分合作的厂商可优先考虑。对供货厂商进行初选的内容可包括以下几项。

1）供货厂商的资质。供货厂商的营业执照、生产许可证、经营范围是否涵盖了拟采购设备，对需要承担设计并制造专用设备的供货厂商或承担制造并安装设备的供货厂商，还应审查是否具有设计资格证书或安装资格证书。

2）设备供货能力。包括企业的生产能力、装备条件、技术水平、工艺水平、人员组成、生产管理、质量的稳定性、财务状况的好坏、售后服务的优劣及企业的信誉，检测手段、人员素质、生产计划调度和文明生产的情况、工艺规程执行情况、质量管理体系运行情况、原材料和配套零部件及元器件采购渠道。

3）近几年供应、生产、制造类似设备的情况，目前正在生产的设备情况、生产制造设备的情况、产品质量状况。

4）过去几年的资金平衡表和资产负债表。

5）需要另行分包采购的原材料、配套零部件及元器件的情况。

6）各种检验检测手段及试验室资质。

7）企业的各项生产、质量、技术、管理制度的执行情况。

（2）实地考察。在初选确定供货厂商名单后，项目监理机构应与建设单位或采购单位一起对供货厂商做进一步现场实地考察调研，提出建议，与建设单位和相关单位一起做出考察结论。

3. 招标采购设备的质量控制

设备招标采购一般用于大型、复杂、关键设备和成套设备及生产线设备的采购。

在设备招标采购阶段，监理单位应该当好建设单位的参谋和助手，把好设备订货合同中技术标准、质量标准等内容的审查关，具体内容包括以下几个方面。

（1）掌握设计对设备提出的要求。协助建设单位或设备招标代理单位起草招标文件、审查投标单位的资质情况和投标单位的设备供货能力，做好资格预审工作。

（2）参加对设备供货制造厂商或投标单位的考察，提出建议，与建设单位和相关单位一起做出考察结论。

（3）协助建设单位进行综合比较，对设备的制造质量、设备的使用寿命和成本、维修的难易及备件的供应、安装调试组织，以及投标单位的生产管理、技术管理、质量管理和企业的信誉等几个方面做出评价。

（4）协助建设单位向中标单位或设备供货厂商移交必要的技术文件。

7.4.3.2 设备监造质量控制

设备的制造过程是形成设备实体并使之具备所需要的技术性能和使用价值的过程。设备监造就是要督促和协调设备制造单位的工作，使制造出来的设备在技术性能上和质量上全面符合采购的要求，使设备的交货时间和价格符合合同的规定，并为以后的设备运输储存与安装调试打下良好的基础。

1. 设备制造的质量控制方式

设备监造是指监理单位依据监理合同和设备订货合同对设备制造过程进行的监督活动。对于某些重要的设备，要对设备制造厂生产制造的全过程实行监造。建设单位直接采购或招标采购设备，可通过监理合同委托监理单位实施，由总承包单位或设备安装单位采购的设备可自行安排监造人员，必要时也可由项目监理机构派出监造人员。对主要设备或关键设备，项目监理机构应将设备制造厂作为工程项目总承包单位的分包单位实施监理，按程序和要求做好监造工作。

（1）驻厂监造。对于特别重要的设备，监理单位可以采取驻厂监造的方式。采取这种方式实施设备监造时，项目监理机构应成立相应的监造小组，编制监造规划，监造人员直接进驻设备制造厂的制造现场，实施设备制造全过程的质量监控。驻厂监造人员应及时了解设备制造过程质量的真实情况，审批设备制造工艺方案，实施过程控制，进行质量检查与控制，对出厂设备签署相应的质量证明文件。

（2）巡回监控。对某些设备（如制造周期长的设备），可采用巡回监控的方式。采取这种方式实施设备监造时，质量控制的主要任务是监督管理制造厂商不断完善质量管理体系，审查设备制造生产计划和工艺方案，监督检查主要材料进厂使用的质量控制，复核专职质检人员质量检验的准确性、可靠性。设备监造人员应根据设备制造计划及生产工艺安排，在设备制造进入某一特定部位或某一阶段时，对完成的零件、半成品的质量见证复核性检验，对主要及关键部件的制造工序进行抽检，参加整机装配及整机出厂前的检查验收，检查设备包装、运输的质量措施。在设备制造过程中，监造人员要定期及不定期地到制造现场，检查了解设备制造过程的质量状况，做好相应记录，发现问题及时处理。

（3）定点监控。大部分设备可以采取定点监控的方式。针对影响设备制造质量的诸多因素，设置质量控制点，做好预控及技术复核，实现设备制造质量的控制。

质量控制点应设置在对设备制造质量有明显影响的特殊或关键工序，或针对设备的主要零件、关键部件、加工制造的薄弱环节及易产生质量缺陷的工艺过程。常见的质量控制点包括：①设备制造图样的复核；②制造工艺流程安排、加工设备精度的审查；③原材料、外购配件、零部件的进厂、出库、使用前的检查；④零部件、半成品的检查设备、检查方法、采用的标准，试验人员岗位职责及技术水平；⑤专职质检人员、试验人员、操作人员的上岗资格；⑥工序交接见证点；⑦成品零件的标识入库、出库管理；⑧零部件的现场装配；⑨出厂前整机性能检测（或预拼装）；⑩出厂前装箱的检查确认。

2. 设备制造的质量控制内容

（1）设备制造前的质量控制

1）熟悉图样、合同，掌握相关的标准、规范和规程，明确质量要求。在总监理工程师的组织和指导下，监理人员应熟悉和掌握设备制造图样及有关技术说明和规范标准，掌握设计意图和各项设备制造的工艺规程要求及采购订货合同中有关设备制造的各项规定和质量要求。

2）明确设备制造过程的要求及质量标准。参加建设单位组织的设备制造图样的设计交底或图样会审时，进一步明确设备制造过程的要求及质量标准。对图样中存在的差错或问题通过建设单位向设计单位提出意见或建议。督促制造单位认真进行图样核对，尤其对尺寸、公差、各种配合精度要求应及时进行技术澄清。

3）审查设备制造的工艺方案。设备制造单位必须根据设备制造图样和技术文件的要求，采用先进合理并适合制造单位实际的工艺技术与流程，运用科学管理的方法，将加工设备、工艺装备、操作技术、检测手段和材料、能源、劳动力等合理地组织起来，为设备制造做好生产技术准备。这种生产技术准备包括工艺设计、工艺装备设计与制造、主要及关键部件检验工艺设计和专用检测工具设计及制造、试车作业指导书、包装作业指导书、生产计划、外协作加工计划、原材料和毛坯准备、外购配件及元器件准备等。此外，当采用新工艺、新材料和新的工艺装备时，设备制造单位应按相关要求和程序进行试验、论证或鉴定，并提供相关的质量认证材料和相关验收标准的适用性。只有经过项目监理机构同意采用的新工艺、新材料，才能运用于正式产品的生产中去。

4）对设备制造分包单位的审查。对设备制造过程中的分包单位，总监理工程师应严格审查分包单位的资质情况，分包的范围和内容，分包单位的实际生产能力和质量管理体系，试验、检验手段等内容，符合要求的予以确认。

5）检验计划和检验要求的审查。审查内容包括设备制造各阶段的检验部位、内容、方法、标准及检测手段，检测设备和仪器，制造厂的试验室资质、管理制度等，符合要求的予以确认。

6）对生产人员上岗资格的检查。项目监理机构对设备制造的生产人员是否具有相应的技术操作证书、技术水平进行检查，符合要求的人员方可上岗。尤其是一些特殊作业工种，如电焊工、模具钳工、装配钳工、专用设备的操作人员（如仿形铣床、数控车床等的操作人员）应加强管理。

7）用料的检查。项目监理机构应对设备制造过程中使用的原材料、外购标准件、配件、元器件及坯料的材质证明书、合格证书等质量证明文件及制造厂自检的检验报告进行审查，并对外购器件、外协作加工件和材料进行质量验收，符合规定的方可使用。

（2）设备制造过程的质量控制。制造过程的质量控制，是设备制造质量控制的重点，制造过程涉及一系列不同的工序工艺作业，也涉及不同加工制造工艺形成的工序产品、零件、半成品。制造过程的监督和检验包括以下内容。

1）加工作业条件的控制。加工制造作业条件，包括作业开始前编制的工艺卡片、工艺流程、工艺要求，对操作者的技术交底，加工设备的完好情况及精度，加工制造车间的环境，生产调度安排，作业管理等，做好这些方面的控制，就为加工制造打下了一个良好的基础。

2）工序产品的检查与控制。工序产品的监督和检查包括监督零件加工制造是否按工艺规程的规定进行、零件制造是否经检验合格，检验合格之后才能转入下一道工序。监督和检查还包括主要及关键零件的材质，主要及关键零件的关键工序及它们的检验是否严格执行图样和工艺规定。这种检查包括操作者自检与下道工序操作者的交接检查，车间或工厂质检科专业质检员的专业检查，以及项目监理机构必要的抽检、复验或检查。

3）不合格零件的处置。项目监理机构应掌握不合格零件的情况，分析产生的原因，并指令设备制造单位消除造成不合格的因素。项目监理机构还应掌握返修零件的情况，检查返修工艺和返修文件的签署，检查返修件的质量是否符合要求。当项目监理机构认为设备制造单位的制造活动不符合质量要求时，应指令设备制造单位进行整改、返修或返工。当发生质量失控或重大质量事故时，由总监理工程师下达暂停制造指令，提出处理意见，并及时报告建设单位。

4）设计变更。在设备制造过程中，如由于设备订货方、原设计单位、监造单位或设备制造单位需要对设备的设计提出修改时，应由原设计单位出具书面设计变更通知或变更图，并由总监理工程师审核设计变更及因变更引起的费用增减和制造工期的变化。设计变更应得到建设单位的同意，各方会签后方可实施。设计变更不得降低设备质量。

5）零件、半成品、制成品的保护。监督设备制造单位对已合格的零部件做好储存、保管，防止遭受污染、锈蚀及控制系统的失灵，避免配件、备件的遗失。

（3）设备装配和整机性能检测。设备装配、试车和整机性能检测是设备制造质量的综合评定，是设备出厂前质量控制的重要检测阶段。

1）设备装配过程的监督。装配是指将合格的零件和外购元器件、配件按设计图样的要求和装配工艺的规定进行配合、定位和连接，将它们装配在一起并调整零件之间的关系，使之形成具有规定的技术性能的设备。项目监理机构应监督装配过程，检查配合面的配合质量、零部件的定位质量及它们的连接质量、运动件的运动精度等，符合装配质量要求后予以签认。

2）监督设备的调整试车和整机性能检测。按设计要求及合同规定，如设备需进行出厂前的试车或整机性能检测，项目监理机构在接到制造厂的申请后，经审查，如认为已达到条件，应批准制造厂的申请。此时，总监理工程师应组织专业监理工程师参加设备的调整试车和整机性能检测，记录数据，验证设备是否达到合同规定的技术质量要求，是否符合设计和设备制造规程的规定，符合要求后予以签认。

(4) 质量记录资料。质量记录资料是设备制造过程质量状况的记录，它不但是设备出厂验收的内容，对今后的设备使用及维修也有意义。质量记录资料包括质量管理资料，设备制造依据，制造过程的检查、验收资料，设备制造原材料、构配件的质量资料等。

3. 设备运输与交接的质量控制

(1) 出厂前的检查。为了防止零件锈蚀和使设备美观协调及为满足其他方面的要求，设备制造单位必须对零件和设备要涂防锈油脂或涂漆，此项工作也常穿插在零件制造和装配中进行。

在设备运往现场前，项目监理机构应按设计要求检查设备制造单位对待运设备采取的防护和包装措施，并应检查是否符合运输、装卸、储存、安装的要求，以及相关的随机文件、装箱单和附件是否齐全，符合要求后由总监理工程师签认同意后方可出厂。

(2) 设备运输的质量控制。为保证设备的质量，制造单位在设备运输前应做好包装工作和制订合理的运输方案。项目监理机构要对设备包装质量进行检查，并审查设备运输方案。

(3) 设备交货地点的检查与清点。除现场接货准备工作的检查外，设备交货的检查和清点内容包括：①审查制订的开箱检验方案，以及检查措施的落实情况；②开箱前按合同规定确定是否需要由设备制造单位、订货单位、建设单位代表、设计单位代表参加；③参加设备交货的清点，并做好必要的检查。

7.5 工程项目施工质量验收

工程项目施工质量验收是指工程施工质量在施工单位自行检查评定合格的基础上，由工程质量验收责任方组织，工程建设相关单位参加，对检验批、分项、分部、单位工程及其隐蔽工程的质量进行抽样检验，对技术文件进行审核，并根据设计文件和相关标准以书面形式对工程质量是否达到合格做出确认。工程项目施工质量验收包括工程项目施工过程质量验收和竣工质量验收，是工程质量控制的重要环节。本节仅以建筑工程项目施工质量验收为例进行表述，主要涉及检验批的验收，其余层次的验收见第 9 章相关内容。

7.5.1 工程项目施工质量验收层次划分

1. 施工质量验收层次划分

随着我国经济发展和施工技术的进步，工程项目建设规模不断扩大，技术复杂程度越来越高，出现了大量工程规模较大的单体工程和具有综合使用功能的综合性建筑物。由于大型单体工程可能在功能或结构上由若干个单体组成，且整个建设周期较长，可能出现已建成可使用的部分单体需先投入使用，或先将工程项目中一部分提前建成使用等情况，需要进行分段验收，再加之对规模特别大的工程项目进行一次验收也不方便，因此标准规定，可将此类工程项目划分为若干个子单位工程进行验收。同时为了更加科学地评价工程项目施工质量和有利于对其进行验收，根据工程项目特点，按结构分解的原则将单位或子单位工程又划分为若干个分部工程。在分部工程项目中，按相近工作内容和系统又划分为若干个子分部工程。

每个分部工程或子分部工程又可划分为若干个分项工程。每个分项工程中又可划分为若干个检验批。检验批是工程项目施工质量验收的最小单位。

检验批在《建筑工程施工质量验收统一标准》（GB 50300—2013）中是指按相同的生产条件或按规定的方式汇总起来供抽样检验用的，由一定数量样本组成的检验体。它是建筑工程项目质量验收划分中的最小验收单位。

分项工程可由一个或若干个检验批组成，检验批可根据施工、质量控制和专业验收的需要，按工程量、楼层、施工段、变形缝进行划分。

施工前，应由施工单位制订分项工程和检验批的划分方案，并由项目监理机构审核。对于《建筑工程施工质量验收统一标准》及相关专业验收规范未涵盖的分项工程和检验批，可由建设单位组织监理、施工等单位协商确定。

2. 施工质量验收层次划分的目的

工程项目施工质量验收涉及工程项目施工过程质量验收和竣工质量验收，是工程项目施工质量控制的重要环节。根据工程特点，按项目层次分解的原则合理划分工程项目施工质量验收层次，将有利于对工程项目施工质量进行过程控制和阶段质量验收，特别是不同专业工程的验收批的确定，将直接影响到工程施工质量验收工作的科学性、经济性、实用性和可操作性。因此，对施工质量验收层次进行合理划分非常必要，这有利于工程项目施工质量的过程控制和最终把关，确保工程质量符合有关标准。

7.5.2　工程项目施工质量验收程序和标准

7.5.2.1　工程项目施工质量验收基本规定

（1）施工现场应具有健全的质量管理体系、相应的施工技术标准、施工质量检验制度和综合施工质量水平评定考核制度。施工现场质量管理检查记录应由施工单位填写，总监理工程师进行检查，并做出检查结论。

（2）当工程项目未实行监理时，建设单位相关人员应履行有关验收规范涉及的监理职责。

（3）建筑工程项目的施工质量控制应符合下列规定：

1）建筑工程项目采用的主要材料、半成品、成品、建筑构配件、器具和设备应进行进场检验。凡涉及安全、节能、环境保护和主要使用功能的重要材料、产品，应按各专业工程施工规范、验收规范和设计文件等规定进行复验，并应经专业监理工程师检查认可。

2）各施工工序应按施工技术标准进行质量控制，每道施工工序完成后，经施工单位自检符合规定后，才能进行下道工序施工。各专业工种之间的相关工序应进行交接检验，并应记录。

3）对于项目监理机构提出检查要求的重要工序，应经专业监理工程师检查认可，才能进行下道工序施工。

（4）当专业验收规范对工程中的验收项目未做出相应规定时，应由建设单位组织监理、设计、施工等相关单位制定专项验收要求。涉及结构安全、节能、环境保护等项目的专项验收，要求应由建设单位组织专家论证。

（5）建筑工程项目施工质量应按下列要求进行验收。

1）工程项目施工质量验收均应在施工单位自检合格的基础上进行。

2）参加工程项目施工质量验收的各方人员应具备相应的资格。

3）检验批的质量应按主控工程项目和一般工程项目验收。

4）对涉及结构安全、节能、环境保护和主要使用功能的试块、试件及材料，应在进场时或施工中按规定进行见证检验。

5）隐蔽工程在隐蔽前应由施工单位通知项目监理机构进行验收，并应形成验收文件，验收合格后方可继续施工。

6）对涉及结构安全、节能、环境保护等的重要分部工程应在验收前按规定进行抽样检验。

7）工程项目的观感质量应由验收人员现场检查，并应共同确认。

(6) 建筑工程项目施工质量验收合格应符合下列规定：

1）符合工程勘察、设计文件的规定。

2）符合《建筑工程施工质量验收统一标准》和相关专业验收规范的规定。

7.5.2.2 检验批质量验收

1. 检验批质量验收程序

检验批是工程项目施工质量验收的最小单位，是分项工程乃至整个建筑工程项目质量验收的基础。检验批质量验收应由专业监理工程师组织施工单位项目专业质量检查员、专业工长等进行。

验收前，施工单位应先对施工完成的检验批进行自检，合格后由项目专业质量检查员填写检验批质量验收记录及检验批报审、报验表，并报送项目监理机构申请验收；专业监理工程师对施工单位所报资料进行审查，并组织相关人员到验收现场进行主控工程项目和一般工程项目的实体检查、验收。对验收不合格的检验批，专业监理工程师应要求施工单位进行整改，并自检合格后予以复验；对验收合格的检验批，专业监理工程师应签认检验批报审、报验表及质量验收记录，准许进行下道工序施工。

2. 检验批质量验收合格的规定

（1）主控工程项目的质量经抽样检验均应合格。

（2）一般工程项目的质量经抽样检验合格。当采用计数抽样时，合格点率应符合有关专业验收规范的规定，且不得存在严重缺陷。

（3）具有完整的施工操作依据、质量验收记录。

检验批质量验收合格条件除主控工程项目和一般工程项目的质量经抽样检验合格外，其施工操作依据、质量验收记录尚应完整且符合设计、验收规范的要求。只有符合检验批质量验收合格条件，该检验批质量方能判定合格。

7.6 工程项目质量缺陷及事故

项目监理机构应采取有效措施预防工程项目质量缺陷及事故的出现。工程项目施工过程中一旦出现工程质量缺陷及事故，项目监理机构应按规定的程序予以处理。

7.6.1 工程项目质量缺陷

1. 工程项目质量缺陷的含义

工程项目质量缺陷是指工程不符合国家或行业的有关技术标准、设计文件及合同中对质量的要求。工程项目质量缺陷可分为施工过程中的质量缺陷和永久质量缺陷，施工过程中的质量缺陷又可分为可整改质量缺陷和不可整改质量缺陷。

2. 工程项目质量缺陷的成因

由于工程项目施工周期较长，所用材料品种繁杂，在施工过程中，受社会环境和自然条件等方面因素的影响，产生的工程项目质量问题表现形式千差万别，类型多种多样。这使得引起工程项目质量缺陷的成因也错综复杂，往往一项质量缺陷是由于多种原因引起的。虽然每次发生质量缺陷的类型各不相同，但通过对大量质量缺陷调查与分析发现，其发生的原因有不少相同或相似之处，归纳其最基本的因素主要有以下几个方面。

（1）违背基本建设程序。基本建设程序是工程项目建设过程及其客观规律的反映。不按建设程序办事，例如，未搞清地质情况就仓促开工；边设计、边施工；无图施工；不经竣工验收就交付使用等。

（2）违反法律法规。例如，无证设计；无证施工；越级设计；越级施工；转包、挂靠；工程招投标中的不公平竞争；超常的低价中标；非法分包；擅自修改设计等。

（3）地质勘察数据失真。例如，未认真进行地质勘察或勘探时钻孔深度、间距、范围不符合规定要求，地质勘察报告不详细、不准确、不能全面反映实际的地基情况，从而使得地下情况不清，或对基岩起伏、土层分布误判，或未查清地下软土层、墓穴、孔洞等，均会导致采用不恰当或错误的基础方案，造成地基不均匀沉降、失稳，使上部结构或墙体开裂、破坏，或引发建筑物倾斜、倒塌等。

（4）设计差错。例如，盲目套用图样，采用不正确的结构方案，计算简图与实际受力情况不符，荷载取值过小，内力分析有误，沉降缝或变形缝设置不当，悬挑结构未进行抗倾覆验算，以及计算错误等。

（5）施工与管理不到位。不按图施工或未经设计单位同意擅自修改设计，例如，不按有关的施工规范和操作规程施工，浇筑混凝土时振捣不良，造成薄弱部位。施工组织管理紊乱，不熟悉图样，盲目施工；施工方案考虑不周，施工顺序颠倒；图样未经会审，仓促施工；技术交底不清，违章作业；疏于检查、验收等。

（6）操作工人素质差。施工操作人员的素质和熟练工人的总体数量无法满足全国大量开工的基本建设需求，工人流动性大，缺乏培训，操作技能差，质量意识和安全意识差。

（7）使用不合格的原材料、构配件和设备。近年来，假冒伪劣的材料、构配件和设备时有出现，一旦把关不严，不合格的建筑材料及制品被用于工程，将导致质量隐患，造成质量缺陷和质量事故。例如，钢筋物理力学性能不良导致钢筋混凝土结构破坏。

（8）自然环境因素。空气温度、湿度、暴雨、大风、洪水、雷电、日晒和浪潮等对工程的影响。

（9）盲目抢工。盲目压缩工期，不尊重质量、进度、造价的内在规律。

（10）使用不当。对建筑物或设施使用不当，例如，装修中未经校核验算就任意对建筑物加层；任意拆除承重结构部件；任意在结构物上开槽、打洞、削弱承重结构截面等。

3. 工程项目质量缺陷的处理

工程项目施工过程中，由于种种主观和客观原因，出现质量缺陷往往难以避免。对已发生的质量缺陷，项目监理机构应按下列程序进行处理，如图7-17所示。

（1）发生工程项目质量缺陷后，项目监理机构签发监理通知单，责成施工单位进行处理。

(2) 施工单位进行质量缺陷调查，分析质量缺陷产生的原因，并提出经设计等相关单位认可的处理方案。

(3) 项目监理机构审查施工单位报送的质量缺陷处理方案，并签署意见。

(4) 施工单位按审查合格的处理方案实施处理，项目监理机构对处理过程进行跟踪检查，对处理结果进行验收。

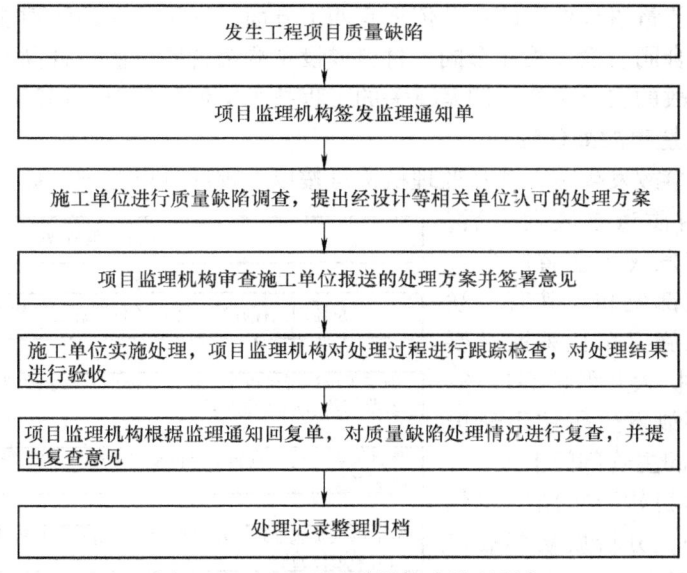

图 7-17 工程项目质量缺陷处理程序

7.6.2 工程项目质量事故

7.6.2.1 工程项目质量事故等级划分

《关于做好房屋建筑和市政基础设施工程质量事故报告和调查处理工作的通知》（建质〔2010〕111 号）指出，工程项目质量事故是指由于建设、勘察、设计、施工、监理等单位违反工程质量有关法律法规和工程建设标准，使工程产生结构安全、重要使用功能等方面的质量缺陷，造成人身伤亡或者重大经济损失的事故。根据工程项目质量事故造成的人员伤亡或者直接经济损失，工程项目质量事故分为四个等级。

(1) 特别重大事故，是指造成 30 人以上死亡，或者 100 人以上重伤，或者 1 亿元以上直接经济损失的事故。

(2) 重大事故，是指造成 10 人以上 30 人以下死亡，或者 50 人以上 100 人以下重伤，或者 5000 万元以上 1 亿元以下直接经济损失的事故。

(3) 较大事故，是指造成 3 人以上 10 人以下死亡，或者 10 人以上 50 人以下重伤，或者 1000 万元以上 5000 万元以下直接经济损失的事故。

(4) 一般事故，是指造成 3 人以下死亡，或者 10 人以下重伤，或者 100 万元以上 1000 万元以下直接经济损失的事故。

该等级划分所称的"以上"包括本数，所称的"以下"不包括本数。

7.6.2.2 工程项目质量事故处理

工程项目一旦发生质量事故，除相关行业有特殊要求外，应按照《关于做好房屋建筑和市政基础设施工程质量事故报告和调查处理工作的通知》的要求，由各级政府建设行政主管部门按事故等级划分开展相关的工程质量事故调查，明确相应责任单位，提出相应的处理意见。项目监理机构除积极配合做好上述工程质量事故调查外，还应做好由于事故对工程产生的结构安全及重要使用功能等方面的质量缺陷处理工作，为此，项目监理机构应掌握工程质量事故所造成缺陷的处理依据、程序和基本方法。

1. 工程项目质量事故处理的依据

进行工程项目质量事故处理的主要依据有四个方面：一是相关的法律法规；二是具有法律效力的工程承包合同、设计委托合同、材料或设备购销合同及监理合同或分包合同等合同文件；三是质量事故的实况资料；四是有关的工程技术文件、资料、档案。

2. 工程项目质量事故处理程序

工程项目质量事故发生后，项目监理机构可按以下程序进行处理，如图7-18所示。

（1）工程项目质量事故发生后，总监理工程师应签发《工程暂停令》，要求暂停质量事故部位和与其有关联部位的施工，要求施工单位采取必要的措施，防止事故扩大并保护好现场。同时，要求质量事故发生单位迅速按类别和等级向相应的主管部门上报。

（2）项目监理机构要求施工单位进行质量事故调查，分析质量事故产生的原因，并提交质量事故调查报告。对于由质量事故调查组处理的，项目监理机构应积极配合，客观地提供相应证据。

（3）根据施工单位的质量调查报告或质量事故调查组提出的处理意见，项目监理机构要求相关单位完成技术处理方案。质量事故技术处理方案一般由施工单位提出，经原设计单位同意签认，并报建设单位批准。对于涉

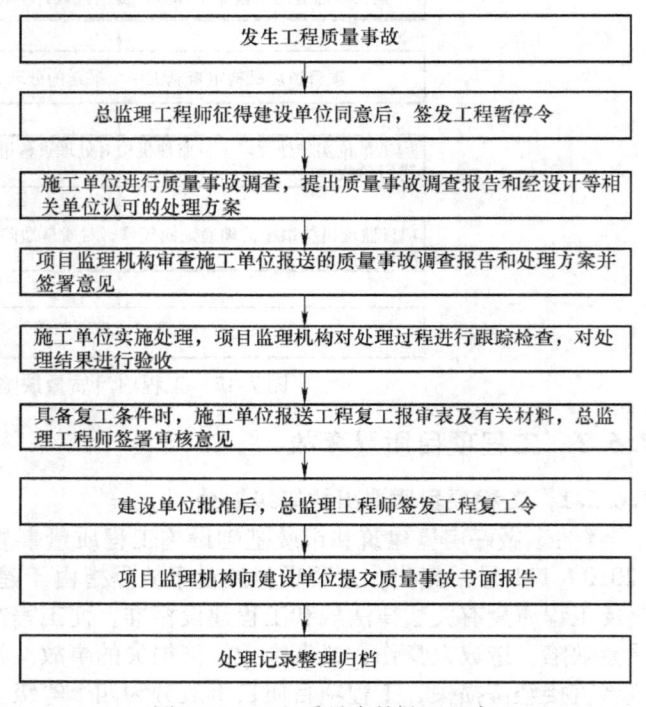

图7-18 工程质量事故处理程序

及结构安全和加固处理等的重大技术处理方案，一般由原设计单位提出。必要时，应要求相关单位组织专家论证，以确保处理方案可靠、可行，保证结构安全和使用功能。

（4）技术处理方案经相关各方签认后，项目监理机构应要求施工单位制订详细的施工方案。对处理过程进行跟踪检查，对处理结果进行验收。必要时应组织有关单位对处理结果进行鉴定。

（5）质量事故处理完毕后，具备工程复工条件时，施工单位提出复工申请，项目监理机构应审查施工单位报送的工程复工报审表及有关资料，符合要求后，总监理工程师签署审核意见，报建设单位批准后，签发工程复工令。

（6）项目监理机构应及时向建设单位提交质量事故书面报告，并应将完整的质量事故

处理记录整理归档。质量事故书面报告应包括如下内容：①工程及各参建单位名称；②质量事故发生的时间、地点、工程部位；③事故发生的简要经过、造成工程损伤状况、伤亡人数和直接经济损失的初步估计；④事故发生原因的初步判断；⑤事故发生后采取的措施及处理方案；⑥事故处理的过程及结果。

3. 工程项目质量事故处理的基本方法

工程项目质量事故处理的基本方法包括工程质量事故处理方案的确定及工程质量事故处理后的鉴定验收。其目的是消除质量缺陷，以达到建筑物的安全可靠和正常使用功能及寿命要求，并保证后续施工的正常进行。其一般处理原则是：正确确定事故性质，是表面性还是实质性、是结构性还是一般性、是迫切性还是可缓性；正确确定处理范围，除直接发生部位，还应检查处理事故相邻影响作用范围的结构部位或构件。其处理基本要求是：安全可靠，不留隐患；满足建筑物的功能和使用要求；技术可行，经济合理。

（1）工程项目质量事故处理方案的确定。工程项目质量事故处理方案的确定，要以分析事故调查报告中事故原因为基础，结合实地勘查成果，并尽量满足建设单位的要求。因同类和同一性质的事故常可以选择不同的处理方案，在确定处理方案时，应审核其是否遵循一般处理原则和要求，尤其应重视工程实际条件，如建筑物实际状态、材料实测性能、各种作用的实际情况等，以确保做出正确判断和选择。

尽管质量事故的技术处理方案多种多样，但根据质量事故的情况可归纳为三种类型的处理方案，监理人员应掌握从中选择最适用处理方案的方法，方能对相关单位上报的事故处理方案做出正确审核结论。

1）工程项目质量事故处理方案类型

① 修补处理。这是最常用的一类处理方案。通常当工程的某个检验批、分项或分部工程的质量虽未达到规定的规范、标准或设计要求，存在一定缺陷，但通过修补或更换构配件、设备后还可达到要求的标准，又不影响使用功能和外观要求，在此情况下，可以进行修补处理。

对较严重的质量缺陷，可能影响结构的安全性和使用功能，必须按一定的技术方案进行加固补强处理，这样往往会造成一些永久性缺陷，如改变结构外形尺寸，影响一些次要的使用功能等。

② 返工处理。在工程质量未达到规定的标准和要求，存在严重的质量缺陷，对结构的使用和安全构成重大影响，且又无法通过修补处理的情况下，可对检验批、分项、分部工程甚至整个工程进行返工处理。例如，某防洪堤坝填筑压实后，其压实土的干密度未达到规定值，经核算将影响土体的稳定且不满足抗渗能力要求，可挖除不合格土，重新填筑，进行返工处理。对某些存在严重质量缺陷，且无法采用加固补强等修补处理或修补处理费用比原工程造价还高的工程，应进行整体拆除，全面返工。

③ 不做处理。某些工程质量缺陷虽然不符合规定的要求和标准造成质量事故，但视其严重情况，经过分析、论证、法定检测单位鉴定和设计等有关单位认可，对工程或结构使用及安全影响不大，也可不做专门处理。通常不用专门处理的情况有以下几种。

a. 不影响结构安全和正常使用。例如，有的建筑物出现放线定位偏差，且严重超过规范标准规定，若要纠正会造成重大经济损失，若经过分析、论证其偏差不影响生产工艺和正常使用，在外观上也无明显影响，可不做处理。又如，某些隐蔽部位结构混凝土表面裂缝，经检查分析，属于表面养护不够的干缩微裂，不影响使用及外观，也可不做处理。

b. 有些质量缺陷，经过后续工序可以弥补。例如，混凝土墙表面轻微麻面，可通过后续的抹灰、喷涂或刷白等工序弥补，亦可不做专门处理。

c. 经法定检测单位鉴定合格。例如，某检验批混凝土试块强度值不满足规范要求，强度不足，在法定检测单位对混凝土实体采用非破损检验方法，测定其实际强度已达规范允许和设计要求值时，可不做处理。对经检测未达要求值，但相差不多，经分析论证，只要使用前经再次检测达到设计强度，也可不做处理。

d. 出现的质量缺陷，经检测鉴定达不到设计要求，但经原设计单位核算，仍能满足结构安全和使用功能。例如，某一结构构件截面尺寸不足，或材料强度不足，影响结构承载力，但经按实际检测所得截面尺寸和材料强度复核验算，仍能满足设计的承载力，可不进行专门处理。这是因为一般情况下，规范标准给出了满足安全和功能的最低限度要求，而设计往往在此基础上留有一定余量，这种处理方式实际上是挖掘了设计潜力或降低了设计的安全系数。

不论哪种情况，特别是不做处理的质量缺陷，均要备好必要的书面文件。对技术处理方案、不做处理结论和各方协商文件等有关档案资料认真组织签认，对责任方应承担的经济责任和合同中约定的罚则应正确判定。

2）选择最适用工程质量事故处理方案的辅助方法。选择工程质量处理方案，是复杂而重要的工作，它直接关系到工程的质量、费用和工期。处理方案选择不合理，不仅劳民伤财，严重的还会留有隐患，危及人身安全，特别是对需要返工或不做处理的方案，更应慎重对待。下面给出一些可采取的选择工程质量事故处理方案的辅助决策方法。

① 试验验证。对某些有严重质量缺陷的工程项目，可采取合同规定的常规试验以外的试验方法进一步进行验证，以便确定缺陷的严重程度。例如，公路工程的沥青面层厚度误差超过了规范允许的范围，可采用弯沉试验，检查路面的整体强度等。监理人员可在对试验验证结果进行分析、论证后，再研究和选择最佳的处理方案。

② 定期观测。有些工程项目在发现其质量缺陷时，其状态可能尚未达到稳定仍会继续发展，在这种情况下一般不宜过早做出决定，可以对其进行一段时间的观测，然后再根据情况做出决定。属于这类的质量缺陷如桥墩或其他工程的基础在施工期间发生沉降超过预计的或规定的标准；混凝土表面发生裂缝，并处于发展状态等。有些有缺陷的工程项目，短期内其影响可能不十分明显，需要较长时间的观测才能得出结论。对此，项目监理机构应与建设单位及施工单位协商，是否可以留待责任期解决，或采取修改合同，延长责任期的办法。

③ 专家论证。对于某些工程项目质量缺陷，可能涉及的技术领域比较广泛，或问题很复杂，有时仅根据合同规定难以决策，这时可提请专家论证。而采用这种办法时，应事先做好充分准备，尽早为专家提供尽可能详尽的情况和资料，以便使专家能够进行较充分、全面和细致的分析、研究，提出切实的意见与建议。实践证明，采取这种方法，对于监理人员正确选择重大工程质量缺陷的处理方案十分有益。

④ 方案比较。这是比较常用的一种方法。同类型和同一性质的事故可先设计多种处理方案，然后结合当地的资源情况、施工条件等逐项给出权重，做出对比，从而选择具有较高处理效果又便于施工的处理方案。例如，结构构件承载力达不到设计要求，可采用改变结构构造来减少结构内力、结构卸荷或结构补强等不同处理方案，可将其每一方案按经济、工期、效果等指标列项并分配相应权重值，进行对比，辅助决策。

(2) 工程项目质量事故处理的鉴定验收。质量事故的技术处理是否达到了预期目的，消除了工程质量不合格和工程质量缺陷，是否仍留有隐患，项目监理机构应通过组织检查和必要的鉴定，对此进行验收并予以最终确认。

1) 检查验收。工程项目质量事故处理完后，项目监理机构在施工单位自检合格的基础上，应严格按施工验收标准及有关规范的规定进行检查，依据质量事故技术处理方案设计要求，通过实际测量，检查各种资料数据进行验收，并办理验收手续，组织各有关单位会签。

2) 必要的鉴定。为确保工程项目质量事故的处理效果，凡涉及结构承载力等使用安全和其他重要性能的处理工作，常需做必要的试验和检验鉴定工作。如果质量事故处理施工过程中建筑材料及构配件保证资料严重缺乏，或对检查验收结果各参与单位有争议时，常见的检验工作有：①混凝土钻芯取样，用于检查密实性和裂缝修补效果，或检测实际强度；②结构荷载试验，确定其实际承载力；③超声波检测焊接或结构内部质量；④池、罐、箱柜工程的渗漏检验等。检测鉴定必须委托具有资质的法定检测单位进行。

3) 验收结论。对于所有质量事故，无论是经过技术处理，通过检查鉴定验收，还是不需专门处理的，均应有明确的书面结论。若对后续工程施工有特定要求，或对建筑物使用有一定限制条件，应在结论中提出。验收结论通常有以下几种。

① 事故已排除，可以继续施工。
② 隐患已消除，结构安全有保证。
③ 经修补处理后，完全能够满足使用要求。
④ 基本上满足使用要求，但使用时应有附加限制条件，如限制荷载等。
⑤ 对耐久性的结论。
⑥ 对建筑物外观影响的结论。
⑦ 对短期内难以做出结论的，可提出进一步观测检验意见。

对于处理后符合《建筑工程施工质量验收统一标准》规定的，监理人员应予以验收、确认，并应注明责任方承担的经济责任。对经加固补强或返工处理仍不能满足安全使用要求的分部工程、单位（子单位）工程，应拒绝验收。

【本章小结】

工程项目的质量问题是工程项目能否成功的关键因素之一，本章从多个角度对工程项目质量的各个重要环节进行了论述，并且阐述了工程项目质量计划和质量控制的一些方法。

工程项目质量控制是一个从工序质量到分项工程质量、分部工程质量、单位工程质量的系统控制过程，也是一个由对投入原材料的质量控制开始，直到完成工程质量检验为止的全过程的系统工程。质量控制是质量管理的一部分，致力于满足质量要求。质量控制的目标就是确保项目质量能满足有关方面所提出的质量要求（如适用性、可靠性、安全性等）。质量控制的范围涉及工程项目质量形成全过程的各个环节。

工程项目施工质量验收涉及工程项目施工过程质量验收和竣工质量验收，是工程施工质量控制的重要环节。

工程项目质量缺陷是指工程不符合国家或行业的有关技术标准、设计文件及合同中对质量的要求。项目监理机构应采取有效措施预防工程质量缺陷及事故的出现。工程施工过程中一旦出现工程质量缺陷及事故，项目监理机构应按规定的程序予以处理。

【复习思考题】

一、单项选择题

1. 建筑工程质量是指工程满足业主需要的，符合国家法律、法规、技术规范标准、（　　）的特性综合。
   A. 必须履行　　　　B. 合同文件及合同规定　　C. 通常隐含　　　　D. 满足明示

2. 工程质量事故发生后，总监理工程师首先要做的事情是（　　）。
   A. 签发工程暂停令　　　　　　　　B. 要求施工单位保护现场
   C. 要求施工单位24 h内上报　　　　D. 发出质量通知单

3. 在质量控制中，要分析判断质量分布状态应采用（　　）。
   A. 直方图法　　B. 因果分析图法　　C. 排列图法　　D. 控制图法

4. 按同一的生产条件或按规定的方式汇总起来供检验用的，由一定数量样本组成的检验体，称之为（　　）。
   A. 分项工程　　B. 分部工程　　C. 检验批　　D. 抽样检验方案

5. 在排列图中，累计频率曲线0~80%部分所对应的影响因素为（　　）因素。
   A. 一般　　B. 主要　　C. 次要　　D. 其他

6. 工程建设的（　　）阶段对工程质量的影响主要是确定工程项目应达到的质量目标和水平。
   A. 可行性研究　　B. 项目决策　　C. 勘察设计　　D. 工程施工

7. 在质量控制中，系统整理分析某个质量问题与其产生原因之间的关系可采用（　　）。
   A. 排列图法　　B. 因果分析图法　　C. 直方图法　　D. 控制图法

8. 在质量控制中，采用控制图是用来（　　）。
   A. 寻找影响质量的主次因素　　　　B. 分析判断质量分布状态
   C. 系统整理分析某个质量问题产生的原因　　D. 分析判断生产过程是否处于稳定状态

二、多项选择题

1. 建筑工程质量的特性除安全性、可靠性外，还表现为（　　）。
   A. 适用性　　B. 耐久性　　C. 经济性
   D. 与环境协调性　　E. 有效性

2. 当控制图同时满足（　　），我们认为生产过程基本处于稳定状态。
   A. 点子几乎全部落在控制界限内　　B. 控制界限内的点子排列没有缺陷
   C. 点子排列出现"链"　　　　　　D. 点子排列出现"多次同侧"
   E. 点子排列出现"趋势或倾向"

3. 设备监造时，常用的设备质量监控方式有（　　）。
   A. 驻厂监造　　B. 定期检查　　C. 平行检查
   D. 不定期检查　　E. 巡回监控

三、案例讨论

A单位投资建设一个化肥厂，委托B设备监理公司对设备的制造、安装和调试过程进行监理，设备制造由C制造厂承担，安装和调试由D工程公司承担。

该项目在实施过程中，发生如下情况。

情况 1：B 设备监理公司在进行监理策划时，设备监理工程师认为：①C 制造厂外购件和原材料的准备及设备主机加工前的准备工作都不属于 B 设备监理公司的监理范围；②C 制造厂的加工能力和检测能力，设备监理工程师不必审查；③设备制造中的"特殊过程"均应设置质量停止见证点。

情况 2：总监理工程师组织编制了"质量监理控制点"文件并交给了 C 制造厂和 B 设备监理公司，要求配合执行。

情况 3：设备监理工程师在 C 制造厂巡检中发现一台主要设备的管口方位开错，立即向 C 制造厂签发停工令，然后打电话向总监理工程师做了汇报。

情况 4：在设备制造过程中，设备监理工程师发现某主要设备整体热处理时的保温层厚度没有达到热处理工艺要求，向 C 制造厂提出交涉。C 制造厂技术人员表示：这是由于保温材料供货没跟上造成的，根据以往的经验，现在这样的保温条件也完全可以保证热处理的质量。

情况 5：D 工程公司通过自检评审，认为安装、调试的工程已符合交验条件，向总监理工程师提交了验收报验单，总监理工程师与 D 工程公司协调沟通，制定了有关的试验大纲并按大纲规定开展试验活动，并计划组织最终验收，A 单位闻讯后立即加以制止。

问题：

1. 在情况 1 中，设备监理工程师的看法是否正确？说明理由。
2. 在情况 2 中，总监理工程师组织编制的"质量监理控制点"文件一般可设哪几种见证点？总监理工程师将该文件交给 C 制造厂和 D 工程公司的做法是否妥当？说明理由。
3. 在情况 3 中，设备监理工程师的做法是否妥当？说明理由。
4. 在情况 4 中，设备监理工程师能认可 C 制造厂技术人员的说法吗？说明理由。
5. 在情况 5 中，A 单位出面制止总监理工程师工作的理由是什么？

四、简答题

1. 什么是工程项目质量？什么是工程项目质量管理？
2. 试述工程项目建设各阶段对质量形成的影响。
3. 什么情况下可以签发工程暂停令？
4. 如何做好设备制造过程中的质量控制工作？
5. 简述工程项目质量事故的等级划分及处理的程序。

第 8 章　工程项目风险管理

【学习目标】
　　(1) 掌握工程项目风险管理的定义、种类和特征。
　　(2) 掌握工程项目风险的分析与评价。
　　(3) 熟悉工程项目风险管理的对策。

【导入案例】
　　国道主干线北京至广州高速公路设计时经过河南省驻马店市区，为不影响市内与邓州交通，并给当地交通带来便利，工程总指挥部决定临时修改设计方案，使高速公路绕城而行，并将此段工程列为国家重点工程。该工程合同段全长 4.15 km，工程位于河南省驻马店市郊区。合同工期为 24 个月，总投资 4500 万元，2003 年 1 月开工，该项目借土填方土源需在该项目范围外 6.7 km 的地方远距离运输，因此还需要修 14.5 km 便道。
　　该项目工程量巨大，施工难度也很高，4.15 km 高速公路实现全线 6 车道、全封闭、全立交。工程范围包括借土填方、中桥、国道涵洞、路面和防护、排水等分项工程。该工程项目具有技术性较强、涉及专业较多、规模大、不稳定因素较多等特点。由于施工现场位于市郊，可能会给当地人民群众的生活带来不便，所以在项目施工时，还要注意处理好这方面的关系，争取沿线群众的理解和配合。针对该工程项目，如何进行工程项目风险管理呢？

8.1　工程项目风险管理概述

8.1.1　工程项目风险

1. 风险的定义

　　风险是与人类活动相生相伴的，风险无所不在。企业面临经济风险、技术风险、环境风险；个人面临疾病、失业、意外事故等风险。进行任何经济、社会活动，包括工程项目的实施都有风险。风险是一种客观存在。这就要求工程项目各参与方正视风险、研究风险，确定风险管理目标，建立风险管理体系。
　　风险的定义有很多种，传统上的风险定义总是将风险和灾害或损失联系在一起，我国工程管理界长期以来也认为，风险是意外损失或损害发生的可能性。
　　以上的风险定义强调，风险是由不确定性造成的负面效应引发的，该定义专注于风险的负面影响，即风险是有害的，会给工程项目带来威胁。事实上，与风险相对的是机遇，任何不确定性也同时孕育着机会，即正面效应，如材料价格变化所带来的风险。如果材料价格上涨，会使得工程造价升高；而如果材料价格下降，工程项目还能因此受益。因此，近年来，越来越多的国际性组织开始接受"风险是中性的"这一概念,国际标准化组织(ISO)定义风险为"某一事件发生的概率和其后果的组合";美国项目管理协会的定义是"风险是一种不确定的事件或条件,一旦发生,会对至少一个工程项目目标造成影响"。显然,上面的这两种风险定义方式均将风险视为中性的,即风险造成的后果可能是消极的,也可能是积极的,后果为消极的是威胁,后果为积极的是机会。

从监理工程师管理风险的目的是帮助业主回避或降低工程项目风险所带来的负面影响来说,监理管理的风险更多的是可能带来损失的一面,这也是国内工程项目管理行业处理风险的惯例。虽然这种处理方式看起来较为稳妥,但实际上由于只重视损失的一面,而完全放弃可能的机会,造成风险管理总体上的一种不平衡。例如,对待材料、设备价格变动的风险,一部分工程项目业主采用的方式是以固定总价合同形式将价格变动的风险转移给承包商,看似业主完全不承担风险,但实际上这种方式是一种以多支付风险金换取承包商接受该项风险的方式,而且承包商在接受该风险后对材料、设备也大多采用即时采购的方式,被动接受市场价格的变动。如果材料、设备价格不变或下降,则风险金转为承包商的超额利润;如果价格上涨,则承包商可以用风险金来补偿价格上涨所带来的损失。显然,这种消极的处理方式,除了利用业主和承包商在价格变动趋势判断的信息不对称可以略微降低损失外,并没有给业主和承包商带来实质的好处。实际上,如果从主动干预风险、正确理解风险可能带来利益或损失的角度考虑问题,对大宗材料的价格管理至少可以利用期货市场,采用套期方式主动锁定风险利润或损失,从而达成预期目标。

对风险概念的进一步解释包括以下几个更深层次的含义。

(1) 风险是一种潜在的可能性,是一种客观存在,人们事前无法确认其在何时何地发生。

(2) 风险是中性的,带来的影响既可能是负面的,也可能是正面的,但人们关注的是不希望的事件或活动的结果,即损失或负面影响。

(3) 事件或活动的后果与事前的预期(目标)存在不一致和偏差,结果偏离预想越大,风险就越大。

2. 风险的种类

工程项目投资巨大、工期长、参与者众多,整个建设过程都存在着各种各样的风险。例如,业主可能面临着工程师失职、设计错误、承包商施工组织不力等人为风险,以及恶劣气候、地震、水灾等自然风险。

(1) 从产生风险原因的性质角度可将风险分成以下几类。

1) 政治风险。政治风险是指工程项目所在地的政治背景与变化可能带来的风险。稳定的政治环境,会对工程项目建设产生有利的影响;反之,将会给各市场主体带来顾虑和阻力,加大工程项目的风险。

2) 经济风险。经济风险是指国家或社会一些大的经济因素的变化带来的风险。例如,通货膨胀引起材料价格和工资的大幅度上涨,外汇比率变化带来的损失,国家或地区有关政策法规,如税收、保险等变化而引起的额外费用等。

3) 自然风险。自然风险是指自然因素带来的风险。例如,工程项目实施过程中出现超标准洪水、暴雨、地震、飓风等。

4) 技术风险。技术风险是指一些技术条件的不确定性可能带来的风险。例如,勘察资料未能全面、正确地反映或解释工程项目的地质情况，采用新技术，设计文件和技术规范的失误等。

5）商务风险。商务风险是指合同条款中有关经济方面的条款和规定可能带来的风险。例如，支付、工程项目变更、风险分配、担保、违约责任、费用和法规变化，货币和汇率等方面的条款。这类风险包含条款中写明分配的、由于条款有缺陷而引起的或者撰写方有意设置的，如"开脱责任"等。

6）信用风险。信用风险是指合同一方的业务能力、管理能力和财务能力等有缺陷或者没有圆满履行合同而给另一方带来的风险。

7）其他风险。例如，工程项目所在地公众的习俗和对工程项目的态度，当地的运输和生活供应条件等，都可能带来一定的风险。

(2) 按风险后果分类，可以分为纯风险和投机风险。

1）纯风险是指只会造成损失、没有潜在收益的风险。典型的纯风险包括地震、洪水等自然灾害和战争、罢工等。纯风险的特点是重复性强，出现概率比较容易为人们所预测。

2）投机风险是指虽然会造成损失，但也可能有潜在收益的风险，如价格和汇率的变动、经济政策的变化等。其特点是重复性较差，人们一般很难捕捉。

对于项目来说，纯风险和投机风险是并存的。

(3) 按风险后果的承担者分类，可分为项目业主/投资方风险，承包商风险，设计、咨询、监理风险，供应商风险，担保方风险，保险公司风险等。

(4) 按风险是否可管理分类，可以分为可管理的风险和不可管理的风险。可管理的风险是指可以预测，并可采取相应措施加以控制的风险；反之，称为不可管理的风险。风险能否管理，取决于风险不确定性是否可以消除及活动主体的管理水平。要消除风险的不确定性，就必须掌握有关的数据、资料和其他信息。随着数据、资料和其他信息的增加及管理水平的提高，不可管理的风险可以变为可管理的风险。

(5) 按风险影响范围分类，可以分为基本风险和特殊风险。

1）基本风险是指作用于整个社会和大多数人群的风险，具有普遍性，如战争、自然灾害等。基本风险的特点是影响范围大，后果严重。

2）特殊风险是指仅仅作用于某一特定单位（个人或企业）的风险，不具有普遍性，例如，偷盗、抢劫、房屋失火等。特殊风险的特点是影响范围小，虽然就个体来说其损失可能非常大，但相对于整个社会经济而言后果并不严重。

除以上划分方式外，还有很多其他的风险划分方式。例如，按风险事件主体的承受能力分类，可以将风险分为可承受风险和不可承受风险；按照风险是否依附于其他风险发生分类，可以将风险分为独立风险和非独立风险；按风险的边界范围分类，可以将风险分为内部风险和外部风险等。

3. 风险的主要特征

通过分析现代工程项目的许多案例可以看出，工程项目风险具有以下特征。

(1) 风险的多样性，即在一个工程项目中有许多种类的风险存在，如政治风险、经济风险、法律风险、自然风险、合同风险和合作者风险等。这些风险之间有复杂的内在联系。

(2) 风险的普遍性，即一般工程项目中都有风险存在。对一个工程项目，风险在整个项目生命期中都存在，而不仅在实施阶段。例如，在目标设计中可能存在构思的错误，重要边界条件的遗漏，目标优化的错误；可行性研究中可能有方案的失误，调查不完全，市场分析错误；工程项目设计中存在专业不协调，地质条件不确定，图样和规范错误；施工中物价上涨，实施方案不完备，资金缺乏，气候条件变化；运行中市场变化，产品不受欢迎，运行达不到设计生产能力，操作失误等。

（3）风险影响常常不是局部的，而是全局的。例如，反常的气候条件造成工程项目的停滞，会影响整个后期计划，影响后期所有参加者的工作，它不仅会造成工期的延长，而且会造成费用的增加，造成对工程质量的危害。即使局部的风险，其影响也会随着工程项目的发展而逐渐扩大。例如，一项活动受到风险干扰，可能影响与它相关的许多活动。所以，在工程项目中，风险影响随时间推移有扩大的趋势。

（4）工程项目风险具有客观性、偶然性和可变性，同时又有一定的规律性。由于工程项目的环境变化、项目的实施遵循一定的规律，所以，风险的发生和影响也有一定的规律性，是可以进行预测的。重要的是人们要有风险意识，重视风险，对风险进行全面的控制。

4. 风险因素

风险在任何工程项目中都存在。风险会造成工程项目实施的失控现象，如工期延长、成本增加、计划修改等，最终导致工程经济效益降低，甚至项目失败。现代项目风险产生的原因有以下几个。

（1）现代工程项目的特点是规模大、技术新颖、结构复杂、技术标准和质量标准高、持续时间长、与环境接口复杂，这些特点导致实施和管理的难度增加。

（2）工程项目的参加单位和协作单位多。即使一个简单的工程也涉及业主、总包、分包、材料供应商、设备供应商、设计单位、项目管理公司（监理公司）、运输单位、保险公司等十几家甚至几十家单位，各方面责任界限的划分、权利和义务的定义异常复杂，设计、计划和合同文件等出错和发生矛盾的可能性较大。

（3）由于工程项目实施时间长，涉及面广，受外界环境的影响大，如经济条件、社会条件、法律和自然条件的变化等。这些因素是难以预测、不能控制的，但都会妨碍项目正常实施，造成经济损失。

（4）现代工程项目科技含量较高，是研究、开发、建设、运行的结合，而不仅仅是传统意义上的建筑工程项目。项目投资管理、经营管理和资产管理的任务加重，难度加大。

（5）由于市场竞争激烈和技术更新速度加快，产品从概念到市场的时间缩短。人们面临着必须在短期内完成建设（如开发新产品）的巨大压力。

（6）新的融资方式、承包方式和管理模式不断出现，使工程项目的组织关系、合同关系、实施和运行程序越来越复杂。

（7）工程项目所需资金、承包商、技术、材料和设备、咨询服务的国际化，如国际工程项目承包、国际投资和合作，增大了项目的风险。

（8）工程项目管理必须服从企业战略，满足用户和相关者的需求。企业、投资者、业主和社会各方面对工程项目的期望、要求与干预越来越多。

许多领域，由于其工程项目风险大，风险的危害性大，被人们称为风险型工程项目领域。

风险因素是指可能产生风险的各种问题或因素，是风险事件发生的基础和条件，对风险的控制，实际是对引发风险事件的风险因素的控制，如果消除了风险因素，对应的风险也随之消失，相应地，也就不会造成损失或损害了。风险因素一般可以分为如下几种。

（1）客观风险因素，即能导致某种风险的有形事物，如设备本身的设计缺陷等。

（2）道德风险因素，即与人的品德修养有关的无形因素，如工作不负责任。

（3）心理风险因素，即与人的心理状态有关的无形因素，如监理人员或制造、储运、安装等承包人员的麻痹思想等。

5．风险事件与后果

（1）风险事件。风险事件是指由于风险因素相互作用导致的任何事件或行动目标发生偏离的事件，单一风险因素的存在一般不易导致风险事件的发生，风险事件往往是多个风险因素的交互作用所导致的，如高空坠物伤人事件，事实上是在高处放置物体、自然（强风等）或人为因素导致物体下落、防护系统（如保护网）设置不当或失效、场内人员保护（戴安全帽或穿安全服）不到位等多因素的综合作用；再如，轮船沉没可能是由于恶劣的气候条件、低能见度、指挥人员的麻痹思想、驾驶人员的观察能力和反应能力差及轮船设计缺陷等多方面的因素共同作用的结果。

从以上论述中我们可以得出：风险就是风险事件发生的可能性。由于其不确定性，从而对工程项目的实现产生有利或不利的影响。而且，几乎每一类风险都会在不同时期以不同的方式（风险事件）影响到工程项目目标的实现。表 8-1 作为示例给出了与风险因素分类相应的风险事件。

表 8-1 风险事件示例

风险因素		典型风险事件
技术风险	设计	设计内容不全、设计缺陷、错误和遗漏，规范不恰当，未考虑地质条件，未考虑施工可能性等
	施工	施工工艺的落后，不合理的施工技术和方案，施工安全措施不当，应用新技术、新方案的失败，未考虑现场情况等
	其他	工艺设计未达到先进性指标，工艺流程不合理，未考虑操作安全性等
非技术风险	自然与环境	洪水、地震、火灾、台风、雷电等不可抗拒自然力，不明的水文气象条件，复杂的工程地质条件，恶劣的气候，施工对环境的影响等
	政治、法律	法律及规章的变化，战争和骚乱，罢工，经济制裁或禁运等
	经济	通货膨胀或紧缩，汇率的变动，市场的动荡，社会各种摊派和征费的变化，资金不到位，资金短缺等
	组织协调	业主和上级主管部门的不协调，业主和设计方、施工方及监理方的不协调，业主内部的不协调等
	合同	合同条款遗漏，表达有误，合同类型选择不当，承发包模式选择不当，索赔管理不力，合同纠纷等
	人员	业主人员、设计人员、监理人员、一般工人、技术员、管理人员的素质（能力、效率、责任心、品德）低
	材料、设备	原材料、成品、半成品或设备供货不足或拖延，数量差错或质量规格问题，特殊材料和新材料的使用问题，过度损耗和浪费，施工设备供应不足，类型不配套，故障，安装失误，选型不当等

（2）风险后果。风险事件发生后，会产生一定的后果，典型的风险因素、风险事件及造成后果的方式如图 8-1 所示。

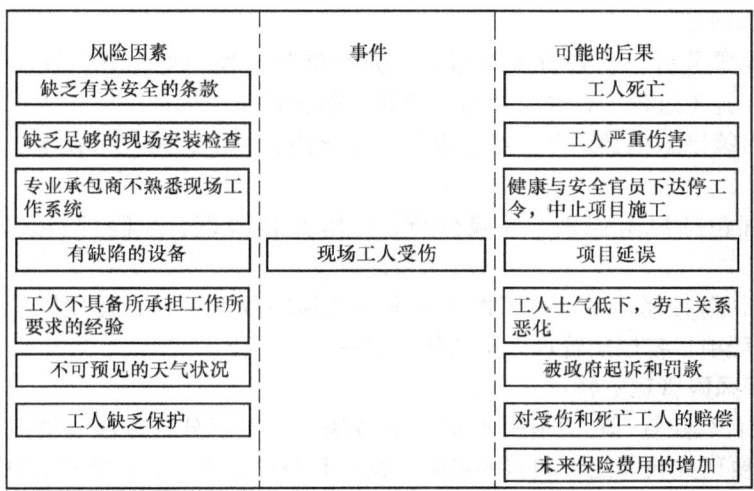

图 8-1　风险因素与后果分析

8.1.2　工程项目风险管理

1. 工程项目风险管理的内涵

所谓工程项目风险管理，是指人们对工程项目潜在的意外损失进行识别、评估，并根据具体情况采取相应的措施进行处理，即在主观上尽可能有备无患或在无法避免时亦能寻求切实可行的补偿措施，从而减少意外损失或使风险为我所用的工作过程。

近年来，人们在工程项目管理中提出了全面风险管理的概念。全面风险管理是用系统的、动态的方法进行风险控制，以减少工程项目过程中的不确定性。它不仅使各层次的工程项目管理者建立风险意识，重视风险问题、防患于未然，而且在各阶段、各方面实施有效的风险控制，形成一个前后连贯的管理过程。

（1）工程项目全过程的风险管理。全面风险管理首先体现在对工程项目全过程的风险管理上。

1）在工程项目目标设计阶段，应对影响重大的风险进行预测，寻找目标实现存在的风险和可能的困难。

2）在可行性研究中，对风险的分析必须细化，进一步预测风险发生的可能性和规律性，同时必须研究各风险状况对工程项目目标的影响程度，即进行工程项目的敏感性分析。

3）随着技术设计的深入，实施方案也逐步细化，项目的结构分析也逐渐清晰。这时风险分析不仅要针对风险的种类，而且必须细化（落实）到各项目结构单元直到最低的操作层。

4）在工程项目实施中加强风险的控制。

5）工程项目结束，要对整个工程项目的风险管理进行评价，以作为今后进行同类工程项目管理的经验和教训。

（2）对全部风险的管理。在每一阶段进行风险管理都要罗列各种可能的风险，并将它们作为管理对象，不能有遗漏和疏忽。

(3) 全方位的管理

1) 对于风险要分析它对各方面的影响，如对整个工程项目、对工程项目的各个方面（如工期、成本、施工过程、合同、技术、计划）的影响。

2) 采用的对策措施也必须考虑综合手段，从合同、经济、组织、技术、管理等各个方面确定解决方法。

3) 风险管理包括风险识别、风险分析、风险文档管理、风险评价、风险控制等全过程。

(4) 全面的风险控制体系。在组织上全面落实风险控制责任，建立风险控制体系，将风险管理作为工程项目各层次管理人员的任务之一。

2. 工程项目风险管理的特点

(1) 工程项目风险管理尽管有一些通用的方法，如概率分析方法、模拟方法和专家咨询法等，但一旦要研究具体工程项目的风险，则必须与该工程项目的特点相联系。可以从以下几个方面考虑。

1) 工程项目的复杂性、系统性、规模、新颖性、工艺的成熟程度。

2) 工程项目的类型，工程项目所在的领域。不同领域的工程项目有不同的风险，有不同风险的规律性。行业性特点，如机电工程项目与建筑工程项目就有截然不同的风险。

3) 工程项目所处的地域，如国度和环境条件。

对风险管理，过去同类工程项目的资料、经验和教训是十分重要的。

(2) 风险管理需要大量地占有信息，了解情况，要对工程项目系统和系统的环境有十分深入的了解，并要进行预测。所以，不熟悉情况是不可能进行有效的风险管理的。

(3) 虽然现在人们通过全面风险管理，在很大程度上已经将过去凭直觉、凭经验的管理上升到理性的、全过程的管理，但风险管理在很大程度上仍依赖于管理者的经验和过去工程项目的经历，对环境的了解程度和对工程项目本身的熟悉程度。在整个风险管理过程中，人的因素影响很大，如人的认识程度、人的精神和创造力。所以，有的人可能无事忧天倾，有的人则天塌下来也不怕。风险管理中要注意对专家经验和教训的调查分析，这不仅包括他们对风险范围和规律的认识，而且包括对风险的处理方法、工作程序和思维方式，并在此基础上将其系统化、信息化、知识化，用于对新工程项目的决策支持。

(4) 风险管理在工程项目管理中属于一种高层次的综合性管理工作，它涉及工程项目管理的各个阶段和各个方面，涉及工程项目管理的各个子系统。所以，风险管理必须与合同管理、投资管理、进度管理和质量管理联成一体，形成集成化的管理过程。

(5) 风险管理的目的并不是消灭风险。在工程项目中大多数风险是不可能由工程项目管理者消灭或排除的，而是在于有准备地、理性地进行项目实施，减少风险的损失。

3. 工程项目风险管理的内容

工程项目风险管理是对项目风险进行识别、分析和应对的系统过程。

(1) 风险管理计划编制。它是工程项目计划的一部分，决定如何安排工程项目风险管理活动。

(2) 风险识别。确定可能影响工程项目的风险的种类，即可能有哪些风险发生，并将这些风险的特性整理成文档。

(3) 风险分析。对工程项目风险发生的条件、概率和风险事件对项目的干扰进行分析，并评估它们对工程项目目标的影响程度,按它们对工程项目目标的影响顺序排列。

(4) 制定风险对策措施,编制风险应对计划,制定一些程序和技术手段,用来提高实现工程项目目标的概率,减少风险的威胁。

(5) 工程项目实施中的风险控制。在工程项目的整个生命期各阶段进行风险预警;在风险发生的情况下,实施降低风险的计划,保证各对策措施的应用和有效性;监控残余风险;识别新的风险,更新风险计划,以及评价这些工作的有效性等。

8.2 工程项目风险的识别与分析

8.2.1 工程项目风险的识别

风险管理的基础和前提是进行风险识别。风险识别就是对存在于工程项目中的各种风险根源或是不确定性因素按其产生的背景原因、表现特点和预期后果进行定义、识别,对所有的风险因素进行科学的分类,以便采取不同的分析方法进行评估,并依此制订出对应的风险管理计划方案和措施,付诸实施。通过风险的识别与分析,应较为准确地了解风险的来源、风险事件及造成的后果所产生的影响。

1. 工程项目风险识别的过程

工程项目风险识别的过程如图 8-2 所示。

2. 工程项目风险的分解

工程项目风险分解是风险识别的基础。工程项目风险的分解就是根据工程项目风险的相互关系将其分解成若干个子系统,使人们能较为容易地识别出工程项目的风险,使风险识别具有较好的准确性、完整性和系统性。工程项目风险一般按照以下方式进行分解。

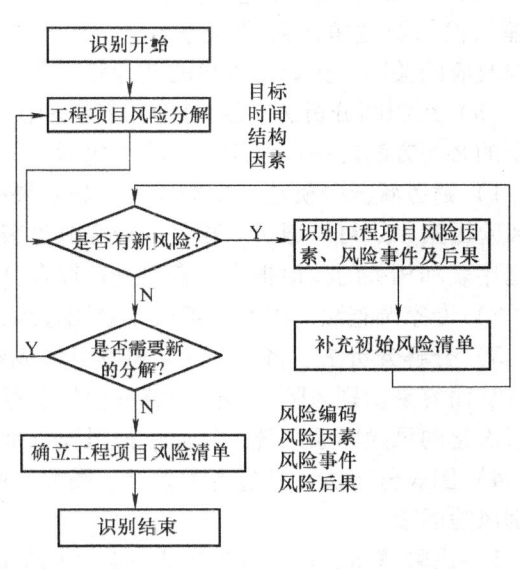

图 8-2 项目风险的识别过程

(1) 目标维。按工程项目目标进行分解,即考虑影响工程项目进度、费用、质量、安全与健康、环境等目标实现的各种风险。

(2) 时间维。按工程项目决策和实施的阶段分解,即考虑工程项目进展不同阶段的不同风险。

(3) 结构维。按工程项目结构或组成内容分解,如考虑不同的单项工程、单位工程的不同风险。

(4) 因素维。按工程项目风险因素的分类分解,如政治、经济、自然、军事、社会等方面或各个参与方的风险。

在风险分解的过程中,有时并不仅仅是采用一种方法就能达到目的,而需要几种方法相互组合,如并列、镶嵌等。通常采用的组合方式是时间维、目标维和因素维三方面的组合,如图 8-3 所示。

3. 工程项目风险识别的方法

风险识别的方法主要有以下几种：

（1）生产流程法。按工艺流程和加工流程的顺序，对每一个过程、每一个环节进行检查，发现其中潜在的风险，挖掘产生风险的根源。

（2）环境分析法。设备的制造和安装企业面临的环境包括内部环境和外部环境，其中影响内部环境的因素有企业的生产条件、规章制度、工人及管理人员的素质、管理水平等；影响外部环境的因素有原材料供应商、市场需求情况、企业和项目的筹资渠道、企业与业主、监理工程师及竞争对象的关系、企业与政府的关系、企业与外界的其他联系等。

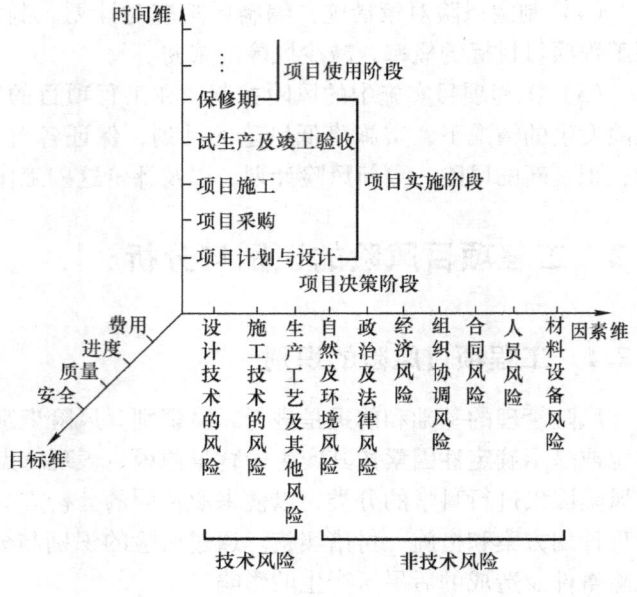

图 8-3 项目风险分解

（3）组织图分析法。组织图分析法适用于各类企业和工程项目的风险识别，它是风险识别的必要方法之一。组织图分析法包括以下几种。

1）财务状况分析法。影响项目实施效果的因素可能是工程项目的各个参与方潜在的财务风险因素，这可以通过对相关的现金流量表、资产负债表、损益与利润分配表、资金来源与运用表和相关的其他报表与资料进行综合分析。

2）专家调查法。由专家组成专家调查组，每个人都畅所欲言，以识别潜在风险。

3）分解分析法。将一个复杂事物分解成容易为人识别的简单事物，将大系统分成小系统，从而容易识别风险。实际中就是根据工程项目风险的相互关系将工程项目风险分解成一个层次化的风险因素系统，从而保证风险识别的准确性、完整性和系统性。

4）图表分析法。通过有关数字、图表、曲线对工程项目未来某种状态进行描绘，从而识别风险因素。

5）风险清单。逐一列出工程项目所面临的风险，并将这些风险同工程项目各方的具体活动联系起来考察，以便发现各种潜在的风险因素。

6）事故树分析。事故树分析是对可能引起损失的事故进行研究，并探究其原因和结果的一种方法。

风险识别的结果是建立工程项目的风险清单。

8.2.2 工程项目风险分析与评价

系统而全面地识别工程项目风险只是风险管理的第一步，对认识到的工程项目风险还要做进一步的分析，即风险分析与评价。通过风险分析与评价能更准确地认识风险，为工程项目的正确决策提供保障，为风险对策的选择提供依据。

风险分析包括对风险事件发生概率的估计和损失程度的估计。风险分析与评价可以采用定性和定量两类方法。定性的风险评价方法有专家打分法、层次分析法等，作用在于区分出不同风险的相对严重程度及根据预先确定的可接受的风险度做出相应的决策。定量的风险评价方法包括敏感性分析、盈亏平衡分析、决策树、随机网络、蒙特卡罗模拟法等。

1. 风险衡量

风险衡量包括风险量的衡量和风险损失的衡量。

（1）风险量衡量。风险量是指各种风险的量化结果，风险量的大小取决于风险发生的概率和该风险的潜在损失。风险量可以定义为：

$$R = f(p, q) \text{ 或 } R = \sum p_i q_i \tag{8-1}$$

式中，R 为风险量；p 为风险发生的概率；q 为风险造成的潜在损失。

风险量的另一个相关概念是等风险量曲线，即由风险量相同的风险事件形成的曲线。等风险量曲线的形式如图 8-4 所示。

（2）风险损失衡量。工程项目风险损失是指风险发生对工程项目目标实现造成的影响，包括进度延期、费用超支、质量事故、环境事故、安全事故等所造成的损失和责任方。

除了解工程项目风险会导致的损失和责任外，还需要对工程项目风险进行量化，以确定潜在损失值。风险分析中的风险损失值是指工程项目风险导致的各种损失发生后，为恢复工程项目正常进行所需的最大费用支出。

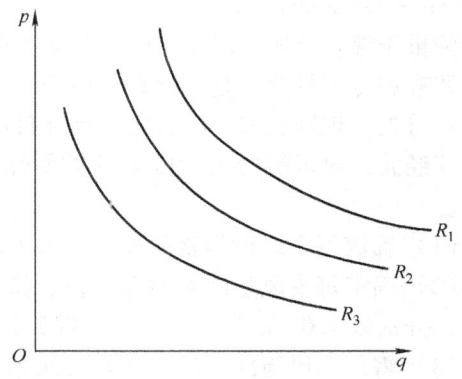

图 8-4　等风险量曲线

2. 风险分析与评价的程序

风险分析与评价的程序如下。

（1）风险事件在确定时间周期内发生的可能性，同时估计这些风险造成损失的情况。

（2）根据风险事件发生的数量和损失严重程度估计总损失额的大小。

（3）预测风险事件发生的次数和损失严重程度、总损失额等。

3. 风险事件发生概率的分析与评价

风险概率分析的方式有定性和定量两种方式。

定性方式可以将风险概率表示为"很小""中等""大"等形式，工程项目风险导致的损失大小也相对划分为轻度损失、中度损失和重度损失，这样可以在图 8-5 所示的风险等级图的坐标系中对风险进行定位，反映风险量的大小。

用定性方式来进行分析时的主要根据包括以下几个。

（1）工程项目各个参与方的风险管理计划。

（2）已经识别出来的风险因素。

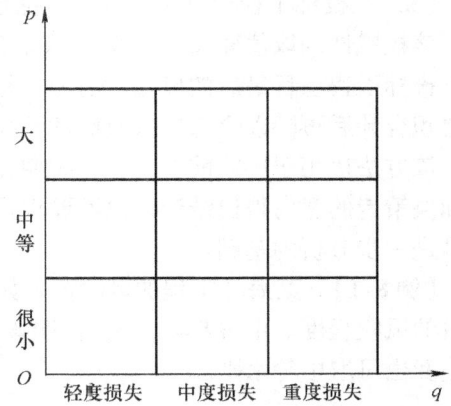

图 8-5　风险等级

(3) 风险的类型。

(4) 历史经验数据。

典型的定量分析方式是概率分布法。采用概率分布法通过潜在损失的概率分布，可以全面衡量项目的风险，有助于决策者采取针对特定情况的风险对策或风险对策组合。

概率分布法首先需要建立概率分布。概率分布的建立可以通过以往的历史数据和资料获得，但这样做的前提是拥有丰富的数据，加之项目风险的差别性，使得实际运用有一定难度。概率分布获得的另一种方式是理论概率分布，即根据风险的性质和统计数据选用特定的理论概率分布来进行拟合。

4. 风险评价的方法

常见的风险分析方法有八种，即调查和专家打分法（checklist）、层次分析法（Analytical Hierarchy Process，AHP）、模糊数学法（Fuzzy Set）、统计和概率法（Statistics）、敏感性分析法（Sensitive Analysis）、蒙特卡罗方法（Monte Carlo，MC）、CIM模型、影响图法（Influence Diagram）。其中前两种方法侧重于定性分析，中间三种侧重于定量分析，而后三种则侧重于综合分析。限于篇幅，下面主要介绍调查和专家打分法。

调查和专家打分法是一种最常用的、最简单的、易于应用的分析方法。它的应用由两步组成：首先，识别出某一种特定工程项目可能遇到的所有风险，列出风险调查表；其次，利用专家经验，对可能的风险因素的重要性进行评价，综合成整个工程项目风险。具体步骤如下。

(1) 确定每个风险因素的权重，以表征其对工程项目风险的影响程度。

(2) 确定每个风险因素的等级值，按可能性很大、比较大、中等、不大、较小这五个等级，分别以1.0、0.8、0.6、0.4和0.2打分。

(3) 将每个风险因素的权数与等级值相乘，求出该项风险因素的得分，再求出此工程项目风险因素的总分。显然，总分越高说明风险越大。

为进一步规范这种方法，可根据以下标准对专家评分的权威性确定一个权重值。

(1) 在国内外进行国际工程项目承包工作的经验。

(2) 对投标工程项目所在国及项目情况的了解程度。

(3) 知识领域（单一学科或综合性多学科）。

(4) 在投标工程项目风险分析讨论会上发言的水平等。

该权威性的取值建议为 0.5~1.0。1.0 代表专家的最高水平，其他专家取值可相应减小，投标工程项目最后的风险度值为：每位专家的评定风险度乘以各自的权威性权重值，所得之积合计后再除以全部专家权威性的权重值之和。

该方法适用于决策前期。这个时期往往缺乏工程项目具体的数据资料，主要依据专家经验和决策者的意向得出结论，也不要求是风险方面的具体值，而是一种大致的程度值，它只能是进一步分析的基础。

【例8-1】 某海外工程的风险调查如表8-2所示。其中，WX 叫风险度，表示一个工程项目的风险程度。由 $WX=0.56$，说明该工程项目的风险属于中等水平，可以投标，报价时风险费也可取中等水平。

表 8-2　某海外工程风险调查

可能发生的风险因素	权数 W	风险因素发生的可能性 X					WX
		很大（1.0）	比较大（0.8）	中等（0.6）	不大（0.4）	较小（0.2）	
政局不稳	0.05			√			0.03
物价上涨	0.15		√				0.12
业主支付能力	0.10			√			0.06
技术难度	0.20					√	0.04
工期紧迫	0.15			√			0.09
材料供应	0.15		√				0.12
汇率浮动	0.10			√			0.06
无后续项目	0.10				√		0.04
合计	1.00						0.56

8.3　工程项目风险管理的对策与实施

在一个工程项目的实施过程中，不可避免地存在各种各样的自然风险和社会风险。对这些风险首先要在业主、设计、咨询或承包方间合理分配；其次是各方风险应对的问题。

8.3.1　工程项目风险分配

此处主要介绍工程项目施工阶段项目风险的分配问题。工程项目施工阶段的风险主要在业主方和承包方（供应商）间进行分配。合理进行风险分配，对工程项目的顺利实施至关重要。

1. 风险分配的原则

对工程项目施工阶段的风险分配，业主起主导作用。作为买方的业主，通常由其组织起草招标文件、选择合同条件。而承包方或供应商一般处于从属地位。当然，业主一般不能随心所欲，不管主客观条件，把风险全部推给对方，而让自己免责。风险分配应遵循以下原则。

（1）风险分配应能有利于降低工程造价和有利于履行合同。

（2）合同双方中，谁能更有效地防止和控制某种风险或减少该风险引起的损失，就由谁承担该风险。

（3）风险分配应能有助于调动承包方的积极性，认真做好风险管理工程，从而降低成本，节约投资。

从上述原则出发，施工承包合同中的风险分配通常是双方各自承担自己责任范围内的风险，对于双方均无法控制的自然因素和社会因素引起的风险则由业主承担，因为承包方很难将这些风险事先估入合同价格中，若由承包方承担这些风险，则承包方势必只能将风险在投标报价中体现，即增加其投标报价。因此，在这种情况下，当风险不发生时，相对而言会增加业主的工程项目造价。当然，当风险估计不足时，则会造成承包方亏损，且难以保证工程项目的顺利进行。

2. 业主应承担的风险

在工程项目施工合同中，一般要求业主承担以下风险。

（1）不可抗力的社会因素或自然因素造成的损失和损坏。前者如战争、暴乱、罢工等，后者如洪水、地震、飓风等。但工程项目所在国以外的战争、承包方自身工人的动乱及承包方延误履行合同后发生的情况等均除外。

（2）不可预见的施工现场条件的变化引起的损失或损坏。其是指施工过程中出现了招标文件中未提及的不利的现场条件，或招标文件中虽提及，但与实际出现的情况差别很大，且这些情况在招投标时又是很难预见到的，由此而造成的损失或损坏。在实际工程中，这类问题最多出现在地下工程项目中，如土方开挖现场出现了岩石，其高程与招标文件所述的高程差别很大；设计指定了土石料场，其土石料不能满足强度或其他技术指标的要求；开挖现场发现了古代建筑遗迹、文物或化石；开挖中遇到有毒气体等。

（3）工程量变化而导致的价格变化的风险。一种情况是对单价合同而言，因单价合同的合同价是按工程量清单上的估计工程量计算的，而支付款项是按施工实际的支付工程量计算的，由于两种工程量不一致，就会出现合同价格变化的风险。若采用的是总价合同，则此项风险由承包方承担。另一种情况是当某项作业其工程量变化甚大，而导致施工方案变化引起的合同价格变化。

（4）设计文件有缺陷而造成的损失或成本增加，由承包方负责的设计除外。

（5）国家或地方的法规变化导致的损失或成本增加，承包方延误履行合同后发生的除外。

3. 承包方应承担的风险

在工程项目施工合同中，一般规定由承包方承担的风险如下。

（1）投标文件的缺陷，即由于对招标文件的错误理解，或者勘察现场时的疏忽，或者投标中的漏项等造成投标文件有缺陷而引起的损失或成本增加。

（2）对业主提供的水文、气象、地质等原始资料分析或运用不当而造成的损失和损坏。

（3）由于施工措施失误、技术不当、管理不善、控制不严等造成施工中的一切损失。

（4）分包方工作失误造成的损失和损坏。

8.3.2 工程项目风险管理的对策

1. 风险回避

风险回避就是通过回避工程项目风险因素来回避可能产生的潜在损失或不确定性，风险回避实质上是拒绝承担风险。拒绝签订合同就是风险回避的一个简单例子，但风险回避更多是针对那些可以回避的特定风险而言。通常风险回避与签约前谈判有关，但它也可以应用于项目实施过程中所做的决策。例如，当承包商违约时，业主有权终止合同，但业主可以不使用这种权力，在这种情况下，合同所伴随的各种风险仍将继续存在。如果业主终止了合同，实际上他就通过确定承包商违约从而避免了所有将来可能的风险，当然，新的风险可能又随之而来。风险回避的另外一个例子是使用免责条款，利用免责条款可回避某些风险或风险所引起的后果。

2. 风险转移

风险转移是工程项目风险管理中广泛采用的一项对策。所谓风险转移，是将风险转移给另一方来承担，转移风险并不会减少风险的危害程度。在某些情况下，转移风险也会造成风险的显著增加，这是因为接受风险的一方可能没有清楚地意识到他们所面临的风险。例如，业主可以通过总价合同的形式将工程量变化的风险转移给承包商，但如果承包商经验不足或设计能力不强，就有可能不能正确识别潜在的工程量增加的风险，而且承包商也无法承担这种增加了的工程量。再比如，总承包商在和分包商签订分包合同时，可能会制定一个延误期限损害赔偿条款，该条款既包括分包商由于误期而需对主合同所做的赔偿，又包括对主承包商所遭受损失的赔偿。分包商可能没有意识到这种转嫁给他带来的额外风险，并且分包商可能不具备承担这些风险的经济能力。

风险转移包括工程项目保险方式和合同转移方式。

（1）工程项目保险。工程项目保险是最普遍的风险转移方式。工程项目保险是指业主和承包商为了工程项目的顺利实施，向保险人（公司）支付保险费，保险人根据合同约定对在工程项目建设中可能产生的财产和人身伤害承担赔偿保险金责任。其实质是将工程项目不确定性转化为一个确定的费用，一般通过工程项目保险所转移的风险都是纯风险，如自然灾害和意外事故等。工程保险一般分为强制性保险和自愿保险两类。

1）强制性保险。国际上，强制性工程项目保险主要有以下几种：建筑工程一切险（附加第三者责任险）、安装工程一切险（附加第三者责任险）、社会保险（如人身意外险、业主责任险和其他国家法令规定的强制保险）、机动车辆险、10年责任险和5年责任险、专业责任险等。其中，建筑工程一切险和安装工程一切险是对工程项目在实施期间的所有风险提供全面的保险，即对安装施工期间工程本身、工程设备、施工机械和器具及其他物质所遭受的损失予以赔偿，也对因施工而给第三者造成的人身伤亡和物质损失承担赔偿责任。工程项目一切险的投保人一般是业主。此外，在工业发达国家和地区，建筑师、结构工程师等设计、咨询专业人都要购买专业责任险，即由保险公司赔偿由于这些专业人士的设计失误或工作疏忽给业主或承包商造成的损失。

2）自愿保险。国际上，工程项目涉及的自愿保险包括国际货物运输险、境内货物运输险、财产险、责任险、政治风险保险、汇率保险等。

除以上两种方式外，工程项目担保也是一种重要的风险转移方式。工程项目担保是指担保人（一般为银行、担保公司、保险公司、其他金融机构、商业团体或个人）应工程项目合同一方（申请人）的要求向另一方（债权人）做出的书面承诺。许多国家政府都在法规中规定要求进行工程担保，在标准合同（如 FIDIC 等）中也含有关于工程担保的条款。国际上常见的工程担保种类主要有以下几种。

① 投标担保，指投标人在投标报价之前或同时，向业主提交投标保证金或投标保函，保证一旦中标，则履行受标签约承包工程。一般投标保证金额为标价的 0.5%～5%。

② 履约担保，是为保障承包商履行承包合同所做的一种承诺。一旦承包商没能履行合同义务，担保人给予赔付，或者接收工程实施义务，而另觅经业主同意的其他承包商负责继续履行承包合同义务。这是工程担保中最重要的，也是担保金额最大的一种工程担保。

③ 预付款担保，是要求承包商承诺的，为保证工程项目预付款用于该工程项目，不准承包商挪作他用及卷款潜逃。

④ 维修担保，为保障维修期内出现质量缺陷时，承包商负责维修而提供的担保。维修担保可以单列，也可以包含在履约担保内，有些工程项目采取扣留合同价款的3%~5%作为维修保证金。

除以上几种最为常见的担保方式外，还有以下几种方式。

① 反担保，即担保人为了防止向债权人赔付后，不能从被担保人处取得补偿，往往要求被担保人另外提交反担保作为担保人开具担保的条件，这样，一旦发生担保人代被担保人赔付后，就可以从反担保的担保人处取得补偿。

② 付款担保，即业主要求承包商提供的为保证承包商按时向分包商、供货商支付款项的担保。

③ 业主支付担保，即业主向承包商出具的担保，业主如不按照合同规定的支付条件支付工程款给承包商，由担保人向承包商付款。

④ 分包担保。在工程项目建设中，总承包商要为分包商的工作对业主完全负责，因而总承包商为了保障自己不被分包所累，防止分包商违约与负债，通常要求分包商提供履约担保。

⑤ 临时进口物资税收担保。有些国家规定，该国发包的某些工程项目所用的工程材料和施工机械设备如需进口的，可以免交进口税。临时进口物资税收担保的主要作用是担保承包商在工程项目竣工后应将临时进口的施工机具设备运出工程所在国，如要求其留下，便应照章纳税。这样可以避免承包商借免税之机，将进口的有关物资用于其他非免税工程或卖掉而牟利。这种担保是政府要求承包商提供的。

此外，还有完工担保、差额担保、施工执照担保等。

（2）合同转移。合同转移是指通过签订合同或协商方式将工程项目风险转移给其他非保险方。在这种方式下，各方之间签订的合同须明确规定各自应承担的风险，从而减少业主承担的风险。合同转移方式实质上是项目的各个主要参与方共同承担工程项目风险的一种方式。例如，通过签订固定价合同的形式将资源价格变化的风险转移给承包商，通过签订总价合同的形式将工程量变化的风险转移给承包商等。

3. 风险减轻

风险减轻是指把不利风险事件发生的可能性和影响降低到可以接受的范围内，也是绝大部分工程项目应用的主要风险对策。提前采取措施以降低风险发生的可能性和/或可能给项目造成的影响，比风险发生后再设法补救要有效得多。风险对策研究应十分重视风险控制措施的研究，应就识别出的关键风险因素逐一提出可行、合理的预防措施，以尽可能低的风险成本来降低风险发生的可能性，并将风险损失控制在最低程度。将风险对策研究提出的风险减轻措施有针对性地运用于项目实施过程，以防患于未然。风险减轻措施必须针对工程项目具体情况提出，既可以是工程项目内部采取的技术措施、工程措施和管理措施等，又可以采取向外分散的方式来减少工程项目承担的风险。典型风险减轻措施包括通过降低技术方案复杂性的方式降低风险事件发生的概率，通过增加那些可能出现风险的技术方案的安全冗余度以降低日后一旦风险发生可能带来的负面效果。

风险减轻措施通常可以分为四种：第一种是通过教育和培训来提高雇员对潜在风险的警觉，例如，安全管理人员通过对工人的安全培训，使工人知道如何识别并避免不安全因素和特定的危险。第二种是采取一些降低风险损失的保护措施。例如，业主或承包商可以雇用一家独立的专业公司作为工程项目的独立检查人，这种方法费用较高，但确实能减少隐藏的缺陷。第三种是建立使工程项目实施过程前后保证一致的系统，典型的例子包括建立健全安全保障体系，建立各种应急计划等。第四种是对人员和财产提供保护措施，加大这方面的硬件投入。

4. 风险接受

风险接受即风险自留，是指工程项目的业主承担风险造成的损失。显然，那些造成损失较小、重复性较高的风险是最适合自留的，典型的例子包括机动车保险和医疗保险中的免赔额。风险接受是一种财务性的管理技术，风险接受的程度是由所处的金融环境和可能的损失所决定的。

很多人倾向于选择风险转移对策，但不是所有风险都是可转移的，或者说将这些风险转移是不经济的。对于这些风险就不得不自留。除此之外，在某些情况下，自留一部分风险也是合理的。例如，工程项目保险如果采用的是全额保险，那么保险费可能非常高，而如果规定一个合适的免赔额，则可以大大降低保险费。采用风险接受对策时的相关因素包括保险费的多少、最大可能损失、不投保的可能损失额等。

根据风险管理人员是否意识到风险的情况可以将风险接受对策分为非计划性风险接受和计划性风险接受。前者发生在风险管理人员没有意识到项目风险存在或低估风险后果的情况下，这种情况在实际工程项目实施过程中应着力避免；后者发生在风险管理人员经过合理的分析和评价，并主动地转移相关风险的潜在损失的情况下。

以上所述的风险对策不是互相排斥的，实践中常常组合使用。生活中个人投保医疗保险的同时仍会通过积极锻炼降低疾病发生的可能性，同样，工程上项目参与方投保工程险后也不会疏于风险控制，会采取可能措施降低风险发生的概率或减少风险可能造成的损失。具体的对策应用应结合项目的实际情况，研究并选用相应的风险对策。

【本章小结】

> 传统的关于风险的定义强调风险是由不确定性造成的负面效应引发的，该定义专注于风险的负面影响，即风险是有害的。事实上，与风险相对的是机遇，任何不确定性也同时孕育着机会。从产生风险原因的性质可将风险分成政治、经济、自然、技术、商务、信用和其他风险。所谓工程项目风险管理，是对工程项目潜在的意外损失进行识别、评估，采取相应的措施进行处理，从而减少意外损失或使风险为我所用的工作过程。对工程项目中的风险，主要通过风险回避、风险转移、风险减轻和风险接受的方式来应对。

【复习思考题】

一、案例讨论

案例1：

某大型综合性办公楼项目风险评价及应对措施分析

背景：某28层（地下2层，地上26层）大型、综合性办公楼建筑位于濒临长江的某市某大道，其总建筑面积约为26 801m²，建筑高度为84.85m。合同工期为2年，工程的建筑安装工程合同造价为9000万元。

问题：

（1）本工程项目存在哪些风险类型？

（2）本工程项目适宜采取哪些风险应对措施？为什么？

案例2：

业主委托某设备监理公司对其订购的一套超大型设备进行制造过程监理。因总监理工程师不能常驻制造现场，故授权总监理工程师代表驻厂，实施制造过程的质量控制。

事件1：总监理工程师要求总监理工程师代表就该套设备制造质量控制的有关过程编制监理细则，主要内容包括以下几个方面。

（1）按照设备制造合同及其技术协议书的要求，确定监督检查的重点过程和要点。

（2）设备制造质量事前控制的范围和主要内容。

（3）见证性检查的范围和内容：①操作人员的资格、技能证明，特殊工种人员的持证情况；②机械设备状况；③主要材料质量证明文件；④材料试验；⑤制造工艺方法；⑥生产环境状况；⑦测量方法与手段。

（4）结果检查的范围和主要内容。

事件2：设备制造厂将该套设备的辅机1和辅机2分别交由甲厂、乙厂生产。总监理工程师决定：①辅机2制造工艺简单，所以对辅机2拟只做出厂前的最终验收；②对辅机1采用事先设定现场见证点。总监理工程师列出了一个风险清单，如表8-3所示。

表8-3 风险清单

风险编号	风险因素	风险事件	风险结果
1	辅机超大、运输困难	运输事故	① 人员伤亡 ② 辅机损坏需返修
2	交通堵塞	停止点见证时设备监理工程师不能按时赶到甲厂	① 延误工期 ② 窝工索赔
3	甲厂质量保证体系不完善	生产过程不稳定	① 产品合格率低 ② 质量事故
4	乙厂元器件质量差	A	① 出厂前终验不合格 ② 辅机2不能按时出厂
5	乙厂具有资质的上岗人员偏少	B	① 工序质量失控 ② 可能存在质量隐患

事件3：设备监理工程师在甲厂进行现场见证时，发现检测设备误差超标，立即向甲厂发出监理通知，要求其整改。

问题：

（1）"监理细则"中的（3）"见证性检查的范围和内容"中哪些属于文件见证点？

（2）在总监理工程师列出的风险清单表中，"风险事件"列A、B对应的风险事件分别是什么？

（3）风险管理对策有哪些？针对风险清单中第1、第2种风险分别给出相应的风险管理对策。

二、简答题

1. 什么是工程项目风险管理？工程项目风险管理有哪些特点？
2. 简述工程项目风险管理的对策。
3. 简述工程项目风险识别的方法。

第 9 章 工程项目收尾管理

【学习目标】
(1) 掌握工程项目收尾和收尾管理的概念。
(2) 掌握工程项目竣工验收的主要内容。
(3) 熟悉工程项目投产准备工作的基本要求和内容。

【导入案例】

由于败诉而又未按时赔付案款，W 国高等法院 1998 年 7 月 2 日对 ZC 国际合作股份有限公司（以下简称 ZC 公司）在这个国家的所有资产下达扣押令，并决定于 7 月 28 日在这里强制执行，ZC 公司因此蒙受的经济损失将超过 1000 万美元。

ZC 公司在 W 国曾经很有影响，自 1985 年开展业务以来，承建了 25 条公路和几个房建项目，总承包金额达 1 亿多美元。1987 年该公司在联合国开发计划署 W 国房建项目的招标中中标，工程总造价 213 万美元。1987 年 6 月，该公司与 SC 集团签订项目合作合同，由该公司组织施工。后因该工程进度缓慢，该经理部又把该工程分包给 W 国 BE 建筑有限公司，分包合同金额为 130 万美元。该分包商管理差，缺乏必要的施工设备，工程质量低劣，干了 10 个月尚未完成分包工程量的 1/10。SC 集团不得不将工程收回，调整队伍自行施工，但未与 BE 建筑公司签署书面终止合同协议。该项目于 1989 年上半年竣工交付业主。

完工后，BE 建筑公司要求 SC 项目经理部付给其 70 万美元分包工程余款。SC 集团和 ZC 公司认为这是无理要求，拒绝与对方协商解决。1995 年 5 月，BE 建筑公司向当地高等法院起诉，要求中方按合同赔偿 130 万美元。1995 年 5 月，高等法院以没有终止合同证据为由判决 BE 建筑公司胜诉，中方赔付 130 万美元。ZC 公司不服，向 W 国最高法院上诉。1997 年 4 月，最高法院做出终审判决，维持原判。高等法院除让 ZC 公司赔付 139 万美元的分包工程款外，还得付几年来工程款的利息及对方律师费等，总计 335 万美元。

终审判决后，ZC 公司 1998 年赔付了 187 万美元，其余 148 万美元按合作协议由 SC 集团承担，但 SC 集团拒绝支付。由于 ZC 公司不能如期付清赔款，法院勒令拍卖 ZC 公司在 W 国的 220 台施工设备和车辆及 3 处房产。拍卖价大大低于资产实际价值，造成损失达 700 万美元。据估计，ZC 公司在 W 国的全部资产拍卖所得与赔款金额仍差 40 多万美元。这样，W 国高等法院还要追索该公司在肯尼亚、坦桑尼亚甚至中国的资产。

这场官司使 ZC 公司损失惨重，有损中国公司的声誉，甚至在东非地区，中国公司的经营活动都可能受到影响。

这个案例告诉我们，工程项目正常结束或非正常结束都要执行正式的收尾环节，以解除利益相关方的责任和义务，或使其获取相应的利益。

9.1 工程项目收尾管理概述

9.1.1 工程项目收尾的内涵

1. 项目收尾

所谓收尾,就是结束事情的最后一段。项目收尾(Project Closure/Conclusion)就是做好项目结束阶段的项目范围确认、质量验收、费用决算、审计、项目交接及资料归档等工作,其最终目的是完成项目产品的确认交接和对项目管理绩效的评价。

美国项目管理协会认为,项目收尾包括合同收尾(Contract Closure)和管理收尾(Administration Closure)两部分。合同收尾就是合同的完成和结算,包括所有遗留问题的解决方案,主要是核对合同受托方是否完成了合同所有的要求,是否可以把项目结束掉,也就是通常所讲的合同验收与结算。管理收尾则是为了使项目利益相关方对项目产品的验收正式化而进行的项目成果验证和归档,具体包括收集项目记录,确保产品满足既定设计功能,将项目信息归档,进行项目审计。

2. 工程项目收尾内涵

根据工程项目的特点和上述一般项目收尾的内涵,本书将工程项目收尾具体定义为工程项目结束阶段,项目承发包双方进行工程项目收尾、投产准备、竣工结算与决算、竣工验收、考核评价、回访保修等工作或活动。

工程项目收尾管理是指对项目的收尾、试运行、竣工验收、竣工结算、竣工决算、考核评价和回访保修等进行的计划组织协调和控制等活动。

收尾阶段是工程项目生命周期的最后阶段,没有这个阶段,项目就不能正式投入使用。如果不能做好必要的收尾工作,项目相关利益方就不能解除所承担的义务和责任,也不能及时从项目获取应得的利益。因此,当工程项目的所有活动均已完成,或者虽然未完成,但由于某种原因而必须停止并结束时,项目经理部应做好工程项目收尾管理工作。

9.1.2 工程项目收尾管理的内容

根据上述工程项目收尾管理的内涵可知,工程项目收尾管理包括以下主要工作内容。

(1)编制竣工计划。主要包括:竣工项目名称、竣工项目收尾具体内容、竣工项目质量要求、竣工项目进度计划安排、竣工项目文件档案资料整理要求等。

(2)竣工结算与移交。项目竣工结算由承包人编制,发包人审查,双方最终确定。承包商办理项目竣工结算并在合同约定的期限内进行项目移交。

(3)竣工决算。项目业主及其委托方通过清理项目账务、债务和结算物资,以货币计量和实物计量的方法,综合反映工程项目概预算执行结果,并为办理资产交付使用手续提供依据。

(4)工程项目竣工验收。工程项目竣工验收是指工程项目竣工后,建设单位(或政府)会同设计、施工、设备供应单位及工程质量监督部门,对该项目是否符合规划设计要求及建筑施工和设备安装质量进行全面检验,取得竣工合格资料、数据和凭证。应该指出的是,竣工验收建立在分阶段验收的基础之上,前面已经完成验收的工程项目一般在竣工验收时就不再重新验收。

(5) 工程项目回访保修。项目回访保修主要包括编制回访保修工作计划和签发工程质量保修书,由承包商负责。回访保修计划主要包括主管回访与保修的部门、执行回访保修工作的单位、回访时间及主要内容和方式等内容;工程质量保修书主要包括质量保修范围、期限、责任和费用的承担等内容。

(6) 工程项目考核评价。工程项目考核评价是指对项目目标实现程度、项目对社会环境的影响程度和各利益相关方管理绩效进行评价,总结经验教训,为以后项目的决策和运行提供借鉴。具体包括项目后评价和项目审计两部分。

(7) 投产准备。投产准备是指为工程项目的投产运行所做的准备工作,包括组织、技术和物资筹备等工作。对于一些边建设边部分投产的工程项目,如水力发电工程项目,投产准备工作在第一台机组投产前就开始了,此时整个工程建设在时间上可能刚过半。

本章着重介绍工程项目竣工计划、竣工结算、竣工决算、竣工验收和投产准备等工作。

9.2 工程项目竣工计划

工程项目进入竣工收尾阶段,项目经理部要有的放矢地组织配备好竣工收尾工作小组,明确分工管理责任制,做到"因事设岗,以岗定责,以责考核,限期完成"。竣工收尾工作小组要由项目经理亲自领导,成员包括技术负责人、生产负责人、质量负责人、材料负责人和班组负责人等多方面的人员,组织编制项目竣工计划,报上级主管部门批准后按期完成。

1. 工程项目竣工计划的编制程序

(1) 制订工程项目竣工计划。应详细整理项目竣工收尾的工程内容,列出清单,做到安排的竣工计划有可靠的依据。

(2) 审核工程项目竣工计划。项目经理应全面掌握项目竣工收尾条件,认真审核项目竣工内容,做到安排的竣工计划有具体可行的措施。

(3) 批准工程项目竣工计划。上级主管部门应调查核实项目竣工收尾的情况,按照报批程序执行,做到安排的竣工计划有可靠的保证。

2. 工程项目竣工计划的内容

工程项目竣工计划的内容应包括现场施工和资料整理两个部分,两者缺一不可,两部分都关系到竣工条件的形成。具体包括以下几个方面:①竣工项目名称;②竣工项目收尾的具体内容;③竣工项目质量要求;④竣工项目进度计划安排;⑤竣工项目文件档案资料整理要求。

工程项目竣工计划的内容编制格式如表 9-1 所示。

表 9-1 工程项目竣工计划

序号	收尾项目名称	简要内容	起止时间	作业队组	班组长	竣工资料	整理人	验证人

项目经理: 技术负责人: 编制人:

3. 工程项目竣工计划的检查

工程项目竣工收尾阶段前,项目经理和技术负责人应定期和不定期地组织对工程项目竣工计划进行检查。有关施工、质量、安全、材料、内业等技术人员、管理人员要积极配合，对列入计划的收尾、修补、成品保护、资料整理和场地清扫等内容，要按分工原则逐项检查核对，不给竣工收尾留下遗憾。

9.3 工程项目竣工结算

工程项目竣工结算是指承包人在所承包的工程按照合同规定的内容全部完工并通过竣工验收之后，与发包人进行最终工程价款的结算。这是工程项目施工合同双方围绕合同最终确定总的结算价款所开展的工作。

工程项目竣工结算由承包人或受其委托具有相应资质的工程造价咨询人编制，由发包人或受其委托具有相应资质的工程造价咨询人核对。竣工结算办理完毕，发包人应将竣工结算文件报送工程所在地（或有该工程管辖权的行业管理部门）工程造价管理机构备案，竣工结算文件将作为工程竣工验收备案、交付使用的必备文件。

工程项目监理机构应按有关工程结算规定及施工合同约定对竣工结算进行审核，程序如下：专业监理工程师审查承包人提交的工程结算款支付申请，提出审查意见；总监理工程师对专业监理工程师的审查意见进行审核，签认后报发包人审批，同时抄送承包人，并就工程竣工结算事宜与发包人、承包人协商；达成一致意见的，根据发包人审批意见向承包人签发竣工结算款支付证书；不能达成一致意见的，应按施工合同约定处理。

9.3.1 工程项目竣工结算的编制

1. 工程项目竣工结算编制的依据

工程项目竣工结算应由承包人编制，发包人审查，双方最终确定。工程项目竣工结算的编制可依据以下资料：①合同文件；②竣工图样和工程变更文件；③有关技术核准资料和材料代用核准资料；④工程计价文件、工程量清单、取费标准及有关调价规定；⑤双方确认的有关签证和工程索赔资料；⑥投标文件；⑦其他依据。

2. 工程项目竣工结算编制的方法

工程项目竣工结算的编制方法是在原工程投标报价或合同价的基础上，根据所收集、整理的各种结算资料，如设计变更、技术核定、现场签证和工程量核定单等进行直接费用的增减调整计算，按取费标准的规定计算各项费用，最后汇总为工程结算造价。

9.3.2 工程项目竣工结算的办理

1. 工程项目竣工结算的程序

合同工程完工后，承包方应在经发承包双方确认的合同工程期中价款结算的基础上汇总编制完成竣工结算文件，并在合同约定的时间内，提交竣工验收申请的同时向发包人提交竣工结算文件。

承包人未在合同约定的时间内提交竣工结算文件，经发包人催告后 14 天内仍未提交或没有明确答复的，发包人有权根据已有资料编制竣工结算文件，作为办理竣工结算和支付结算款的依据，承包人应予以认可。

发包人应在收到承包人提交的竣工结算文件后的 28 天内核对。发包人经核实，认为承包人还应进一步补充资料和修改结算文件,应在上述时限内向承包人提出核实意见,承包人在收到核实意见后的 28 天内按照发包人提出的合理要求补充资料,修改竣工结算文件,并应再次提交给发包人复核后批准。

发包人应在收到承包人再次提交的竣工结算文件后的 28 天内予以复核,并将复核结果通知承包人。若发承包双方对复核结果无异议的,应在 7 天内在竣工结算文件上签字确认,竣工结算办理完毕;若发包人或承包人对复核结果认为有误的,无异议部分按照上述规定办理不完全竣工结算;有异议部分由发承包双方协商解决,协商不成的,按照合同约定的争议解决方式处理。

发包人在收到承包人竣工结算文件后的 28 天内,不核对竣工结算或未提出核对意见的,应视为承包人提交的竣工结算文件已被发包人认可,竣工结算办理完毕。

承包人在收到发包人提出的核实意见后的 28 天内,不确认也未提出异议的,应视为发包人提出的核实意见已被承包人认可,竣工结算办理完毕。

发包人委托工程造价咨询人核对竣工结算的,工程造价咨询人应在 28 天内核对完毕,核对结论与承包人竣工结算文件不一致的,应提交给承包人复核;承包人应在 14 天内将同意核对结论或不同意见的说明提交工程造价咨询人。工程造价咨询人收到承包人提出的异议后,应再次复核,复核无异议的,应在 7 天内在竣工结算文件上签字确认,竣工结算办理完毕。复核后仍有异议的,无异议部分办理不完全竣工结算;有异议部分由发承包双方协商解决,协商不成的,按照合同约定的争议解决方式处理。承包人逾期未提出书面异议,视为工程造价咨询人核对的竣工结算文件已被承包人认可。

对发包人或发包人委托的工程造价咨询人指派的专业人员与承包人指派的专业人员经核对后无异议并签名确认的竣工结算文件,除非发承包人能提出具体、详细的不同意见,发承包人都应在竣工结算文件上签名确认,如其中一方拒不签认的,按以下规定办理。

(1)若发包人拒不签认的,承包人可不提供竣工验收备案资料,并有权拒绝与发包人或其上级部门委托的工程造价咨询人重新核对竣工结算文件。

(2)若承包人拒不签认的,发包人要求办理竣工验收备案的,承包人不得拒绝提供竣工验收资料;否则,由此造成的损失,承包人承担相应责任。

合同工程竣工结算核对完成,发承包双方签字确认后,禁止发包人又要求承包人与另一个或多个工程造价咨询人重复核对竣工结算。

发包人以对工程质量有异议,拒绝办理工程竣工结算的,已竣工验收或已竣工未验收但实际投入使用的工程,其质量争议按该工程保修合同执行,竣工结算应按合同约定办理;已竣工未验收且未实际投入使用的工程及停工、停建工程的质量争议,双方应就有争议的部分委托有资质的检测鉴定机构进行检测,根据检测结果确定解决方案,或按工程质量监督机构的处理决定执行后办理竣工结算,无争议部分的竣工结算按合同约定办理。

2. 工程项目竣工结算办理原则

工程项目竣工结算的办理应遵循以下原则。

(1)以单位工程或施工合同约定为基础,对工程量清单报价的主要内容,包括工程项目名称、工程量、单价及计算结果,进行认真的检查和核对,若是根据中标价订立合同的,应对原报价单的主要内容进行检查和核对。

(2)在检查和核对中若发现不符合有关规定,单位工程结算书与单项工程综合结算书有不相符的地方，有多算、漏算或计算误差等情况时，应及时进行纠正调整。

（3）工程项目由多个单项工程构成的，应按工程项目划分标准的规定，将各单位工程竣工结算书汇总编制单项工程竣工综合结算书。

（4）若工程项目是由多个单位工程构成的，实行分段结算并办理了分段验收计价手续的，应将各单项工程竣工综合结算书汇总编制成工程项目总结算书，并撰写编制说明。

9.3.3　工程项目竣工结算的审查与支付

1. 竣工结算的审查

竣工结算要有严格的审查，一般从以下几个方面入手。

（1）核对合同条款。首先，应核对竣工工程内容是否符合合同条件要求，工程是否竣工验收合格，只有按合同要求完成全部工程并验收合格才能进行竣工结算；其次，应按合同规定的结算方法、计价定额、取费标准、主材价格和优惠条款等，对工程竣工结算进行审核，若发现合同开口或有漏洞，应请发包人与承包人认真研究，明确结算要求。

（2）检查隐蔽验收记录。所有隐蔽工程均需进行验收，两人以上签证；实行工程监理的项目应经监理工程师签证确认。审核竣工结算时应核对隐蔽工程施工记录和验收签证，手续完整、工程量与竣工图一致方可列入结算。

（3）落实设计变更签证。设计修改变更应由原设计单位出具设计变更通知单和修改的设计图样、校审人员签字并加盖公章，经发包人和监理工程师审查同意、签证；重大设计变更应经原审批部门审批，否则不应列入结算。

（4）按图核实工程数量。竣工结算的工程量应依据竣工图、设计变更单和现场签证等进行核算，并按国家统一规定的计算规则计算工程量。

（5）执行定额单价。结算单价应按合同约定或招标规定的计价定额与计价原则执行。

（6）防止各种计算误差。工程竣工结算子目多、篇幅大，往往有计算误差，应认真核算，防止因计算误差多计或少算。

2. 竣工结算款支付

（1）承包人提交竣工结算款支付申请。承包人应根据办理的竣工结算文件，向发包人提交竣工结算款支付申请。申请应包括下列内容。

1）竣工结算合同价款总额。

2）累计已实际支付的合同价款。

3）应预留的质量保证金。

4）实际应支付的竣工结算款金额。

（2）发包人签发竣工结算支付证书与支付结算款。发包人应在收到承包人提交竣工结算款支付申请后 7 天内予以核实，向承包人签发竣工结算支付证书，并在签发竣工结算支付证书后的 14 天内，按照竣工结算支付证书列明的金额向承包人支付结算款。

发包人在收到承包人提交的竣工结算款支付申请后 7 天内不予核实，不向承包人签发竣工结算支付证书的，视为承包人的竣工结算款支付申请已被发包人认可；发包人应在收到承包人提交的竣工结算款支付申请 7 天后的 14 天内，按照承包人提交的竣工结算款支付申请列明的金额向承包人支付结算款。

发包人未按照上述规定支付竣工结算款的，承包人可催告发包人支付，并有权获得延迟支付的利息。发包人在竣工结算支付证书签发后或者在收到承包人提交的竣工结算款支付申请 7 天后的 56 天内仍未支付的,除法律另有规定外,承包人可与发包人协商将该工程折价,也可直接向人民法院申请将该工程依法拍卖。承包人应就该工程折价或拍卖的价款优先受偿。

3. 质量保证金

发包人应按照合同约定的质量保证金比例从结算款中扣留质量保证金。承包人未按照合同约定履行属于自身责任的工程缺陷修复义务的,发包人有权从质量保证金中扣留用于缺陷修复的各项支出。经查验,工程缺陷属于发包人原因造成的,应由发包人承担查验和缺陷修复的费用。在合同约定的缺陷责任期终止后,发包人应按照合同中最终结清的相关规定,将剩余的质量保证金返还给承包人。当然,剩余质量保证金的返还,并不能免除承包人按照合同约定应承担的质量保修责任和应履行的质量保修义务。

4. 最终结清

缺陷责任期终止后,承包人应按照合同约定向发包人提交最终结清支付申请。发包人对最终结清支付申请有异议的,有权要求承包人进行修正和提供补充资料。承包人修正后,应再次向发包人提交修正后的最终结清支付申请。发包人应在收到最终结清支付申请后的 14 天内予以核实,并应向承包人签发最终结清支付证书,并在签发最终结清支付证书后的 14 天内,按照最终结清支付证书列明的金额向承包人支付最终结清款。如果发包人未在约定的时间内核实,又未提出具体意见的,视为承包人提交的最终结清支付申请已被发包人认可。

发包人未按期最终结清支付的,承包人可催告发包人支付,并有权获得延迟支付的利息。最终结清时,如果承包人被扣留的质量保证金不足以抵减发包人工程缺陷修复费用的,承包人应承担不足部分的补偿责任。承包人对发包人支付的最终结清款有异议的,按照合同约定的争议解决方式处理。

9.4 工程项目竣工决算

9.4.1 概述

1. 概念与责任主体

工程项目竣工决算也称工程项目竣工财务决算,是指工程项目建设内容已完工,且满足一定条件后,由项目法人或项目建设单位根据工程全部资金投入和建设费用开支情况,按照规定的程序和方法编制的,全面反映项目从筹建到竣工交付使用全过程中资金运动情况和最终成果的总结性经济文件,是对工程项目资金使用情况和财务经济效果的全面反映。

根据水利部《水利基本建设项目竣工财务决算编制规程》(SL 19—2008),工程项目竣工决算的责任主体为项目法人。即使在工程项目实行代建模式的情况下,竣工决算依据合同约定由代建单位负责编制,但项目法人仍然为第一责任人;或者在项目法人下设多个建设单位的情况下,项目法人也是竣工决算的第一责任人。在竣工决算批复之前,项目法人已经撤销的,由撤销该项目法人的单位指定有关单位承接相关责任。

2. 作用

工程项目竣工时，通过竣工决算，反映建设资金投入、产出的全过程，为投资的转销奠定基础，其主要作用如下。

（1）正确核定新增资产价值和办理资产交付使用手续的依据。在进行竣工财务清理的基础上，将项目从筹建到竣工验收的全部费用按照实际形成的资产不同进行分类或分摊统计，从而确定不同的交付使用资产，如固定资产、无形资产、递延资产等的价值，为办理资产交付使用手续提供了依据，从而为项目正常经营期间的会计核算提供基础。

（2）考核概预算、投资计划、基本建设支出预算等执行情况。由于概预算与核算的目的不同、体系不同，口径上的差异不可避免，通过调整，使项目概预算和实际支出能够进行同口径比较，从而准确反映项目概预算的执行情况，作为管理绩效考核的依据。

（3）分析投资效果、总结建设经验和提高管理水平。通过财务清理，确认工程项目实际投资总额和全部项目交付使用价值，从而可得到固定资产形成率，为分析投资效果提供依据，同时通过对存在问题及其原因的分析，总结建设经验教训，有利于提高建设管理水平。

9.4.2 工程项目竣工决算的编制条件和依据

不同行业的工程项目竣工决算编制条件稍有不同，在此仅以水利工程为例，列举竣工决算的编制条件和依据。

1. 编制条件

（1）经批准的初步设计所确定的内容已完成。

（2）建设资金全部到位。

（3）完工结算已完成。

（4）未完工程投资和预留费用不超过规定的比例。大中型工程项目应控制在总概算的3%以内，小型工程项目应控制在5%以内。

（5）涉及法律诉讼、工程质量、移民安置的事项已经处理完毕。

（6）其他影响竣工决算编制的重大问题已解决，如设计变更已报批、预备费动用手续已完备等。

工程项目完成并满足竣工决算编制条件后，项目法人应在规定的期限内完成竣工决算的编制工作，其中，大中型工程项目的期限为3个月，小型工程项目的期限为1个月。如有特殊情况不能在规定期限内完成编制工作的，报经竣工验收主持单位同意后可适当延期。

2. 编制依据

（1）国家法律法规等有关规定。

（2）经批准的设计文件，包括工程项目重大设计变更和工程项目预备费的报批动用文件。

（3）主管部门下达的年度投资计划，基本建设支出预算。

（4）经批复的年度财务决算，一般是指主管部门批复的基本工程项目年度财务决算。

（5）工程项目合同（协议）。

（6）会计核算及财务管理资料。

（7）其他有关工程项目管理文件，包括工程项目建设管理、工程招投标、施工、监理等文件资料，如建设管理报告、重要事项处理的会议记录、移民安置记录、拆迁赔偿记录等。

9.4.3 工程项目竣工决算报告组成与编制程序

1. 报告组成

财政部《基本建设财务管理规定》（财建〔2002〕394号）和水利部《水利基本建设项目竣工财务决算编制规程》（SL 19—2008）关于竣工财务决算报告组成规定并不完全相同，如财政部规定竣工财务决算报告由说明书和报表两部分组成，其中报表有六张；而水利部的规程规定竣工财务决算报告由四部分组成，其中报表有八张。下面按照水利部的规程，介绍竣工决算报告组成。

竣工决算反映项目从筹建到竣工验收的全部费用，竣工决算报告由以下四部分组成。

（1）竣工财务决算封面及目录。

（2）竣工工程的平面示意图及主体工程照片。

（3）竣工财务决算说明书。竣工财务决算说明书包括以下内容：①项目基本情况；②基本建设支出预算、投资计划和资金到位情况；③概（预）算执行情况；④招（投）标及政府采购情况；⑤合同（协议）履行情况；⑥征地补偿和移民安置情况；⑦预备费动用情况；⑧未完工程投资及预备费用情况；⑨财务管理情况；⑩其他需说明的事项和报表说明。

（4）竣工财务决算报表。大中型工程项目主要包括下列八张表格：①竣工项目概况表；②竣工财务决算表；③竣工项目投资分析表；④竣工项目未完工程投资及预留费用表；⑤竣工项目成本表；⑥竣工项目交付使用资产表；⑦竣工项目待核销基建支出表；⑧竣工项目转出投资表。而小型工程项目只需编制其中的四张报表：竣工项目概况表、竣工财务决算表、竣工项目交付使用资产表和竣工项目未完工程投资及预留费用表。

2. 编制程序

工程项目竣工决算编制程序如图9-1所示，下面选择其中若干环节进行介绍。

（1）工程项目建账、支出分析调整。账簿设置既要符合现有会计制度的规定，又要充分考虑工程项目的类型和特点，以及会计核算的要求和基建产品成本（费用）的归集，方便支出与概算同口径对比，也要方便交付对象成本的归集。因此，设置的会计账簿尤其是明细账尽量与项目概（预）算的明细项目相吻合，形成对应关系；在会计核算中，以项目概（预）算中单项、单位工程和费用明细项目等为基础进行成本核算，使之与项目概（预）算的费用构成在口径上保持一致。

图9-1 工程项目竣工结算编制程序

(2) 收集整理项目资料。除会计核算资料外，收集整理的资料还包括以下内容。

1) 设计文件。工程项目自可行性研究至施工图设计各阶段的设计文件及其批复。特别是初步设计文件及其批复、项目实施过程中的重大设计变更。

2) 投资计划与预算。各年度的基建投资计划、基本建设支出预算的编制、上报、批复及调整情况。

3) 招投标资料。各标段的招标、投标文件，合同及其补充合同。

4) 工程量及其主要材料消耗量。主要分类分项项目的设计工程量和实际完成的工程量统计资料，以及钢材、木材、水泥等主要材料的设计用量、实际消耗的统计资料。

5) 工程验收资料、征地及移民动迁安置资料。

6) 动用预备费资料，包括动用预备费的上报及其批复文件。

7) 已完工程、设备等资产的清查盘点资料等。

(3) 竣工财务清理。主要包括合同清理、债权债务清理、资产清理、竣工结余资金清理等。合同清理的关键是办理竣工结算，除按规定扣留的质量保证金和预留的未完工程及费用外，其他各项债权债务均应清理完毕；资产清理就是对财产物资、已完工程进行全面、彻底的清查盘点，做到账物相符；竣工结余资金清理就是对实物形态的结余，如库存设备、材料及应处理的自用固定资产公开变价处理。

(4) 确定决算编制的基准日期。决定基准日期的前提是决算具备编制条件，决算的基准日期确定后，所有与建设成本、资产价值和竣工结余资金相关联的财务收支事项必须在基准日期前入账。

(5) 预列未完工程投资及预留费用。未完工程投资和预留费用应满足项目实施和管理的需要，以项目概（预）算、合同等为依据合理计列，即已签订合同（协议）的，按相关条款的约定进行测算；尚未签订合同（协议）的，未完工程投资不应突破相应的概（预）算标准。预留费用主要包括管理费用和竣工验收费用。未完工程投资和预留费用的测算结果按有关程序认可后，财务部门要进行相应的账务处理，将其列入工程建设成本。

(6) 待摊投资分摊。待摊投资支出是指建设单位按项目概算内容发生的，按照规定应当分摊计入交付使用资产价值的各项费用支出，主要包括建设单位管理费、土地征用及迁移补偿费、土地复垦及补偿费、勘察设计费、研究试验费、可行性研究费、临时设施费、设备检验费、负荷联合试车费、合同公正及工程质量监理费、（贷款）项目评估费、国外借款手续费及承诺费、社会中介机构审计（查）费、招投标费、经济合同仲裁费、诉讼费、律师代理费、土地使用税、耕地占用税、车船使用税、汇兑损益、报废工程损失、坏账损失、借款利息、固定资产损失、器材处理亏损、设备盘亏及毁损、调整器材调拨价格折价、企业债券发行费用、航道维护费、航标设施费、航测费、其他待摊投资等。

待摊投资应由受益的各种交付使用资产共同负担。其中，能够确定由某项资产负担的待摊投资，应直接计入该资产成本；不能确定负担对象的待摊投资，应分摊计入受益的各项资产成本。

(7) 建设成本分摊。建设成本反映项目在建设过程中各种资金的耗费和费用的形成，是指计入交付使用资产价值的各项投资支出。效益单一的工程项目不填列该指标，但对于具备两个及以上效益的项目，需将总成本在各效益项目之间进行分摊。按建设成本与工程效益的关系，划分专用成本、共用成本和间接成本。可按照水量、库容和效益现值占比等方法分摊。通过建设成本分摊,为运行管理单位提供基础数据,以利于产品价格核定和资产分类定性等。

9.5 工程项目竣工验收

9.5.1 工程项目竣工验收的内涵及依据

1. 工程项目竣工验收的内涵

工程项目竣工验收是指工程项目竣工后,开发建设单位会同设计、施工、设备供应单位及工程质量监督部门,对该项目是否符合规划设计要求以及建筑施工和设备安装质量进行全面检验,取得竣工合格资料、数据和凭证。应该指出的是,竣工验收是建立在分阶段验收的基础之上的,前面已经完成验收的工程项目一般在竣工验收时就不再重新验收。

工程项目竣工验收是工程项目建设周期的最后一道程序,是项目管理的重要内容和终结阶段的重要工作,是项目参与人终止其责任、义务并获得相应权益的标志,也是我国工程项目的一项基本法律制度。实行竣工验收制度,对促进工程项目及时投产,发挥投资效果,总结建设经验等有重要作用,也有利于工程项目后评价工作的顺利开展。

2. 工程项目竣工验收的依据

(1) 上级主管部门对该项目批准的各种文件,包括可行性研究报告、初步设计,以及与该项目建设有关的各种文件。

(2) 工程设计文件,包括施工图样及说明、设备技术说明书等。

(3) 国家颁布的各种标准和规范,包括现行的工程施工及验收规范、工程质量检验评定标准等。

(4) 合同文件,包括施工承包的工作内容和应达到的标准,以及施工过程中的设计修改变更通知书等。

9.5.2 工程项目竣工验收的范围和标准

1. 工程项目竣工验收的范围

工程项目的竣工验收是资产转入生产的标志,是全面考核和检查工程项目是否符合设计要求和工程质量要求的重要环节,是建设单位会同设计、施工单位向国家(或投资者)汇报建设成果和交付新增固定资产的过程。建设单位对已符合竣工验收条件的工程项目,要按照国家有关部门关于《建设项目竣工验收办法》的规定,及时向负责验收的主管单位提出竣工验收申请报告,适时组织工程项目正式进行竣工验收,办理固定资产移交手续。工程项目竣工验收的范围如下。

(1) 凡列入固定资产投资计划的新建、扩建、改建和迁建的工程项目或单项工程按批准的设计文件规定的内容和施工图样要求全部建成符合验收标准的,必须及时组织验收,办理固定资产移交手续。

(2) 使用更新改造资金进行的基本建设或属于基本建设性质的技术改造工程项目,也应按国家关于工程项目竣工验收规定,办理竣工验收手续。

(3) 小型基本建设和技术改造项目的竣工验收,可根据有关部门(地区)的规定适当简化手续，但必须按规定办理竣工验收和固定资产交付生产手续。

2. 工程项目竣工验收的标准

由于工程项目门类很多，要求各异，必须遵循相应的竣工验收标准。一般有土建工程、安装工程、人防工程、管道工程、桥梁工程、电气工程及铁路建筑安装工程等的验收标准。本书主要介绍以下几种。

（1）土建工程验收标准。凡生产性工程、辅助公用设施及生活设施按照设计图样、技术说明书、验收规范进行验收，工程质量符合各项要求，在工程内容上按规定全部施工完毕，即对生产性工程要求室内全部做完，室外明沟、勒脚、踏步斜道全部做好，内外粉刷完毕；建（构）筑物周围 2 m 以内场地平整、障碍物清除，道路及下水道畅通。对生活设施和职工住宅除上述要求外，还要求水通、电通和道路通。

（2）安装工程验收标准。按照设计要求的施工项目内容、技术质量要求及验收规范的规定，各道工序全部保质保量施工完毕，即工艺、燃料、热力等各种管道已做好清洗、试压、吹扫、油漆、保温等工作，各项设备、电气、空调、仪表、通信等工程项目全部安装结束，经过单机、联动无负荷及投料试车，全部符合安装技术的质量要求，具备形成设计能力的条件。

（3）人防工程验收标准。凡有人防工程或结合建设的人防工程的竣工验收必须符合人防工程的有关规定，并要求按工程等级安装好防护密闭门；室外通道在人防密闭门外的部位增设防护门进、排风等孔口，设备安装完毕。目前没有设备的，做好基础和预埋件，具备有设备以后即能安装的条件；应做到内部粉饰完工，内部照明设备安装完毕，并可通电；工程无漏水，回填土结束；通道畅通等。

（4）大型管道工程验收标准。大型管道工程（包括铸铁管和钢管）按照设计内容、设计要求、施工规格和验收规范全部（或分段）按质量敷设施工完毕和竣工，泵验必须符合规定要求达到合格，管道内部垃圾要清除，输油管道、自来水管道要经过清洗和消毒，输气管道还要经过通气换气。在施工前，对管道材质用防腐层（内壁及外壁）要根据规定标准进行验收，钢管要注意焊接质量，并加以评定和验收。对设计中选定的闸阀产品要慎重检验。地下管道施工后，对覆地要求分层夯实，确保道路质量。

更新改造工程项目和大修理工程项目，可以参照国家标准或有关标准，根据工程性质，结合当时当地的实际情况，由业主与承包商共同商定，提出适用的竣工验收的具体标准。

9.5.3 工程项目竣工验收的方式

工程项目竣工验收的方式如表 9-2 所示。

表 9-2 工程项目竣工验收的方式

类型	验收条件	验收组织
中间验收	（1）按照施工承包合同的约定，施工完成到某一阶段后要进行中间验收 （2）重要的工程部位施工已完成隐蔽前的准备工作，该工程部位即将置于无法查看的状态	由监理单位组织、业主和承包商派人参加，该部位的验收资料将作为最终验收的依据

(续)

类型	验收条件	验收组织
单项工程验收 （交工验收）	（1）工程项目中的某个合同工程已全部完成 （2）合同内约定有分部、分项移交的工程已达到竣工标准，可移交给业主投入使用	由业主组织，会同承包商、监理单位、设计单位及使用单位等有关部门共同进行
全部工程 竣工验收 （动用验收）	（1）工程项目按设计规定全部建成，达到竣工验收条件 （2）初验结果全部合格 （3）竣工验收所需资料已准备齐全	大中型和限额以上工程项目由国家发改委或由其委托工程项目主管部门或地方政府部门组织验收，小型和限额以下工程项目由工程项目主管部门组织验收

9.5.4 工程项目竣工验收的内容

1. 隐蔽工程验收

隐蔽工程是指在下道工序施工后将被覆盖或掩盖，不易进行质量检查的工程，如钢筋混凝土工程中的钢筋工程，地基与基础工程中的混凝土基础和桩基础等。因此，隐蔽工程完成后，在被覆盖或掩盖前必须进行隐蔽工程质量验收。隐蔽工程可能是一个检验批，也可能是一个分项工程或子分部工程，所以可按检验批或分项工程、子分部工程进行验收。如隐蔽工程为检验批时，其质量验收应由专业监理工程师组织施工单位项目专业质量检查员、专业工长等进行。

施工单位应对隐蔽工程质量进行自检，合格后填写隐蔽工程质量验收记录及隐蔽工程报审、报验表，并报送项目监理机构申请验收；专业监理工程师对施工单位所报资料进行审查，并组织相关人员到验收现场进行实体检查、验收，同时应留有照片、影像等资料。同时，将隐蔽工程记录交给承包单位归入技术资料。对验收不合格的工程，专业监理工程师应要求施工单位进行整改，自检合格后予以复查；对验收合格的工程，专业监理工程师应签认隐蔽工程报审、报验表及质量验收记录，准予进行下一道工序施工。

2. 分项工程的验收

（1）分项工程质量验收程序。分项工程质量验收应由专业监理工程师组织施工单位项目技术负责人等进行。

验收前，施工单位应先对施工完成的分项工程进行自检，合格后填写分项工程质量验收记录及分项工程报审、报验表，并报送项目监理机构申请验收。专业监理工程师对施工单位所报资料逐项进行审查，符合要求后签认分项工程报审、报验表及质量验收记录。

（2）分项工程质量验收合格的规定

1）分项工程所含检验批的质量均应验收合格。

2）分项工程所含检验批的质量验收记录应完整。

分项工程的验收是在检验批的基础上进行的。一般情况下，检验批和分项工程两者具有相同或相近的性质，只是批量的大小不同而已，将有关的检验批汇集构成分项工程。

实际上，分项工程质量验收是一个汇总统计的过程，并无新的内容和要求。分项工程质量验收合格条件比较简单，只要构成分项工程的各检验批的质量验收资料完整，并且均已验收合格，则分项工程质量验收合格。

3. 分部工程验收

（1）分部（子分部）工程质量验收程序。分部（子分部）工程质量验收应由总监理工程师组织施工单位项目负责人和项目技术、质量负责人等进行。由于地基与基础、主体结构工程要求严格，技术性强，关系到整个工程的安全，为严把质量关，规定勘察、设计单位项目负责人和施工单位技术、质量负责人应参加地基与基础分部工程的验收。设计单位项目负责人和施工单位技术、质量负责人应参加主体结构、节能分部工程的验收。

验收前，施工单位应先对施工完成的分部工程进行自检，合格后填写分部工程质量验收记录及分部工程报验表，并报送项目监理机构申请验收。总监理工程师应组织相关人员进行检查、验收，对验收不合格的分部工程，应要求施工单位进行整改，自检合格后予以复查。对验收合格的分部工程，应签认分部工程报验表及验收记录。

（2）分部（子分部）工程质量验收合格的规定

1）所含分项工程的质量均应验收合格。
2）质量控制资料应完整。
3）有关安全、节能、环境保护和主要使用功能的抽样检验结果应符合相应规定。
4）观感质量应符合要求。

分部工程质量验收是在其所含各分项工程质量验收的基础上进行的。首先，分部工程所含各分项工程必须已验收合格且相应的质量控制资料齐全、完整。这是验收的基本条件。此外，由于各分项工程的性质不尽相同，因此作为分部工程不能简单地组合而加以验收，尚须进行以下两方面的检查项目。

① 涉及安全、节能、环境保护和主要使用功能等的抽样检验结果应符合相应规定，即涉及安全、节能、环境保护和主要使用功能的地基与基础、主体结构和设备安装等分部工程应进行有关见证检验或抽样检验。

② 观感质量验收，这类检查往往难以定量，只能以观察、触摸或简单测量的方式进行观感质量验收，并由验收人的主观判断，检查结果并不给出"合格"或"不合格"的结论，而是综合给出"好""一般""差"的质量评价结果。所谓"一般"，是指观感质量检验能符合验收规范的要求；所谓"好"，是指在质量符合验收规范的基础上，能到达精致、流畅的要求，细部处理到位、精度控制好；所谓"差"，是指勉强达到验收规范要求，或有明显的缺陷，但不影响安全或使用功能。评为"差"的项目，能进行返修的应进行返修，不能返修的只要不影响结构安全和使用功能的可通过验收。有影响安全和使用功能的项目，不能评价，应返修后再进行评价。

4. 单位工程竣工验收

（1）单位（子单位）工程验收程序

1）预验收。当单位（子单位）工程完成后，施工单位应依据验收规范、设计图样等组织有关人员进行自检，对检查结果进行评定，符合要求后填写单位工程竣工验收报审表，以及质量竣工验收记录、质量控制资料核查记录、安全和功能检验资料核查及观感质量检查记录等，并将单位工程竣工验收报审表及有关竣工资料报送项目监理机构申请验收。

总监理工程师应组织专业监理工程师审查施工单位提交的单位工程竣工验收报审表及有关竣工资料，并对工程质量进行竣工预验收。存在质量问题时，应由施工单位及时整改，整改完毕且合格后，总监理工程师应签认单位工程竣工验收报审表及有关资料，并向建设单位提交工程质量评估报告。施工单位向建设单位提交工程竣工报告，申请工程竣工验收。

对需要进行功能试验的项目（包括单机试车和无负荷试车），专业监理工程师应督促施工单位及时进行试验，并对重要项目进行现场监督、检查，必要时请建设单位和设计单位参加；专业监理工程师应认真审查试验报告单并督促施工单位搞好成品保护和现场清理。

单位工程中的分包工程完工后，分包单位应对所施工的建筑工程进行自检，并应按规定的程序进行验收。验收时，总包单位应派人参加。验收合格后，分包单位应将所分包工程的质量控制资料整理完整后，移交给总包单位。建设单位组织单位工程质量验收时，分包单位负责人应参加验收。

2）验收。建设单位收到施工单位提交的工程竣工报告和完整的质量控制资料，以及项目监理机构提交的工程质量评估报告后，由建设单位项目负责人组织设计、勘察、监理、施工等单位项目负责人进行单位工程验收。对验收中提出的整改问题，项目监理机构应督促施工单位及时整改。工程质量符合要求的，总监理工程师应在工程竣工验收报告中签署验收意见。

《建设工程质量管理条例》规定，工程项目竣工验收应当具备下列条件：①完成工程项目设计和合同约定的各项内容；②有完整的技术档案和施工管理资料；③有工程使用的主要建筑材料、建筑构配件和设备的进场试验报告；④有勘察、设计、施工、工程监理等单位分别签署的质量合格文件；⑤有施工单位签署的工程保修书。

对于不同性质的工程项目还应满足其他一些具体要求，如工业工程项目，还应满足环境保护设施、劳动、安全与卫生设施、消防设施及必需的生产设施已按设计要求与主体工程同时建成，并经有关专业部门验收合格可交付使用。

在一个单位工程中，对满足生产要求或具备使用条件，施工单位经自行检验，专业监理工程师已预验收通过的子单位工程，建设单位可组织进行验收。由几个施工单位共同负责施工的单位工程，当其中的某个施工单位所负责的子单位工程已按设计完成，并经自行检验，也可按规定的程序组织正式验收，办理交工手续。在整个单位工程进行全部验收时，已验收的子单位工程验收资料应作为单位工程验收的附件。

单位工程验收时，如有因季节影响需后期调试的项目，单位工程可先行验收。后期调试项目可约定具体时间另行验收。如一般空调制冷性能不能在冬季验收，采暖工程不能在夏季验收。

（2）单位（子单位）工程验收合格的规定

1）所含分部（子分部）工程的质量均应验收合格。

2）质量控制资料应完整。

3）所含分部工程中有关安全、节能、环境保护和主要使用功能等的检验资料应完整。

4）主要使用功能的抽查结果应符合相关专业质量验收规范的规定。

5）观感质量应符合要求。

单位工程质量验收也称质量竣工验收，是建筑工程项目投入使用前的最后一次验收，也是最重要的一次验收。参建各方责任主体和有关单位及人员应加以重视，认真做好单位工程质量竣工验收，把好工程质量关。

5. 全部验收

全部验收是指整个工程项目已按设计要求全部建设完成，并已符合竣工验收标准，施工单位预验通过，监理单位初验认可，由监理工程师组织，以建设单位为主，有设计、施工等单位参加的正式验收。

进行全部验收时，对已验收过的单项工程，可以不再进行正式验收和办理验收手续，但应将单项工程验收单独作为全部工程项目验收的附件而加以说明。

6. 工程项目竣工验收不符合要求的处理

一般情况，不合格现象在检验批验收时就应发现并及时处理，但实际工程中不能完全避免不合格情况的出现，因此，工程项目施工质量验收不符合要求的应按下列原则进行处理。

(1) 经返工或返修的检验批，应重新进行验收。在检验批验收时，对于主控工程项目不能满足验收规范规定或一般工程项目超过偏差限值时，应及时进行处理。其中，对于严重的质量缺陷应重新施工；一般的质量缺陷可通过返修或更换予以解决，允许施工单位在采取相应的措施后重新验收。如果能够符合相应的专业验收规范要求，则应认为该检验批合格。

(2) 经有资质的检测单位检测鉴定能够达到设计要求的检验批，应予以验收。当个别检验批发现问题，难以确定能否验收时，应请具有资质的法定检测单位进行检测鉴定。当鉴定结果认为能够达到设计要求时，该检验批可以通过验收。这种情况通常出现在某检验批的材料试块强度不满足设计要求时。

(3) 经有资质的检测单位检测鉴定达不到设计要求，但经原设计单位核算认可能够满足安全和使用功能要求时，该检验批可予以验收。一般情况下，标准、规范规定的是满足安全和功能的最低要求，而设计往往在此基础上留有一些余量。在一定范围内，会出现不满足设计要求而符合相应规范要求的情况，两者并不矛盾。

(4) 经返修或加固处理的分项、分部工程，满足安全及使用功能要求时，可按技术处理方案和协商文件的要求予以验收。经法定检测单位检测鉴定以后认为达不到规范的相应要求，即不能满足最低限度的安全储备和使用功能时，必须按一定的技术处理方案进行加固处理，使之能满足安全使用的基本要求。这样可能会造成一些永久性的影响，如增大结构外形尺寸，影响一些次要的使用功能等。但为了避免建筑物的整体或局部拆除，避免社会财富更大的损失，在不影响安全和主要使用功能的条件下，可按技术处理方案和协商文件的要求进行验收，责任方应按法律法规承担相应的经济责任和接受处罚。这种方法不能作为降低质量要求、变相通过验收的一种出路，这是应该特别注意的。

(5) 经返修或加固处理仍不能满足安全或重要使用要求的分部工程及单位或子单位工程，严禁验收。分部工程及单位工程如存在影响安全和使用功能的严重缺陷，经返修或加固处理仍不能满足安全使用要求的，严禁通过验收。

(6) 工程质量控制资料应齐全完整，当部分资料缺失时，应委托有资质的检测单位按有关标准进行相应的实体检测或抽样试验。实际工程中偶尔会遇到因遗漏检验或资料丢失而导致部分施工验收资料不全的情况，使工程无法正常验收。对此可有针对性地进行工程质量检验，采取实体检测或抽样试验的方法确定工程质量状况。上述工作应由有资质的检测单位完成，检验报告可用于工程施工质量验收。

9.5.5 工程项目竣工验收报告

工程项目竣工验收应依据批准的建设文件和工程实施文件，达到国家法律、行政法规、部门规章对竣工条件的规定和合同约定的竣工验收要求后，提出《工程竣工验收报告》，有关承发包当事人和工程项目相关组织应签署验收意见,签名并盖单位公章。

按照国家对工程项目竣工验收条件的规定,工程竣工验收报告的内容主要应包括以下几个方面。

1. 工程项目概况

2. 竣工验收组织情况

(1) 竣工验收委员会。

(2) 竣工验收小组。

(3) 验收组织单位和代表。

3. 质量验收情况

(1) 建筑工程质量。

(2) 给水排水与采暖工程质量。

(3) 建筑电气安装工程质量。

(4) 通信与空调工程质量。

(5) 电梯安装工程质量。

(6) 建筑智能化工程质量。

(7) 工程竣工资料审查结论。

(8) 其他专业工程质量。

4. 竣工验收程序

(1) 按工程规模大小划分。

(2) 按工程项目竣工先后组织。

(3) 按施工合同约定的程序进行。

5. 竣工验收意见

(1) 建设单位执行基本建设程序的情况。

(2) 对勘察、设计、施工和监理等各方面的评价。

(3) 对整个建设工程竣工验收的综合评估。

6. 签名盖章确认

(1) 参加竣工验收各单位代表签名。

(2) 加盖竣工验收各单位公章。

7. 竣工验收报告附件

(1) 施工许可证、施工图设计文件审查意见。

(2) 勘察、设计单位的质量检查报告。

(3) 施工单位的竣工资料分类目录及汇总表。

(4) 监理单位对工程质量的评估报告。

(5) 中间交工工程验收报告。

(6) 竣工验收遗留问题处理结果报告。

(7) 建设行政主管部门、质量监督机构责令整改的结果报告。

(8) 法律、法规、规章规定应交的其他文件资料。

9.6 工程项目投产准备

工程项目投产准备是指工程项目在建设期间为竣工后能及时投产所做的各项准备工作，一般包括生产技术管理人员和工人的招聘、培训，生产单位组织机构的设计和管理制度的制定，生产设备的试运行或试生产等工作。

工程项目投产准备是工程项目由建设阶段顺利转入生产阶段的必要条件，是业主项目收尾管理的重要组成部分，必须给予充分重视。项目的试运行、试生产是投产准备工作的最后一项工作，是对工程项目建设的质量和运转性能的全面检验，也是正式投产前，由试验性生产向正式投产的过渡过程。一般而言，工程项目需经过一段时间（可能长达1~2年）的试生产或试运行，待生产过程基本稳定，方能进行最终验收并转入正常生产运行。

9.6.1 投产准备工作的基本要求

广义而言，工程项目投产准备工作贯穿于工程项目建设的各个阶段，但各个阶段准备工作的要求不同。

1. 施工阶段的投产准备工作

在施工阶段，应结合工程建设进度编制生产准备的工作计划，主要工作如下。

（1）根据生产任务要求确定岗位及其人员编制，然后据此招聘生产技术管理人员和工人，并分批分期对他们进行培训。

（2）根据设计的产品纲要、生产工艺方法，落实设备、原材料、燃料、动力供应的内外部生产条件。

（3）做好生产技术准备，如制定产品的技术标准、设备的操作维护规程，组织试运行和试生产。

（4）施工进入设备安装调试阶段后，要组织生产人员参加设备的安装调试。

2. 工程验收阶段的准备工作

工程项目施工完成后，建筑安装单位和设备供应商要进行设备调试和联动无负荷试车，合格后由经过培训的生产工人进行联动有负荷试运行（对于电厂项目，一般要连续进行72h），然后交给项目业主，转入试生产。

9.6.2 投产准备工作的内容

1. 生产组织准备

生产组织准备工作主要包括以下内容。

（1）投产准备机构的设置。随着工程项目建设的进展，投产准备机构应由小到大，逐步完善，到建设后期大量设备进入全面安装调试阶段，应配备生产管理人员，并参加安装调试，待进入工程项目结束阶段，工程项目的筹建班子应与投产准备班子合为一体，成立生产管理机构。

（2）生产管理人员及工人的配备和培训。根据初步设计规定的劳动定员和劳动组织计划来确定各类人员的比例和人数，按照"因事设岗，因事择人"的原则配备人员，并分批分期进行培训。在建设后期，配备的人员要参加设备的安装调试。

（3）有关规章制度的建立。在试生产前，要建立起符合本企业生产技术特点的生产管理指挥系统，建立一套生产、供应、销售、计划、检查考核制度、统计制度、技术管理制度、劳动人事制度、财务管理制度、各职能科室的责任制度，保证正式投产后各项工作有章可循，促使正式生产在较短的时间内即可进入规范化的生产轨道。

2. 生产技术准备

生产技术准备工作包括以下内容。

（1）参加设计审查，熟悉生产工艺、技术、设备。

（2）进行生产工艺准备，根据原辅材料、燃料、动力、半成品的技术要求，对配料做多方案试验，得出最佳配料方案。

3. 生产物质准备

对于生产性工程项目而言，其生产投入所需物质种类、数量和规格是较多的，因此为满足试运行和投产初期的需要，必须要分期分批组织采购投产所需物质。

4. 落实外部协作条件

工程项目的投产运行必然与系统外部产生大量的联系，如水、电、气及交通、通信等，这些要依靠项目所在地有关部门或兄弟单位协作解决，外部协作条件落实得如何对于项目能否如期顺利投产至关重要。

实际上，外部协作条件的落实一般要追溯到工程项目前期工作阶段，即在项目进行可行性研究阶段的项目选址时就要有所考虑，项目建设地点的选择应该要充分预见到生产阶段所需的水、电、气、交通等的供应情况，如价格、数量和供应稳定性以及是否有发展余地。同时项目筹建机构应与有关部门联系，签订适当的书面合作意向书，肯定协作关系。进入工程建设中、后期，应根据实际需要与对方签订正式合同，明确供应与进货，为项目建成顺利投入生产创造条件。

5. 正常的生活福利设施准备

在投产生产前，对于地处偏僻的工程项目而言，一般要将职工正常生产生活所需的设施建设好，如职工宿舍、食堂、浴室、娱乐活动室等。只有将职工的食、住、行等日常生活安排好了，职工才可能安心工作，才可能提高生产效率。

9.6.3 试生产

工程实体的竣工验收意味着固定资产的形成，并具备生产能力，但不等于该工程项目达到了设计规定的生产能力，必须通过试运行或试生产来检验其是否达到了设计生产能力。据不完全统计，我国工程项目的固定资产形成率约为80%~95%，而达到设计生产能力的比率却只有65%~80%。当然，影响工程项目达到设计生产能力的因素较多且复杂，但是有一个关键因素是不容忽视的，那就是试运行和试生产工作做得是否到位。

以工业工程项目为例，试运行和试生产工作包括四个步骤：单机试车→停检→联动试车→停检→投料试车→停检→试生产考核。试运行阶段的重点是单机试车和联动试车（不投料）；试生产考核阶段包括初步投料试车和二次开车试生产考核。每次试车后安排一段停机检修时间的目的是消除试车中暴露出来的设备、材料、设计、施工及生产工艺中的隐患。

试生产阶段考核的主要内容如下。

（1）对各种工艺设备、电气、仪表等单体设备的性能、参数进行单体运转考核，对生产装置系统进行联动运行考核。

（2）对设备及工艺指标进行考核。

（3）对生产装置及有直接工艺联系的公用工程进行联动试车考核。

（4）对消耗指标、产品质量进行考核，对设计规定的经济指标进行考核等。

只有做了上述考核后，编制竣工资料，才能办理工程项目的正式竣工验收。

【本章小结】

本章主要对工程项目收尾管理的内容、工程项目竣工计划、工程项目竣工结算、工程项目竣工决算、工程项目竣工验收以及工程项目投产准备等内容进行了阐述。

工程项目收尾管理是指对项目的收尾、试运行、竣工验收、竣工结算、竣工决算、考核评价和回访保修等进行的计划、组织、协调和控制等活动。工程项目的竣工验收是资产转入生产的标志，是全面考核和检查工程项目是否符合设计要求和工程质量要求的重要环节，是建设单位会同设计、施工单位向国家（或投资者）汇报建设成果和交付新增固定资产的过程。通过竣工验收之后，承包人与发包人进行最终工程价款的结算，这是工程项目施工合同双方围绕合同最终确定总的结算价款所开展的工作。

【复习思考题】

一、案例讨论

某市某小区 22 号楼为 6 层混合结构住宅楼，设计采用混凝土小型砌块砌筑，墙体加芯柱，竣工验收合格后用户入住。但用户在使用过程中（5 年后）发现墙体中没有芯柱，只发现了少量钢筋，而没有浇筑混凝土，最后经法定检测单位采用红外线照相法统计，发现大约有 82% 墙体中未按设计要求加芯柱，只在一层部分墙体中有芯柱，造成了重大的质量隐患。

问题：

（1）该混合结构住宅楼工程质量验收合格应符合什么规定？

（2）该工程已交付使用（5 年），施工单位是否需要对此问题承担责任？为什么？

二、简答题

1. 什么是工程项目收尾管理？工程项目收尾管理的主要内容有哪些？
2. 工程项目竣工计划包括哪些内容？
3. 工程项目决算的作用及其编制条件和依据是什么？
4. 工程项目竣工验收的程序和主要内容包括哪些？
5. 工程项目投产准备的工作内容有哪些？
6. 近年来，政府对水利工程项目加强了验收管理，在保证质量的同时也提高了工程造价，对此你有何认识和见解？

参 考 文 献

[1] 吴卫红,米锋,张爱美. 项目管理[M]. 北京:机械工业出版社,2011.
[2] 丁士昭,逄宗展,等. 建设工程施工管理[M]. 北京:中国建筑工业出版社,2015.
[3] 梁鸿颉,赵霞,王斌. 工程项目管理[M]. 北京:机械工业出版社,2013.
[4] 成虎. 工程管理概论[M]. 北京:中国建筑工业出版社,2007.
[5] 王祖和,等. 现代工程项目管理[M]. 北京:电子工业出版社,2007.
[6] 孙军,等. 项目计划与控制[M]. 北京:电子工业出版社,2008.
[7] 中国建设监理协会. 建设工程进度控制[M]. 北京:中国建筑工业出版社,2013.
[8] 中国建设监理协会. 建设工程质量控制[M]. 北京:中国建筑工业出版社,2013.
[9] 王卓甫,杨高升. 工程项目管理——原理与案例[M]. 北京:中国水利水电出版社,2014.
[10] 全国投资建设项目管理师考试专家委员会. 投资建设项目组织[M]. 北京:中国计划出版社,2005.
[11] 中国设备监理协会. 设备工程监理技术与方法[M]. 北京:中国人事出版社,2007.
[12] 中国建设监理协会. 建设工程投资控制[M]. 北京:中国建筑工业出版社,2013.
[13] 中国设备监理协会. 设备工程监理导论[M]. 北京:中国人事出版社,2012.
[14] 中国建设监理协会. 建设工程合同管理[M]. 北京:中国建筑工业出版社,2013.
[15] 全国一级建造师执业资格考试用书编写委员会. 建设工程项目管理[M]. 北京:中国建筑工业出版社,2015.
[16] 全国注册咨询工程师(投资)资格考试参考教材编写委员会. 工程项目组织与管理[M]. 北京:中国计划出版社,2007.
[17] 叶枫,吴清,严小丽. 工程项目管理[M]. 北京:清华大学出版社,2009.
[18] 宋金波,朱方伟,戴大双. 项目管理案例[M]. 北京:清华大学出版社,2013.
[19] 任宏. 工程管理概论[M]. 北京:中国建筑工业出版社,2007.